Softwareentwicklung für R/3

Springer
Berlin
Heidelberg
New York
Barcelona
Budapest
Hongkong
London
Mailand
Paris
Santa Clara
Singapur
Tokio

Ulrich Mende

Softwareentwicklung für R/3

Data Dictionary, ABAP/4, Schnittstellen

Mit Diskette
Mit 124 Abbildungen
und vielen Programmbeispielen

Springer

Dr. Ulrich Mende
Mummert + Partner Unternehmensberatung AG
Hans-Henny-Jahnn-Weg 9, D-22085 Hamburg

Die Deutsche Bibliothek - CIP-Einheitsaufnahme
Softwareentwicklung für R-3: data dictionary, ABAP/4, Schnittstellen/
Ulrich Mende. - Berlin; Heidelberg; New York; Barcelona; Budapest; Hongkong;
London; Mailand; Paris; Santa Clara; Singapur; Tokio: Springer
ISBN 3-540-62849-5 DBN: 95.150340.5
Buch. 1998 Gb. Diskette. 1998 SG: 28

ISBN 3-540-62849-5 Springer-Verlag Berlin Heidelberg New York

Umschlaggestaltung: Künkel + Lopka, Heidelberg
Satz: Reproduktionsfertige Autorenvorlage, belichtet durch perform, Heidelberg
Gedruckt auf säurefreiem Papier SPIN: 10576150 45/3142 - 5 4 3 2 1 0

Für Ingrid, die mir Julchen geschenkt hat

Danksagung

Die Mummert+Partner Unternehmensberatung AG hat mich bei diesem Buchprojekt zu jeder Zeit in großzügiger Weise fachlich und technisch unterstützt.

Besonders danken möchte ich meinen Entwickler-Kollegen: Herr Rainer Illmann hat das Manuskript gelesen und wichtige Hinweise gegeben; Herr Frank Wachtel hat Programme und Textteile in Kapitel 6 verfaßt; Herr Bernd Jastrow ist der Entwickler des Transaktionsmanagers von Kapitel 9; Herr Bernd Schötzig hat mich als Administrator sowie mit Hinweisen zu Kapitel 2 unterstützt.

Dem Springer-Verlag danke ich für die aufmerksame Durchsicht des Manuskripts und die gute Zusammenarbeit.

Fredersdorf, im September 1997 Ulrich Mende

Inhaltsverzeichnis

1 Einführung

Die SAP AG hat in einer spektakulären Erfolgsgeschichte das weltweit größte betriebswirtschaftliche DV-System entwickelt: R/3. Die Referenzliste von R/3 umfaßt mehrere tausend Unternehmen. SAP ist dabei, auf dem Sektor der betriebswirtschaftlichen Standardsoftware eine ähnlich marktbeherrschende Stellung einzunehmen wie Microsoft in der Branche der Standard-PC-Software. Folgenden Eigenschaften verdankt R/3 seine herausragende Stellung:

- einer modernen Rechner- und Systemarchitektur,
- einer umfassenden betriebswirtschaftlichen Funktionalität,
- einer modernen Software-Entwicklungsumgebung.

R/3 wird als mehrstufiges Client-Server-System mit folgenden Bestandteilen realisiert:

- einem Datenbankserver (MVS, UNIX, Windows NT)
- mehreren Applikationsservern (UNIX, Windows NT)
- vielen Präsentationsservern (Windows 3.1, Windows NT, UNIX).

Es werden heterogene Rechnersysteme (IBM, DEC, SUN, HP, Siemens, PCs), unterschiedliche Betriebssysteme und verschiedene Netze (TCP/IP, LU6.2, Novell) unterstützt.

Die betriebswirtschaftliche Funktionalität ist in Module gegliedert, was ein schrittweises Aufrüsten des Systems erlaubt. Alle Module sind über das unternehmensweite Datenmodell des Data Dictionary integriert. Folgende Faktoren und Möglichkeiten kennzeichnen die betriebswirtschaftliche Funktionalität:

- Mandantenfähigkeit
- Skalierbarkeit und Parametrisierbarkeit durch Customizing
- Integriertes Berechtigungssystem
- Integriertes Partnersystem
- Anwendersicht vollständig von DV-Sicht getrennt
- Modulübergreifender SAP-Workflow zur Geschäftsprozeßabwicklung
- Prozeßmodellierung mit ARIS-Toolkit
- Sicherer Massendatenimport (Migration) mittels Batch-Input
- Executive Information Systems
- Ankopplung von Fremdsystemen (Archive, CAD)
- R/3-Branchenlösungen, z. B. für
  - Banken
  - Versicherungen
  - Krankenhäuser
  - Energieversorger

Eine zentrale Rolle im System R/3 nimmt seine Entwicklungsumgebung ein, deren wichtigste Eigenschaften sind:

- Zentrales Data Dictionary
- 4GL-Sprache ABAP/4 (4GL = 4th Generation Language) mit
  - Open SQL
  - Ereignissteuerung
  - Software-Modularisierungstechniken (Forms, Funktionsbausteine, Reports, Transaktionen, LUWs)
  - Objektorientierung
- Unterstützung der Softwareentwicklung in großen, verteilten Teams
- Strukturierung von Entwicklungsaufgaben in Entwicklungsklassen
- Integration aller Tools (Navigieren, Verwendungsnachweise)
- Korrektur- und Transportwesen
- Versionierung
- Integrierte Dokumentation
- Sprachabhängigkeit
- Sicheres Verwalten großer Datenbestände
- Queries
- Matchcodes
- Veränderungsnachweise
- Offenheit und Standardschnittstellen
- Remote Function Call (RFC) von und zu Fremdsystemen (R/2, R/3, UNIX, Frontend-PC)
- Object Linking And Embedding (OLE)
- Application Link Enabling (ALE)
- Änderungskonzept.

Für den Entwickler von R/3 ist es wichtig, daß die gesamte betriebswirtschaftliche Funktionalität des Systems im Quelltext vorliegt.

Dies ist zunächst die Garantie dafür, daß es keinen Bruch zwischen Systemsoftware und Anwendersoftware gibt (von der Qualität der Programme einmal abgesehen). Mit wachsendem Kenntnisstand erschließen sich dem Entwickler darüber hinaus immer neue Möglichkeiten der Nutzung vorhandener Softwarekomponenten. Es gibt R/3-Anwender, die das System ausschließlich für die Eigenentwicklung einsetzen und keine zusätzlichen Module verwenden.

1.1 Gegenstand und Adressaten des Buches

Auch die umfangreichste Standardsoftware wird nie alle Anforderungen eines Anwenders abdecken können. Es wird daher selbst bei dem breiten Modulangebot von R/3 immer Entwicklungsbedarf beim Anwender geben. Das Buch richtet sich an alle, die direkt oder indirekt mit der Softwareentwicklung für R/3 konfrontiert werden. Dazu gehören:

- Informatiker, Wirtschaftsinformatiker, Betriebswirte und DV-Leiter in den DV-Abteilungen von R/3-Anwendern
- Unternehmensberater im DV-Sektor
- Studenten und Hochschullehrer der Informatik, Wirtschaftsinformatik und Betriebswirtschaft.

Das Buch entstand nach mehrjähriger Entwickler- und Beratertätigkeit bei R/3-Anwendern im Finanzdienstleistungsbereich. Es geht auf die Probleme ein, mit denen Berater und Anwendungsentwickler häufig konfrontiert werden.

Die ersten Kapitel des Buches haben einführenden Charakter. Wer (zunächst) nur daran interessiert ist, wie man einfache Reports schreibt, sollte die Kapitel 5, 6 und 7 lesen.

Wer gleich in fortgeschrittene Programmiertechniken und in die Dialogprogrammierung einsteigen möchte, dem sind die Kapitel 8 und 9 zu empfehlen.

Schließlich behandeln die letzten Kapitel die Hintergrundverarbeitung (Batch), den Datenimport mittels Batch-Input sowie Kopplungen zu Fremdsystemen (Dateischnittstellen, RFC, OLE). Diesen Fragen wird in anderen Büchern über ABAP/4 wenig Raum gegeben. Hier werden sie dagegen sehr ausführlich dargestellt. Erfahrungsgemäß tauchen diese Probleme in fast allen Entwicklungsaufgaben bei R/3-Anwendern auf.

Ein einführendes Kapitel über Datenmodellierung und ein abschließendes über Entwicklungshilfen (Debugger, Laufzeitanalyse) sollen das Buch abrunden.

Alle Programmbeispiele des Buches beziehen sich auf ein eingangs vorgestelltes Datenmodell eines Dienstleisters, das Produkte, Partner, Verträge, Konten sowie Belege mit Belegpositionen enthält. Tabellendefinitionen, -beziehungen und -inhalte sind im Anhang des Buches abgedruckt. Der Leser kann die im Text angegebenen Ergebnisse der Beispielprogramme sofort anhand der Tabellendaten im Anhang verifizieren und so das eigene Verständnis laufend überprüfen. Wer die Tabellendaten von der Diskette in das System lädt, kann auf diesen Daten eigene Problemstellungen lösen.

1.2 Abgrenzung

Das Buch ersetzt nicht die R/3-Dokumentation der Entwicklungsumgebung oder das Manual der ABAP/4-Sprache. Während die kurzen Programmbeispiele dort aber immer nur ein Schlüsselwort oder einen Befehl isoliert erläutern, ist es das Ziel des Buches, anhand komplexerer Beispiele Lösungen für praxisrelevante Probleme zu zeigen. Zugunsten der Betonung wichtiger Aspekte wurde bewußt auf Vollständigkeit verzichtet.

Die Bedienung des R/3-Systems sowie der ABAP/4-Workbench sind ebenfalls nicht zentraler Gegenstand des Buches, das sich auf gezielte Hinweise beschränkt.

2 Rechner- und Softwarearchitektur von R/3

2.1 Dreistufige Client-Server-Architektur

R/3 kann als dreistufiges Client-Server-System realisiert werden (Abb. 2.1). Durch diese Systemkonfiguration ist einerseits eine einfache Skalierbarkeit, andererseits eine kalkulierbare Lastenverteilung zu erreichen. Sie enthält im allgemeinen Fall

- einen Datenbankserver mit einem zentralen DBMS
- mehrere Applikationsserver
- viele Präsentationsserver (= Frontends = PCs).

Auf dem Datenbankserver läuft das zentrale DBMS, das alle Nutz- und Repositorydaten (Metadaten und Software) des R/3-Systems verwaltet. Auf den Applikationsservern werden die R/3-Systemprogramme sowie die Anwendungsprogramme der auf diesen Servern angemeldeten Nutzer abgearbeitet. Die Applikationsserver verarbeiten und puffern eingegebene Daten, oder sie greifen lesend über SQL auf die Datenbank zu, laden Datenauszüge in den Hauptspeicher, um sie weiterzuverarbeiten und zur Anzeige an den Präsentationsserver zu übergeben.

Da auf einem Applikationsserver viele Nutzer gleichzeitig mit jeweils größeren Datenmengen arbeiten, werden hohe Übertragungsraten im MByte/s-Bereich zum DB-Server erforderlich. Datenbank- und Applikationsserver sind deshalb üblicherweise über ein schnelles lokales Netz miteinander verbunden und meist in unmittelbarer räumlicher Nähe untergebracht.

Die Präsentationsserver stellen die Nutzerschnittstelle des R/3-Systems dar. Hier werden die Dialoge zur Datenerfassung sowie die Ausgaben der Online Reports präsentiert. Charakteristisch ist, daß zwischen Präsentationsserver und Applikationsserver für einen normalen Dialogbetrieb nur geringe Übertragungsraten in der Größenordnung von kByte/s benötigt werden. Eine auf einem Dialog angezeigte Liste mit 15 Zeilen zu je 70 Anschlägen benötigt ca. 1 kByte. In diesem Zusammenhang muß allerdings erwähnt werden, daß die grafische Leistungsfähigkeit der auf den Präsentationsservern verwendeten Windowsysteme durch die R/3-Architektur nicht ausgeschöpft werden kann. Die Präsentationsserver eines R/3-Systems können als die eigentlichen Arbeitsstationen räumlich beliebig verteilt werden. Wegen der niedrigen Übertragungsraten können sie auf unterschiedliche Weise mit einem Applikationsserver verbunden werden:

- über ein lokales Netz
- über Standleitungen
- über das Internet, z. B. über TCP/IP (Transmission Control Protocol / Internet Protocol)
- über ein Modem.

Diese dreistufige Architektur kann sich allen Forderungen nach Datenvolumen, Programmkomplexität und Nutzerzahlen variabel anpassen. Mit den geringen Anforderungen an die Übertragungsraten zwischen Frontend und Applikationsservern ist sie besonders gut für die dezentrale Datenerfassung und -präsentation bei zentraler Datenhaltung geeignet.

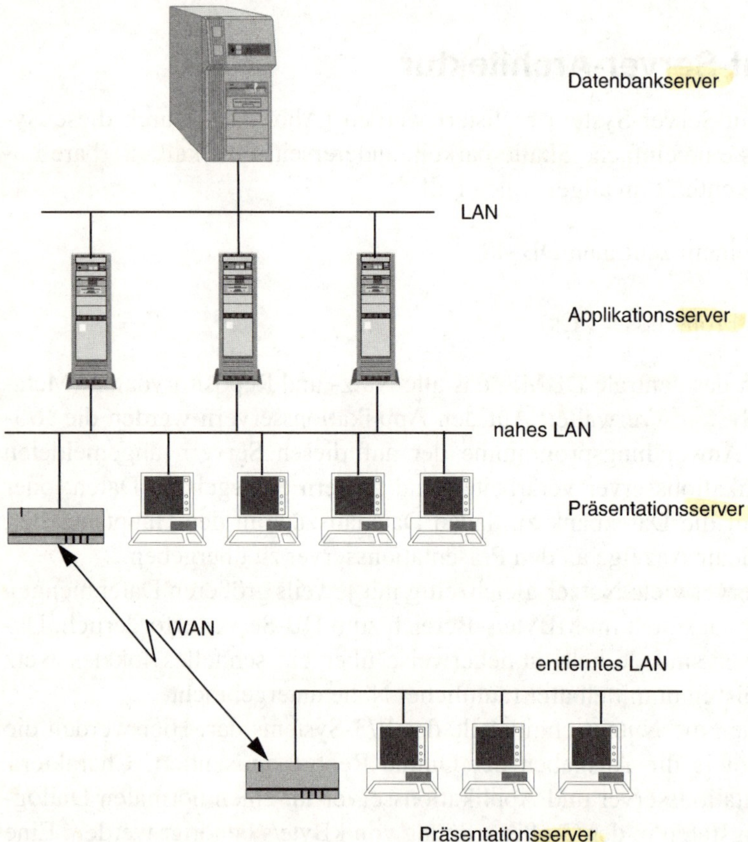

Abb. 2.1: Dreistufige Client-Server-Architektur von R/3

Die Bezeichnung der Rechner auf der zweiten und dritten Ebene als Applikations- und Präsentations*server* gibt nur jeweils eine Sichtweise wieder. Der Applikationsserver stellt in diesem Sinne einen Server für die Anwendungsprogramme dar. Gleichzeitig nimmt er eine Client-Rolle am DB-Server ein. Der Präsentationsserver ist Grafikserver im Sinne von Windows oder Motif, dessen Client der jeweilige Applikationsserver ist. Funktionell ist der Präsentationsserver seinerseits ein Client des angeschlossenen Applikationsservers.

R/3 unterstützt unterschiedlichste Kombinationen von Hardware, Betriebssystemsoftware, DBMS und Windowsystemen zur Präsentation. Am weitesten verbreitet ist gegenwärtig das Betriebssystem UNIX für Applikations- und DB-Server. Einen großen Zuwachs verzeichnet die durchgängige Lösung mit Windows NT. Sie ist insbesondere für mittlere Systeme bis ca. 100 Frontends günstig.

Für Entwicklungsaufgaben werden oft Systeme eingesetzt, die einen zweistufigen Spezialfall der oben dargestellten Architektur realisieren. Bei diesen Systemen mit wenigen angeschlossenen Frontends laufen Datenbank und Applikationsserver auf einem Rechner.

2.1.1 Datenbankserver und DBMS

Auf dem Datenbankserver läuft das für R/3 ausgewählte relationale DBMS (Data Base Management System). In einer einzigen Datenbank des Nutzers mit dem Namen SAPR3 werden alle Metadaten und alle Nutzdaten der jeweiligen R/3-Installation in Form von Tabellen abgelegt.

Tabellen- und Felddefinitionen sowie andere Metadaten werden über die Workbench interaktiv gepflegt. Die Nutzdaten werden über den Open-SQL-Befehlssatz von ABAP/4 manipuliert. Die Verwendung von Open SQL sichert dem Nutzer die völlige Unabhängigkeit vom unterliegenden DBMS zu. So erstellte Programme sind zwischen R/3-Systemen mit unterschiedlicher Datenbank frei portierbar.

Über Native SQL ist zudem ein Zugriff auf R/3-fremde Datenbanken und Tabellen möglich. Umgekehrt kann über Fremdanwendungen (z. B. SQL, ODBC) lesend auf alle R/3-Tabellen zugegriffen werden.

2.1.2 Applikationsserver

Auf den Applikationsservern werden die APAP/4-Programme abgearbeitet, die die eigentliche Funktionalität des R/3-Systems darstellen. Dazu stellen die Applikationsserver eine Reihe von Diensten in Form parallel laufender Tasks bereit. Auf jedem Applikationsserver läuft genau ein Dispatcherprozeß, der seinerseits mehrere unterschiedliche Workprozesse steuert. Es gibt folgende Spezialisierungen von Workprozessen:

- *Dialog-Workprozeß:* wird für die Ausführung von ABAP/4-Dialogprogrammen oder Reports genutzt. Er erteilt wechselseitig dem Dynpro-Interpreter oder dem ABAP/4-Interpreter die Kontrolle.
- *Batch-Workprozeß:* wird für die Abarbeitung von Reports im Hintergrund benötigt.
- *Spool-Workprozeß*: steuert den gepufferten Ausdruck von Reportlisten.
- *Verbuchungs-Workprozeß:* dient der automatischen asynchronen Verbuchung von protokollierten Buchungssätzen.
- *Sperr-Workprozeß:* steuert die SAP-interne Sperrverwaltung.

2.1.3 Präsentationsserver

Auf jedem Präsentationsserver läuft der sog. SAPGUI (SAP Graphic User Interface). Dieses Terminalprogramm (SAPGUI.EXE) realisiert das gesamte grafische Nutzerinterface des R/3-Systems. Es ist für die jeweilige Windowumgebung (Windows 3.1, Windows NT, OS/2 Presentation Manager, OSF/Motif) geschrieben und kommuniziert über das CPI/C-Protokoll mit dem

Dispatcher (bzw. mit einem seiner Dialogprozesse) des zugeordneten Applikationsservers. Die dabei ausgetauschten Daten sind unabhängig von der genutzten Oberfläche und stark komprimiert. Wenn beispielsweise ein Dialog am PC angezeigt werden soll, so sendet der Applikationsserver Layout- und Dateninformationen, aus denen der SAPGUI den Dialog zur Laufzeit dynamisch erzeugt und anzeigt.

2.2 Softwarearchitektur

2.2.1 Schichtenmodell

Die R/3-Software ist nach einem Schichtenkonzept aufgebaut (Abb. 2.2). Die unterste Schicht bildet die Betriebssystem- und Netzsoftware. Darauf setzt die Software des verwendeten DBMS auf. Die systemabhängigen Teile der R/3-Software befinden sich in einer Zwischenschicht (Middleware), die in C geschrieben ist. Die von dieser Schicht angebotenen Funktionen werden bei der Abarbeitung von ABAP/4-Code vom ABAP/4-Interpreter oder auch direkt aus ABAP/4 genutzt. Sie greifen auf den C-Kern oder direkt auf das Betriebssystem des Applikationsservers zu.

2.2.2 Anwendungssoftware

Die oberste Schicht ist die Anwendungsschicht, die die in ABAP/4 geschriebenen Programme enthält. Dazu gehören:

- Basismodule
  - Data Dictionary
  - Data Modeler
  - Workbench
  - Batchverwaltung
  - Batch Input
  - Administration

- Grundmodule

– CA (Cross-Application Functions)	Anwendungsübergreifende Komponenten
– WF (Workflow)	Workflow
– OSS (Online Service System)	Online Service System
– FI (Financial Accounting)	Finanzwesen
– TR (Treasury)	Finanzbudgetmanagement
– CO (Controlling)	Controlling
– IM (Investment Management)	Investitionsmanagement
– EC (Enterprise Controlling)	Unternehmenscontrolling
– LO (Logistics General)	Logistik allgemein
– SD (Sales & Distribution)	Vertrieb
– MM (Materials Management)	Materialwirtschaft

– QM (Quality Management)	Qualitätsmanagement
– PM (Plant Maintenance)	Instandhaltung
– PP (Production Planning)	Produktionsplanung und -steuerung
– PS (Project System)	Projektsystem
– PD (Personnel Planning and Development)	Personalplanung und -entwicklung
– PA (Personnel Administration and Payroll Accounting)	Personaladministration und -abrechnung

- Branchenmodule (IS = Industrial Solution)

– IS-H (Health)	Krankenhausmodul
– IS-B (Banking)	Bankenmodul
– IS-IS (Insurance Systems)	Versicherungen
– IS-IS/PP (Premium Payment)	Massenin- und -exkasso für Versicherungen

- Eigenentwicklungen der Nutzer.

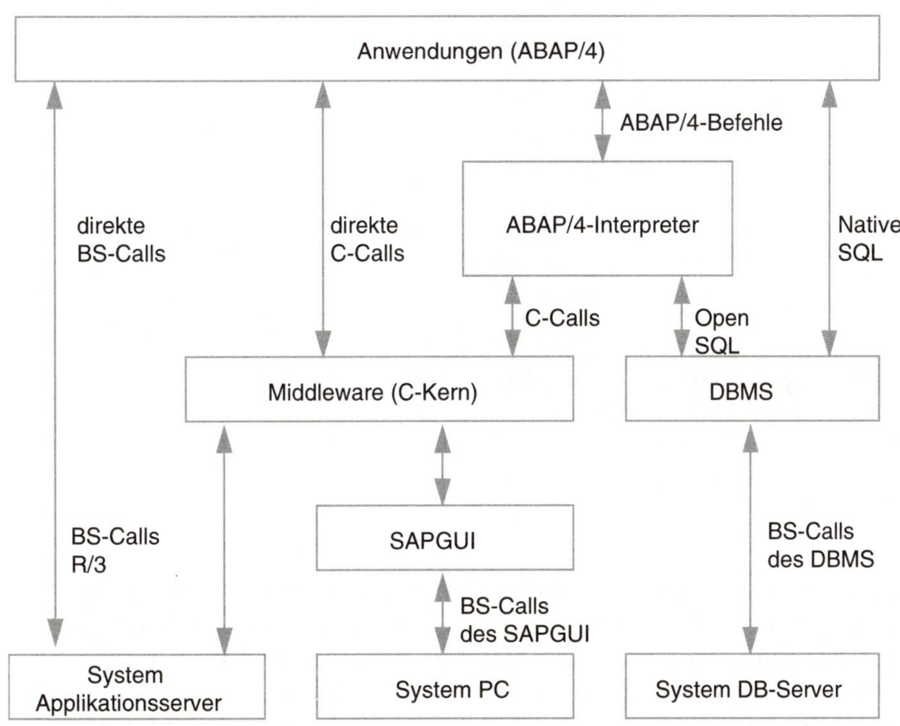

Abb. 2.2: Schichtenaufbau der R/3-Software

2.3 Bedienhinweise für Entwickler

2.3.1 Einloggen

Ab Release 3.0 loggt man sich über SAPLOGON.EXE in ein R/3-System ein (Abb. 2.3). Im üblichen Fall der Gruppenselektion wird dem Nutzer dabei vom System ein Applikationsserver zugeteilt. Nur in den Fällen, in denen man unbedingt auf einem konkreten Applikationsserver arbeiten möchte (z. B. bei Dateiimporten vom Filesystem eines konkreten Servers), wird man diesen Server explizit angeben.

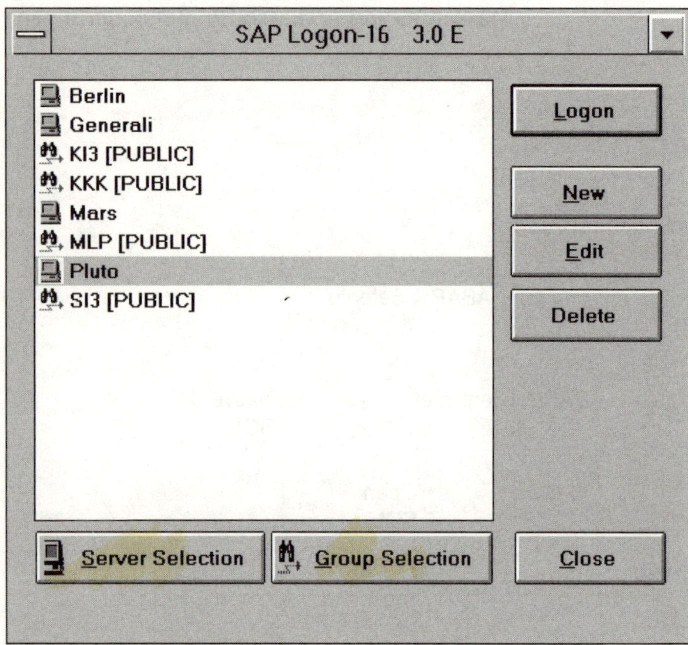

Abb. 2.3: SAPLOGON.EXE

Nach dem Herstellen der Verbindung wird der Bildschirm von Abbildung 2.4 gezeigt. Die hier verlangten Eingaben haben wesentlichen Einfluß auf die Funktion des gesamten Systems, insbesondere auch der Entwicklungsumgebung. Der Mandant nimmt für die Dauer der gesamten Sitzung eine Trennung der Nutzdatenbestände vor. Jeder Nutzer kann nur mit den Daten des Anmeldemandanten arbeiten. Eine Angabe des Mandanten auf einem Dialog oder in einem ABAP/4-Programm erübrigt sich. Besitzt der Nutzer keine Berechtigung für den angegebenen Mandanten, so wird die Anmeldung abgewiesen.

Metadaten im Data Dictionary und Programme im Repository sind dagegen immer mandantenunabhängig. Jedes Programm, jede Tabellen- oder Felddefinition ist sofort nach dem Speichern für jeden anderen Entwickler auf dem System sichtbar bzw. nach dem Aktivieren auch nutzbar.

Der Nutzername wird vom System für Protokolle, Änderungsnachweise usw. benutzt. Die Anmeldesprache steuert die Auswahl sprachabhängiger Texte und Menüs. Die genannten Eingaben sind für den Entwickler über die in Klammern angegebenen Systemvariablen jederzeit verfügbar.

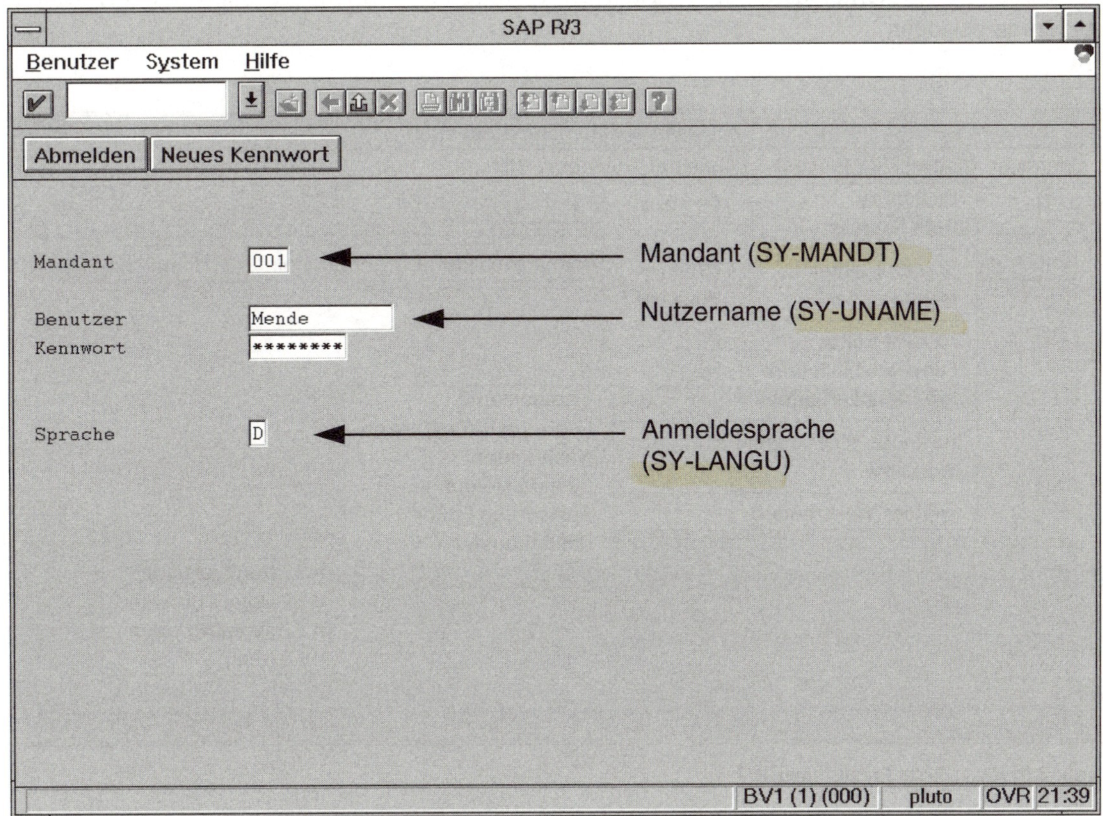

Abb. 2.4: Anmeldebildschirm des R/3-Systems

2.3.2 Mausbedienung, Menüs, Funktionstasten, Transaktionscodes

Der SAPGUI ist im Stil der jeweiligen Oberfläche geschrieben, wobei es zwischen Motif, OS/2 und Windows nur geringe Unterschiede in der Bedienung gibt.

Für die folgenden Aussagen dient der SAPGUI für Windows als Beispiel. Seine Oberfläche verhält sich wie ein normales Windows-Programm. Menüs, Symbolleisten, Tastenleisten und

Statuszeile sind wie üblich angeordnet und werden entsprechend bedient. Es ist für den Nutzer nicht ohne weiteres transparent, ob er mit einem Menüpunkt eine neue Transaktion startet (Bereichsmenü) oder nur einen neuen Dialog innerhalb einer Transaktion aufruft (Programmmenü).

Die Menüs sind wie unter Windows üblich kaskadiert. Neben den Befehlen sind die Funktionstasten angegeben (Abb. 2.5). Der Bediener kann SAP-Menüs nicht von selbstentwickelten Menüs unterscheiden, da beide mit denselben Werkzeugen entwickelt werden. Die standardisierten Menüpunkte *System* und *Hilfe* werden in jedem Menü angeboten. Hier kann man zu den verschiedenen Systemdiensten wie Listenverarbeitung, Spoolmonitor, Sperrmonitor, Batchsteuerung gelangen.

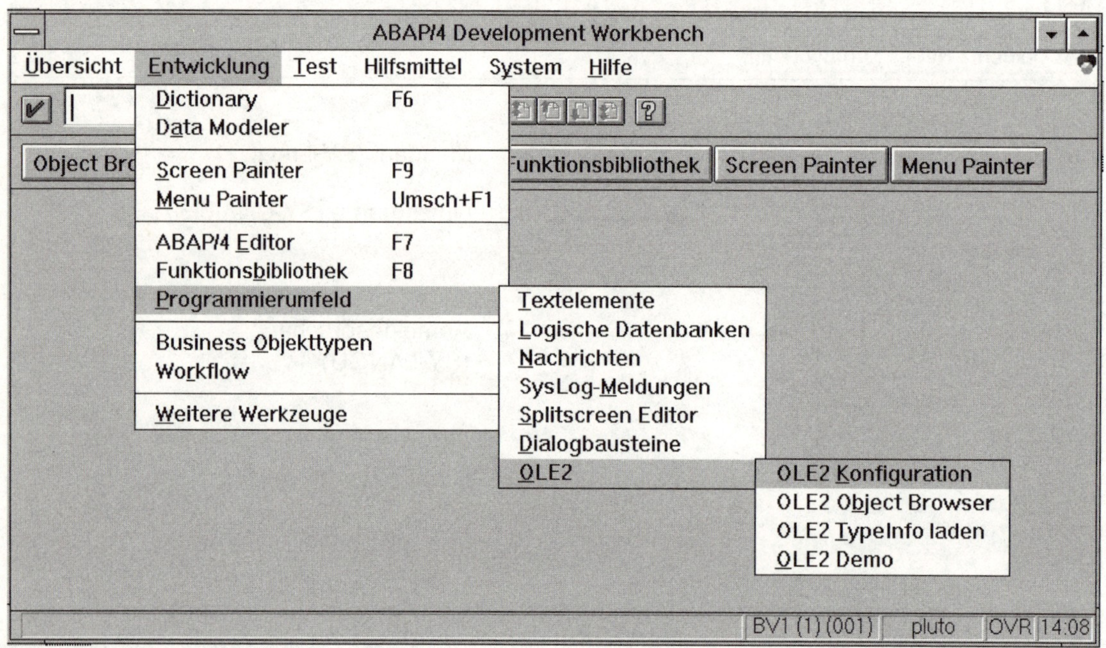

Abb. 2.5: Kaskadierte Menüs unter R/3

Die über das Menü aufrufbaren Dialogprogramme lassen sich auch direkt über sog. Transaktionscodes aus dem Kommandofeld der Symbolleiste starten (Abb. 2.6). Vor den Code muß ein /n (im selben Modus starten) oder ein /o (in einem neuen Modus starten) gesetzt werden. Eine Liste wichtiger Transaktionscodes befindet sich im Anhang. Die Symbolleiste enthält immer dieselben Symbole.

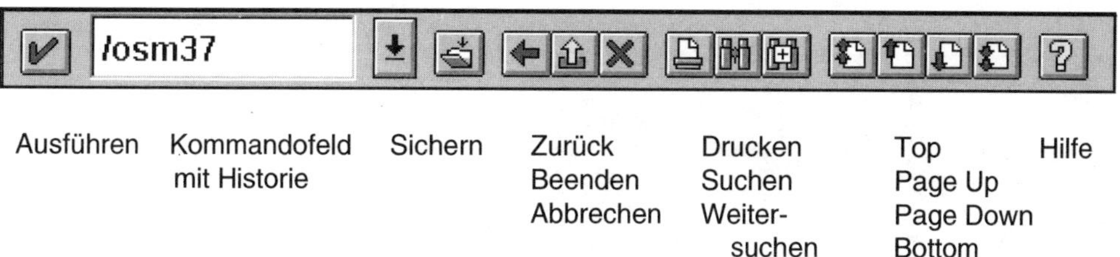

Abb. 2.6: Symbolleiste mit Befehlsfeld für Transaktionseingabe

Die Funktionstastenleiste bietet wichtige Programmfunktionen als Drucktasten an.

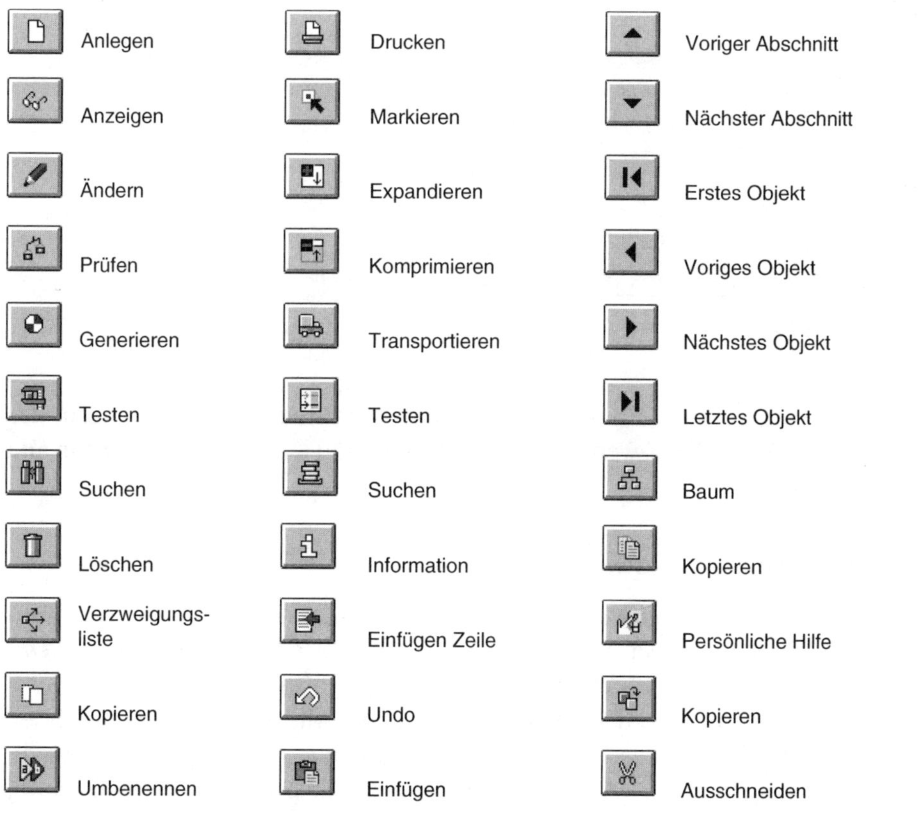

Abb. 2.7: Häufig verwendete Ikonen und ihre Bedeutung

Ab Release 3.0 werden dabei zur Abkürzung verstärkt Tasten verwendet, die ausschließlich Ikonen ohne zusätzlichen Text enthalten. Abbildung 2.7 zeigt die wichtigsten Ikonen mit ihrer standardisierten Bedeutung.

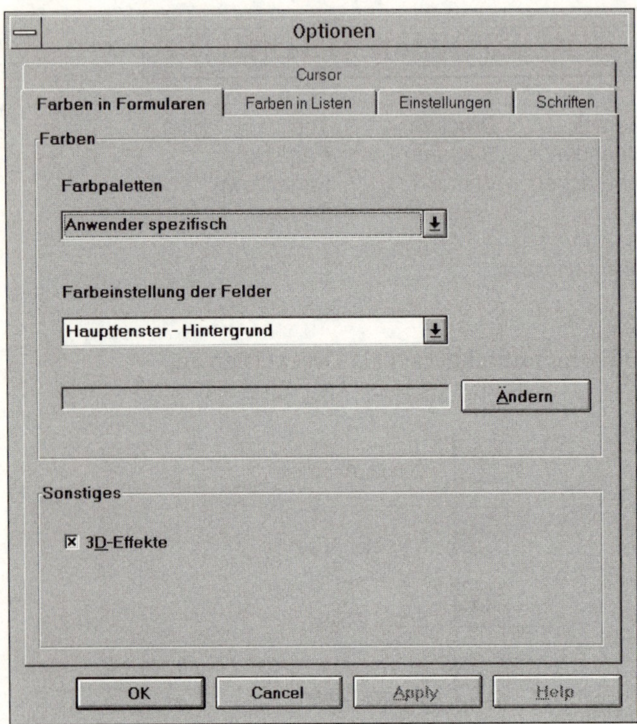

Abb. 2.8: Einstellungen des SAPGUI

Über die Palette am oberen rechten Bildrand lassen sich verschiedene Einstellungen des SAPGUI vornehmen (Abb. 2.8). Diese werden in der SAPGUI.INI erfaßt und gelten für alle nachfolgenden Anmeldungen.

2.3.3 Arbeiten mit mehreren Modi

Der SAPGUI selbst ist kein MDI-Programm (Multi Document Interface) im Sinne von Windows. Es ist jedoch möglich, zu einer bestehenden Anmeldung mit dem Befehl *System-/Erzeugen Modus* mehrere Instanzen des SAPGUI – sog. Modi – zu öffnen.

Die Modi 2, 3 usw. erben die Anmeldedaten vom ersten Modus. Alle Modi hängen am selben Server, nicht jedoch am selben Workprozeß. Viele Entwickler arbeiten mit zwei oder drei Modi, die sie in kaskadierter Form anordnen (Abb. 2.9). So können sie bequem zwischen häufig benutzten Werkzeugen hin- und herschalten (Beispiel: Screen Painter, ABAP/4-Editor, Tabellenanzeige).

Nicht zuletzt erweist sich ein zweiter Modus auch dann als günstig, wenn sich der erste Modus „verklemmt" hat (Endlosschleife im Programm, Sperreintrag auf Programm nach Kurzdump).

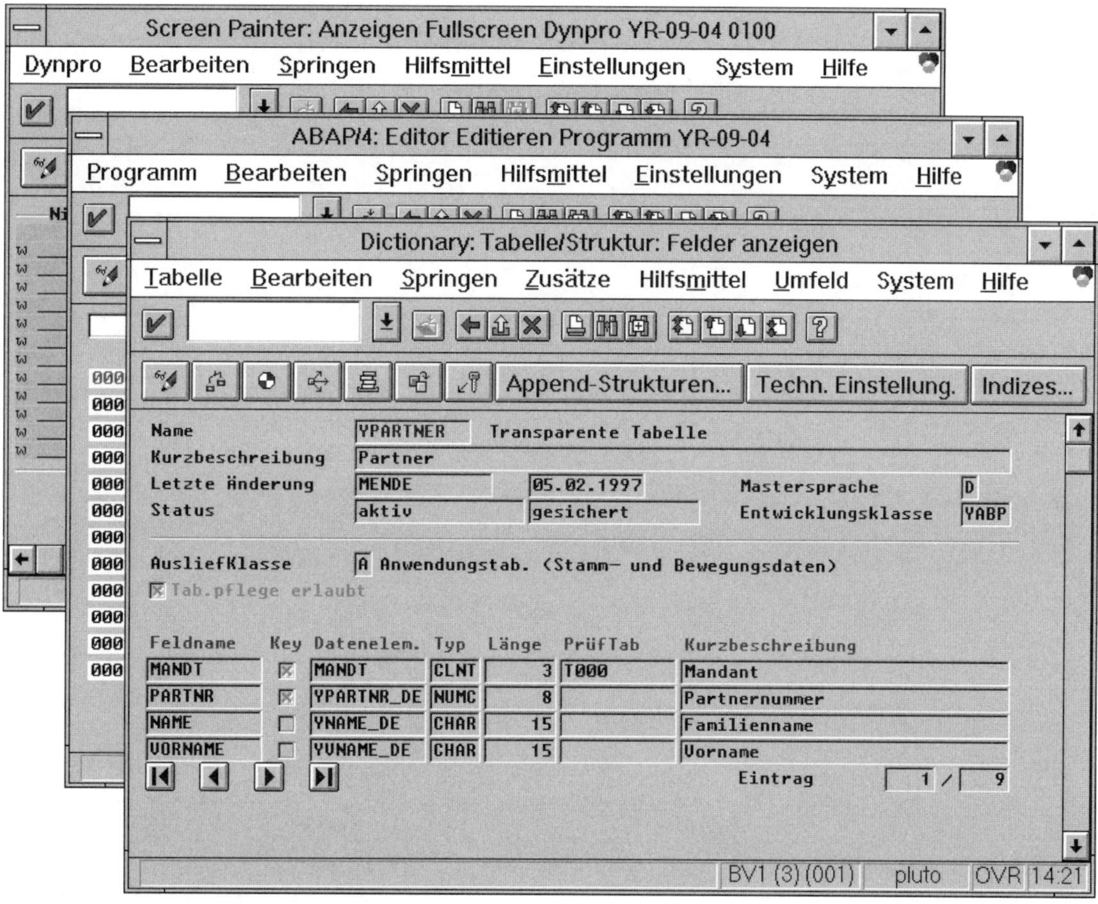

Abb. 2.9: Arbeiten mit mehreren Modi

3 Das Beispiel – ein Dienstleistungssystem

Alle folgenden Kapitel des Buches nehmen Bezug auf das Beispiel eines stark vereinfachten Bestands- und Abrechnungssystems eines Dienstleisters. Die Feld- und Tabellendefinitionen sowie die Bezeichnungen in den Datensätzen stammen aus dem Versicherungswesen, passen aber auch auf Banken, Energie- oder Wasserversorger oder Telekommunikationsunternehmen. Der Dienstleister verwaltet im Rahmen eines Bestandssystems Produkte, Partner und Verträge. Die verschiedenen angebotenen Produkte sind in Produktgruppen eingeteilt und werden durch eine Produktnummer gekennzeichnet. Sie werden in Form abgeschlossener Verträge an Partner verkauft.

Ein Vertrag wird durch eine Vertragsnummer identifiziert; er hat ein Anfangsdatum, eine Laufzeit, einen Betrag (Beitrag, Prämie usw.) und eine zugehörige Währungseinheit. Der Vertrag enthält Angaben über das jeweilige Produkt und über den Geschäftspartner.

Im Abrechnungssystem werden für alle abgeschlossenen Verträge Konten geführt. Die Konten verwalten Forderungen (Prämien, Beiträge usw.) und Verbindlichkeiten (Leistungen, Rückzahlungen usw.) in Form von Belegen. Auf dem Konto laufen Abrechnungen, Ein- und Auszahlungen usw. Ein solches Abrechnungssystem stellt eine Nebenbuchhaltung dar.

Tabelle 3.1: Bestandteile des logischen Datenmodells

System	Objekt	Attribut
Bestandssystem		
	Produkte	
		Produktnummer
		Produktgruppe
		Erklärender Text
	Partner	
		Partnernummer
		Name
		Vorname
		Anrede
		Geschlecht
		Straße
		Ort
		Postleitzahl
	Verträge	
		Vertragsnummer
		Partnernummer
		Produktnummer
		Kontonummer
		Betrag und Währung
		Anfangs- und Endedatum

System	Objekt	Attribut
		Angebotskennzeichen
Abrechnungssystem		
	Konten	
		Kontonummer
		Kontoart
		Sperrkennzeichen
	Belege	
		Belegnummer
		Buchungskreis
		Vertragsnummer
		Kontonummer
		Belegart und Buchungsgrund
		Betrag und Währungsschlüssel
		Buchungsdatum
		Belegtext

3.1 Logisches Datenmodell

Abbildung 3.1 zeigt das logische Datenmodell des stark vereinfachten DL-Systems. Die Objekte Partner, Produkte usw. sind durch Beziehungspfeile miteinander verbunden, die ein Prädikat als Bezeichnung besitzen. In Pfeilrichtung gelesen ergeben sich sinnvolle Sätze wie „Partner schließen Verträge“, „Konten verwalten Belege“ usw.

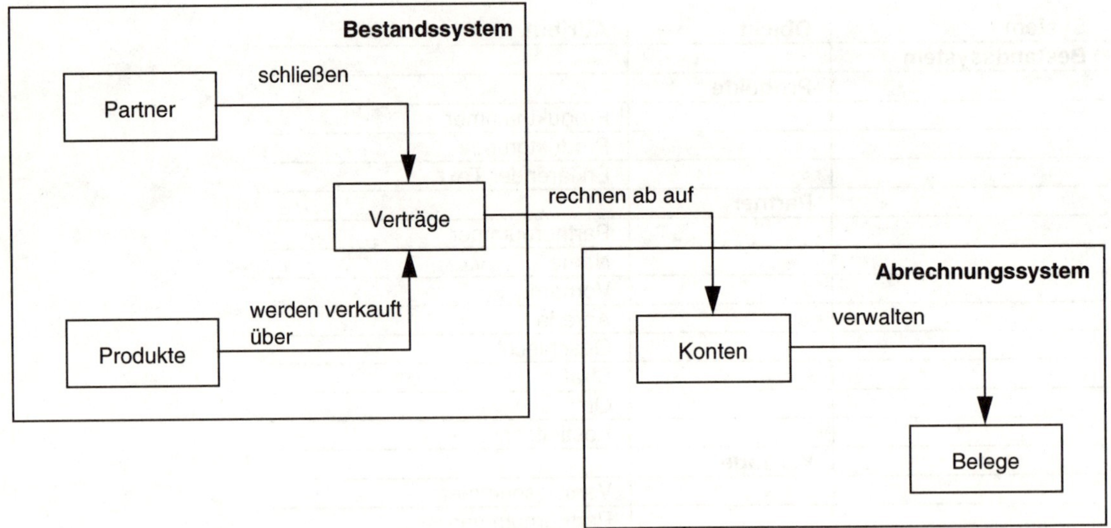

Abb. 3.1: Datenmodell eines Dienstleistungssystems

In der Praxis sind Bestandssystem (Vertragsverwaltung) und Kontosystem (abrechnende Nebenbuchhaltung) meist getrennte, jeweils sehr komplexe Systeme. Meist kommen weitere spezielle Systeme hinzu, bei Versicherungen z. B. Systeme für Schaden/Leistung, Provision und Rückversicherung.

Hier geht es jedoch nicht um die Abbildung dieser Realität, sondern um ein absichtlich stark vereinfachtes Datenmodell zum Erlernen der Entwicklungsumgebung.

3.2 Anwendung des Beispiels

Kapitel 4 zeigt, wie man das logische Datenmodell von Abbildung 3.1 im Data Modeler abbildet. Der Übergang vom logischen zum physischen Datenmodell im Data Dictionary (Tabellen, Felder und Fremdschlüssel) wird von R/3 unterstützt. Ein im Anhang beschriebener und auf Diskette beiliegender Report füllt die Tabellen mit den Beispieldaten. Auf der Grundlage dieser Daten, die außerdem vollständig im Anhang angegeben werden, wird die Reportprogrammierung mit Datenbankzugriff über Open SQL demonstriert. Die Beispiele zeigen die Lösung einfacher Fragestellungen wie „Zeige alle Verträge eines Partners", aber auch komplexer Abfragen mit Mehrfachjoins wie „Zeige alle Partner, die Verträge zu allen Produkten abgeschlossen haben". Anhand eines Buchungsdialoges wird eine Einführung in die Dialogprogrammierung gegeben. Die Verwendung von Matchcodes, logischen Datenbanken und Batchprogrammierung kann ebenfalls sehr anschaulich an diesem Beispiel dargestellt werden. Weiterhin wird der Datenimport über Batch-Input sowie über Dateischnittstellen diskutiert. Mit Hilfe des Beispielsystems kann der Leser alle Programme mit Datenbankzugriff sofort verifizieren. Der fortgeschrittene Leser wird versuchen, die formulierten Fragen mit Hilfe eines eigenen, skizzierten Programms vor dem Lesen selbst zu beantworten und die im Text angegebene Lösung zur Bestätigung zu nutzen. Der Einsteiger kann die Lösung Schritt für Schritt nachvollziehen. Dabei wird es hilfreich sein, daß alle Beispiele auf dieselben Tabellen und Daten zugreifen. Wenn die Tabellen mit den enthaltenen Daten bekannt sind, kann man sich besser auf den Inhalt der Programme konzentrieren.

Anwendung des Beispiels

4 Data Dictionary und Data Modeler

4.1 Data Dictionary

4.1.1 Konzept

Das Data Dictionary (DDIC) enthält alle Informationen über Struktur, Bezeichnungen und Beziehungen von Daten des R/3-Systems. Das Data Dictionary verwaltet keinerlei Nutzdaten, sondern nur sog. Metadaten. Andererseits wird es – wie die Nutzdaten auch – in der R/3-Datenbank abgelegt.

Beim direkten Arbeiten mit einem DBMS werden die Systemtabellen mit Befehlen wie CREATE TABLE, DROP TABLE, CREATE VIEW und GRANT gepflegt. Diese Systemtabellen stellen eine Art Data Dictionary des DBMS dar.

In R/3 werden die Systemtabellen des unterliegenden DBMS im Data Dictionary abgebildet und ausschließlich dort gepflegt. Das Data Dictionary geht jedoch weit über den Inhalt der Systemtabellen hinaus.

4.1.2 Einstiegsbild, Objekte

Das Data Dictionary wird interaktiv über die Transaktion SE11 gepflegt. Entwickler werden das Dictionary meist über die Drucktaste der ABAP/4-Workbench aufrufen. Das Einstiegsbild zeigt alle Objekttypen, die im Data Dictionary verwaltet werden. Die Bedienung erfolgt einheitlich für alle Objekttypen. Der Name wird eingegeben, dann wird die Aktion gewählt (Anlegen, Ändern oder Anzeigen). Im Kopf der nachfolgenden Pflegebilder werden für alle Elemente die folgenden Angaben erfaßt:

- Kurzbeschreibung
- Letzte Änderung, Name, Datum
- Status
  - neu, nicht gesichert
  - überarbeitet, nicht gesichert
  - überarbeitet, gesichert
  - aktiv, gesichert
- Entwicklungsklasse

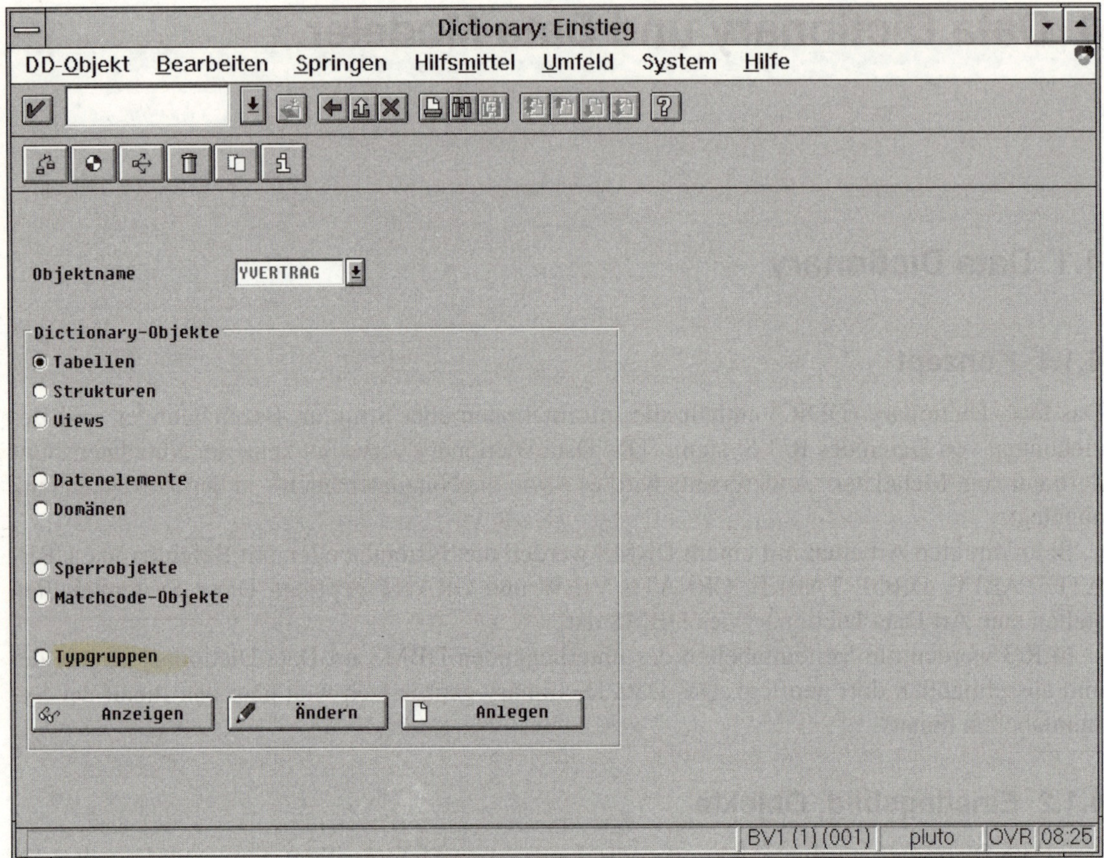

Abb. 4.1: Einstiegsbild für das Data Dictionary

Tabellen, Strukturen und Views werden als *Tabellenartige* einheitlich behandelt. Datenelemente und Domänen beschreiben die Eigenschaften von Feldern, die ausschließlich innerhalb der *Tabellenartigen* vorkommen.

Sperrobjekte und Matchcodeobjekte sind aggregierte, komplexe Objekte, die auf vorhandenen Tabellendefinitionen aufsetzen. Matchcodes dienen der Suche von Informationen in Tabellen, wenn die Primärschlüssel nicht bekannt sind. Über Sperrobjekte wird das SAP-eigene, logische Sperrverfahren abgewickelt.

Typgruppen sind persistente, nutzerspezifische Typdefinitionen. Sie werden in ABAP/4-Programme eingebunden und beschreiben beliebig komplexe Datentypen, z. B. geschachtelte Strukturen oder Strukturen mit eingebetteten Tabellen. Mit ihrer Hilfe können mehrere Programme auf zentrale Typdefinitionen zugreifen. Typgruppen sind mit den Headerfiles von C vergleichbar und werden gegenwärtig programmtechnisch auch über Includes realisiert.

4.1.3 Tabellen im Data Dictionary

Die wichtigsten Datentypen des Data Dictionary sind zweifellos die Tabellen. Das Dictionary der vorliegenden Installation enthält 10644 Tabellen. Im Data Dictionary müssen für alle in R/3 zu benutzenden Tabellen (Customizingtabellen, Tabellen für Stammdaten, Tabellen für Bewegungsdaten) folgende Eigenschaften hinterlegt werden:

- Name
- Felder mit semantischen und physischen Eigenschaften
- Primärschlüssel
- Technische Eigenschaften.

Optional können

- Fremdschlüsselbeziehungen
- Sekundärindizes

gepflegt werden. Man muß deutlich zwischen DDIC-Tabellen und Datenbanktabellen unterscheiden. Eine DDIC-Tabelle stellt eine Tabellenbeschreibung im Sinne einer Datendeklaration bzw. Typdefinition dar. Erst wenn auf der Grundlage einer DDIC-Tabelle eine Datenbanktabelle angelegt wurde, können Nutzdaten gespeichert werden. Die Datenbanktabelle stellt in diesem Sinne die Datendefinition bzw. das konkrete Datenobjekt dar.

In älteren Releaseständen von R/3 mußte der Nutzer nach der Definition der DDIC-Tabelle explizit eine Datenbanktabelle anlegen. Ab Release 3.0A wird dies bei der Aktivierung der DDIC-Tabelle automatisch erledigt, was einerseits dem Nutzer Arbeit abnimmt, andererseits aber den erwähnten Unterschied verdeckt.

Anlegen und Aktivieren

Das Einstiegsbild der Tabellenpflege ist in Abbildung 4.2 dargestellt. Folgende Angaben zur Tabelle werden erfaßt bzw. angezeigt:

- Auslieferungsklasse
  - „A“ = Anwendungstabelle
  - „C“ = Customizingtabelle u. a.
- Kennzeichen, ob Pflege erlaubt.

Die Felder der Tabellen werden ihrerseits ebenfalls in Tabellenform erfaßt. In die Spalten werden für jedes Feld eingetragen:

- Feldname
- Primärschlüssel-Kennzeichen
- Datenelement
- Prüftabelle.

Angegebene Datenelemente werden als bereits angelegt vorausgesetzt. Fehlen sie, wird der Benutzer zum Anlegen aufgefordert. Man kann sich in vielen Fällen auf bereits vorhandene Datenelemente beziehen, die in den SAP-Tabellen vorkommen.

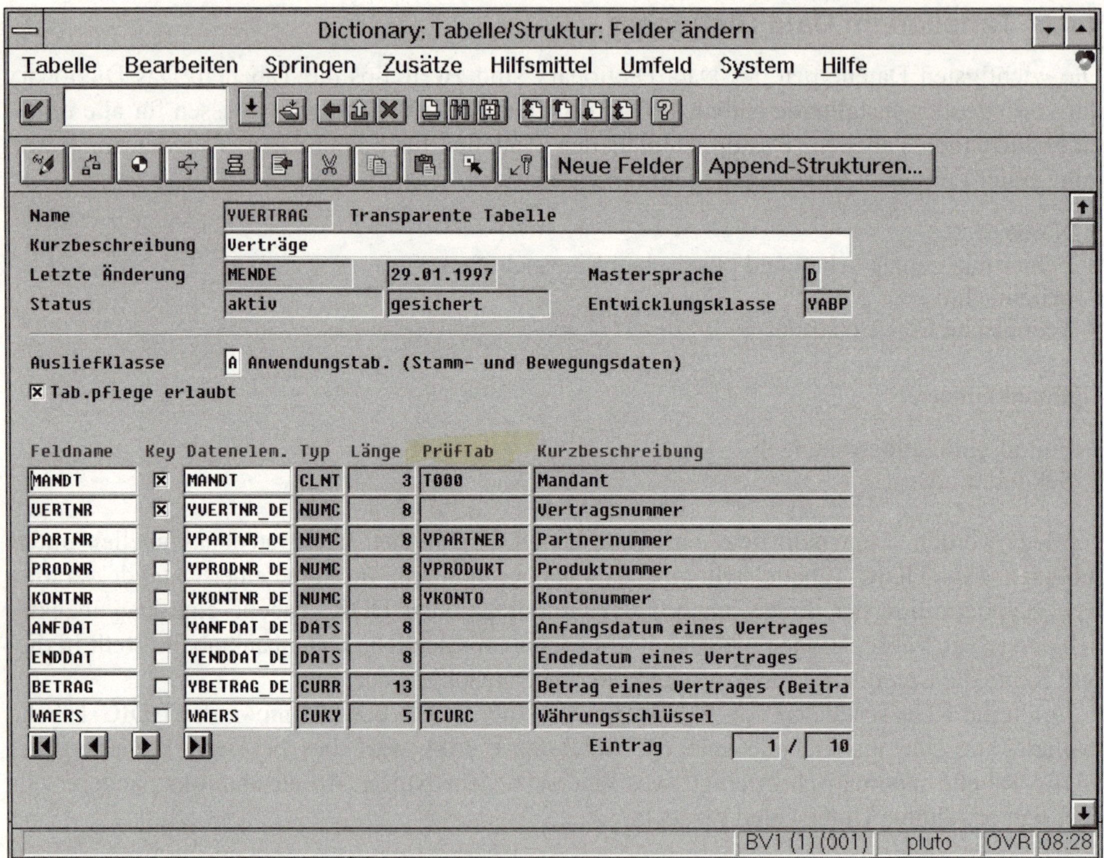

Abb. 4.2: Felder in Tabellen

Bei mandantenabhängigen Tabellen muß das Feld MANDT immer in die erste Zeile eingetragen werden. Es ist immer Primärschlüsselfeld. Dann folgen üblicherweise die anderen Primärschlüsselfelder und schließlich die Attributfelder.

Vor der Aktivierung einer Tabelle müssen ihre technischen Eigenschaften festgelegt werden (Abb. 4.3). Hier werden Angaben über die Datenart und die zu erwartende Tabellengröße gemacht. Ferner kann angegeben werden, ob und, wenn ja, wie die Tabelle gepuffert werden soll.

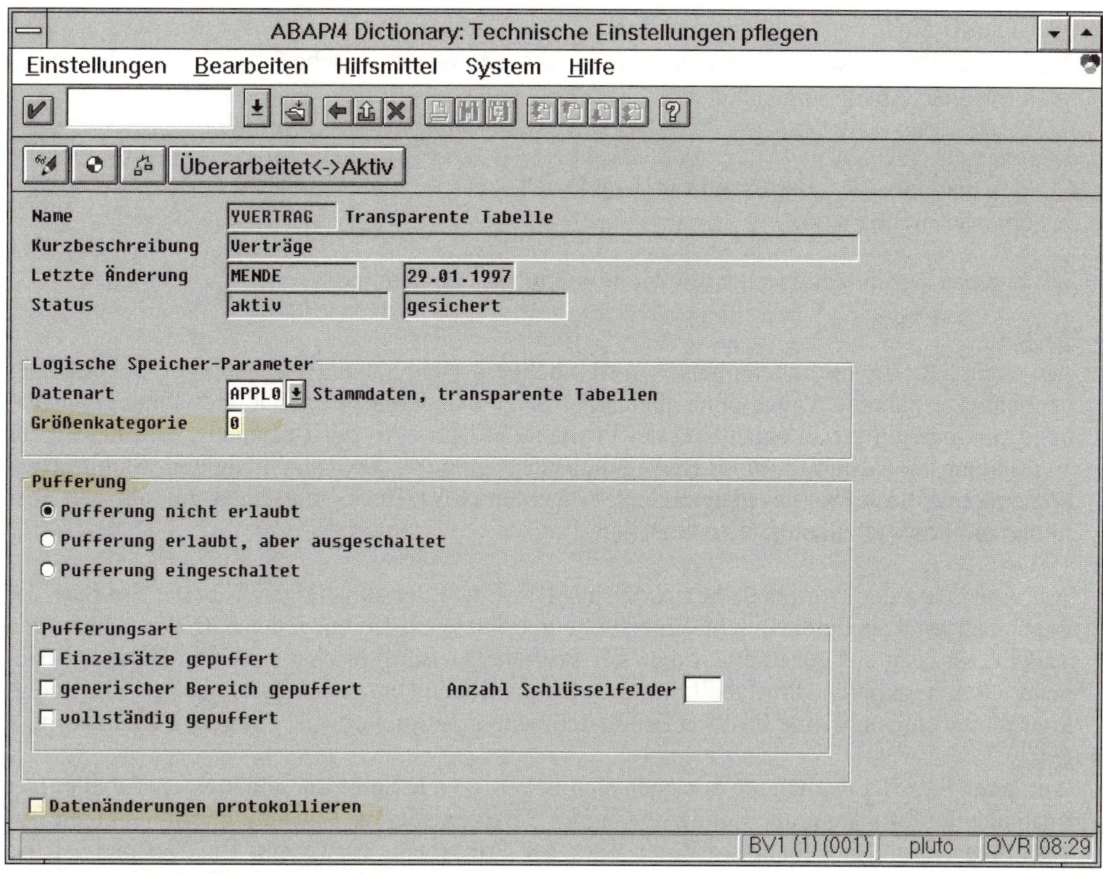

Abb. 4.3: Technische Eigenschaften einer Tabelle

Fremdschlüssel

Für jedes Feld einer Tabelle kann eine sog. Prüftabelle eingetragen werden. Felder, die diesen Eintrag enthalten, werden als Fremdschlüsselfelder bezeichnet. Sie verweisen auf einen Satz in der angegebenen Prüftabelle. Beispielsweise zeigt das Feld PRODNR in der Tabelle YVERTRAG auf genau einen Satz der Prüftabelle YPRODUKT. In YVERTRAG ist PRODNR kein Primärschlüsselfeld (könnte es aber sein), in YPRODUKT ist PRODNR ein Primärschlüsselfeld und muß es auch sein.

Für jede Fremdschlüsselbeziehung kann die Kardinalität in der Form

- U : A
- U = Anzahl Sätze in der unabhängigen Prüftabelle, {1,C}
- A = Anzahl Sätze in der abhängigen Fremdschlüsseltabelle, {C, N}

gepflegt werden. Die Angaben sind wie folgt zu lesen. Auf einen Satz der unabhängigen Tabelle können sich A Sätze der abhängigen Tabelle beziehen. Ein Satz der abhängigen Tabelle verweist auf U Sätze der unabhängigen Tabelle.

A kann beliebige positive Werte annehmen. U kann Werte zwischen 0 und 1 annehmen. Es werden folgende Abkürzungen benutzt:

- 1 : genau ein Satz
- C : kein oder ein Satz, abkürzend für „Can have"
- N : ein oder mehr Sätze

Damit ergeben sich folgende sinnvolle Kombinationsmöglichkeiten:

- 1:CN
  Auf einen Satz der Prüftabelle beziehen sich beliebig viele Sätze der abhängigen Tabelle. Der unabhängige Satz kann auch ohne abhängige Sätze existieren. Jeder Satz der abhängigen Tabelle verweist auf genau einen Satz der Prüftabelle. Diese Art der Beziehung wird häufig zur Verbindung von Stamm- und Bewegungsdaten genutzt. Die unabhängigen Stammdaten können ohne die Bewegungsdaten angelegt werden (CN). Bewegungsdaten müssen sich aber immer auf konkrete Stammdaten beziehen.
- 1:N
  Auf einen Satz der Prüftabelle beziehen sich 1..N Sätze der abhängigen Tabelle. Ein Satz der unabhängigen Tabelle darf nicht ohne abhängige Sätze existieren. Jeder Satz der abhängigen Tabelle verweist auf genau einen Satz der Prüftabelle. Ein typischer Fall sind Belege, bestehend aus Belegköpfen (Prüftabelle) und Belegpositionen (Fremdschlüsseltabelle). Ein Belegkopf muß wenigstens eine Position beinhalten, jede Position verweist auf genau einen Kopf.
- C:CN
  Auf einen Satz der Prüftabelle beziehen sich beliebig viele Sätze der abhängigen Tabelle. Der unabhängige Satz kann auch ohne abhängige Sätze existieren. Ein Satz der abhängigen Tabelle kann, muß aber nicht auf einen Satz der Prüftabelle verweisen. Ein Beispiel ist das optionale Fremdschlüsselfeld „Akademischer Grad" in einer Mitarbeitertabelle, das auf eine Prüftabelle mit den möglichen akademischen Graden verweist. Bei Mitarbeitern ohne akademischen Abschluß bleibt das Feld leer.
- C:N
  Auf einen Satz der Prüftabelle beziehen sich 1..N Sätze der abhängigen Tabelle. Ein Satz der unabhängigen Tabelle darf nicht ohne abhängige Sätze existieren. Ein Satz der abhängigen Tabelle kann, muß aber nicht auf einen Satz der Prüftabelle verweisen.

Die Definition von Fremdschlüsselbeziehungen stellt die einzige Möglichkeit dar, große zusammenhängende Datenbestände redundanzfrei zu speichern.

Wenn häufige Tabellenzugriffe über Nichtschlüsselfelder zu erwarten sind, dann können zusätzlich zum Primärindex sog. Sekundärindizes gepflegt werden. Für diese werden auf der Datenbank Indextabellen angelegt. Beispielsweise ist bei Tabellen, die Buchungsstoff enthalten, ein Sekundärindex auf das Konto sinnvoll, da es eine typische Aufgabe der Abrechnung ist, alle Belege zu einem Konto zu finden.

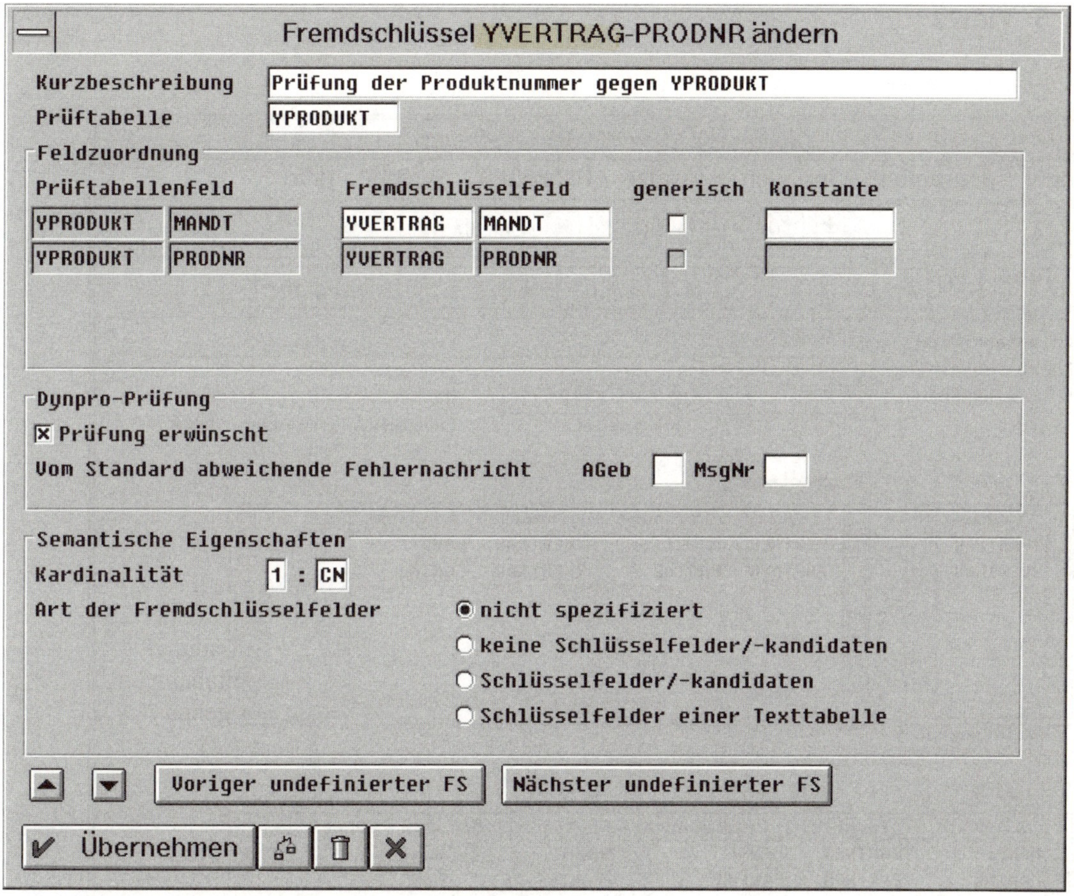

Abb. 4.4: Fremdschlüsselbeziehungen von Tabellenfeldern

4.1.4 Strukturen

Strukturen werden genau wie Tabellen im Data Dictionary angelegt. Der wesentliche Unterschied besteht darin, daß ihnen keine Datenbanktabellen zugeordnet werden. Mit Hilfe von Strukturen können keinerlei Daten in der Datenbank gespeichert werden. Der Begriff Schlüssel oder Index hat für Strukturen daher keine Bedeutung. Strukturen werden z. B. für die Typisierung von Parametern oder bei der Satzdefinition von Dateischnittstellen angewendet. Eine in fast allen Programmen benutzte Struktur ist SYST. Jedem Nutzer wird vom System eine Feldleiste des Typs SYST mit dem Namen SY bereitgestellt. Sie enthält 176 Systemfelder, die je nach Programmkontext vom System oder vom Anwenderprogramm gesetzt werden. Ein Auszug der wichtigsten SYST-Felder befindet sich im Anhang.

4.1.5 Views

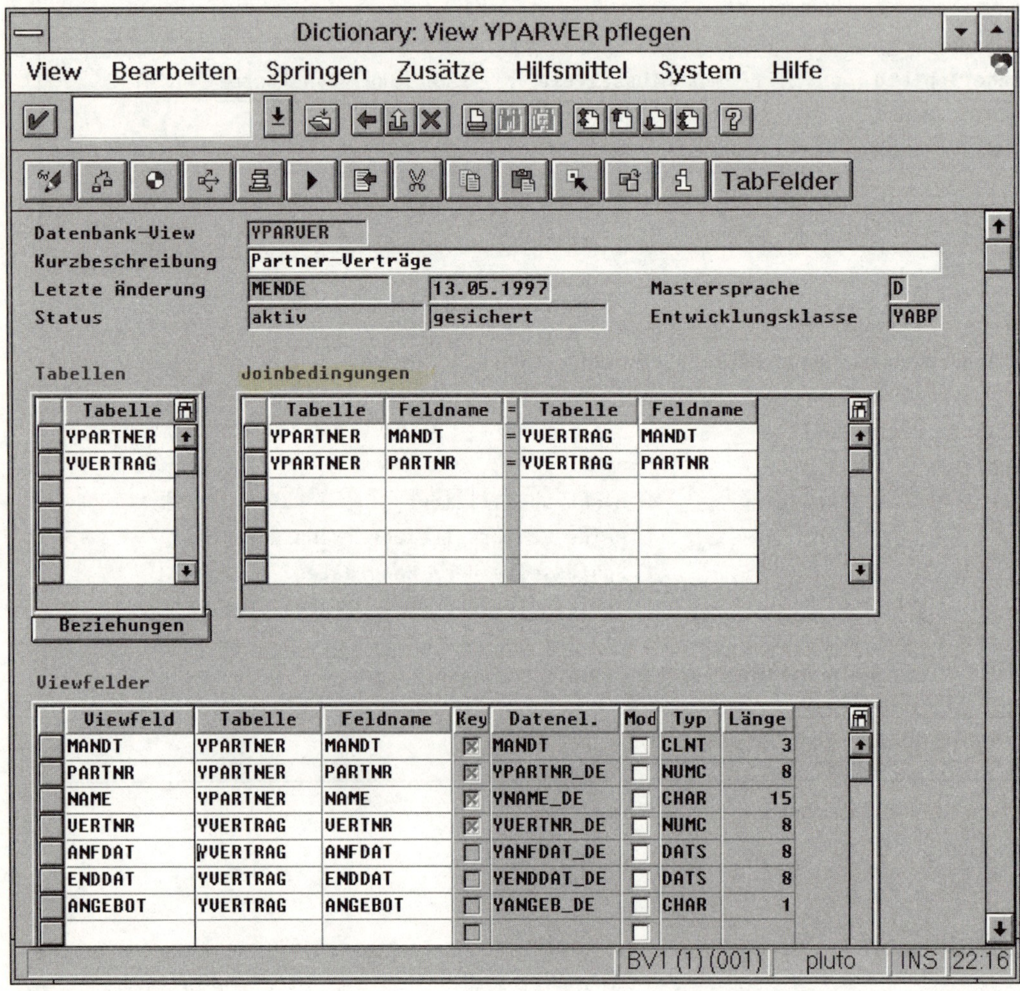

Abb. 4.5: Viewdefinition

Views stellen eine Art virtueller Tabellen dar, die aus einer oder aus mehreren Tabellendefinitionen aufgebaut werden. Mit Hilfe eines Views können zusammengehörende Informationen, die aus datenbanktechnischen Gründen in mehreren Tabellen gehalten werden müssen, scheinbar über eine einzige Tabelle – den View – angesprochen werden.

Als Beispiel zeigt Abbildung 4.5 die Definition eines Views über die Tabellen YPARTNER und YVERTRAG. Beide Tabellen des Views sind über eine Fremdschlüsselbeziehung miteinander verbunden. Diese Beziehung wird in den Joinbedingungen eingetragen, die dafür sorgen, daß zu jeder Partnernummer nur die Verträge zu eben diesem Partner angezeigt werden. Wenn die Bedingung fehlt, wird jeder Satz aus YPARTNER mit jedem Satz aus YVERTRAG kombiniert, was einem Produkt der Satzzahlen beider Tabellen entspricht.

Aus beiden Tabellen werden Felder in die Viewtabelle aufgenommen. Für einen View werden keine eigenen Datenbanktabellen angelegt. Er stellt eine neue, kombinierte Sichtweise auf bestehende Datenbanktabellen dar.

In Kapitel 6.9.4 wird gezeigt, wie mit Hilfe dieses Views sehr einfach eine Partner-Vertrags-Liste erstellt werden kann, die sonst nur über geschachtelte Select-Befehle realisierbar ist.

4.1.6 Felddefinitionen im Data Dictionary

Die Eigenschaften von Tabellenfeldern werden in R/3 über ein zweistufiges Konzept definiert.

Dabei besitzt jedes Tabellenfeld neben anderen Eigenschaften genau ein Datenelement, das die semantischen Feldeigenschaften beschreibt. Jedes Datenelement hat seinerseits genau eine Domäne, die die physischen Feldeigenschaften (Feldtyp, Länge, Wertebereiche oder Wertetabellen, Konvertierungen) erfaßt. Der Vorteil dieses Konzepts besteht in der Mehrfachnutzung von Datenelementen in unterschiedlichen Feldern bzw. von Domänen in unterschiedlichen Datenelementen. Wenn zwischen Feldern unterschiedlicher Tabellen eine Fremdschlüsselbeziehung besteht, erhalten diese Felder üblicherweise dasselbe Datenelement und damit implizit auch dieselbe Domäne. Spätere Änderungen, z. B. die Änderung einer Feldlänge an einer Domäne, schlagen auf alle beteiligten Tabellen durch. So werden Inkonsistenzen vermieden. Abbildung 4.6 zeigt die Beziehungen zwischen Domänen, Datenelementen und Tabellenfeldern, die vom Typ 1:CN sind.

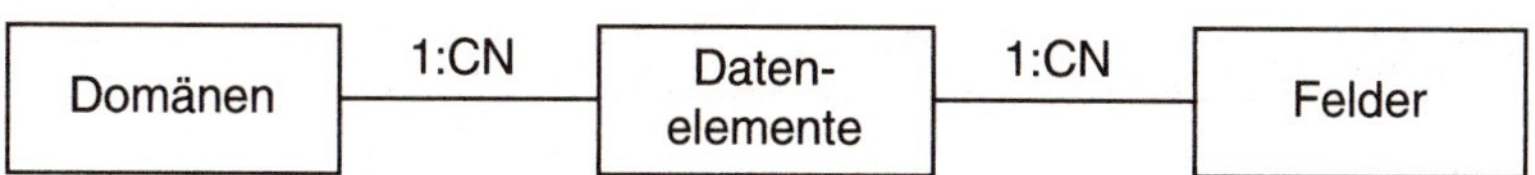

Abb. 4.6: Beziehungen zwischen Domänen, Datenelementen und Tabellenfeldern

4.1.7 Datenelemente

Datenelemente können direkt aus dem Data Dictionary oder während der Tabellenpflege angelegt werden. Neben dem Verweis auf eine vorhandene Domäne werden verschiedene Texte gepflegt. Diese können später als Eingabetexte oder Spaltenüberschriften in Dialogmasken verwendet werden. Die Pflege kann mehrsprachig erfolgen, so daß je nach Anmeldesprache unterschiedliche Beschriftungen auf den Dialogen erscheinen.

Über einen Parameter ID können alle Dialogfelder, die sich auf dieses Datenelement beziehen, automatisch mit Vorschlagswerten gefüllt werden. Die Vorschlagswerte können sowohl Festwerte aus dem Benutzerstammsatz sein als auch Werte, die von anderen Programmen gesetzt werden.

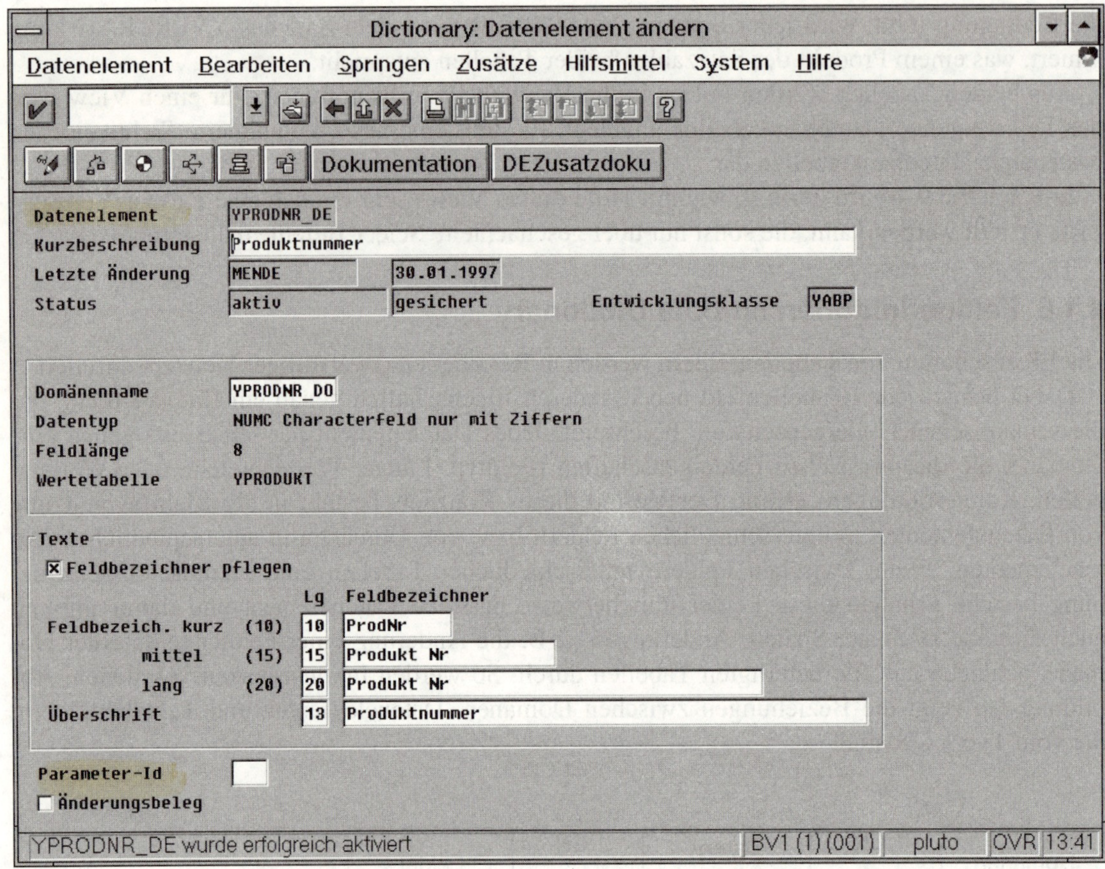

Abb. 4.7: Anlegen eines Datenelements

4.1.8 Domänen

Domänen werden entweder direkt aus dem Startbild des Data Dictionary oder aus einem Datenelement heraus angelegt. Die Formatangaben beziehen sich auf einen speziellen Zwischendatentyp, auch externer Datentyp genannt. Dieser stellt die Verbindungsschicht zwischen den Datenbank-Datentypen und den ABAP/4-Datentypen dar.

Eine Konvertierung ist in beide Richtungen möglich. Die Überführung in ABAP/4-Datentypen ist in der letzten Spalte dargestellt. Man erkennt, daß die Feldlänge in den meisten Fällen der internen ABAP/4-Feldlänge entspricht. Für spezielle Ausgabeaufbereitungen können eine externe Länge sowie die Kennung zweier Konvertierungsfunktionen (Kapitel 8) angegeben werden.

Tabelle 4.1: Datentypen in Domänen

Typ	Beschreibung	Feldlänge	Ausgabelänge	ABAP/4-Datentyp
ACCP	Buchungsperiode JJJJMM	6 (fest)	6	N(6)
CHAR(n)	Characterstrings	n < 255	n	C(n)
CLNT	Mandant	3 (fest)	3	C(3)
CUKY	Währungsfeld, von CURR-Feldern referiert	5 (fest)	5	C(5)
CURR (n, m, s)	Betragsfeld, zeigt auf ein CUKY-Feld	n ≤ 17		P((n+2)/2) DECIMAL m (NO-SIGN)
DATS	Datum JJJJMMDD	8 (fest)	10	D(8)
DEC (n, m, s)	Rechen- oder Betragsfeld mit Komma und Vorzeichen	n ≤ 17		P((n+2)/2) DECIMAL m (NO-SIGN)
FLTP	Gleitpunktzahl mit 8 Byte Genauigkeit	8	22 + Vorz.	F(8)
INT1	1-Byte-Integer bis 254, Dezimalzahl	1 (fest)	3	I
INT2	2-Byte-Integer bis 65.535	2 (fest)	5	I
INT4	4-Byte-Integer bis 536.870.991, Dezimalzahl mit Vorzeichen	3 (fest)	10	I
LANG	Sprachenschlüssel	1 (fest)	1	C(1)
LCHR(n)	lange Zeichenfolge, benötigt führendes INT2-Feld	n > 255		C(n)
LRAW(n)	lange Bytefolge, benötigt führendes INT2-Feld	n > 255		X(n)
NUMC	Beliebig langes Feld, in das nur Ziffern eingegeben werden können			N(n)
PREC	Genauigkeit eines QUAN-Feldes			
QUAN (n, m, s)	Mengenfeld, bezieht sich auf UNIT-Feld	n ≤ 17		P((n+2)/2) DECIMAL m (NO-SIGN)
RAW(n)	uninterpretierte Bytefolge	n		X(n)
TIMS	Uhrzeit, HHMMSS	6	8	T(6)
UNIT	Mengeneinheiten	3	3	C(3)

Der Wertebereich eines Feldes kann über seine Domäne auf zweierlei Arten eingeschränkt werden: über Festwerte oder über eine Wertetabelle. Festwerte werden der Domäne im Data Dictionary zugeordnet, meist ist ihre Anzahl klein. Auf Festwerte wird programmiert, d. h. sie erscheinen als Konstanten im Programmtext und können nicht durch Customizing ohne Programmanpassung geändert werden. Ein neuer Festwert erfordert neuen Quelltext. Wertetabellen stellen dagegen einen von außen veränderbaren Wertebereich dar. Sie haben keine unmittelbare steuernde Wirkung. Viele Customizingtabellen werden als Wertetabellen in Domänen verwendet.

Wenn einer Domäne Festwerte oder eine Wertetabelle zugeordnet sind, so kann über jedes Dialogfeld, das diese Domäne nutzt, mit F4 eine Wertehilfe angefordert werden.

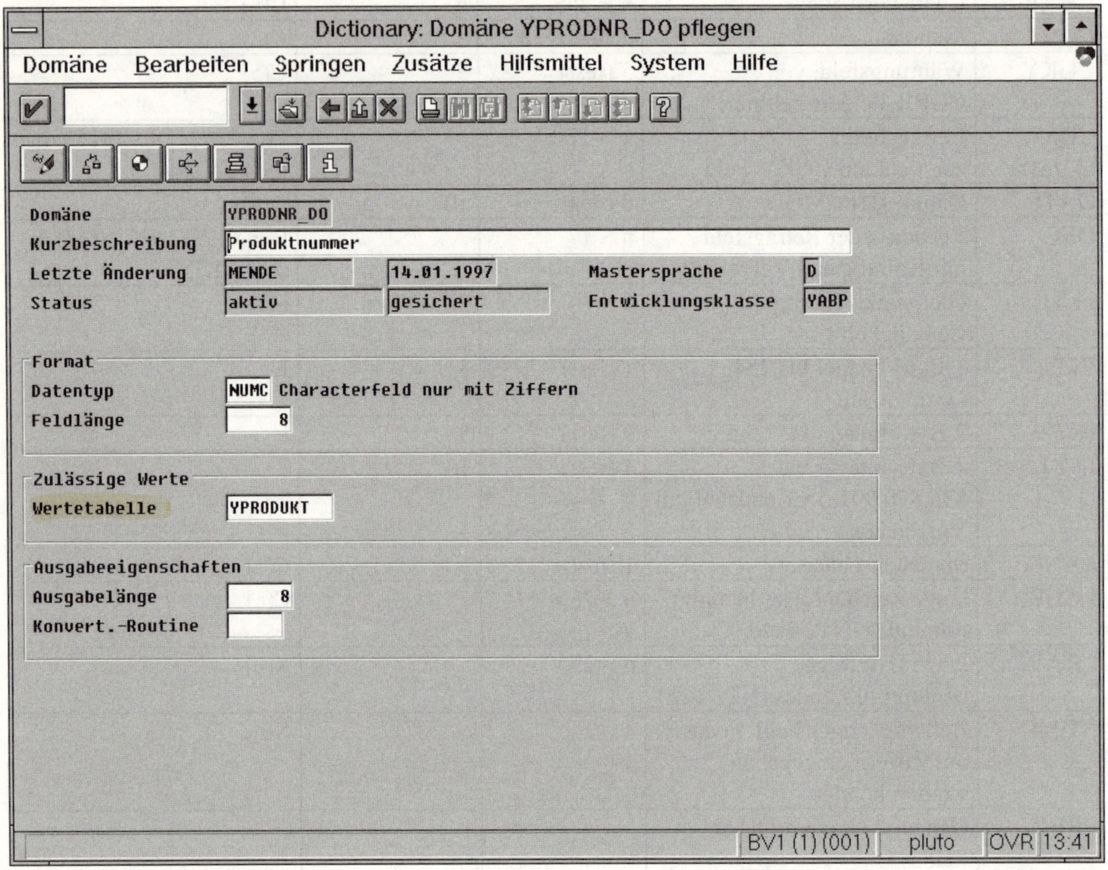

Abb. 4.8: Anlegen einer Domäne

4.1.9 Sperrobjekte

Sperrobjekte werden angelegt, um die SAP-eigene Sperrlogik zu implementieren. Im Gegensatz zu den Datenbanksperren können über den SAP-Sperrmechanismus einzelne Tabellensätze oder auch zusammenhängende Sätze mehrerer Tabellen gesperrt werden. Sperren bedeutet dabei, daß für ein im Dictionary angelegtes Sperrobjekt ein Eintrag in eine Sperrtabelle gesetzt wird. Dazu werden die Schlüssel des Objekts angegeben. Anders als die Datenbanksperren sind die SAP-Sperren nicht mit den Befehlen von Open SQL verbunden. Die SAP-Sperren müssen durch separate Funktionsbausteine gesetzt, geprüft und gelöscht werden. Sie können jederzeit bewußt oder unbewußt umgangen werden.

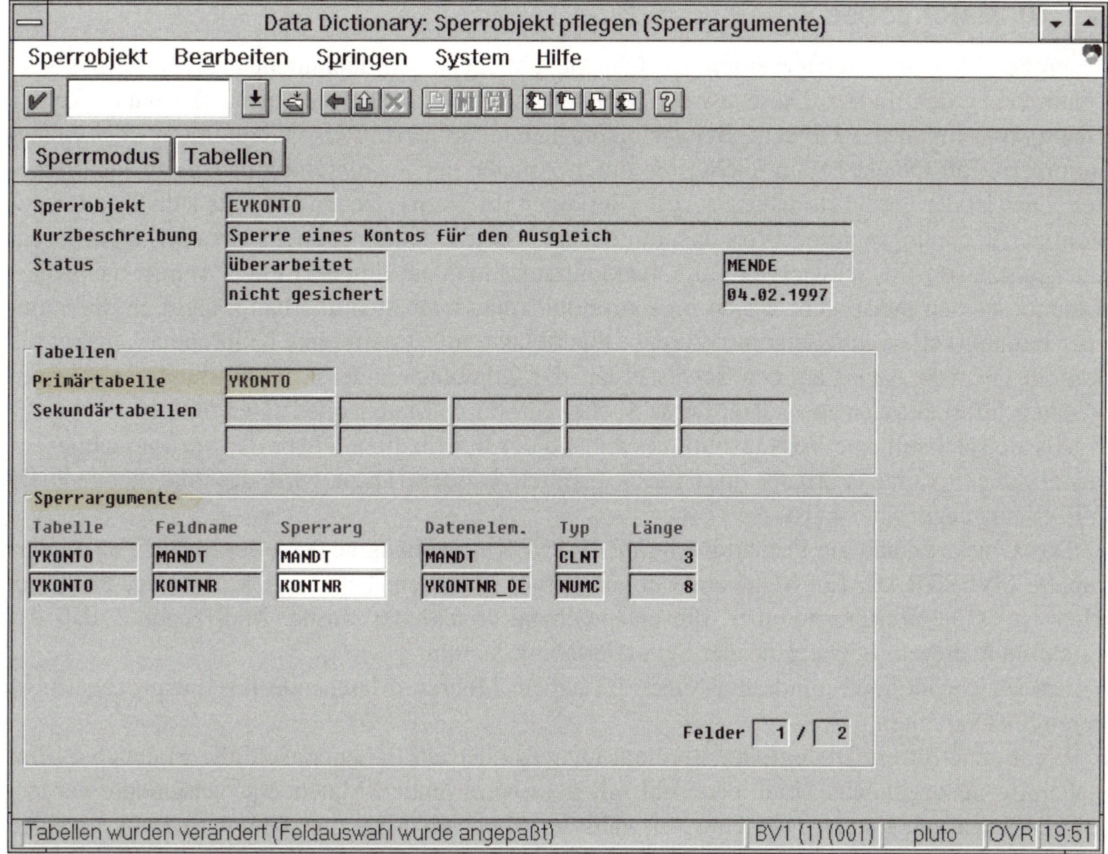

Abb. 4.9: Pflege eines Sperrobjektes

Abbildung 4.9 zeigt die Pflege eines Sperrobjektes EYKONTO, das zur Sperrung eines Kontos während des Ausgleichs benötigt wird. Alle Programme, die Belege auf ein Konto buchen wollen, müssen vorher testen, ob eine Sperre gesetzt ist. Im vorliegenden Fall entspricht das Sperrobjekt genau einem Satz der Tabelle YKONTO. Die Schlüssel dieser Tabelle sind daher auch gleichzeitig die Sperrargumente. Beim Aktivieren des Sperrobjekts EYKONTO werden die Funktionsbausteine

ENQUEUE_EYKONTO (Setzen und Abfragen von Sperreinträgen auf ein Konto)
DEQUEUE_EYKONTO (Löschen von Sperreinträgen auf ein Konto)

vom System generiert. Eine Erklärung der Parameter und der Verwendung von Sperrbausteinen erfolgt in Kapitel 8.

4.1.10 Matchcodes

In großen Datenbeständen werden die Objekte üblicherweise über nichtsprechende Schlüssel (Nummern) identifiziert. Diese werden meist vom System selbst vergeben und haben keinen Bezug zum Inhalt des Objekts. Beispiele sind Kontonummern, Personalnummern oder Belegnummern. Ein Objekt ist am leichtesten durch Angabe der Schlüsselnummer(n) zu identifizieren. Dies ist der Grund für häufige Aufforderungen der Form „Geben Sie bitte stets ihre Kontonummer/Rechnungsnummer/Vertragsnummer an". Ist die Nummer nicht bekannt, nicht lesbar oder falsch, so ist es schwieriger, ein Objekt aufzufinden. Die Eingabehilfe (F4) hilft bei großen Datenbeständen meist nicht, da sie im Extremfall (man kann sich überhaupt nicht an die Nummer erinnern) alle Schlüsselnummern der Objektklasse im System ohne Kommentar anzeigt. Es kommt vielmehr darauf an, den Schlüssel auf der Grundlage anderer, unvollständiger oder ungenauer Informationen zu suchen. Diese Suche wird durch Matchcodes unterstützt.

Als Beispiel soll eine Vertragsnummer anhand der Informationen über den vertragsschließenden Partner (Name, Vorname und PLZ) ermittelt werden. Dazu wird das Matchcodeobjekt YPAV angelegt (Abb. 4.10).

Das Objekt enthält als Primärtabelle YPARTNER (unabhängige Tabelle) und als Sekundärtabelle YVERTRAG. Ein Matchcode liefert immer genau ein Feld zurück, das sog. Suchfeld. Hier ist es die Vertragsnummer, die entsprechend angekreuzt wurde. Man beachte, daß das Suchfeld in diesem Beispiel aus der Sekundärtabelle stammt.

Ein Matchcode muß mindestens einen ID haben. Mehrere Matchcode-IDs entsprechen mehreren Suchvarianten.

Wenn man für ein Dialogfeld auf einem Dynpro oder ein Parameterfeld die Matchcode-Eingabehilfe nutzen möchte, muß das Feld mit dem betreffenden Matchcode verbunden werden. Bei Drücken von F4 erscheint eine Auswahl der Matchcode-IDs, aus denen eine auszuwählen ist. Als nächstes werden deren Suchfelder ganz oder teilweise ausgefüllt. Nach Betätigen der ENTER-Taste erhält man eine Liste der passenden Werte. Ein Doppelklick auf einen Eintrag übernimmt dessen Suchfeldwert in das Feld. Matchcodes können technisch auf verschiedene Art realisiert und gepflegt werden:

- „A" asynchrone Pflege über ein spezielles Utility-Programm
- „S" synchrone Pflege durch Open-SQL-Befehle
- „P" Pflege durch ein eigene Funktionsbausteine
- „I" Datenbankview und ggf. Datenbankindex
- „K" Matchcode im Klassifizierungssystem

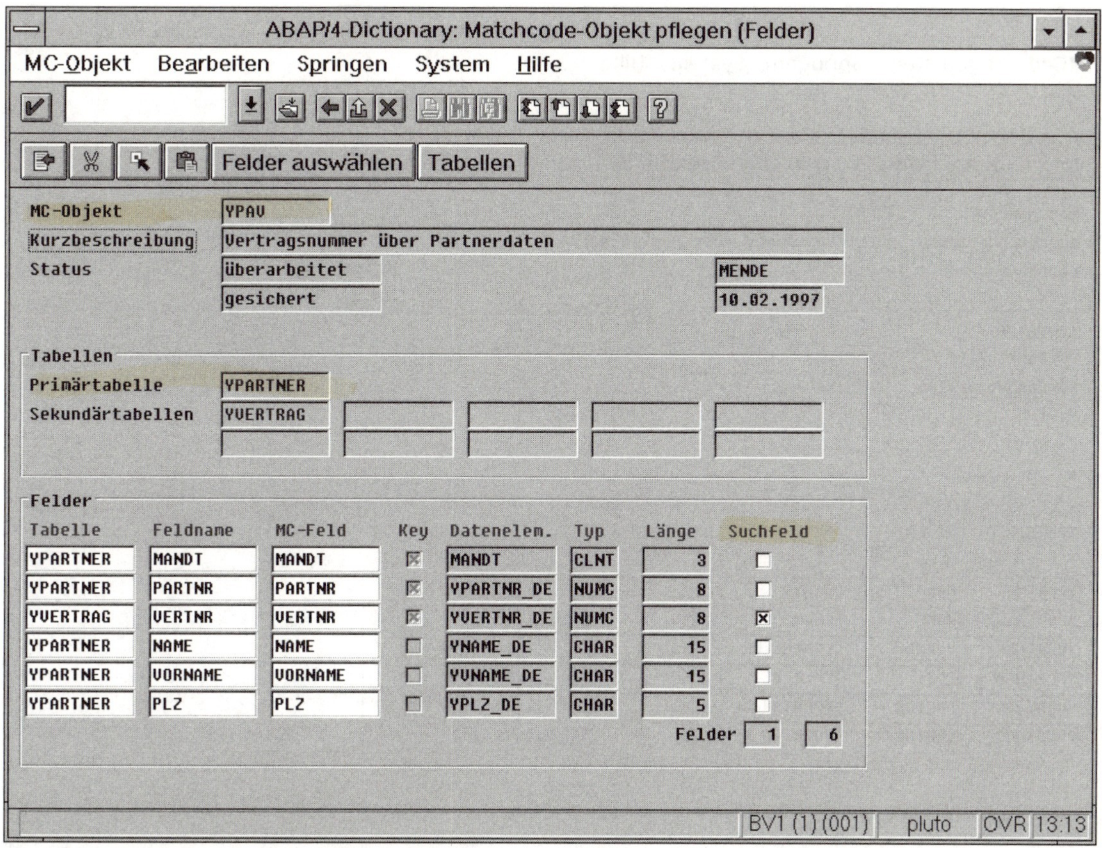

Abb. 4.10: Anlegen eines Matchcodeobjektes

Bei den Varianten „A“ und „S“ entstehen asynchron bzw. synchron zum Füllen der jeweiligen Tabellen spezielle Datenbestände für die Matchcodes. Im Standardfall „I“ ist das nicht so. Hier werden die Daten über einen View im Data Dictionary realisiert. Dieser View (hier M_YPAV1) sowie der zugeordnete Selektionsreport (hier MC_YPAV) werden vom System beim Aktivieren des Matchcode-ID generiert.

Abbildung 4.12 zeigt das Dialogprogramm YM-09-03, dessen Vertragsfeld mit dem Matchcode YPAV versehen wurde.

ABAP/4-Dictionary:Matchcode-Id pflegen (Felder)

MC-Id Bearbeiten Springen System Hilfe

Felder auswählen SelektBedg.

Matchcode-Id YPAV - 1
Kurzbeschreibung Vertragsnummer über Partnerdaten
Status aktiv MENDE
gesichert 10.02.1997

Tabellen
Primärtabelle YPARTNER
Sekundärtabellen YVERTRAG

MC-Id-Felder

Tabelle	MC-Feld	Datenelem.	Speicherung Länge	Offs	G/K	Anzeige Zl	Sp	Mod	kS	Parameter PId	SP	GP
YPARTNER	MANDT	MANDT	3	0	☐	0	0	☐	☐		☐	☐
YPARTNER	NAME	YNAME_DE	15		☐	1	1	☐	☐		☐	☐
YPARTNER	VORNAME	YVNAME_DE	15		☐	1	17	☐	☐		☐	☐
YPARTNER	PLZ	YPLZ_DE	5		☐	1	33	☐	☐		☐	☐
YPARTNER	PARTNR	YPARTNR_DE	8		☐	1	39	☐	☐		☐	☐
YVERTRAG	VERTNR	YVERTNR_DE	8		☐	1	48	☐	☐		☐	☐

Eintrag 1 / 6

BV1 (1) (001) pluto OVR 13:14

Abb. 4.11: Matchcode-ID pflegen

4.1.11 Typgruppen

Typgruppen gehören aufgrund ihrer logischen Funktion tatsächlich ins Data Dictionary. Nach der technischen Realisierung als Include werden sie allerdings den Programmteilen zugeordnet. Entsprechend erfolgt ihre Bearbeitung im Editor (Kap. 5).

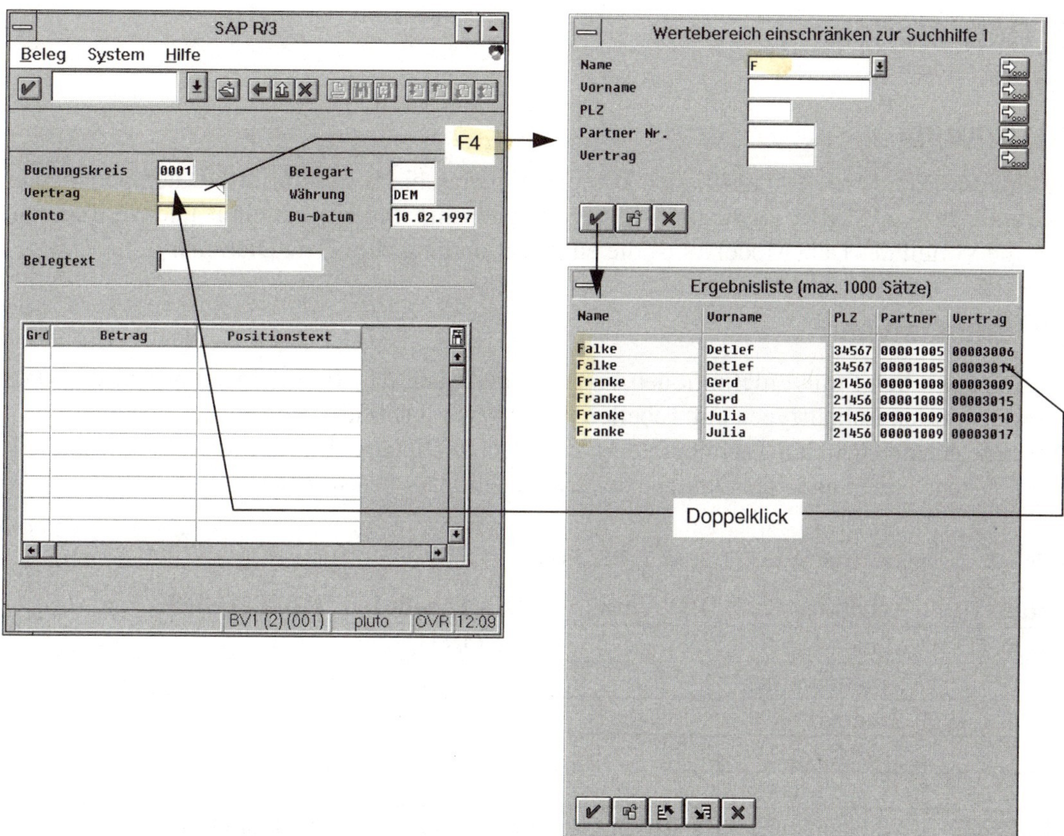

Abb. 4.12: Matchcode YPAV an einem Feld zur Eingabe einer Vertragsnummer

4.1.12 Arbeit mit dem Data Dictionary

Alle Standardzugriffe von R/3 auf die Datenbank laufen über das Data Dictionary. Das in Kapitel 6 beschriebene Open SQL von ABAP/4 greift ausschließlich über das Data Dictionary auf die Datenbank zu. Das gilt sowohl für alle SAP-Module als auch für die Eigenentwicklungen der Anwender.

Einfache Entwicklungsaufgaben erstellen Reports, die Auswertungen bestehender Tabellen vornehmen. Der Entwickler großer Anwendungsprojekte wird selbst neue Tabellen, Matchcodes usw. anlegen.

Das Data Dictionary beschreibt das Datenmodell einer Anwendung auf der untersten technischen Ebene, deren zentrale Begriffe Tabellen, Felder und Fremdschlüssel sind. Bei komplexen Anwendungen ist darüber hinaus eine abstraktere, logische, betriebswirtschaftliche Sicht wichtig. Zu diesem Zweck dient der Data Modeler.

4.2 Data Modeler

4.2.1 Konzept

Mit Hilfe des Data Modelers lassen sich komplexe, hierarchisch strukturierte Datenmodelle auf der Grundlage von SERM (Structured Entity Relationship Model) erstellen und verifizieren. Der große Vorteil des Data Modelers ist die enge Verbindung zum Data Dictionary.

4.2.2 Entitätstypen

Entitätstypen stellen Strukturdefinitionen von Informationen dar. Beim Übergang auf das Data Dictionary werden Entitätstypen auf Tabellen oder Views abgebildet.

Attribute entsprechen den Tabellenfeldern des Data Dictionary. Sie werden ebenso wie diese über ein Datenelement und eine Domäne des Data Dictionary beschrieben.

Tabelle 4.2: Die Entitätstypen Y_KONTO und Y_BELEG

Entitätstyp	Attribute	DD-View	DD-Tabelle1	DD-Tabelle2
Y_KONTO	Mandant		YKONTO	
	Kontonummer			
	Kontoart			
	SperrKZ			
Y_BELEG	Mandant	Y_BELEG	YBELKPF	YBELPOS
	Belegnummer			
	Belegposition			
	Betrag			
	Währung			
	...			

Der Entitätstyp Y_KONTO ist einfach strukturiert und wird darum direkt auf eine DD-Tabelle abgebildet. Der Entitätstyp Y_BELEG wird in zwei Teile zerlegt: die Kopftabelle YBELKPF und die Positionstabelle YBELPOS.

Entitäten stellen eine konkrete Ausprägung aller Attribute eines Entitätstyps dar. Entitätstypen und Entitäten verhalten sich zueinander wie Klassendefinitionen zu konkreten Objekten der jeweiligen Klasse. Es kann beliebig viele Entitäten zu einem Entitätstyp geben.

4.2.3 Beziehungen

Zwischen den Entitätstypen können Beziehungen unterschiedlichen Typs bestehen. Eine Beziehung wird als gerichteter Pfeil vom unabhängigen zum abhängigen Entitätstyp dargestellt. Als Beispiel besteht eine Beziehung zwischen dem Entitätstyp Y_PARTNER (Partner) und dem

Entitätstyp Y_VERTRAG (Verträge), wobei Y_PARTNER der unabhängige und Y_VERTRAG der abhängige Entitätstyp ist.

Beziehungen zwischen Entitätstypen werden durch Fremdschlüsselattribute erfaßt. Die Wertausprägungen solcher Attribute identifizieren eine konkrete unabhängige Entität.

Insbesondere für Entwickler ist die oben definierte Richtung des Beziehungspfeils oft irritierend. Sie verstehen den Fremdschlüssel in Y_VERTRAG als Zeiger auf die Entität Y_PARTNER und würden den Beziehungspfeil deshalb genau andersherum orientieren.

- *Referentieller Beziehungstyp:*
  Bei einer Beziehung dieses Typs verweist ein Schlüsselattribut einer abhängigen Entität auf ein Schlüsselattribut einer unabhängigen Entität. Das oben genannte Beispiel Partner-Vertrag ist von diesem Typ. Ein Vertrag hat immer einen Partner, der jedoch kein Schlüsselattribut in der Vertragsentität ist. Es ist jederzeit möglich, einen Vertrag auf einen anderen Partner umzuhängen.
- *Hierarchischer Beziehungstyp:*
  Die abhängige Entität ist existenzabhängig von der unabhängigen. Das bedeutet, daß das Fremdschlüsselattribut Teil des Schlüssels ist. Sein Wert darf während der Lebenszeit der abhängigen Entität daher nicht geändert werden. Die Attributwerte der unabhängigen Entität prägen die abhängige Entität.
- *Aggregierender Beziehungstyp:*
  Dieser Beziehungstyp ist ebenfalls hierarchisch, wird aber zusätzlich dadurch gekennzeichnet, daß an einem unabhängigen Objekt wenigstens zwei abhängige Objekte hängen.

Beziehungen zwischen Entitätstypen werden durch konkrete Beziehungen zwischen konkreten Entitäten der beteiligten Entitätstypen realisiert. Da beide Entitätstypen beliebig viele Entitäten besitzen können, entsteht die Frage nach der Kardinalität einer Beziehung. Die Kardinalität gibt an, wie viel abhängige Entitäten es zu einer unabhängigen Entität geben darf, bzw. ob eine abhängige Entität immer auf eine unabhängige Entität verweisen muß. Die Verhältnisse entsprechen denen bei den Fremdschlüsselkardinalitäten im Data Dictionary.

4.2.4 Spezialisierungen und Generalisierungen

Spezialisierungen bilden Vererbungen zwischen Entitätstypen ab. Der abgeleitete Entitätstyp ist die Spezialisierung, der Basistyp stellt die Generalisierung dar.

Eine spezialisierte Entität verweist auf die Attribute der Generalentität. Dieser Verweis wird am besten mit den Worten „Ist ein ..." beschrieben. Der Spezialisierungsentitätstyp definiert zusätzliche, eigene Attribute.

Die hier beschriebene Vererbung entspricht nicht der Vererbung im objektorientierten Sinne (C++). Dort wird beim Anlegen eines Objektes einer abgeleiteten Klasse nicht zwischen Basisobjekt und abgeleitetem Objekt unterschieden. Beide werden in einem Stück angelegt; es besteht daher zwischen ihnen immer eine 1:1-Beziehung.

Im Data Modeler kann es prinzipiell mehrere spezialisierte Entitäten zu einer Basisentität geben. Gleichzeitig können Basisentitäten in der Regel auch ohne Spezialisierungen existieren.

In speziellen Fällen kann man von einer Spezialisierung fordern, daß sie vollständig oder/und disjunkt ist.

Vollständige Spezialisierung
Jeder Basisentität ist mindestens eine spezialisierte Entität zugeordnet. Mit anderen Worten: Es gibt keine isolierten Basisentitäten. In C++ heißen solche Klassen, von denen keine Objekte gebildet werden können, abstrakte Basisklassen.

Disjunkte Spezialisierung
Eine Basisentität kann nur auf eine einzige Art spezialisiert werden. Diese Spezialisierung entspricht der Vererbung im objektorientierten Sinne. Ihr Vorteil besteht in der Vermeidung von Redundanz in der Datendefinition. Der Generalisierungsentitätstyp wird nur einmal beschrieben und in allen Spezialisierungstypen benutzt.

4.2.5 Datenmodelle

Datenmodelle fassen Entitätstypen und zugehörige Beziehungen zusammen. Man wird die Entitäten, die durch viele Beziehungen verbunden sind, in ein gemeinsames Datenmodell übernehmen. Im Beispiel des Dienstleisters nach Kapitel 3 sind das zwei Datenmodelle Y_BESTAND und Y_ABRECH. Diese beiden Datenmodelle sind nicht unabhängig voneinander. Sie sind über die Beziehungen zwischen den Entitätstypen Vertrag und Konto verbunden.

Als gesamtes, umfassendes Datenmodell wird Y_DL angelegt, das selbst keine Entitätstypen, sondern nur die beiden o. g. Teildatenmodelle enthält.

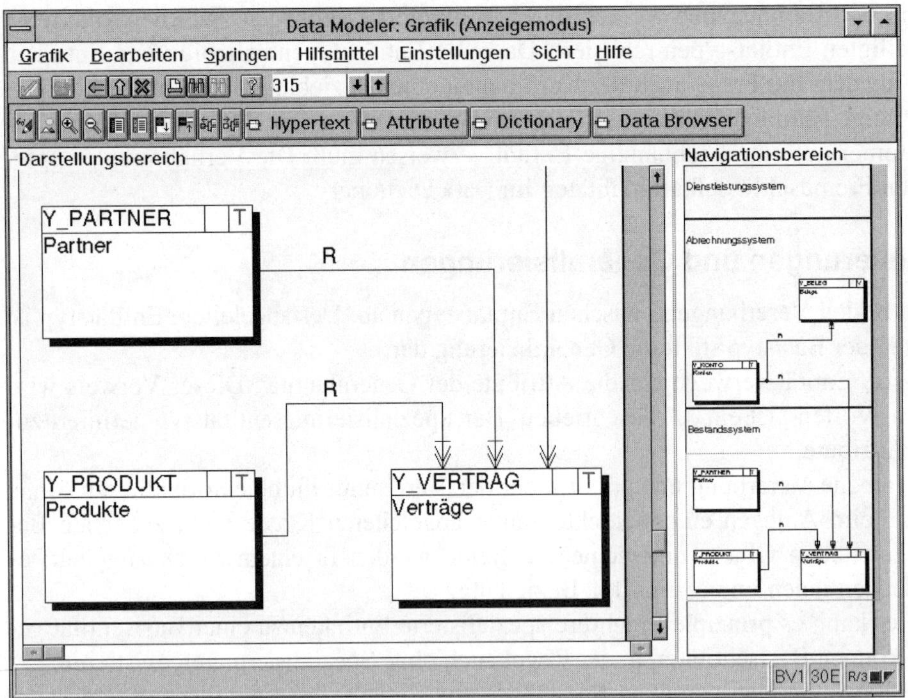

Abb. 4.13: Grafische Anzeige des Data Modeler

4.2.6 Die Verbindung zum Data Dictionary

Die Entitätstypen des Data Modeler werden auf Tabellen oder Views des Data Dictionary abgebildet. Dabei kann zuerst das Datenmodell entworfen werden. Anschließend können davon Tabellen abgeleitet werden. Umgekehrt können bestehende Tabellen- oder Viewdefinitionen als Ausgangspunkt für neue Entitätstypen verwendet werden.

Die Beziehungen des Data Modeler werden auf Fremdschlüsselbeziehungen zwischen den beteiligten Tabellen umgesetzt.

5 Workbench

Über die ABAP/4-Workbench werden alle Software-Entwicklungsarbeiten in R/3 abgewickelt. Die Workbench ist darauf ausgelegt, umfangreiche Softwareprojekte in großen, verteilten Teams sicher zu bearbeiten. Ziel dieses Kapitels ist es nicht, detailliert in die Bedienung der Workbench und ihrer vielfältigen Werkzeuge einzuführen. Es sollen vielmehr die Prinzipien der Strukturierung und des Zusammenspiels der verschiedenen Entwicklungsobjekte und Entwicklungstools erläutert werden. Wenn diese Prinzipien klar sind, ist eine intuitive Bedienung der Workbench ohne Studium umfangreicher Anleitungen möglich. Der Start der Workbench erfolgt über *Werkzeuge/ABAP4-Workbench* oder direkt über die Transaktion S001.

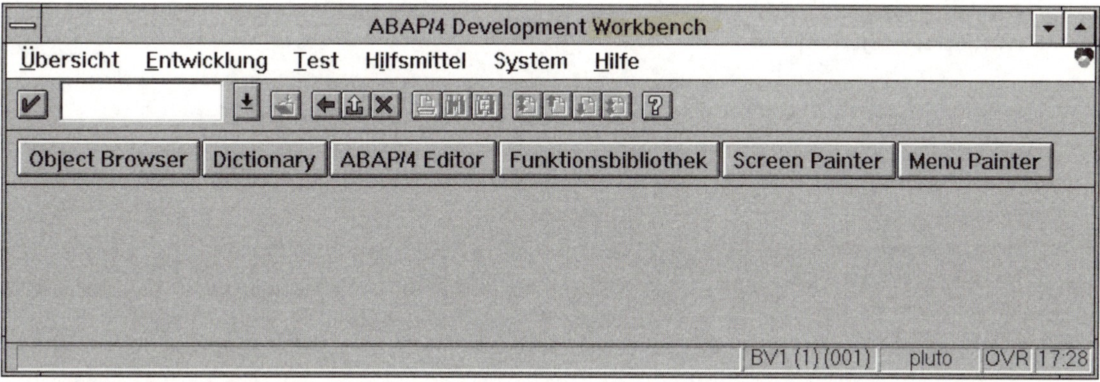

Abb. 5.1: Einstieg in die Workbench

Die Objekte der Programmentwicklung werden im Data Dictionary und im Repository abgelegt. Die Trennung zwischen beiden wird in der Literatur nicht einheitlich dargestellt. Vielfach wird folgende grobe Unterteilung verwendet:

- Data Dictionary
  Enthält die Metadaten des Systems, d. h. die Tabellen-, Feld- und Schlüsselbeschreibungen. Diese gelten programmübergreifend.
- Repository
  Umfaßt das Data Dictionary und enthält darüber hinaus alle Software-Entwicklungsobjekte, wie Programme, Funktionsbausteine, logische Datenbanken und Nachrichtenklassen.

Der Inhalt des Repository wird über den Object Browser dargestellt. Der Einstieg in den Object Browser ist nach Abbildung 5.2 über Objektlisten oder über Einzelobjekte möglich. Bei Einzelobjekten wird nach Eingabe eines Namens sofort das entsprechende Bearbeitungswerkzeug gestartet. Zusammengehörende Entwicklungsobjekte können besser in diversen Listenformen dargestellt werden. Die allgemeinste Listenform ist die sog. Entwicklungsklasse, spezialisierte Listen sind die Programmlisten. Listen selbst können nicht bearbeitet, sondern nur ausgewählt und angezeigt werden.

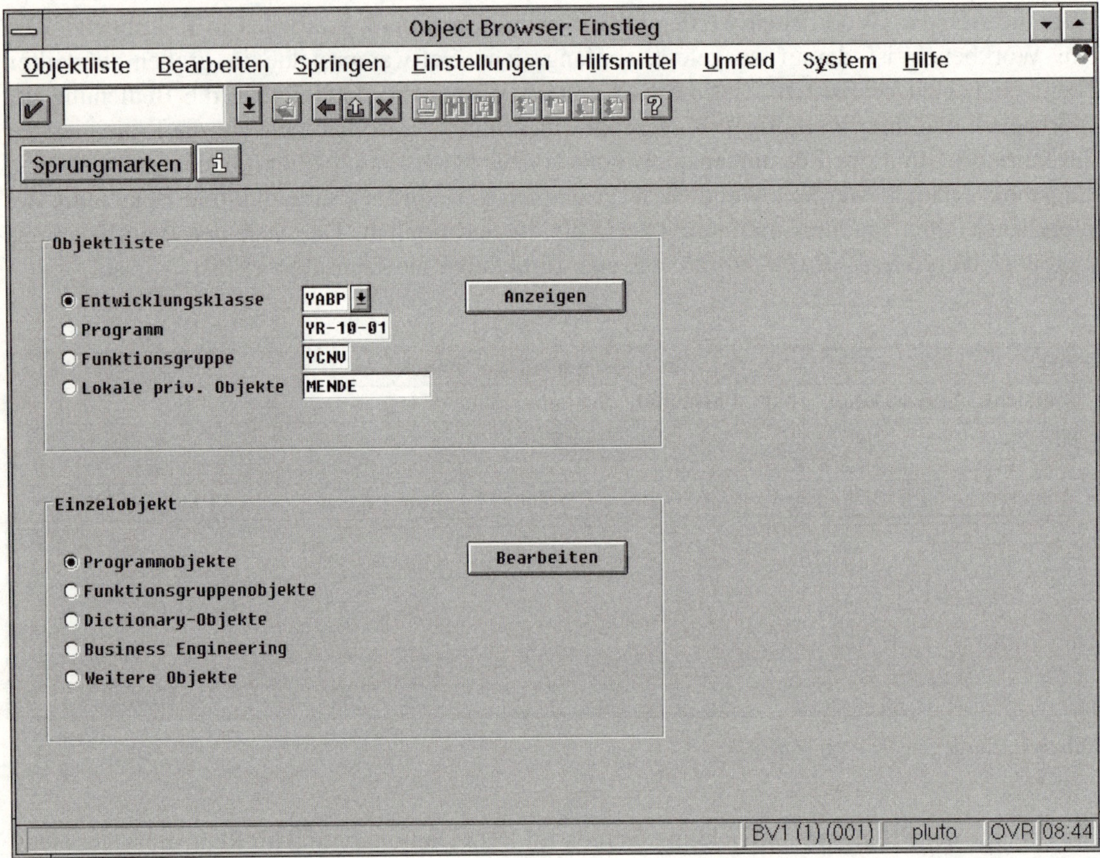

Abb. 5.2: Object Browser der Workbench

5.1 Objekte der Programmentwicklung

5.1.1 Entwicklungsklassen

Eine Entwicklungsklasse stellt einen Container für alle Entwicklungsobjekte einer Entwicklungsaufgabe dar. Sie ist hierarchisch organisiert und kann alle Arten von Entwicklungsobjekten beinhalten.

So wurden alle Datendefinitionen und Programme des vorliegenden Buches in der Entwicklungsklasse YABP bearbeitet (Abb. 5.3).

Eine Entwicklungsklasse kann vom Workbench Organizer geschlossen in ein anderes R/3-System transportiert werden.

Die spezielle Entwicklungsklasse $TMP ist jedem Entwickler zugeordnet. Unter dieser Klasse kann man Entwicklungsobjekte erstellen, die zunächst keinem Entwicklungsauftrag zugeordnet werden. Solche Objekte werden als lokale, private Objekte bezeichnet.

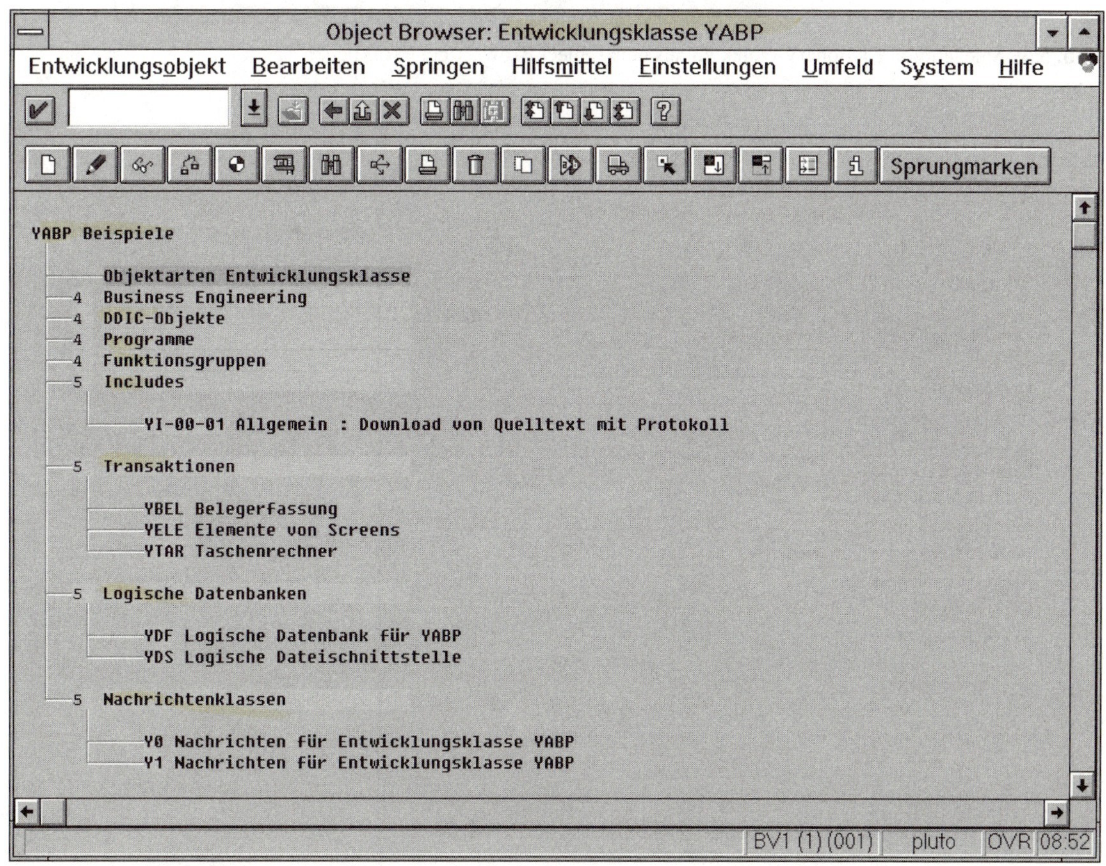

Abb. 5.3: Entwicklungsklasse YABP

Entwicklungsobjekte
Objektarten
Programmobjekte
Funktionsgruppenobjekte
Dictionary-Objekte
Business Engineering
Weitere Objekte
Dictionary Objekte
Dictionary Objekte
Tabelle
Struktur
View
Datenelement
Domäne
Sperrobjekt
Matchcodeobjekt
Typgruppe

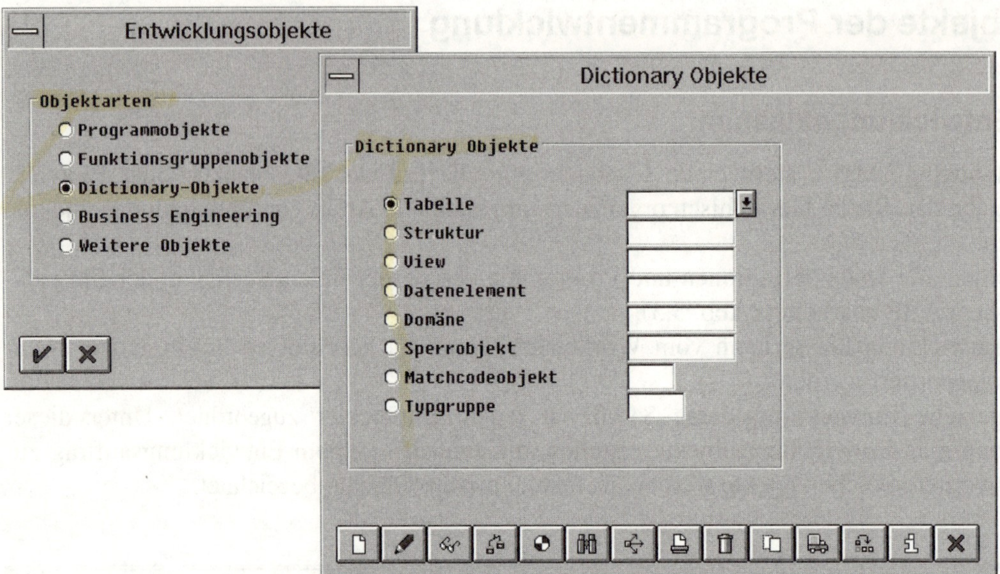

Abb. 5.4: Anlegen von Dictionary-Objekten aus dem Object Browser der Workbench

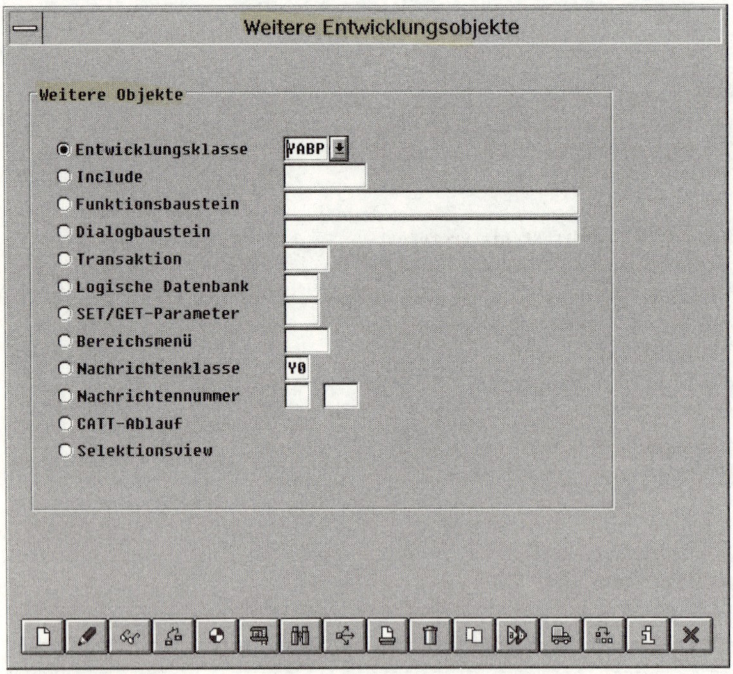

Weitere Entwicklungsobjekte
Weitere Objekte
Entwicklungsklasse
YABP
Include
Funktionsbaustein
Dialogbaustein
Transaktion
Logische Datenbank
SET/GET-Parameter
Bereichsmenü
Nachrichtenklasse
Y0
Nachrichtennummer
CATT-Ablauf
Selektionsview

Abb. 5.5: Anlegen weiterer Objekte aus dem Object Browser

Die Programmlisten und Funktionsgruppenlisten fassen alle Objekte eines Programms oder einer Funktionsgruppe zusammen. Das sind im Gegensatz zu den eigenständigen, programmübergreifenden Objekten wie Nachrichtenklassen und Logischen Datenbanken solche Objekte, die innerhalb eines konkreten Programms existieren.

Die Bearbeitung von Objekten funktioniert für alle Objektarten sinngemäß gleich. Nach Auswahl der Objektart wird der Name eingegeben und das Objekt wird angelegt bzw. bearbeitet.

Ein Doppelklick auf eine Liste des Object Browsers öffnet die entsprechende Liste. Ein Doppelklick auf eine Klassenbezeichnung zeigt alle vorhandenen Elemente der Klasse. Ein Doppelklick auf ein Element öffnet das entsprechende Bearbeitungswerkzeug. Als Beispiel wird ein neues Programm angelegt.

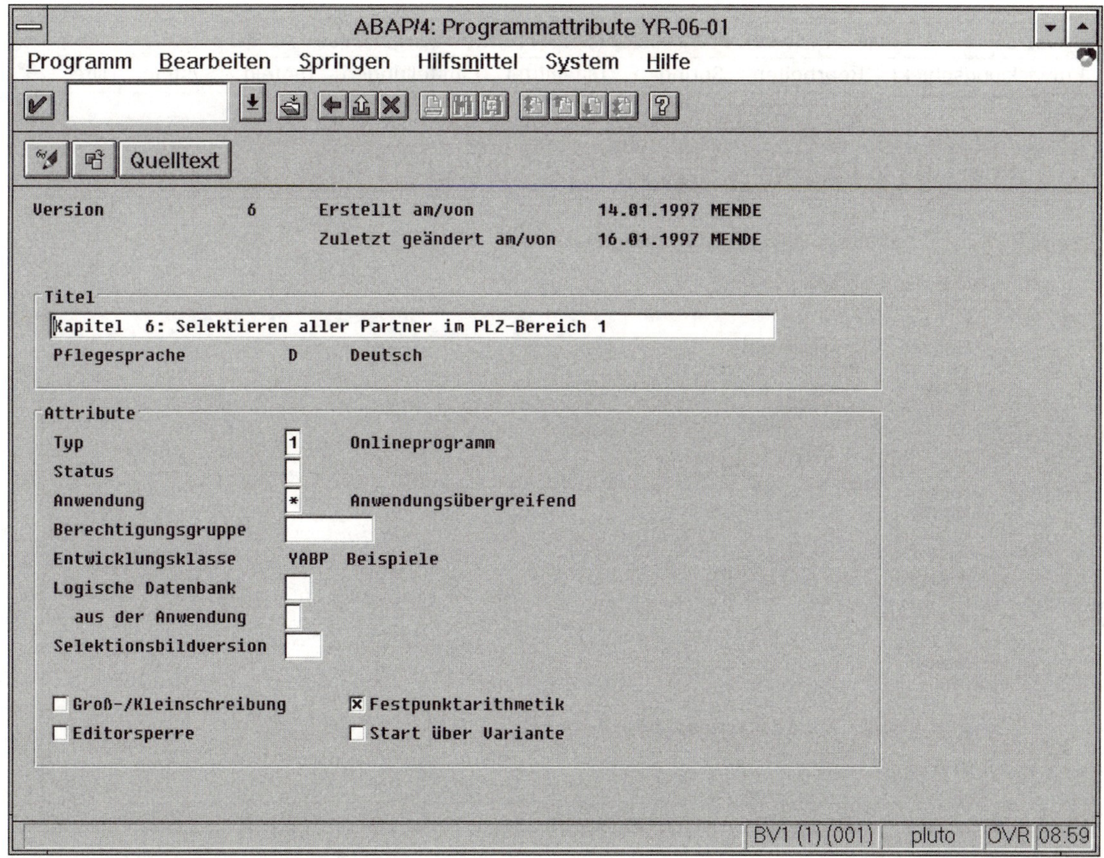

Abb. 5.6: Anlegen eines neuen Programms

5.1.2 Programmlisten

Die Programmliste eines konkreten Programms verwaltet alle Objekte und Gliederungspunkte, die dem Programm zugeordnet werden. Dabei werden echte Programmobjekte und Verweise (Verwendungen) gemischt. Abbildung 5.7 zeigt die Programmliste des Programms YM-09-03. Die unter dem Punkt DDIC-Strukturen angegebenen Tabellennamen sollen anzeigen, daß sich im Programm entsprechende TABLES-Deklarationen befinden. Dasselbe gilt für die globalen Daten, die PBO-Module usw. Diese Teile der Liste werden aus dem Quelltext abgeleitet. Im Gegensatz dazu stehen Dynpros (Dialogmasken mit Ablaufsteuerung) und Menüs. Diese werden aus der Programmliste heraus explizit angelegt und mit dem Screen Painter bzw. Menu Painter bearbeitet.

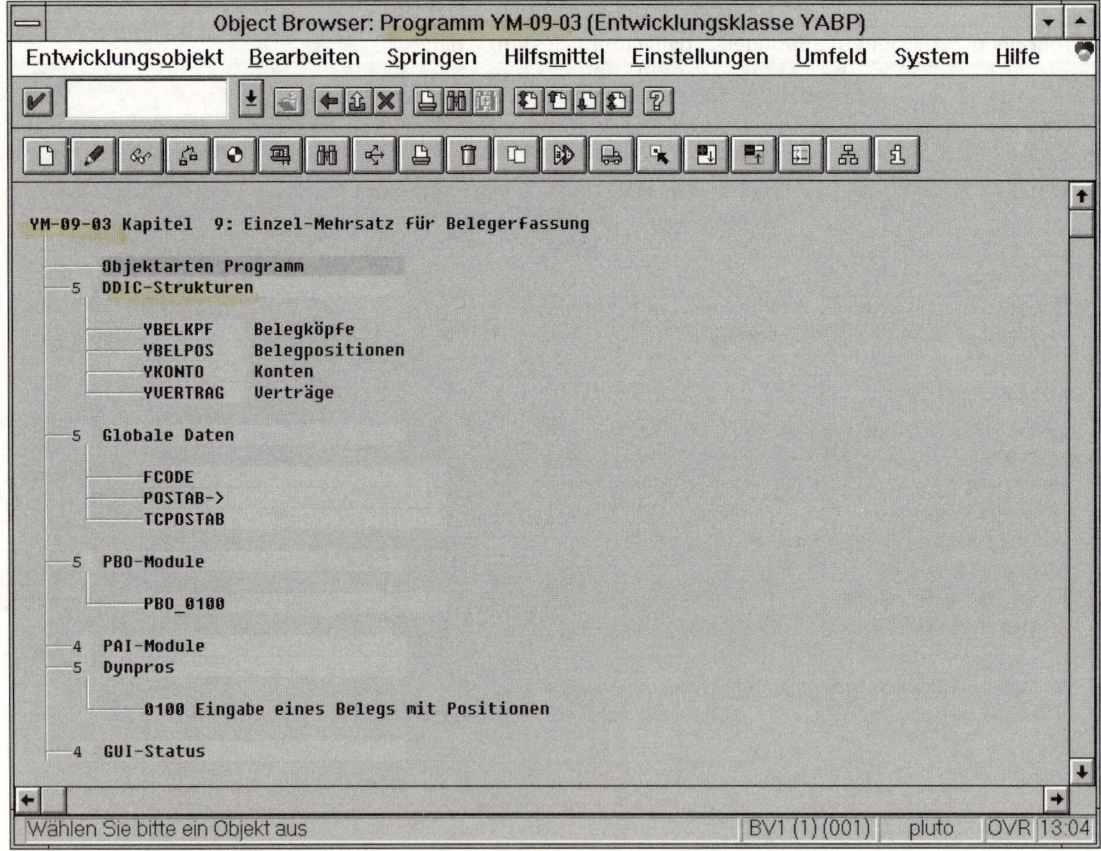

Abb. 5.7: Programmliste mit echten Programmobjekten und Quelltextverweisen

Ein Doppelklick auf ein Element öffnet das entsprechende Bearbeitungswerkzeug. Beim Quelltexteditor wird an die entsprechende Stelle positioniert.

5.1.3 Includes

Includes stellen mehrfach nutzbare Quelltextteile dar, die über einen entsprechenden Befehl in ein Programm eingebunden werden. SAP unterstützt die automatische Nahmensvergabe für Includes. Die Bearbeitung erfolgt mit dem Editor.

5.1.4 Nachrichtenklassen

Eine Nachrichtenklasse kapselt inhaltlich zusammengehörende Nachrichten. Diese können über die Nachrichtennummer in beliebigen Programmen aufgerufen werden. Die Vorteile gegenüber der Verwendung von Textliteralen im Programm liegen darin, daß:

- Programme keine sprachabhängigen Texte enthalten,
- Nachrichten ohne Programmänderung anpaßbar sind,
- Nachrichten von mehreren Programmen nutzbar sind.

Im Nachrichtentext können bis zu 4 Platzhalter (&) stehen, die beim Aufruf der Nachricht mit konkreten Werten gefüllt werden können.

Über die folgenden Systemvariablen können Bestandteile ausgelöster Nachrichten im Programm abgefragt werden:

SY-MSGGR	Nachrichtengruppe
SY-MSGNR	laufende Nummer in der Gruppe
SY-MSGTY	Aufruftyp der Nachricht
SY-MSGV1	Wert der 1. Platzhaltervariablen
SY-MSGV2	Wert der 2. Platzhaltervariablen
SY-MSGV3	Wert der 3. Platzhaltervariablen
SY-MSGV4	Wert der 4. Platzhaltervariablen

5.1.5 Logische Datenbanken

Logische Datenbanken fassen mehrere zusammengehörende Tabellen zusammen. Ziel ist die vereinheitlichte, automatisierte Datenbeschaffung aus diesen Tabellen. Kapitel 7 geht auf logische Datenbanken ein. Kapitel 13 erweitert die Idee der logischen Datenbanken auf die automatisierte Entwicklung von Dateischnittstellen.

5.1.6 Transaktionen

Transaktionen als Entwicklungsobjekte sind vierstellige Codes für Programme. Diese können im Befehlsfeld mit dem Vorsatz /o oder /n eingegeben werden. Es können verschiedene Arten von Transaktionen angelegt werden:

- *Dialogtransaktion*: startet ein Dialogprogramm mit dem angegebenen Startdynpro
- *Reporttransaktion*: startet einen angegebenen Report
- *Variantentransaktion*: startet eine (mandantenabhängige) Variante einer Transaktion

- *Bereichsmenü*: startet das angegebene Bereichsmenü
- *Parametertransaktion*: startet eine Transaktion inklusive Parameterübergabe (z. B. Tabellenpflege SM30; Parameter sind der Tabellenname und das Update-Kennzeichen)

5.1.7 Bereichsmenüs

Im Gegensatz zu Programmenüs stellen Bereichsmenüs programmübergreifende Oberflächen dar. Die einzelnen Menüpunkte sind hier Programme, die durch ihre Transaktionsnummer angegeben werden.

Bereichsmenüs werden durch einen vierstelligen Code identifiziert. Überall, wo Transaktionscodes benutzt werden können, dürfen im Prinzip auch Bereichsmenüs verwendet werden. Das bedeutet, daß Bereichsmenüs wie Transaktionen gestartet werden können. Außerdem ist es möglich, daß Bereichsmenüs andere Bereichsmenüs aufrufen. Für Bereichsmenüs selbst wird kein Programmcode benötigt. Alle SAP-Standard-Transaktionen können ohne Probleme in nutzerspezifische Bereichsmenüs eingebunden werden. Mit einem Bereichsmenü kann man sehr schnell einen ansprechenden Rahmen für eine laufende Entwicklung erstellen.

Die Einstiegsbilder in die R/3-Module wie FI, CO usw. sind in der Regel Bereichsmenüs.

5.2 Übergeordnete Objekte

5.2.1 Nummernkreise

Üblicherweise werden die Schlüsselwerte von Einträgen in Stamm- und Bewegungstabellen automatisch erzeugt. Beispiele sind Partner-, Konto- und Belegnummern. Die Nummernvergabe und -überprüfung erfolgt in R/3 mit Hilfe von Nummernkreisobjekten (Abb. 5.8).

Neben dem Namen und beschreibenden Texten wird eine Bezugsdomäne für alle Nummern des Objektes angegeben. Sie bestimmt Länge und Typ der Nummern. Jedem Nummernkreisobjekt können mehrere Nummernkreisintervalle zugeordnet werden. Die Intervalle dürfen sich nicht überlappen. Ein Intervall kann mit interner oder externer Nummernvergabe arbeiten. Bei externer Nummernvergabe kann mit Hilfe des Nummernkreisobjektes die Gültigkeit einer externen Nummer überprüft werden. Bei interner Vergabe werden bei Bedarf (Anlegen von Stammdaten, Buchen von Belegen usw.) Nummern in den jeweiligen Intervallen generiert.

Abbildung 5.9 zeigt zwei Intervalle des Nummernkreisobjektes YBELNR. Das obere Intervall dient der Übernahme extern erfaßter Belege, die bereits Belegnummern haben. Das untere Intervall ist für die Erzeugung interner Belegnummern beim Buchen gedacht. In Kapitel 9 wird die Buchungstransaktion YBEL vorgestellt, die durch Aufruf des Funktionsbausteins NUMBER_GET_NEXT neue Belegnummern im internen Nummernkreisintervall von YBELNR anfordert.

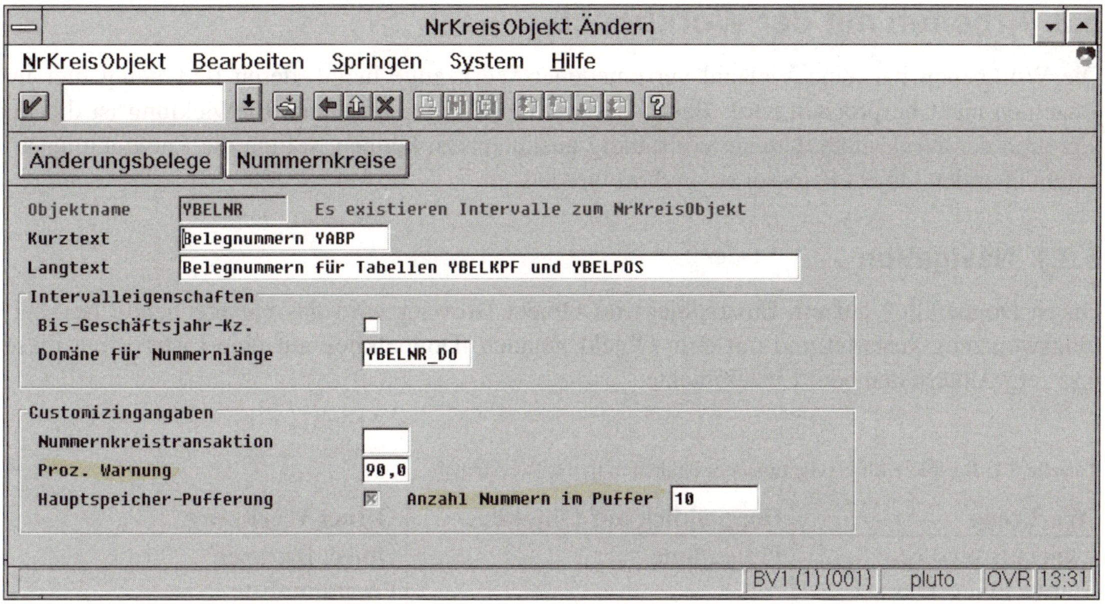

NrKreisObjekt: Ändern

NrKreisObjekt Bearbeiten Springen System Hilfe

Änderungsbelege Nummernkreise

Objektname YBELNR Es existieren Intervalle zum NrKreisObjekt

Kurztext Belegnummern YABP

Langtext Belegnummern für Tabellen YBELKPF und YBELPOS

Intervalleigenschaften

Bis-Geschäftsjahr-Kz.

Domäne für Nummernlänge YBELNR_DO

Customizingangaben

Nummernkreistransaktion

Proz. Warnung 90,0

Hauptspeicher-Pufferung Anzahl Nummern im Puffer 10

BV1 (1) (001) pluto OVR 13:31

Abb. 5.8: Anlegen eines Nummerkreisobjektes

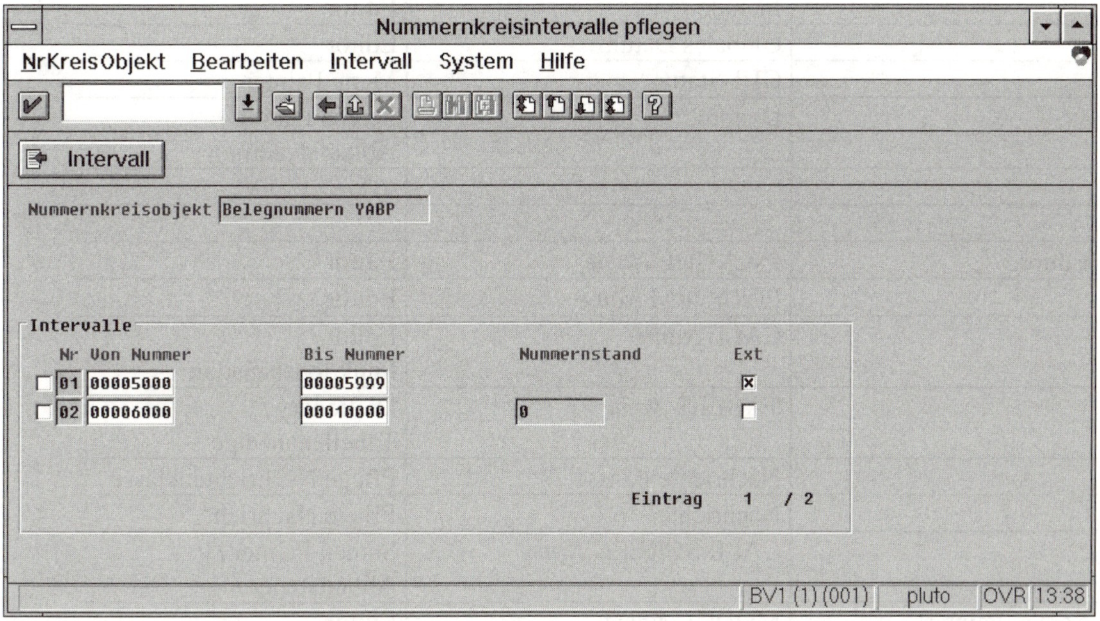

Nummernkreisintervalle pflegen

NrKreisObjekt Bearbeiten Intervall System Hilfe

Intervall

Nummernkreisobjekt Belegnummern YABP

Intervalle

Nr	Von Nummer	Bis Nummer	Nummernstand	Ext
01	00005000	00005999		X
02	00006000	00010000	0	

Eintrag 1 / 2

BV1 (1) (001) pluto OVR 13:38

Abb. 5.9: Nummernkreisintervalle des Nummernkreisobjektes YBELNR

5.3 Arbeiten mit der Workbench

Die Workbench hält eine Vielzahl verschiedener Werkzeuge bereit, deren Bedienung hier im einzelnen nicht besprochen wird. Besonders wichtig für eine effiziente Entwicklung ist die Integration der Werkzeuge. Um sie vollständig ausnutzen zu können, sollten die Entwicklungsarbeiten über den Object Browser ausgeführt werden.

5.3.1 Navigation

Durch Doppelklick auf ein Einzelobjekt im Object Browser wird das entsprechende Bearbeitungswerkzeug gestartet und mit dem Objekt geladen. Doppelklick auf eine Liste öffnet diese und zeigt Unterlisten oder Einzelobjekte.

Tabelle 5.1: Beispiele für Navigationsmöglichkeiten in der Workbench

Werkzeug	Doppelklick auf Objekt ...	Öffnet Werkzeug...
Object Browser / Entwicklungsklasse	Programme	Object Browser/ Programmliste
Object Browser/ Programmliste	Programm	Objektliste Programm
Object Browser/ Objektliste Programm	Programmname	Editor
	Include	Editor
	Globales Datum	Editor
	GUI-Status	Menu Painter
	Dynpro	Screen Painter / Ablaufsteuerung
Editor	INCLUDE *Name*	Editor
	PERFORM *Name*	Editor
	CALL *Name*	Editor / Funktionsbaustein
	TABLES *Name*	Dictionary / Tabellenanzeige
	Nachrichtenklasse	Pflege Nachrichtenklasse
	Nachricht	Pflege Nachricht
	CALL SCREEN *Name*	Screen Painter / Ablaufsteuerung
Screen Painter/ Ablaufsteuerung	MODUL *Name*	Editor

Enthält ein Objekt andere Objekte oder Verweise auf andere Objekte, so kann dieses neue Objekt ebenfalls per Doppelklick bearbeitet werden. Die Taste *Zurück* führt wieder in das ursprüngliche Werkzeug.

In diese Navigation ist neben den Werkzeugen der Workbench auch das Data Dictionary mit seinen Pflegedialogen eingebunden. Tabelle 5.1 zeigt Beispiele für die Navigation innerhalb der Werkzeuge der Workbench und des Data Dictionary.

In vielen Fällen kann ein neues Objekt direkt während der Bearbeitung eines anderen Objektes angelegt werden. Ein Beispiel: Während der Arbeit an einem ABAP/4-Quelltext stellt man fest, daß ein neues Unterprogramm (FORM) benötigt wird. Es ist nicht nötig, den Editor zu verlassen. Man schreibt einfach den Aufruf des Unterprogramms (PERFORM *Name*) an die entsprechende Stelle. Nach Doppelklick erscheint ein Dialog, in dem man bestätigen muß, daß ein neues FORM-Objekt angelegt werden soll. Man kann die Zuordnung zu einem bestehenden oder zu einem neuen Quelltext angeben. Dieser wird automatisch geöffnet, der Code des Unterprogramms kann eingetragen werden. Nach Speichern führt ein Rücksprung wieder in das ursprüngliche Programm. Ein anderes Beispiel ist das Anlegen von Datenelementen direkt aus der Pflege der Tabellenfelder heraus.

Alle Werkzeuge bieten ein eigenes Menü. Die Menüs sind sinngemäß standardisiert und enthalten die Untermenüs

- <Objekt>
  Hier steht der jeweilige Objekttyp, also „Programm" beim Editor, „Dynpro" beim Screen Painter usw. Es werden Befehle angeboten, die sich auf das ganze Objekt beziehen:
  - Testen
  - Generieren
  - Drucken
  - Beenden
- Bearbeiten
  - Kopieren
  - Einfügen
  - Suchen
- Springen
  bietet meist unterschiedliche Sichten an. Oft findet man hier den Befehl „Attribute".
- Hilfsmittel
  erlaubt die Verzweigung zu verwandten Anwendungen oder Werkzeugen, zu Versionsverwaltungen oder Verwendungsnachweisen.

5.3.2 Verwendungsnachweise

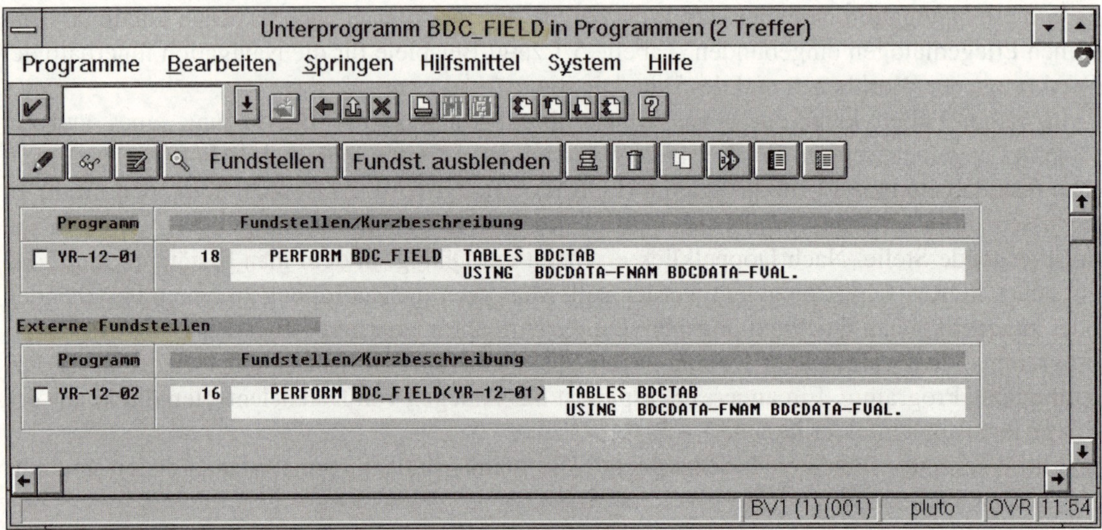

Abb. 5.10: Verwendungsnachweis eines Unterprogramms

Ausgehend von der Definitionsstelle oder einem Eintrag in einer Objektliste kann man für fast alle Entwicklungsobjekte sog. Verwendungsnachweise erstellen.

Verwendungsnachweis Tabelle

Tabelle YBELKPF

Verwendung in
- Programmen
- Dynpros
- Logischen Datenbanken
- Tabellen
- Views
- Entitätstypen
- Sperrobjekten
- Matchcodeobjekten
- CATT-Abläufen

Abb. 5.11: Auswahl der Verwendungsart vor der Anzeige des Verwendungsnachweises

Aus anderen Entwicklungssystemen sind solche Listen als Referenzlisten oder als Cross-Referenzlisten für Funktionen bekannt. Bei großen Anwendungen sind Verwendungsnachweise für den Entwickler unverzichtbar. Mit ihrer Hilfe kann er sich beispielsweise vor dem Ändern eines Objektes einen Überblick verschaffen, auf welche anderen Objekte die Änderung Einfluß haben wird. Abbildung 5.10 zeigt den Verwendungsnachweis des Unterprogramms BDC_FIELD, das im Programm YR-12-01 definiert wird. Man erkennt, daß es nicht nur in diesem Programm, sondern auch im Programm YR-12-02 (externe Fundstellen) aufgerufen wird.

Andere Objekte, z. B. Tabellen, können auf vielfältige Art verwendet werden. In diesem Fall kann der Verwendungsnachweis auf einzelne Verwendungsarten eingeschränkt werden (Abb. 5.11).

5.4 Wichtige Werkzeuge der Workbench

5.4.1 Quelltext-Editor

Mit dem Quelltexteditor werden alle ABAP/4-Texte bearbeitet. Über den Menübefehl *Einstellungen/Editormodus* können drei verschiedene Modi gewählt werden. Der ältere Kommandomodus bietet eine fünfstellige Kommandospalte an, in die Befehle über die Tastatur eingegeben werden können. Insbesondere ist die Verwendung von Blockbefehlen (CC , DD, MM) sehr effektiv. Als störend wird häufig empfunden, daß die ENTER-Taste keinen Zeilenumbruch, sondern nur eine Datenfreigabe (Bildrefresh) erzeugt.

Aus diesem Grunde wurden die PC-Modi entwickelt. Abbildung 5.12 zeigt den Editor im PC-Modus mit Zeilennumerierung. In diesem Modus liefert ENTER eine neue Zeile. Die Kommandos werden per Maus aus dem Menü gewählt oder direkt über die Drucktasten eingegeben. Hervorzuheben sind folgende Eigenschaften und Befehle:

- Blockbefehle
  - Markierung von Blöcken durch doppelte Verwendung der Taste *Markieren* (F9)
  - Drei systemweite Blockpuffer (Ablagen X, Y und Z), über die Programmteile zwischen unterschiedlichen Modi übertragen werden können. Die Ablagen sind einzeln editierbar.
  - Blöcke mit Kommentarzeichen versehen bzw. Kommentarzeichen löschen
  - Blöcke horizontal verschieben
- Hilfsmittel
  - Upload und Download des Editortextes
  - Hilfe zu ABAP/4
  - Lineal ein- und ausschalten
- Suchen und Ersetzen

  Suchen und Ersetzen sind über *alle* Quelltexte eines Rahmenprogramms möglich.

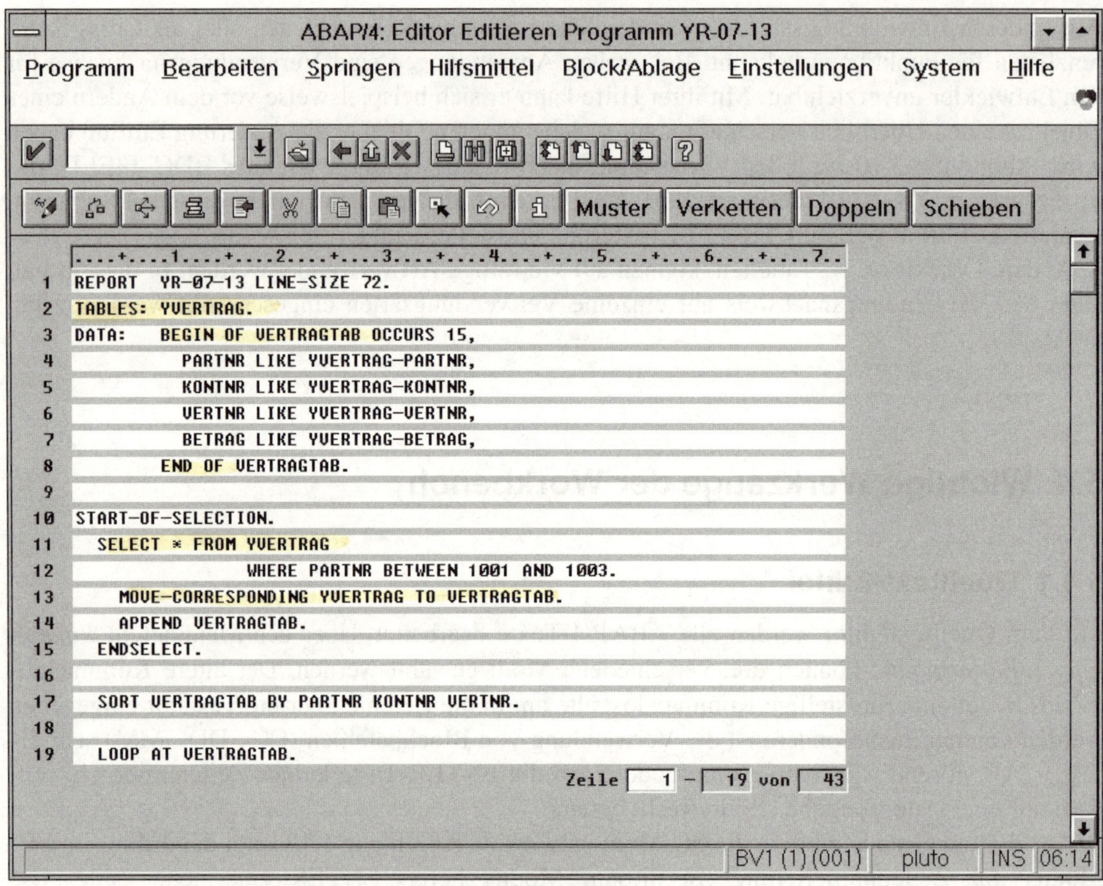

Abb. 5.12: Quelltexteditor im PC-Modus mit Zeilennumerierung

Der Editor selbst ist in ABAP/4 geschrieben (Programm: SAPMSEDT).

Das Studium der Quellen ist für den fortgeschrittenen ABAP/4-Entwickler sehr interessant. Er kann hier anhand eines ihm von der Funktion her gut bekannten und verständlichen Programms viel über Stringverarbeitung, DDIC-Zugriff, Menüverarbeitung, Programmaufrufe und Berechtigungsprüfungen lernen. Der Editor bietet eine Vielzahl sehr hilfreicher Navigationsmöglichkeiten, über die er vorbildlich in die gesamte Entwicklungsumgebung integriert wird.

5.4.2 Menu Painter

Mit dem Menu Painter werden Programm- und Bereichsmenüs entworfen. Programmenüs werden Programmen zugeordnet und als GUI-Status in der jeweiligen Programmliste gespeichert. In den Kapiteln 7 und 9 wird gezeigt, wie sie mit dem Befehl SET PF-STATUS in Reports und Dialogprogramme eingebunden werden. Bereichsmenüs sind programmübergreifend. Das Verbindungselement zwischen Oberfläche (Menü) und Programm (Menüauswertung) ist der vierstellige Funktionscode, der allen Menükomponenten zugeordnet werden muß. Dieser wird beim Betätigen eines Menüelements an das Programm gesendet und kann dort ausgewertet werden.

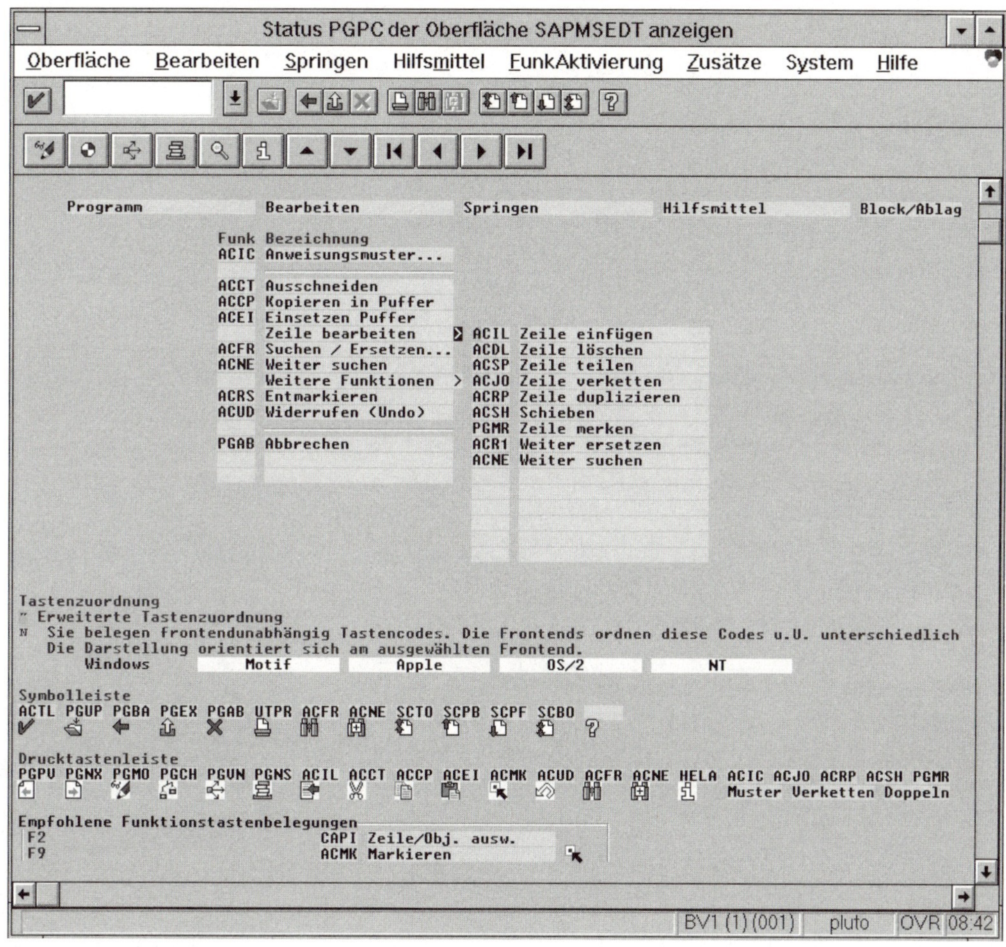

Abb. 5.13: Menu Painter

Im Menu Painter können die folgenden Komponenten gepflegt werden:

- *Menü*: Es können mehrfach kaskadierte Menübäume erstellt werden, wobei Funktionscodes nur den untersten Befehlen des Baumes zugeordnet werden. Bei Bereichsmenüs werden an Stelle der Funktionscodes Transaktionscodes eingesetzt.
- *Symbolleiste:* Kleine Tasten direkt unter der Menüleiste, meist Standardbelegung (Zurück, Beenden, Abbrechen, Drucken, Finden, Blättern, Hilfe)
- *Drucktastenleiste:* Wichtige, häufig benutzte Menübefehle in Ikonen-, Text- oder Mischform

- *Funktionstastenzuordnung:* Zuordnung der Menübefehle zu Funktionstasten, für Standardbefehle (Drucken, Hilfe usw.) werden auch Standardbelegungen der Funktionstasten verwendet.

Abbildung 5.13 zeigt das Programmenü des ABAP/4-Editors aus Abbildung 5.12.

6 Grundlagen von ABAP/4

ABAP/4 steht für **A**dvanced **B**usiness **A**pplication **P**rogramming / 4th Generation. ABAP/4 hat sich, ausgehend von dem weit verbreiteten COBOL, zu einer echten 4GL-Sprache entwickelt. Die prägenden Merkmale von ABAP/4 werden in diesem Kapitel im Überblick vorgestellt. Eine detaillierte Beschreibung wird in den nachfolgenden Kapiteln gegeben.

Anders als in anderen Sprachen ist ABAP/4 von der zugehörigen Entwicklungsumgebung praktisch nicht zu trennen. Deren umfassende Möglichkeiten zur Entwicklung moderner Client-Server-Softwaresysteme im Team sind ein wesentlicher Erfolgsfaktor für ABAP/4.

Andererseits führt die enge Integration von ABAP/4 in das R/3-System dazu, daß Programme ausschließlich für das System R/3 bzw. dessen Nachfolger geschrieben werden. Eine Portierung auf andere Systeme ist praktisch nicht möglich. Dieser oft als proprietär kritisierten Eigenschaft kann man relativ gelassen gegenüberstehen. Denn auch andere große Entwicklungssysteme zwingen zu einer Entscheidung für *eine* Sprache und *eine* Umgebung. Außerdem hat der Ruf nach Portierbarkeit eher akademischen Charakter. Bei Entwicklungszeiten von mehreren Jahren, Datenvolumina von Terabyte und Investitionssummen von vielen Millionen Mark ist man an einer langjährigen Stabilität der Softwaresysteme viel mehr interessiert als an ihrer ständigen Portierung.

Eine wirklich praxisrelevante Forderung an eine modernes Softwaresystem und seine Entwicklungsumgebung ist die nach Offenheit. In dieser Hinsicht wurden in R/3 allgemein und in ABAP/4 im besonderen große Anstrengungen unternommen. Stellvertretend seien hier die RFC- und OLE-Bestandteile der ABAP/4-Sprache genannt, die effiziente Programmkopplungen zu unterschiedlichsten Fremdsystemen ermöglichen.

6.1 Merkmale von ABAP/4

6.1.1 Nutzerdefinierte Datentypen unterschiedlicher Komplexität

Aufbauend auf den Grunddatentypen gestattet ABAP/4 die Definition eigener strukturierter Datentypen unterschiedlicher Komplexität.

Ein internes Feld ist ein Speicherplatz für genau einen Wert eines bestimmten Datentyps. Feldleisten sind Zusammenfassungen unterschiedlicher interner Felder; sie werden auch als Strukturen bezeichnet. Gleichartige Strukturen können zu internen Tabellen zusammengefaßt werden (Abb. 6.1). Diese sind in ABAP/4 generell mit einer dynamischen Speicherverwaltung versehen.

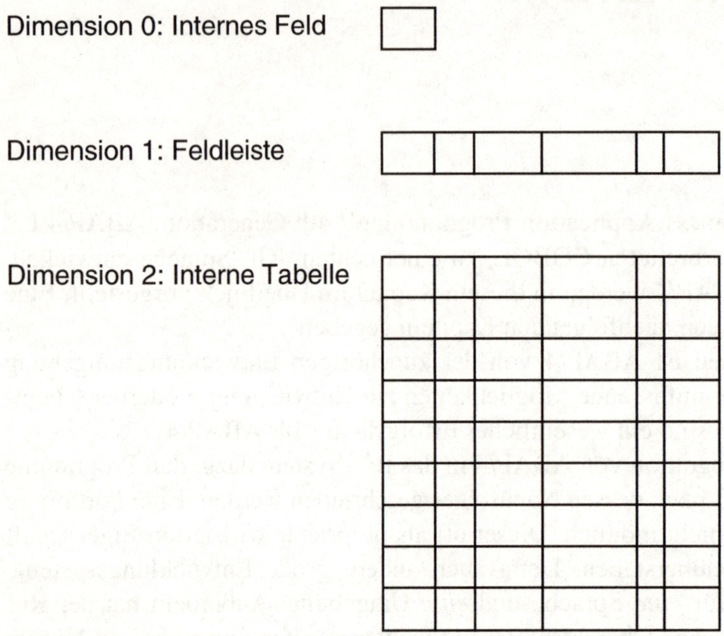

Dimension 0: Internes Feld

Dimension 1: Feldleiste

Dimension 2: Interne Tabelle

Abb. 6.1: Datentypen unterschiedlicher Komplexität in ABAP/4

Weiterhin sind Kombinationen unterschiedlich komplexer Datentypen möglich, wie z. B.

- Strukturen, deren Felder Strukturen sind,
- Strukturen, deren Felder Tabellen sind,
- Tabellen, deren Felder Strukturen sind,
- Tabellen, deren Felder Tabellen sind .

ABAP/4 unterscheidet generell zwischen Datentypen und Datenobjekten. Datentypen können in sog. TYPE-POOLS zusammengefaßt und im Dictionary abgelegt werden. Alle Modularisierungstechniken können getypte Formalparameter benutzen. Insbesondere für die komplexen Datenobjekte existieren leistungsfähige Befehle, die aus anderen Programmiersprachen nicht bekannt sind.

Wenn man in anderen Programmiersprachen Zuweisungen zwischen Feldern unterschiedlichen Datentyps vornimmt, kommt es meist zu einem Fehler wie Typkonflikt, falls man vergessen hat, den Dateninhalt vor der Zuweisung explizit umzuwandeln.

In ABAP/4 werden sinnvolle Typkonvertierungen automatisch bei einer Zuweisung zwischen Feldern unterschiedlichen Typs durchgeführt.

6.1.2 Zugriff auf das Data Dictionary und Repository

In ABAP/4 kann man auf alle Metadaten des R/3-Systems im Data Dictionary zugreifen. Die hier abgelegten Informationen gehen weit über die hinaus, die üblicherweise in den Systemtabellen einer Datenbank enthalten sind.

ABAP/4 enthält Befehle zur Manipulation von Programmen (Einfügen, Löschen) im Repository.

6.1.3 Datenbankzugriff mit Open SQL

Ein Zugriff auf die Daten der Datenbank ist mit den Open-SQL-Befehlen von ABAP/4 möglich.

Besonders effizient sind diejenigen Befehlsvarianten, die sich direkt auf komplexe ABAB/4-Datentypen beziehen, z. B. ein SELECT, das alle aus der Datenbank gelesenen Sätze unmittelbar in eine interne Tabelle einstellt.

Zusätzlich zum datenbankunabhängigen Open SQL ist ein direkter Zugriff auf die R/3-Datenbank über Native SQL erlaubt (Kap. 6.9).

6.1.4 Windows- und ereignisorientierte Dialogprogrammierung

ABAP/4 ist eine ereignisorientierte Sprache. Einige Schlüsselwörter kennzeichnen Ereignisse, die auf unterschiedliche Art ausgelöst werden können. Tritt ein Ereignis ein, werden alle Anweisungen bis zum nächsten Ereignisschlüsselwort abgearbeitet.

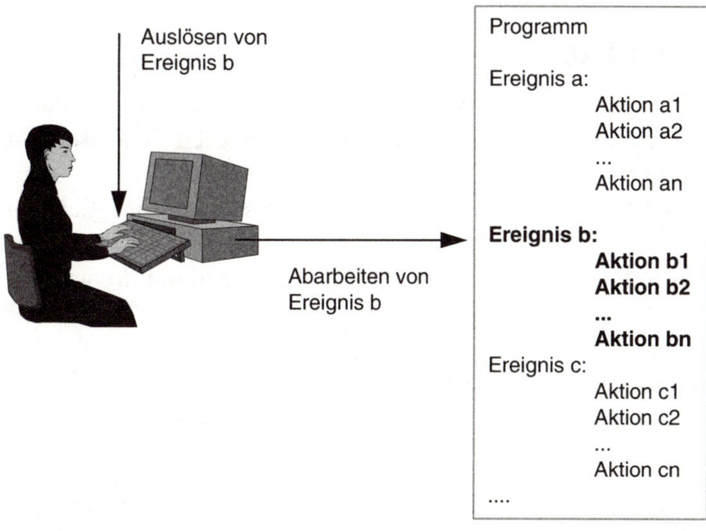

Abb. 6.2: Ereignissteuerung

6.1.5 Codegenerierung und Interpreterbetrieb

Der ABAP/4-Quelltext wird durch eine Generierung in einen Makrocode überführt, der interpretativ abgearbeitet wird. Die Generierung wird von der Workbench automatisch ausgeführt, so daß der Entwickler seinen Quelltext praktisch ohne Zwischenschritte ausführen kann. Die interpretative Abarbeitung gestattet zur Laufzeit einen Zugriff auf die Feldnamen, was bei vielen Befehlen durch entsprechende dynamische Varianten unterstützt wird.

Jedes Programm kann ohne besondere Generierung sofort im Debugmodus gestartet werden.

6.1.6 Modularisierung

Zur Modularisierung von Programmen bietet ABAP/4 unterschiedliche Techniken. Reports werden meist in Ereignisse, Unterroutinen und Funktionsbausteinen gegliedert und Dialogprogramme in Ereignisse, Module, Unterroutinen, Funktionsbausteine und Dialogbausteine. Die einzelnen Modularisierungstechniken werden im Buch an den Stellen erklärt, an denen die notwendigen Grundlagen für ein Programmbeispiel vorhanden sind.

6.1.7 Systemfelder

Systemfelder sind die Felder der Struktur SY, die als Schnittstelle zwischen Programm und System dienen. Das System R/3 setzt, abhängig von bestimmten ausgeführten Programmschritten, Werte in diese Felder. Der Inhalt der Felder kann jederzeit im Programm abgefragt werden, ohne die Struktur SY explizit deklarieren zu müssen. Einige Systemfelder können auch vom Programm manipuliert werden. Auf die Systemfelder SY-DATUM, SY-SUBRC, SY-DBCNT, SY-TABIX, SY-INDEX und SY-FDPOS wird in Kapitels 6 eingegangen.

6.1.8 Anweisungen und Kettensätze

Ein Programm in ABAP/4 setzt sich aus einzelnen Anweisungen zusammen, die mit einem Punkt enden. Der Beginn einer Anweisung ist ein reserviertes Wort oder auch Schlüsselwort, dem mehrere Zusätze und Datenobjekte folgen können.

Folgen zwei oder mehrere gleichartige Anweisungen, also Anweisungen mit gleichem Schlüsselwort, aufeinander, lassen sie sich zu *einer* Anweisung, einem sog. Kettensatz, zusammenfügen. Dazu setzt man hinter das Schlüsselwort einen Doppelpunkt und trennt die nachfolgenden Datenobjekte durch Kommata.

Aufeinanderfolgende Anweisungen mit gleichem Schlüsselwort:

```
<Schlüsselwort> <Datenobjekt 1>.
<Schlüsselwort> <Datenobjekt 2>.
...
<Schlüsselwort> <Datenobjekt n>.
```

Kettensatz:

```
<Schlüsselwort>: <Datenobjekt 1>, <Datenobjekt 2>, ... , <Datenobjekt n>.
```

6.1.9 Zuweisungen mit Offset- und Längenangabe

Bei der Zuweisung von Werten an Felder kann man einzelne Bytes des Zielfeldes adressieren, die einen Wert erhalten sollen, indem man bei der Zuweisung einen Offset und eine Länge angibt. Dabei hat das erste Byte des Zielfeldes den Offset 0, das zweite Byte den Offset 1, usw. Durch die Länge bestimmt man, wieviel Bytes ab Offset eine Zuweisung erhalten.

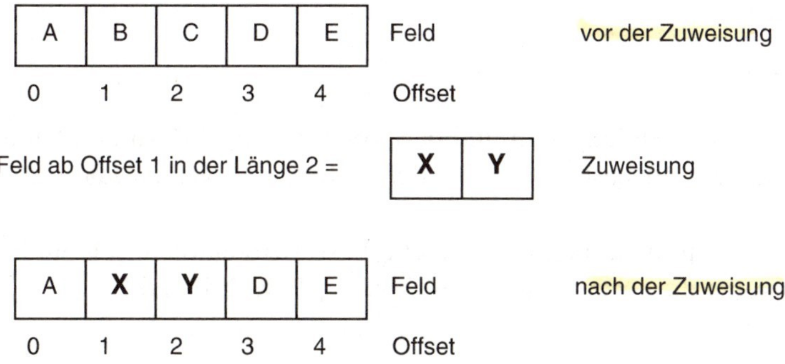

Abb. 6.3: Zuweisung mit Offset- und Längenangabe

6.1.10 Kommentare im Quelltext

Das Zeichen * wird in der ersten Spalte einer Quelltextzeile verwendet, um die gesamte Zeile als Kommentarzeile zu kennzeichnen. Die Zeile wird im Editor farblich hervorgehoben. Steht das Zeichen * nicht in der ersten Spalte, führt das zu einem Syntaxfehler. Will man hinter einer ABAP/4-Anweisung in derselben Zeile einen Kommentar anfügen, verwendet man das Zeichen ". Der nachfolgende Text wird jedoch nicht farblich hervorgehoben.

Kommentare:

```
* Ganze Zeile als Kommentar
<Anweisung>. " Kommentar hinter einer Anweisung
```

Die Zeichen " und * veranlassen den ABAP-Compiler, die nachfolgenden Zeichen bis zum Zeilenende nicht in ausführbaren Code umzuwandeln.

6.2 Interne Felder

6.2.1 Deklaration – DATA

Ein internes Feld ist ein Speicherplatz für genau einen Wert eines bestimmten Datentyps und wird in der allgemeinen Form wie folgt deklariert:

DATA *Feldname*
[(*Feldlänge*)]
[**TYPE** *Datentyp*]
[**DECIMALS** *Stellen*]
[**VALUE** *Vorbelegungswert*].

Der Feldname kann bis zu 30 Zeichen lang sein und darf Buchstaben, Ziffern und Unterstriche enthalten. Unerlaubt sind Namen mit bestimmten Sonderzeichen und Namen, die nur aus Ziffern bestehen.

Die Typangabe mit TYPE ist optional. Fehlt der Datentyp, so wird automatisch ein Feld vom Typ C vereinbart. ABAP/4 kennt die Grunddatentypen C, N, D, T, X, I, P und F.

Tabelle 6.1: Grunddatentypen von ABAP/4

Typ	Bedeutung des Typs	Standardlänge	Initialwert	Internes Format
C	Zeichenkette (Character)	1	Leerzeichen	
N	Ziffernkette (Numeric)	1	'0'	
D	Datum	8	'00000000'	YYYYMMDD
T	Zeitpunkt	6	'000000'	HHMMSS
X	Hexadezimalzahl	1	X'00'	
I	ganze Zahl (Integer)	4	0	
P	gepackte Zahl	8	0	
F	Gleitpunktzahl (Float)	8	'0.0'	

Hinter dem Feldnamen kann für die Datentypen C, N, P und X optional die Feldlänge in runden Klammern angegeben werden, falls eine andere Länge als Standardlänge des verwendeten Datentyps vereinbart werden soll.

Erfolgt keine Vorbelegung mit VALUE, so ist das Feld typgerecht initialisiert. Ein Vorbelegungswert ist entsprechend dem vereinbarten Datentyp anzugeben. Zum Teil ist es nicht erforderlich, den Vorbelegungswert in Hochkommata zu setzen – optional kann man jedoch immer Hochkommata verwenden.

Bei Verwendung des Datentyps P ist der Zusatz DECIMALS erlaubt. DECIMALS gibt die Anzahl der Nachkommastellen an, die einerseits bei der Ausgabe des Feldes erscheinen, und auf die andererseits kaufmännisch gerundet wird. Nachfolgend sind Beispiele von möglichen Deklarationen angegeben.

```
Feld vom Typ C, 20 Byte, Vorbelegung Anton Meier
DATA NAME(20) VALUE 'Anton Meier'.

* Feld vom Typ C, 1 Byte, Vorbelegung A
DATA BUCHSTABE VALUE 'A'.
* Feld vom Typ N, 5 Byte, Initialwert 00000
DATA PLZ(5) TYPE N.

* Feld vom Typ N, 1 Byte, Vorbelegung 2
DATA ZIFFER_1 TYPE N VALUE '2'.

* Feld vom Typ I, 4 Byte, Vorbelegung 5
DATA ZAHL TYPE I VALUE 5.

* Feld vom Typ P, 8 Byte, 2 Dezimalen, Vorbelegung 7,00
DATA BETRAG_IN_DM TYPE P DECIMALS 2 VALUE 7

* Feld vom Typ P, 8 Byte, 4 Dezimalen, Vorbelegung 3,514
DATA MULTIPLIKATOR TYPE P DECIMALS 4 VALUE '3.514'.

* Feld vom Typ D, 8 Byte, Vorbelegung 31.01.1999
DATA DATUM TYPE D VALUE '19990131'.
```

Anstelle der ausführlichen Notation mit Längenangabe und Datentyp erhält ein internes Feld durch den Zusatz LIKE die gleichen Eigenschaften wie ein eines Tabellenfeld aus dem Data Dictionary oder wie ein vorher definiertes internes Programmfeld. Der Feldinhalt ist initial und kann durch VALUE vorbelegt werden.

DATA *Feldname* **LIKE** *Feld* [**VALUE** *Vorbelegungswert*].

```
* Feld wie DDIC-Tabellenfeld, Initialwert
DATA PRODNR LIKE YPRODKT-PRODNR.

* Feld wie Systemfeld, Initialwert
DATA DATUM1 LIKE SY-DATUM.
```

```
* Feld wie vorher im Programm definiertes Feld, Vorbelegung
DATA DATUM2 LIKE DATUM1 VALUE '19991231'.
```

6.2.2 Verarbeitung – CLEAR, MOVE, COMPUTE

Im Programm ist die Zuweisung von Werten an interne Felder möglich durch

- den Zuweisungsoperator =
- das Schlüsselwort MOVE

Die Zuweisung eines arithmetischen Ausdrucks aus den Grundrechenarten ist möglich durch

- den Zuweisungsoperator = und die Operatoren +, -, *, /
- das Schlüsselwort COMPUTE und die Operatoren +, -, *, /
- die Schlüsselwörter ADD, SUBSTRACT, MULTIPLY und DIVIDE

Durch CLEAR kann ein Feld im Programmablauf typgerecht initialisiert werden.

```
REPORT YR-06-01 LINE-SIZE 70.
DATA: ZAHL1 TYPE P DECIMALS 2 VALUE '5.9',
      ZAHL2 TYPE P DECIMALS 2 VALUE '7.2'.
DATA ERGEBNIS TYPE P DECIMALS 2.

ERGEBNIS = ZAHL1 + ZAHL2.
WRITE / ERGEBNIS.                    " Ausgabe
CLEAR ERGEBNIS.                      " Ergebnis typgerecht initialisieren
ERGEBNIS = ZAHL2 - ZAHL1.
WRITE / ERGEBNIS.
CLEAR ERGEBNIS.
COMPUTE ERGEBNIS = ZAHL1 * ZAHL2.  " ERGEBNIS = ZAHL1 * ZAHL2.
WRITE / ERGEBNIS.
CLEAR ERGEBNIS.
COMPUTE ERGEBNIS = ZAHL2 / ZAHL1.
WRITE / ERGEBNIS.

* alternativ kann man programmieren:
SKIP 2.                              " 2 Leerzeilen
MOVE ZAHL1 TO ERGEBNIS.
ADD ZAHL2 TO ERGEBNIS.
WRITE / ERGEBNIS.
MOVE ZAHL2 TO ERGEBNIS.
SUBTRACT ZAHL1 FROM ERGEBNIS.
WRITE / ERGEBNIS.
MOVE ZAHL1 TO ERGEBNIS.
```

```
MULTIPLY ERGEBNIS BY ZAHL2.
WRITE / ERGEBNIS.
MOVE ZAHL2 TO ERGEBNIS.
DIVIDE ERGEBNIS BY ZAHL1.
WRITE / ERGEBNIS.
```

```
27.05.1997  Kapitel  6: Interne Felder und Grundrechenarten          1
----------------------------------------------------------------------
           13,10
            1,30
           42,48
            1,22

           13,10
            1,30
           42,48
            1,22
```

Außer den Grundrechenarten bietet ABAP/4 auch diverse Funktionen in seinem Sprachumfang.

Tabelle 6.2: Funktionen für alle numerischen Argumenttypen x

Funktion	Beschreibung
ABS(x)	Betrag (Absolutwert) von x
SIGN(x)	Signum (Vorzeichen) von x, y = 1, 0, -1
TRUNC(x)	ganzzahliger Teil von x
FRAC(x)	Dezimalteil von x

```
REPORT  YR-06-02 LINE-SIZE 70.
CONSTANTS: PI TYPE P DECIMALS 2 VALUE '3.14'.
DATA: ZAHL LIKE PI.

ZAHL = TRUNC( PI ).
WRITE / ZAHL.
ZAHL = FRAC( PI ).
WRITE / ZAHL.
ZAHL = ZAHL * ( -1 ).
ZAHL = ABS( ZAHL ).
WRITE / ZAHL.
```

```
ZAHL = ZAHL * ( -1 ).
ZAHL = SIGN( ZAHL ).   " ZAHL = -1, wenn Vorzeichen negativ
WRITE / ZAHL.
```

```
28.05.1997     Kapitel  6: Interne Felder und Funktionen            1
-----------------------------------------------------------------------
                3,00
                0,14
                0,14
                1,00-
```

Tabelle 6.3: Reellwertige Funktionen für reellwertige Argumente x

Funktion	Beschreibung
y = COS(x)	Cosinus eines Winkels, der im Bogenmaß angegeben ist
y = SIN(x)	Sinus eines Winkels, der im Bogenmaß angegeben ist
y = TAN(x)	Tangens eines Winkels, der im Bogenmaß angegeben ist
y = EXP(x)	Exponentialfunktion zur Basis der Eulerschen Zahl
y = LOG(x)	natürlicher Logarithmus einer positiven Zahl
y = SQRT(x)	Quadratwurzel einer nichtnegativen Zahl

Tabelle 6.4: Zeichenkettenfunktionen

Funktion	Beschreibung
CONCATENATE	mehrere Zeichenketten zusammenfügen
SPLIT	Zeichenkette aufteilen
SHIFT	Zeichenkette nach links oder rechts verschieben
CONDENSE	Zeichenkette zusammenschieben (Leerzeichen entfernen)
TRANSLATE	Zeichen in einer Zeichenkette umwandeln
OVERLAY	Zwei Zeichenketten überlagern
REPLACE	Teilzeichenkette in einer Zeichenkette ersetzen
SEARCH	Teilzeichenkette in einer Zeichenkette suchen

Interne Felder vom Typ D kann man in ABAP/4 über den Offset manipulieren, weil der Datentyp D intern wie ein 8-stelliges Feld vom Typ N abgelegt wird. Zusätzlich sind auf dem Typ D Addition und Subtraktion, also Datumsarithmetik, definiert. Addiert man zum 28. Februar eines Jahres einen Tag, so ist das Ergebnis abhängig von Schaltjahren der 29. Februar oder der 1. März.

```
REPORT  YR-06-03 LINE-SIZE 70.
DATA: DATUM LIKE SY-DATUM.

DATUM = SY-DATUM.       " aktuelles Datum
WRITE / DATUM.
DATUM+6(2) = '01'.      " erster Tag des Monats
WRITE / DATUM.
DATUM = DATUM - 1.      " Tag abziehen -> letzter Tag des vorigen Monats
WRITE / DATUM.
DATUM+4(4) = '1231'.    " letzter Tag im Jahr
WRITE / DATUM.
DATUM = DATUM + 1.      " Tag zuzählen -> erster Tag im Folgejahr.
WRITE / DATUM.
DATUM = '00000001'.
WRITE / DATUM.
DATUM = 1.
WRITE / DATUM.
```

```
28.05.1997            Kapitel  6: Datumsarithmetik                  1
----------------------------------------------------------------------
28.05.1997
01.05.1997
30.04.1997
31.12.1997
01.01.1998
01.00.0000
02.01.0001
```

6.2.3 Konstanten

Ein mit dem Schlüsselwort DATA deklariertes internes Feld ist im Programmablauf änderbar. Soll eine Konstante vereinbart werden, so sind das Schlüsselwort CONSTANTS und der nicht optionale Zusatz VALUE zu verwenden. Im Programm darf eine Konstante nur auf der rechten Seite einer Zuweisung stehen, da der Wert der Konstante nicht veränderbar ist.

CONSTANTS *Feldname* [**TYPE** *Datentyp*] [**DECIMALS** *Stellen*] **VALUE** *Wert.*

Bei Verwendung von Konstanten ist ein Quelltext besser zu lesen und zu pflegen.

```
DATA: NETTO TYPE P DECIMALS 2,
      BRUTTO TYPE P DECIMALS 2.
```

```
CONSTANTS UST TYPE P DECIMALS 2 VALUE '1.15'.
* ...
BRUTTO = NETTO * UST.
```

6.3 Ausgabeanweisungen – WRITE, SKIP, ULINE, NEW-PAGE

Die Ausgabeanweisung WRITE erzeugt eine Ausgabe auf dem Standard-Ausgabebild eines Reports. Dieses Bild ist mit Endlospapier vergleichbar, das beschrieben, angezeigt, gespeichert und gedruckt werden kann. Auf den Bildern der Dialogprogrammierung, den Dynpros, ist der Befehl nicht anwendbar. Die Dynpros der Dialogprogrammierung sind Bildschirmmasken mit Ein- bzw. Ausgabefeldern, deren Inhalt durch automatischen Datentransport manipuliert wird.

Die WRITE-Anweisung kann in einem anderem Zusammenhang als Ausgabe in ein internes Feld wirken. Diese Art des WRITE wird hier nicht beschrieben. Die einfachste Form einer WRITE-Anweisung ist die Ausgabe eines Wertes.

```
WRITE 'ABAP/4'.     " Ausgabe Literal
WRITE Feldname.     " Ausgabe Feld
```

Mehrere aufeinanderfolgende WRITE-Anweisungen werden in einer Zeile so lange hintereinander ausgegeben, wie die definierte Breite des Reports es zuläßt. Ist in der Zeile nicht genügend Platz vorhanden, so wird der Feldinhalt in die nächste Zeile gesetzt. Ohne explizite Definition beträgt die standardisierte Ausgabebreite des Reports 120 Zeichen.

Natürlich ist eine Ausgabezeile aus mehreren Literalen und Feldinhalten nicht nur mit mehreren WRITE-Anweisungen, sondern auch mit einem WRITE durch Kettensatz möglich.
Beispiel ohne Kettensatz:

```
WRITE 'Mit dem Kunden'.
WRITE KUNDENNAME.
WRITE 'wurde'.
WRITE BETRAG.
WRITE 'DM Umsatz gemacht'.
```

Beispiel mit Kettensatz:

```
WRITE: 'Mit dem Kunden', KUNDENNAME, 'wurde', BETRAG, 'DM Umsatz gemacht'.
```

Aufmerksamen Lesern fällt auf, daß bei der Aneinanderreihung der Ausgaben keine Leerzeichen programmiert werden, wie es bei anderen Programmiersprachen der Fall ist. Die obige Anweisung würde in PASCAL folgende Ausgabe auf den Bildschirm bringen:

```
Mit dem KundenMEIERwurde100DM Umsatz gemacht
```

In ABAP/4 wird das Leerzeichen zwischen den Feldern und Literalen automatisch erzeugt. Falls kein Leerzeichen folgen soll, verwendet man den Zusatz NO-GAP hinter WRITE. Die ausführliche Syntax der WRITE-Anweisung lautet:

WRITE [Formatierung] *Wert* [Zusätze].

Formatierungen werden in der Form /s(l) angegeben, wobei / einen Zeilenvorschub vor der Ausgabe, s die Ausgabespalte und l die Ausgabelänge bezeichnet. Mit einem Wert sind Felder oder Literale gemeint. Ein Zusatz ist z. B. NO-GAP.

Weitere Ausgabeanweisungen sind SKIP, ULINE und NEW-PAGE. Mit SKIP erzeugt man Leerzeilen, mit ULINE Strichlinien. Ein Seitenvorschub durch NEW-PAGE wirkt sich nicht auf die Bildschirmausgabe, sondern nur auf die Druckausgabe aus.

```
REPORT  YR-06-04 LINE-SIZE 70.

WRITE / '2'.        " Neue Zeile, Ausgabe
WRITE '2'.          " Ausgabe
WRITE / '3'.        " Neue Zeile, Ausgabe
WRITE '3'.          " Ausgabe
SKIP.               " Leerzeile
WRITE '5'.          " Ausgabe
SKIP 2.             " 2 Leerzeilen
ULINE.              " Strichlinie

* es folgt eine vollständige Formatierung mit /s(l)
WRITE /10(12) 'Ausgabelänge: das ist nicht zu sehen'.

* eine neue Seite wird auf dem Bildschirm nicht angezeigt,
* jedoch auf dem Drucker als neue Seite ausgegeben
NEW-PAGE NO-TITLE.
WRITE 10 'Neue Seite'.
```

```
28.05.1997          Kapitel  6: Ausgabeanweisungen             1
----------------------------------------------------------------------
2 2
```

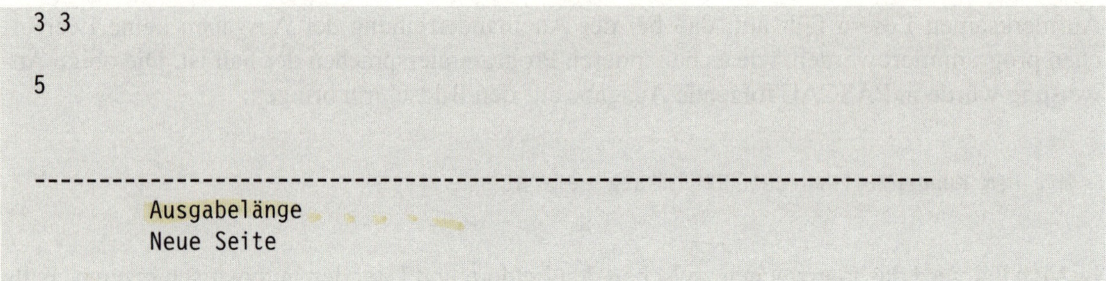

```
3 3

5


-----------------------------------------------------------------------
          Ausgabelänge
          Neue Seite
```

6.4 Steueranweisungen

Die Steueranweisungen in ABAP/4 unterteilen sich in drei Gruppen:

- Fallunterscheidungen, z. B. IF und CASE
- Wiederholungsanweisungen, z. B. DO und WHILE
- Sonstige Steueranweisungen, z. B. CHECK, EXIT, CONTINUE

Den Sprungbefehl GOTO und die FOR-Schleife – zwei allgemein aus anderen Programmiersprachen bekannte Steueranweisungen – gibt es in ABAP/4 nicht.

6.4.1 Fallunterscheidungen – IF, CASE

Falls eine bestimmte Programmlogik nur für einige abzuhandelnde Fälle zutrifft, aber nicht für alle, benötigt man Verzweigungen im Programm. IF und CASE ermöglichen eine Verzweigung der Programmlogik.

IF *logischer Ausdruck.*
*   Programmlogik
ENDIF.

Soll abhängig vom logischen Ausdruck ein alternativer Programmzweig entstehen, benötigt man den ELSE-Zusatz.

IF *logischer Ausdruck.*
*   Programmlogik1
ELSE.
*   Programmlogik2
ENDIF.

Ist der logische Ausdruck wahr, wird der IF-Zweig verarbeitet. Ist der logische Ausdruck falsch, wird bei Zusatz ELSE der ELSE-Zweig verarbeitet.

```
IF logischer Ausdruck1.
*       Programmlogik 1
ELSE.
        IF logischer Ausdruck2.
*               Programmlogik2
        ELSE.
*               Programmlogik3
        ENDIF.
ENDIF.
```

IF-Anweisungen können mehrfach geschachtelt werden. Ein direktes IF nach einem ELSE kann alternativ mit dem Schlüsselwort ELSEIF programmiert werden. Der logische Ausdruck setzt sich mindestens aus folgenden Komponenten zusammen:

<Feldname> <OP> <Wert>

Die linke Seite des Ausdrucks, der Inhalt des Feldes <Feldname>, wird zur Laufzeit des Programms mit einem Wert der rechten Seite, einem Literal oder anderen Feldinhalt, verglichen. Der Vergleichsoperator <OP> symbolisiert einen möglichen Operator, der in ABAP/4 entweder in verbaler oder in mathematischer Terminologie ausgedrückt werden kann.

```
IF logischer Ausdruck1.
*       Programmlogik1
ELSEIF logischer Ausdruck2.
*       Programmlogik2
ELSE.
*       Programmlogik3
ENDIF.
```

Tabelle 6.5: Relationale Operatoren

mathematische Terminologie	verbale Terminologie	Bedeutung
=	EQ	gleich, equal
<>	NE	ungleich, not equal
>	GT	echt größer, greater than
>=	GE	größer gleich, greater equal
<	LT	kleiner gleich, less than
<=	LE	kleiner gleich, less equal

```
REPORT  YR-06-05 LINE-SIZE 70.
DATA: ZAHL1 TYPE I VALUE '4',
```

```
      ZAHL2 TYPE I VALUE '2'.

IF ZAHL1 EQ ZAHL2.                            " oder: ZAHL1 = ZAHL2
  WRITE: 5(1) ZAHL1, '=', 9(1) ZAHL2.
ELSEIF ZAHL1 GT ZAHL2.                        " oder: ZAHL1 > ZAHL2
  WRITE: 5(1) ZAHL1, '>', 9(1) ZAHL2.
ELSE.
  WRITE: 5(1) ZAHL1, '<', 9(1) ZAHL2.
ENDIF.
```

```
28.05.1997              Kapitel  6: IF-Anweisung              1
----------------------------------------------------------------------
    4 > 2
```

Vergleiche mit Literalen oder Feldinhalten, die nicht nur aus einem Zeichen bestehen, sondern Zeichenketten sind, unterstützt ABAP/4 mit den mächtigeren Stringoperatoren.

Tabelle 6.6: Stringoperatoren

log. Ausdruck	Bedeutung	Erklärung
Feld **CO** *Wert*	contains only:	*Feld* enthält nur Zeichen aus *Wert*
Feld **CA** *Wert*	contains any:	*Feld* enthält mindestens ein Zeichen aus *Wert*
Feld **CS** *Wert*	contains string:	*Feld* enthält Zeichenfolge aus *Wert*
Feld **CP** *Wert*	contains pattern:	*Feld* enthält Muster aus *Wert*

Zur logischen Verneinung der vier angegebenen Operatoren existieren weitere Operatoren, die aber durch Anwendung des NOT-Operators umgangen werden können. Man beachte dabei, daß das logische Gegenteil von „*Feld* enthält nur Zeichen aus *Wert*" nicht etwa „*Feld* enthält kein Zeichen aus *Wert*" ist, sondern „*Feld* enthält mindestens ein Zeichen, das nicht in *Wert* vorkommt" .

```
REPORT  YR-06-06 LINE-SIZE 70.
DATA: STR1(5) VALUE 'ABCDE'.

IF STR1 CO 'CDE'.
  WRITE: / 'CO wahr  ', SY-FDPOS.
ELSE.
  WRITE: / 'CO falsch', SY-FDPOS.
ENDIF.
```

```
IF STR1 CA 'D'.
  WRITE: / 'CA wahr  ', SY-FDPOS.
ELSE.
  WRITE: / 'CA falsch', SY-FDPOS.
ENDIF.

IF STR1 CS 'CD'.
  WRITE: / 'CS wahr  ', SY-FDPOS.
ELSE.
  WRITE: / 'CS falsch', SY-FDPOS.
ENDIF.

IF STR1 CP '+B*'.
  WRITE: / 'CP wahr  ', SY-FDPOS.
ELSE.
  WRITE: / 'CP falsch', SY-FDPOS.
ENDIF.
```

```
28.05.1997            Kapitel  6: Stringoperatoren                 1
--------------------------------------------------------------------
CO falsch      0
CA wahr        3
CS wahr        2
CP wahr        0
```

Die Vergleichslogik, die mit diesen Operatoren aufgebaut werden kann, ist in anderen Programmiersprachen meist nur unter Verwendung einer Schleife über alle Zeichen einer Zeichenkette möglich. Bei dieser Mächtigkeit der Operatoren ist es nicht ausreichend, den logischen Ausdruck lediglich mit wahr oder falsch zu bewerten. Den Programmierer interessiert meist auch, ab welchem Offset der Zeichenkette der Vergleich erfolgreich oder nicht erfolgreich war. Deshalb enthält das Systemfeld SY-FDPOS unmittelbar nach dem Vergleich die gewünschte Information.

Mit den logischen Operatoren AND, OR und NOT kann man einen Ausdruck aus mehreren Teilausdrücken erzeugen, der in seiner *Gesamtheit* entsprechend der Booleschen Logik als wahr oder falsch bewertet wird.

Tabelle 6.7: Logische Operatoren

Operator	Bedeutung
Ausdruck1 AND *Ausdruck2*	UND-Verkettung von zwei Ausdrücken
Ausdruck1 OR *Ausdruck2*	ODER-Verkettung von zwei Ausdrücken
NOT *Ausdruck*	Verneinung eines Ausdrucks

Alle Operatoren haben untereinander eine Priorität, nach der bei der Auswertung des Gesamtausdrucks vorgegangen wird.
Prioritäten:

1. EQ, NE, CO, CA, ... höchste Priorität
2. NOT
3. AND
4. OR niedrigste Priorität

Um die Prioritäten der Verarbeitung eines Ausdrucks zu steuern, werden Klammern gesetzt.

Im Zusammenhang mit komplexen logischen Ausdrücken sind die folgenden De Morganschen Regeln hilfreich bei der Umformung eines Ausdrucks:

- **NOT** (*Ausdruck1* **AND** *Ausdruck2*) = **NOT** *Ausdruck1* **OR NOT** *Ausdruck2*
- **NOT** (*Ausdruck1* **OR** *Ausdruck2*) = **NOT** *Ausdruck1* **AND NOT** *Ausdruck2*

```
REPORT  YR-06-07 LINE-SIZE 70.
DATA: F1 VALUE '1', F2 VALUE '2', F3 VALUE '3',
      F4 VALUE '4', F5 VALUE '5', F6 VALUE '6'.

IF NOT F1 = F2 OR F3 = F4 AND F5 = F6.
* entspricht IF ( NOT ( F1 = F2 ) ) OR ( F3 = F4 AND F5 = F6 ).
  WRITE 'wahr'.
ELSE.
  WRITE 'falsch'.
ENDIF.
IF ( NOT F1 = F2 OR F3 = F4 ) AND F5 = F6.
  WRITE / 'wahr'.
ELSE.
  WRITE / 'falsch'.
ENDIF.
```

```
28.05.1997          Kapitel  6: Logische Operatoren                  1
--------------------------------------------------------------------
wahr
falsch
```

Im Unterschied zu anderen Programmiersprachen muß in ABAP/4 immer beachtet werden, ob vor oder hinter einer Klammer Leerzeichen gesetzt werden müssen. Bei logischen Ausdrücken muß vor und hinter der Klammer *immer* ein Leerzeichen gesetzt werden – es sei denn, es folgt der Anweisungsendepunkt. Um elegant abzufragen, ob ein Feld seinen typgerechten Initialwert enthält, benutzt man IS INITIAL anstelle von EQ.

```
IF DATUM EQ '00000000'.
IF NAME EQ ' '.
```

```
IF DATUM IS INITIAL.
IF NAME IS INITIAL.
```

Will man wissen, ob ein Feldinhalt in einem bestimmten Wertebereich liegt, kann man den Ausdruck BETWEEN ... AND anstelle GE ... LE programmieren.

```
IF ZAHL GE 2 AND ZAHL LE 5.
```

```
IF ZAHL BETWEEN 2 AND 5.
IF ZAHL BT 2 AND 5.
```

Wie die IF-Anweisung ermöglicht auch die CASE-Anweisung eine Verzweigung der Programmlogik. Auf verschiedene Wertausprägungen eines Feldes wird mit einer jeweils anderen Logik reagiert.

```
CASE Feldname
        WHEN Wert 1
*             Programmlogik1
        WHEN Wert 2
*             Programmlogik2
*       ...
        WHEN Wert n
*             Programmlogikn
       [ WHEN OTHERS.
*             Programmlogikx
       ]
ENDCASE.
```

Je nach Ausprägung des Feldes wird der entsprechende CASE-Zweig verarbeitet. Somit entspricht CASE einer mehrfachen IF-Schachtelung mit Test auf Gleichheit.

```
IF feldname EQ wert1.
*   programmlogik 1
ELSEIF feldname EQ wert2.
*          programmlogik 2
```

```
*           ...
ELSEIF feldname EQ wert n.
*           programmlogik n
ELSE.
*    programmlogik o
ENDIF.
```

Nach WHEN kann anstelle eines Wertes auch ein Feldname folgen. Ursprünglich konnten bei CASE keine logischen und relationalen Operatoren wie AND, OR, GT und LT verwendet werden. Ab Release 3.0E können mehrere Vergleichswerte bzw. -felder in einem WHEN-Ausdruck durch OR miteinander verbunden werden.

```
REPORT  YR-06-08 LINE-SIZE 70.
DATA STEUERUNG VALUE '1'.
DATA STATUS1 VALUE '1'.
DATA STATUS2 VALUE '2'.
DATA STATUS3 VALUE '3'.

WRITE: / 'Durchlaufener CASE-Zweig:'.
CASE STEUERUNG.
  WHEN STATUS1 OR STATUS2 OR '7'.
    WRITE '1 OR 2 OR 7'.
  WHEN '3'.
    WRITE '3'.
  WHEN OTHERS.
    WRITE 'others'.
ENDCASE.
```

```
28.05.1997             Kapitel  6: CASE-Anweisung               1
----------------------------------------------------------------------
Durchlaufener CASE-Zweig: 1 OR 2 OR 7
```

6.4.2 Allgemeine Wiederholungsanweisungen – DO, WHILE

Schleifen wie DO, WHILE oder LOOP dienen der wiederholten Ausführung von Programmlogik.

DO *Anzahl* **TIMES**.
*   Programmlogik
ENDDO.

Weiß man, wie oft eine Logik wiederholt werden muß, programmiert man DO mit dem Zusatz TIMES.

Das folgende Programm ermittelt den Tilgungsplan eines Ratenkredits, dessen Laufzeit vorgegeben ist. Die Rate wird aus Kredithöhe, Zinssatz und Laufzeit nach der Formel

$$\text{Rate} = \text{Kredit} * q * \frac{(1+q)^n}{(1+q)^n - 1} \quad ; \quad q = \text{Jahreszins}[\%] / 1200$$

berechnet. Die Eingangsgrößen KREDIT, MONATE und ZINSSATZ sind als Konstanten definiert. Die Potenz wird über EXP und LOG ausgedrückt. Die Anzahl der Tilgungen (MONATE) wird direkt in der DO-Schleife verwendet.

```
REPORT  YR-06-19 LINE-SIZE 70.

DATA: MONATE         TYPE I VALUE '12'.
DATA: ZINSSATZ(7)    TYPE P DECIMALS 2 VALUE '7.0'.
DATA: KREDIT(7)      TYPE P DECIMALS 2 VALUE '10000.00'.

DATA: RATE(7)        TYPE P DECIMALS 2.
DATA: ZINS(7)        TYPE P DECIMALS 2.
DATA: TILGUNG(7)     TYPE P DECIMALS 2.
DATA: REST(7)        TYPE P DECIMALS 2.
DATA: Q              TYPE F,
      F              TYPE F.

Q  = ZINSSATZ / 1200.                " Zinsfaktor für Monatsverzinsung
F  = EXP( MONATE * LOG( 1 + Q ) ).   " Rechenfaktor (1+Q) POWER MONATE
RATE = KREDIT * Q * F / ( F - 1 ).

WRITE: /'Tilgungsplan für Ratenkredit mit vorgegebener Laufzeit'.
WRITE: /'Kreditsumme     =', (9)KREDIT.
WRITE: /'Laufzeit Monate =', (3)MONATE.
WRITE: /'Zinssatz        =', (5)ZINSSATZ, '% p.a.'.
SKIP.
WRITE: /'Ermittelte Rate =', (9)RATE.
SKIP.
WRITE: /' ', 'Nr', 10'Zinsen', 20'Tilgung', 35'Rest'.
REST = KREDIT.
DO MONATE TIMES.
  ZINS = REST * ZINSSATZ / 100  / 12 . " Monatszinsen
  TILGUNG = RATE - ZINS.               " Monatstilgung
  REST = REST - TILGUNG.               " neue Restschuld
```

```
  WRITE:  /' ', (2)SY-INDEX, (10)ZINS, (10)TILGUNG, (15)REST.
ENDDO.
```

```
28.05.1997                Kapitel  6: DO-Schleife                       1
-----------------------------------------------------------------------
Tilgungsplan für Ratenkredit mit vorgegebener Laufzeit
Kreditsumme     = 10000,00
Laufzeit Monate = 12
Zinssatz        = 7,00  % p.a.

Ermittelte Rate =   865,27

  Nr      Zinsen     Tilgung        Rest
  1       58,33      806,94         9.193,06
  2       53,63      811,64         8.381,42
  3       48,89      816,38         7.565,04
  4       44,13      821,14         6.743,90
  5       39,34      825,93         5.917,97
  6       34,52      830,75         5.087,22
  7       29,68      835,59         4.251,63
  8       24,80      840,47         3.411,16
  9       19,90      845,37         2.565,79
  10      14,97      850,30         1.715,49
  11      10,01      855,26           860,23
  12       5,02      860,25             0,02-
```

Häufig ist die Anzahl der Schleifendurchläufe vorher nicht bekannt. Man verwendet entweder WHILE oder DO ohne den Zusatz TIMES. Bei DO ohne den Zusatz TIMES muß man mit einem logischen Ausdruck und EXIT für die Beendigung der Schleife sorgen. Ist der logische Ausdruck nicht richtig gewählt, kann eine Endlosschleife entstehen!

```
DO.
*    Programmlogik
     IF <logischer Ausdruck>.
            EXIT.
     ENDIF.
*    Programmlogik
ENDDO.
```

WHILE ist eine Schleife, die den logischen Ausdruck zum Beenden bereits beinhaltet.

WHILE logischer Ausdruck.
* Programmlogik
ENDWHILE.

Eine Schleife dieser Art wird auch als Schleife mit Eintrittskriterium bezeichnet. Während bei DO der Schleifeneintritt nicht geprüft, d. h. die Schleife mindestens einmal ausgeführt wird, verhindert der logische Ausdruck hinter WHILE bei Falschheit bereits eine einmalige Ausführung. Das folgende Programm ermittelt über eine WHILE-Schleife den Tilgungsplan für einen Ratenkredit, bei dem eine beliebige Rate vorgegeben wird.

```
REPORT  YR-06-10 LINE-SIZE 70.

CONSTANTS: KREDIT(7)    TYPE P DECIMALS 2 VALUE '10000.00'.
CONSTANTS: RATE(7)      TYPE P DECIMALS 2 VALUE '1200.00'.
CONSTANTS: ZINSSATZ(5)  TYPE P DECIMALS 3 VALUE '7.0'.

DATA: ZINS(7)      TYPE P DECIMALS 2.
DATA: TILGUNG(7)   TYPE P DECIMALS 2.
DATA: REST(7)      TYPE P DECIMALS 2.
DATA: MONATE       TYPE I.

WRITE: /'Tilgungsplan für Ratenkredit mit vorgegebener Rate'.
WRITE: /'Kreditsumme     =', (9)KREDIT.
WRITE: /'Monatliche Rate =', (9)RATE.
WRITE: /'Zinssatz        =', (5)ZINSSATZ, '% p.a.'.
SKIP.
WRITE: /' ', 'Nr', 10'Zinsen', 20'Tilgung', 35'Rest'.
SKIP.
REST = KREDIT.
WHILE REST > 0.
  ZINS = REST * ZINSSATZ / 100  / 12 . " Monatszinsen
  TILGUNG = RATE - ZINS.               " Monatstilgung
  IF TILGUNG > REST.
    TILGUNG = REST.
  ENDIF.
  REST = REST - TILGUNG.               " neue Restschuld
  WRITE:  /' ', (2)SY-INDEX, (10)ZINS, (10)TILGUNG, (15)REST.
  MONATE = SY-INDEX.
ENDWHILE.
SKIP.
WRITE: /'Laufzeit in Monaten:', (2)MONATE.
```

```
28.05.1997            Kapitel  6: WHILE-Anweisung              1
----------------------------------------------------------------------
Tilgungsplan für Ratenkredit mit vorgegebener Rate
Kreditsumme     = 10.000,00
Monatliche Rate =  1.200,00
Zinssatz        =  7,000 % p.a.

  Nr    Zinsen    Tilgung         Rest


  1      58,33   1.141,67       8.858,33
  2      51,67   1.148,33       7.710,00
  3      44,98   1.155,02       6.554,98
  4      38,24   1.161,76       5.393,22
  5      31,46   1.168,54       4.224,68
  6      24,64   1.175,36       3.049,32
  7      17,79   1.182,21       1.867,11
  8      10,89   1.189,11         678,00
  9       3,96     678,00           0,00

Laufzeit in Monaten: 9
```

Die Eingangsgrößen KREDIT, RATE und ZINSSATZ sind als Konstanten definiert. Die Schleife wird abgebrochen, wenn keine Restschuld mehr vorhanden ist. Man beachte, daß die letzte Rate kleiner ist als alle anderen.

Kombiniert mit den Möglichkeiten des interaktiven Reportings von Kapitel 7 (Parametereingabe, Drill Down) lassen sich die Reports YR-06-09 und YR-06-10 durchaus sinnvoll zur Überprüfung der Hypothekendarlehen von R/3-Spezialisten einsetzen.

6.4.3 Sonstige Steueranweisungen – EXIT, CONTINUE, CHECK

EXIT ist das Schlüsselwort zur Beendigung einer aktuellen Modularisierungseinheit oder einer aktuellen Schleife. Aktuell bedeutet, daß EXIT in einer inneren Schleife nur die *innere*, und nicht auch die äußere Schleife beendet.

Bei DO und bei WHILE wird das Systemfeld SY-INDEX gesetzt. SY-INDEX enthält den aktuellen Schleifendurchlauf. Werden mehrere Schleifen geschachtelt, gibt es auch mehrere Instanzen von SY-INDEX.

Soll eine Schleife nicht beendet, sondern lediglich der nächste Durchlauf begonnen werden, verwendet man IF und CONTINUE oder die Kurzform CHECK. Auf diese Weise kann man bestimmte Datensätze oder Werte von der weiteren Verarbeitung ausschließen.

Ist der logische Ausdruck nach CHECK falsch, wird die Schleife mit dem nächsten Durchlauf fortgesetzt, falls es einen solchen gibt. Bei Modularisierungseinheiten wirkt CHECK wie EXIT; die Einheit wird bei negativer Prüfung beendet.

```
DO.
*    Programmlogik
     IF <logischer Ausdruck>.     wahr -> nächster Durchlauf
            CONTINUE.
     ENDIF.
*    Programmlogik
ENDDO.
```

```
DO.
*    Programmlogik
     CHECK <logischer Ausdruck>. falsch -> nächster Durchlauf
*    Programmlogik
ENDDO.
```

6.5 Feldleisten

Mit dem Datenobjekt „Feldleiste" faßt man interne Felder zu einer Einheit zusammen. Allgemein spricht man bei einer Feldleiste auch von einer Struktur. In Zusammenhang mit einer internen Tabelle treten Feldleisten als Kopfzeile und in Zusammenhang mit Datenbanktabellen als Tabellenarbeitsbereich auf.

Ob Feldleiste, Kopfzeile oder Tabellenarbeitsbereich: die Technik der Verarbeitung ist die gleiche.

6.5.1 Deklaration – DATA und LIKE

Anfang und Ende der Feldleiste werden bei der Vereinbarung durch BEGIN OF und END OF gekennzeichnet. Die Deklaration der internen Felder, die Elemente der Feldleiste sind, erfolgt wie gewohnt. Bei Feldleistendeklarationen ist das Verständnis eines Kettensatzes wichtig, um Doppelpunkte, Kommas und Abschlußpunkte nach DATA richtig zu setzen.

DATA: **BEGIN OF** *Feldleiste*,
Feld 1,
Feld 2,
* ...
Feld n,
END OF *Feldleiste*.

Hat man eine Feldleiste im Programm deklariert, kann man über INCLUDE STRUCTURE in einer weiteren Deklaration darauf Bezug nehmen.

DATA: BEGIN OF *Feldleiste.*
INCLUDE STRUCTURE *Struktur.*
DATA: BEGIN OF *Feldleiste.*

```
DATA:        BEGIN OF ADRESSE,
             NACHNAME LIKE ypartner-name,
             VORNAME(30),
             STRASSE(50),
             PLZ(5) TYPE N,
             ORT(30) VALUE 'Hamburg',
      END OF ADRESSE.

DATA: BEGIN OF ADRESSE_OLD.                       " Achtung: Punkt vor INCLUDE
             INCLUDE STRUCTURE ADRESSE.
DATA: END OF ADRESSE_OLD.
```

Ist die Struktur der Feldleiste bereits im Data Dictionary vorhanden, so kann man ebenfalls darauf Bezug nehmen. Man beachte, daß INCLUDE STRUCTURE *nicht* Bestandteil eines DATA-Kettensatzes ist, sondern durch zwei DATA-Anweisungen eingerahmt wird.

Somit kann jede Feldleiste anstelle der ausführlichen Deklaration über einen Verweis mit INCLUDE STRUCTURE vereinbart werden, wenn die Struktur im Data Dictionary oder vorher im Programm als Struktur oder Tabelle existiert.

Optisch unschön wird die Deklaration unter Verwendung von INCLUDE STRUCTURE, wenn eine Feldleiste nur teilweise auf einer vorhandenen Struktur aufbaut, d. h., wenn zusätzliche Felder in der zu deklarierenden Feldleiste benötigt werden.

```
DATA:        BEGIN OF <Feldleiste>,
             <Feld a>,
*            ...
             <Feld n>.
             INCLUDE STRUCTURE <DDIC-Struktur>.
DATA:                <Feld z>,
      END OF <Feldleiste>.
```

6.5.2 Verarbeitung – CLEAR, WRITE, MOVE, MOVE-CORRESPONDING

Im Programm können einzelne Felder über *Feldleiste–Feldname* oder alle Felder einer Feldleiste über *Feldleiste* angesprochen werden. Eine Anweisung kann mit anderen Worten auf ein Feld der Feldleiste oder auf die ganze Feldleiste wirken.

CLEAR *Feldleiste.* initialisiert *alle* Felder der Feldleiste typgerecht.
CLEAR *Feldleiste–Feldname.* initialisiert das angesprochene Feld der Feldleiste.
WRITE *Feldleiste.* gibt die ganze Feldleiste als Zeichenkette aus.
WRITE *Feldleiste–Feldname.* gibt ein einzelnes Feld der Feldleiste typgerecht aus.

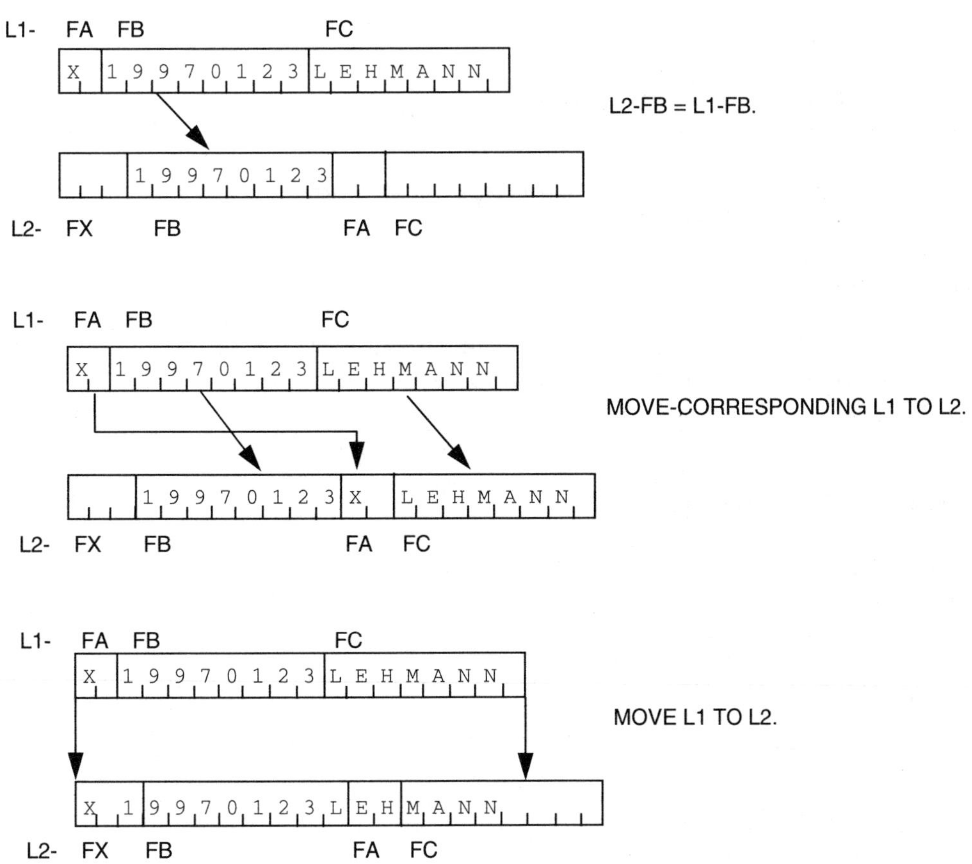

Abb. 6.4: Zuweisungen bei Feldleisten

Möchte man den Inhalt der Felder einer Feldleiste in Felder einer anderen Feldleiste übertragen, so gibt es drei Alternativen:

1. **MOVE** *Feldleiste-Feldname* TO ... oder ... = Feldleiste-Feldname
2. **MOVE-CORRESPONDING** *Feldleiste1* TO *Feldleiste2.*
3. **MOVE** *Feldleiste1* **TO** *Feldleiste2.* oder Feldleiste2 = Feldleiste1

Mit MOVE-CORRESPONDING werden alle Felder der Quellfeldleiste in *namensgleiche* Felder der Zielfeldleiste übertragen. MOVE-CORRESPONDING wird in einzelne MOVE aufgelöst.

Programmiert man MOVE auf eine Feldleiste, muß die Zielfeldleiste genauso lang oder länger als die Quellfeldleiste sein.

```
REPORT  YR-06-11 LINE-SIZE 70.

DATA: BEGIN OF LDAT,
        START LIKE SY-DATUM VALUE '19000101',
        ENDE  LIKE SY-DATUM VALUE '19993112'.
DATA: END OF LDAT.

DATA: BEGIN OF LPART1.                  " Bezug auf Tabelle im
        INCLUDE STRUCTURE YPARTNER. " Data Dictionary
DATA:   RCODE  LIKE SY-SUBRC,
      END OF LPART1.

DATA: BEGIN OF LPART2.                  " Bezug auf vorher im Programm
        INCLUDE STRUCTURE LPART1.   " deklarierte Struktur
DATA: END OF LPART2.

WRITE / LDAT.
WRITE: / LDAT-START, LDAT-ENDE.
CLEAR LDAT.
WRITE: / LDAT-START, LDAT-ENDE.
LDAT-START = SY-DATUM.
MOVE LDAT-START TO LDAT-ENDE.
CLEAR LDAT-START.
WRITE: / LDAT-START, LDAT-ENDE.

SKIP.
LPART1-PARTNR = '1'.
LPART1-NAME   = 'Müller'.
WRITE: / LPART1-PARTNR, LPART1-NAME.

SKIP.
LPART2-RCODE = 5.
MOVE-CORRESPONDING LPART1 TO LPART2.  " RCODE wird mit 0 überschrieben !
WRITE: / LPART2-PARTNR, LPART2-NAME, LPART2-RCODE.
```

```
28.05.1997    Kapitel  6: Feldleisten mit INCLUDE STRUCTURE           1
----------------------------------------------------------------------
1900010119993112
01.01.1900 12.31.1999
00.00.0000 00.00.0000
00.00.0000 28.05.1997

00000001 Müller

00000001 Müller             0
```

Wenn die Feldleiste als Ganzes mit WRITE ausgegeben wird, so wird sie als *ein* Feld vom Typ C interpretiert. WRITE auf die Feldleiste erzeugt keine lesbare Ausgabe für gepackte Felder der Feldleiste, da keine Typkonvertierung stattfindet.

6.5.3 Deklaration und Verarbeitung – LIKE

Ebenso wie INCLUDE STRUCTURE ermöglicht LIKE eine Deklaration mit Bezug auf eine bestehende Struktur.

DATA *Feldleiste* **LIKE** *Struktur.*

Welche der beiden Deklarationen – LIKE oder INCLUDE STRUCTURE – gewählt wird, hat keine Auswirkung im Programm, wenn eine Feldleiste *genau* wie eine bestehende Struktur deklariert wird. Meist wählt man die einfachere Deklaration mit LIKE.

Falls *zusätzliche* Felder in einer Feldleiste benötigt werden, ist es ein Unterschied, ob man LIKE oder INCLUDE STRUCTURE bei der Deklaration verwendet.

```
DATA:       BEGIN OF Feldleiste,
            Feld a,
*           ...
            Feld n,
            Subleiste LIKE Struktur,
            Feld z,
            END OF Feldleiste.
```

Mit *Feldleiste-Subleiste-Feldname* kann man ein Feld aus *Subleiste* ansprechen. Wenn man also eine Unterstruktur einbindet, so wird die Zugehörigkeit der Felder zur Ursprungsstruktur bei INCLUDE STRUCTURE aufgelöst, während sie bei LIKE beibehalten wird.

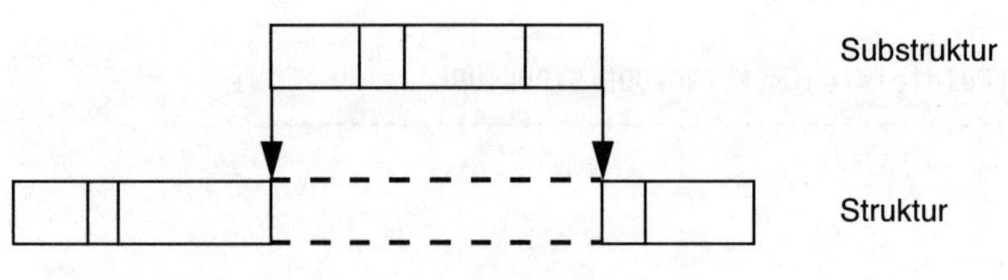

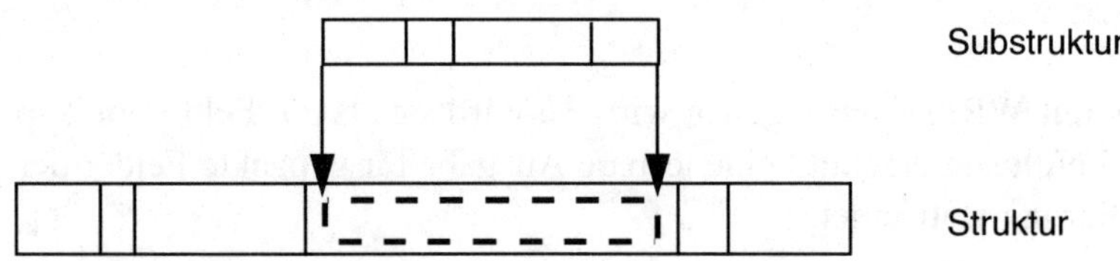

Abb. 6.5: LIKE und INCLUDE STRUCTURE

```
REPORT  YR-06-12 LINE-SIZE 70.

DATA: LPART1 LIKE YPARTNER.    " Bezug auf Tabelle im Data Dictionary

DATA: BEGIN OF LPART2,         " Bezug auf vorher im Programm
        PARTNER LIKE LPART1,   " deklarierte Struktur
        RCODE LIKE SY-SUBRC,
      END OF LPART2.

LPART1-PARTNR = '1'.
LPART1-NAME   = 'Müller'.

WRITE: / LPART1-PARTNR, LPART1-NAME.

SKIP.
LPART2-RCODE = 5.
MOVE LPART1 TO LPART2-PARTNER.
WRITE: / LPART2-PARTNER-PARTNR, LPART2-PARTNER-NAME, LPART2-RCODE.
```

```
28.05.1997          Kapitel  6: Feldleisten mit LIKE                1
----------------------------------------------------------------------
00000001 Müller
00000001 Müller                5
```

6.6 Interne Tabellen

Interne Tabellen sind eine Spezialität von ABAP/4. Einerseits stellen sie das Hauptspeicheranalogon zu den Datenbanktabellen dar. Sie können ähnlich wie diese bearbeitet werden. Es existieren effiziente ABAP/4-Befehle, um Daten aus Datenbanktabellen in interne Tabellen zu laden oder um interne Tabellen in Datenbanktabellen auszugeben. Einen aus Feldern definierten Schlüssel gibt es bei internen Tabellen nicht.

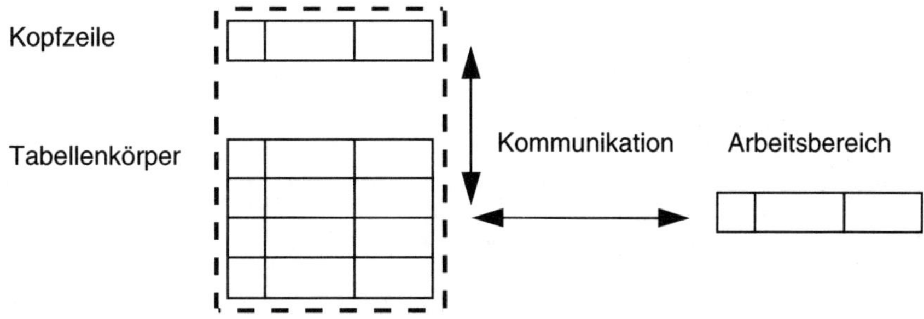

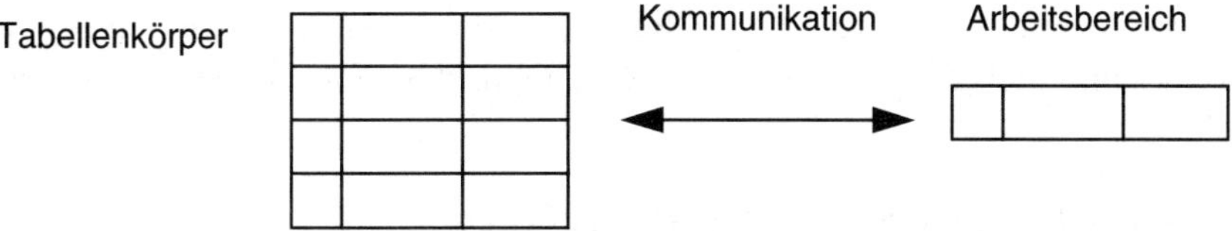

Abb. 6.6: Kommunikation bei internen Tabellen mit und ohne Kopfzeile

Andererseits ersetzen interne Tabellen den ARRAY-Typ, den es sonst in ABAP/4 nicht gibt. Interne Tabellen sind in diesem Sinne ein dynamisches Array von Strukturen. Der Vorteil der internen Tabellen gegenüber statischen Arrays anderer Programmiersprachen ist die dynamische Speicherverwaltung, ein Nachteil ist der ineffektive Zugriff auf einzelne Tabellenzeilen.

Der Tabellenkörper einer internen Tabelle kann nur über eine Kopfzeile oder über einen anderen Arbeitsbereich – eine Feldleiste – angesprochen werden.

Eine Kopfzeile kann einer internen Tabelle bei deren Definition wahlweise zugeordnet werden. Sie hat denselben Namen wie die Tabelle selbst.

6.6.1 Deklaration – DATA, INCLUDE STRUCTURE und LIKE

Die Deklaration einer internen Tabelle mit Kopfzeile ist analog zu der einer Feldleiste, wird jedoch um den OCCURS-Parameter erweitert. OCCURS gibt die Anzahl der Tabellenzeilen bei Initialisierung an.

DATA:BEGIN OF *Itab* **OCCURS** *Zeilen,*
Feld1,
* ...
Feldn,
END OF *Itab.*

```
DATA:  BEGIN OF adresse OCCURS 100,
         nachname like dbtab-name,
         vorname like dbtab-name,
         strasse(30),
         plz(5) type n,
         ort(30),
       END OF adresse.
```

OCCURS ist keine statische Grenze, sondern definiert die Menge an Hauptspeicher, die anfänglich für die Tabelle bereitgestellt wird. Wenn im Programmverlauf mehr Zeilen benötigt werden als der OCCURS-Parameter angibt, kann die Tabelle bis zu einer im System definierten Grenze dynamisch wachsen.

Mit DESCRIBE TABLE erfragt man die aktuelle Anzahl der Zeilen einer internen Tabelle über LINES oder die initial bereitgestellte über OCCURS. *Einer* dieser Zusätze *muß* angegeben werden. Die Zeilenanzahl steht nach der Anweisung in dem Feld, das hinter LINES bzw. OCCURS angegeben wurde.

DESCRIBE TABLE *Itab* **LINES** *AktZeilen* **|** **OCCURS** *OccZeilen.*

Allerdings kann die Anweisung DESCRIBE mit dem Zusatz LINES auch durch einen Zugriff auf das Systemfeld SY-TFILL ersetzt werden, da SY-TFILL nach einer LOOP-Schleife die aktuelle Zeilenanzahl enthält.

Auch interne Tabellen können auf Strukturen oder Tabellen des Programms oder des Data Dictionary mit INCLUDE STRUCTURE oder LIKE Bezug nehmen.

Syntax mit INCLUDE STRUCTURE:
DATA: BEGIN OF *Itab* **OCCURS** *Zeilen.*
INCLUDE STRUCTURE *Struktur.*
END OF *Itab.*

Syntax mit LIKE:
DATA: *Itab* **LIKE** *Struktur* **OCCURS** *n* **[WITH HEADER LINE].**

Bei der ausführlichen Deklaration und der Deklaration mit INCLUDE STRUCTURE wird eine interne Tabelle *mit* Kopfzeile vereinbart. Unter Verwendung von LIKE kann man Tabellen mit und ohne Kopfzeile vereinbaren. Läßt man den Zusatz WITH HEADER LINE weg, ist eine interne Tabelle *ohne* Kopfzeile vereinbart.

6.6.2 Selektion von Tabellenzeilen – LOOP und READ

Während DO und WHILE allgemein verwendbare Schleifen sind, ist die LOOP-Anweisung eine spezielle Schleife zur Verarbeitung von internen Tabellen.

LOOP AT *Itab*
[**INTO** *Arbeitsbereich*]
[**WHERE** *Bedingung* | **FROM** *Index* **TO** *Index*].
* Verarbeitung
ENDLOOP.

Die Syntax der LOOP-Anweisung entspricht teilweise der SELECT-Anweisung des Open SQL für Datenbanktabellen. Bei jedem LOOP wird der nächste Tabelleneintrag in die Kopfzeile der internen Tabelle oder den explizit angegebenen Arbeitsbereich selektiert. Zwischen LOOP und ENDLOOP kann der selektierte Eintrag der Kopfzeile verarbeitet werden, z. B. eine Ausschrift mit WRITE.

Will man nur bestimmte Tabellenzeilen in die Kopfzeile oder den Arbeitsbereich holen, kann man den Zusatz WHERE oder FROM bzw. TO verwenden. Während mit FROM und TO ein zusammenhängender Bereich der internen Tabelle über Indizes angesprochen wird, kann man mit WHERE bestimmte einzelne Zeilen herausfiltern, die dem logischen Ausdruck genügen, der nach WHERE folgt. Für den logischen Ausdruck gelten alle Erklärungen, die unter IF abgehandelt wurden.

Genauso wie das Systemfeld SY-INDEX bei den Schleifen DO und WHILE den aktuellen Schleifendurchlauf enthält, wird das Feld SY-TABIX bei einer LOOP-Anweisung vom System mit der Nummer der jeweils aktuellen LOOP-Zeile versorgt.

Während die LOOP-Anweisung eine Wiederholungsanweisung ist, also nacheinander Tabellenzeilen zur Verarbeitung selektiert, ist READ TABLE eine Anweisung, die genau eine Zeile zur Verarbeitung in die Kopfzeile oder in einen explizit angegebenen Arbeitsbereich kopiert.

Dazu muß der Index oder der eindeutige Schlüssel des Tabelleneintrags angegeben werden, der gelesen werden soll.

READ TABLE *Itab* [**INTO** *Arbeitsbereich*] [**WITH KEY** *Schlüssel*] [**INDEX** *Index*].

```
READ TABLE PARTTAB INDEX '5'.

READ TABLE PARTTAB WITH KEY PARTNR = '2'.

PARTTAB-PARTNR = '2'.
READ TABLE PARTTAB.
```

Möchte man nacheinander mehrere Tabellenzeilen zur Verarbeitung in einen Arbeitsbereich kopieren, muß man um READ TABLE eine WHILE- bzw. DO-Schleife legen. Das nachfolgende Beispiel verdeutlicht die Funktionalität und Kürze von LOOP anstelle von WHILE und READ TABLE.

```
REPORT  YR-06-13 LINE-SIZE 70.

DATA: BEGIN OF PARTTAB OCCURS 20.        " interne Tabelle der Partner
        INCLUDE STRUCTURE YPARTNER.
DATA: END OF PARTTAB.
DATA: LIN LIKE SY-INDEX.

* Die beiden folgenden Anweisungen füllen die interne Tabelle PARTTAB
* mit Werten. Die Anweisungen werden in Kapitel 6.4. erklärt
TABLES: YPARTNER.
SELECT * FROM YPARTNER INTO TABLE PARTTAB.

WRITE 'Ausschrift mit LOOP AT'.
LOOP AT PARTTAB WHERE NAME GE 'G'.
  WRITE: / SY-TABIX, PARTTAB-VORNAME, PARTTAB-NAME.
ENDLOOP.
SKIP.
DESCRIBE TABLE PARTTAB LINES LIN.
WRITE / 'Ausschrift mit WHILE'.
WHILE SY-INDEX LE LIN.
  READ TABLE PARTTAB INDEX SY-INDEX.
  CHECK PARTTAB-NAME GE 'G'.
  WRITE: / SY-INDEX, PARTTAB-VORNAME, PARTTAB-NAME.
ENDWHILE.
```

```
28.05.1997    Kapitel  6: Interne Tabellen: LOOP und WHILE          1
---------------------------------------------------------------------
Ausschrift mit LOOP AT
         2  Gerda               Niederwall
         7  Peter               Gerlach
         8  Uli                 Kettler
        11  Ingrid              Ziller

Ausschrift mit WHILE
         2  Gerda               Niederwall
         7  Peter               Gerlach
         8  Uli                 Kettler
        11  Ingrid              Ziller
```

Nachdem man eine Tabellenzeile mit LOOP oder eine einzelne Zeile mit READ selektiert hat, kann man die Tabellenzeilen mit entsprechenden Anweisungen kopieren, löschen, modifizieren oder auf eine andere denkbare Weise verarbeiten.

Bei der Technik der Kommunikation mit dem Tabellenkörper über Kopfzeile oder Arbeitsbereich wird ein Mangel von ABAP/4 deutlich: Um *ein* Feld einer Zeile zu verarbeiten, muß man die gesamte Zeile in einen Arbeitsbereich kopieren, das Feld dort ändern und die gesamte Zeile zurückkopieren. Das ist deutlich langsamer, als ein Feld direkt im Tabellenkörper anzusprechen. Eine Referenzierung eines Feldes einer Zeile, etwa in der Art *Itab[Index]-Feld,* ist in ABAP/4 leider nicht möglich. In Abbildung 6.7 wird am Beispiel einer Tabelle mit Kopfzeile die Wirkungsrichtung der Anweisungen READ und LOOP und der noch zu erklärenden Befehle DELETE, MODIFY, INSERT und APPEND grafisch verdeutlicht.

6.6.3 Anfügen von Zeilen an eine interne Tabelle – APPEND

Tabellenzeilen werden mit APPEND an den Tabellenkörper angehängt. Die anzuhängende Zeile kann von der Kopfzeile oder optional aus einem anderen Arbeitsbereich stammen. Allgemein werden die Felder des Arbeitsbereichs mit CLEAR initialisiert und dann mit den gewünschten Werten z. B. unter Verwendung von MOVE versorgt. Abschließend hängt man den Inhalt des Arbeitsbereiches mit der APPEND-Anweisung an den Tabellenkörper. Hat die Tabelle bereits den Umfang an Tabellenzeilen laut OCCURS erreicht, wächst die Tabelle dynamisch um weitere Einträge als initial vorgesehen.

APPEND [*Arbeitsbereich* **TO**] *Itab* [**SORTED BY** *Feld*]

Durch den Zusatz SORTED BY wird die Zeile nicht angehängt, sondern dem Kriterium *Feld* entsprechend in die Tabelle einsortiert – was nur sinnvoll ist, wenn die Tabelle vorher bereits nach diesem Kriterium vorsortiert war.

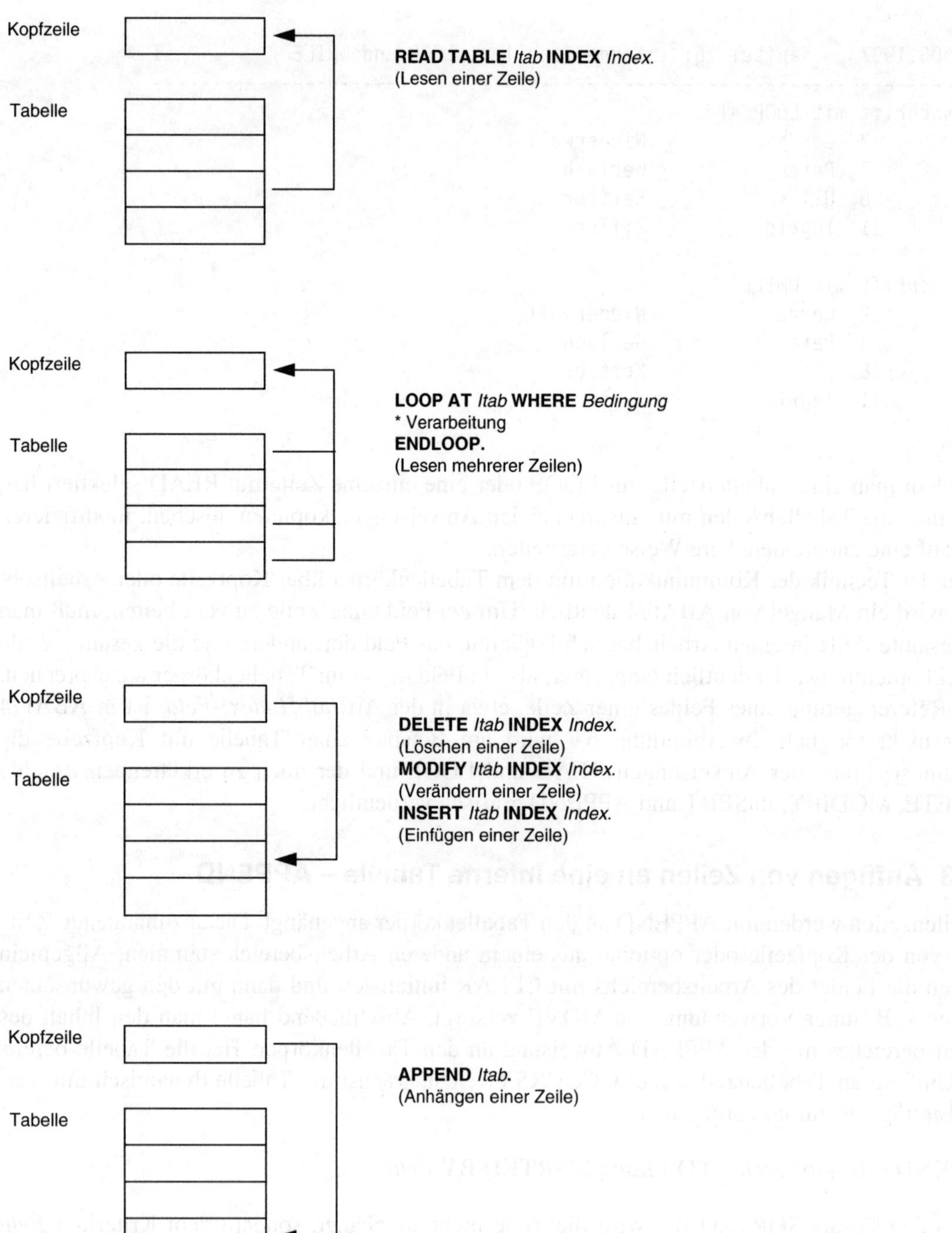

Abb. 6.7: Wirkungsrichtung von Anweisungen für interne Tabellen

Der Zusatz ist besonders für Ranglisten geeignet, da jede weitere Tabellenzeile über OCCURS hinaus die letzte Tabellenzeile entfernt, wenn die neue Zeile in die Rangliste einsortiert werden kann. Sollte die Tabelle bereits dynamisch über den im Programm definierten OCCURS-Wert gewachsen sein, wird der aktuell gültige Wert laut SY-TFILL bei der Entfernung der letzten Tabellenzeile zugrunde gelegt.

```
REPORT  YR-06-14 LINE-SIZE 70.

DATA: BEGIN OF RANGLISTE OCCURS 3,
        ELEM(10),
        WERT LIKE SY-INDEX,
      END OF RANGLISTE.

DATA: ZIFFER(1) TYPE N.

DO 4 TIMES.
  ZIFFER = SY-INDEX.
  CONCATENATE 'alt' ZIFFER INTO RANGLISTE-ELEM SEPARATED BY SPACE.
  RANGLISTE-WERT = 10 - ( 2 * SY-INDEX ).
  APPEND RANGLISTE.
ENDDO.

LOOP AT RANGLISTE.
  WRITE: / RANGLISTE-ELEM, RANGLISTE-WERT.
ENDLOOP.

WRITE: / SY-TFILL, 'Tabelleneinträge'.

CLEAR RANGLISTE.
ZIFFER = SY-TFILL + 1.
CONCATENATE 'neu' ZIFFER INTO RANGLISTE-ELEM SEPARATED BY SPACE.
MOVE ZIFFER TO RANGLISTE-WERT.
APPEND RANGLISTE SORTED BY WERT.

SKIP.
LOOP AT RANGLISTE.
  WRITE: / RANGLISTE-ELEM, RANGLISTE-WERT.
ENDLOOP.
WRITE: / SY-TFILL, 'Tabelleneinträge'.
```

```
28.05.1997      Kapitel  6: Interne Tabellen: APPEND            1
----------------------------------------------------------------------
alt 1               8
```

```
alt 2          6
alt 3          4
alt 4          2
      4  Tabelleneinträge

alt 1          8
alt 2          6
neu 5          5
alt 3          4
      4  Tabelleneinträge
```

6.6.4 Sortieren einer internen Tabelle – SORT

Eine interne Tabelle kann beliebig oft nach verschiedenen Kriterien sortiert werden:

SORT *Itab* **[BY** *Feld1 Feld2 ... Feldn* **]**
[ASCENDING | DESCENDING] .

Ohne Zusätze wird die Tabelle nach allen Feldern vom Typ C, N und D sortiert, die die Tabellenstruktur bilden. Felder vom Typ I, P oder F werden von der Standardsortierung ausgeschlossen. Häufiger wird die Sortierung nach explizit angegebenen Feldern verwendet. Hier sind auch Zahlenfelder möglich. Defaulteinstellung für die Sortierreihenfolge ist ASCENDING. Nur eine absteigende Sortierreihenfolge muß explizit angegeben werden.

6.6.5 Einfügen von Zeilen in eine interne Tabelle – INSERT

INSERT fügt eine Zeile an einer durch INDEX angegebenen Stelle der Tabelle ein. Ist der Index größer als die aktuelle Anzahl von Tabellenzeilen, wird die Tabellenzeile angehängt.

Der Zusatz INDEX ist notwendig, wenn INSERT *außerhalb* einer LOOP-Anweisung verwendet wird. Bei Verwendung von INSERT *innerhalb* einer LOOP-Anweisung ist die Angabe eines Index optional, da die Zeile dann vor der aktuell selektierten Tabellenzeile eingefügt wird.

INSERT [*Arbeitsbereich* **TO**] *Itab* [**INDEX** *Index* **].**

Die einzufügende Zeile kann auch aus einem anderen Arbeitsbereich als der Kopfzeile stammen.

6.6.6 Löschen von Zeilen aus einer internen Tabelle – DELETE

Löschen von internen Tabellenzeilen ist mit der Anweisung DELETE möglich.

DELETE *Itab* [**INDEX** *Index* | **WHERE** *Bedingung*].

Verwendet man DELETE innerhalb einer LOOP-Anweisung, braucht man den Zusatz INDEX nicht anzugeben, wenn der aktuell selektierte Eintrag gelöscht werden soll.

Bei Angabe einer WHERE-Klausel arbeitet DELETE wie eine Schleife. Es werden alle Tabellensätze gelöscht, die dem logischen Ausdruck hinter WHERE genügen. Die folgenden Beispiele bewirken dementsprechend das gleiche Ergebnis.

```
LOOP AT Itab.
     CHECK Bedingung.
     DELETE Itab.
ENDLOOP.
```

```
DELETE Itab WHERE Bedingung.
```

6.6.7 Verändern von Zeilen einer internen Tabelle – MODIFY

Auch MODIFY benötigt die Angabe eines Index, wenn die Anweisung außerhalb einer LOOP-Anweisung gebraucht wird. MODIFY verändert die Tabellenzeile ausgehend von den Werten der Kopfzeile oder des explizit angegebenen Arbeitsbereiches.

MODIFY *Itab* [**FROM** *Arbeitsbereich*] [**INDEX** *Index*].

Ein häufig auftretender ABAP/4-Fehler besteht darin, daß man in einem Loop die Felder in der Kopfzeile einer internen Tabelle ändert und vergißt, diese Änderungen mit MODIFY in die Tabelle zu übertragen. Das folgende Programm zeigt den Umgang mit APPEND, MODIFY und DELETE an einem Beispiel.

```
REPORT  YR-06-15 LINE-SIZE 70.
DATA: BEGIN OF PARTTAB OCCURS 20.          " interne Tabelle der Partner
        INCLUDE STRUCTURE YPARTNER.
DATA: END OF PARTTAB.

* Werte anhängen
PARTTAB-NAME     = 'Müller'.
PARTTAB-VORNAME = 'Stefan'.
APPEND PARTTAB.
PARTTAB-NAME     = 'Meier'.
PARTTAB-VORNAME = 'Claudia'.
APPEND PARTTAB.
* Ausschrift
WRITE: / 'Ausschrift nach APPEND'.
LOOP AT PARTTAB.
```

```
  WRITE: / PARTTAB-PARTNR, PARTTAB-VORNAME, PARTTAB-NAME.
ENDLOOP.
* Werte verändern
LOOP AT PARTTAB.
  PARTTAB-PARTNR = SY-TABIX.
  MODIFY PARTTAB.
ENDLOOP.
* Werte löschen
DELETE PARTTAB WHERE PARTNR = '1'.
* Ausschrift
SKIP.
WRITE: / 'Ausschrift nach MODIFY und DELETE'.
LOOP AT PARTTAB.
  WRITE: / PARTTAB-PARTNR, PARTTAB-VORNAME, PARTTAB-NAME.
ENDLOOP.
```

```
28.05.1997  Kapitel  6: Interne Tabellen: MODIFY und DELETE          1
----------------------------------------------------------------------
Ausschrift nach APPEND
00000000 Stefan       Müller
00000000 Claudia      Meier

Ausschrift nach MODIFY und DELETE
00000002 Claudia      Meier
```

6.7 Benutzerdefinierte Datentypen – TYPES

Mit TYPES kann man benutzerdefinierte Datentypen anlegen, ohne gleichzeitig auch Variablen dieses Typs zu definieren. Man wird TYPES nur dann verwenden, wenn die Datentypen hinreichend komplex sind. Sollen sie darüber hinaus in mehreren Programmen benutzt werden, so kann man alle Typendefinitionen in einem Include (s. Kap. 7) zusammenfassen. In diesem Sinne wirkt auch die Verwendung spezieller TYPE-POOLs, die in Kapitel 9 besprochen werden. Abbildung 6.8 zeigt, wie durch Fortsetzung einer Substruktur in einer Feldleiste eine eingebettete Tabelle entsteht. Mehrere Zeilen einer solchen Struktur mit eingebetteter Tabelle ergeben eine Tabelle mit einer oder mehreren eingebetteten Tabellen.

Report YR-06-24 zeigt mehrere aufeinander Bezug nehmende Typendefinitionen. POSTAB-TYP beschreibt eine interne Tabelle ohne Kopfzeile. Sie nimmt Belegpositionen auf. Der Typ BELTYP definiert einen Belegtyp als Feldleistentyp, der als erstes eine Substruktur KOPF enthält. Diese wird über LIKE von der Datenbanktabelle YBELKPF abgeleitet. Die Verwendung von LIKE erlaubt später das Ansprechen eines Belegkopfes als eine Einheit. Das zweite Feld von BELTYP ist eine Positionstabelle POSTAB vom oben definierten Typ POSTABTYP. Unter Verwendung des so erklärten Belegtyps BELTYP wird ein Belegtabellentyp BELTABTYP definiert. Dieser beschreibt eine Tabelle von Belegen. Die drei TYPES-Deklarationen definieren keine Datenobjekte. Eine Belegliste als Datenobjekt wird erst mit DATA BELTAB definiert. BELTAB ist eine interne Tabelle vom Typ BELTABTYP mit Kopfzeile.

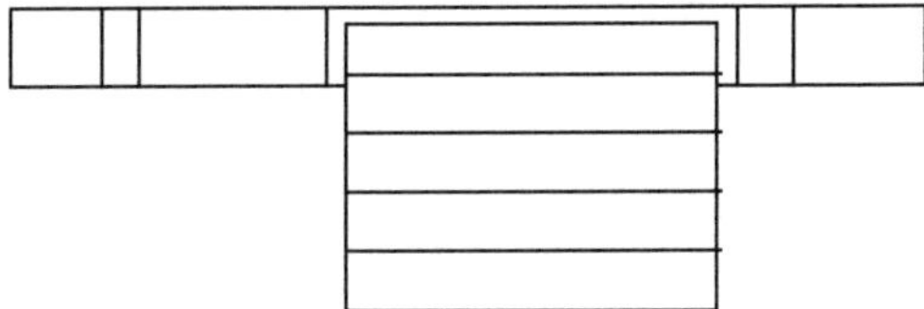

Tabelle in einer Struktur

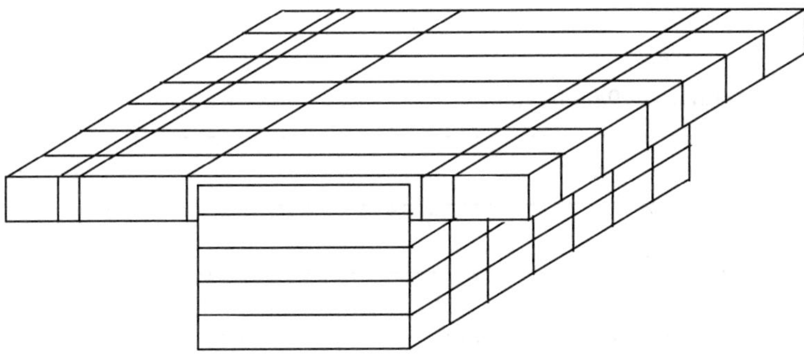

Tabelle in einer Tabelle

Abb. 6.8: Tabellen in Strukturen und Tabellen in Tabellen

```
REPORT  YR-06-16 LINE-SIZE 70.
TYPES: POSTABTYP LIKE YBELPOS OCCURS 10.
TYPES: BEGIN OF BELTYP,
         KOPF   LIKE YBELKPF,
         POSTAB TYPE POSTABTYP,
       END OF BELTYP.
TYPES: BELTABTYP TYPE BELTYP OCCURS 100.

DATA BELTAB TYPE BELTABTYP WITH HEADER LINE.
DATA POS LIKE YBELPOS.
```

```
DO 5 TIMES.
  BELTAB-KOPF-BELNR = 1000 * SY-INDEX.
  CLEAR BELTAB-POSTAB. REFRESH BELTAB-POSTAB.
  DO SY-INDEX TIMES.
    POS-BELNR = BELTAB-KOPF-BELNR.
    POS-POSNR = SY-INDEX.
    APPEND POS TO BELTAB-POSTAB.
  ENDDO.
  APPEND BELTAB.
ENDDO.

LOOP AT BELTAB.
  WRITE: / BELTAB-KOPF-BELNR.
  LOOP AT BELTAB-POSTAB INTO POS.
    WRITE: POS-POSNR.
  ENDLOOP.
  ULINE.
ENDLOOP.
```

```
28.05.1997       Kapitel  6: Komplexe Datentypen                        1
----------------------------------------------------------------------
00001000 001
----------------------------------------------------------------------
00002000 001 002
----------------------------------------------------------------------
00003000 001 002 003
----------------------------------------------------------------------
00004000 001 002 003 004
----------------------------------------------------------------------
00005000 001 002 003 004 005
----------------------------------------------------------------------
```

Das Programm legt fünf Belege in BELTAB ab, wobei im Kopf BELTAB-KOPF nur die Belegnummer über SY-INDEX gefüllt wird. In die zugehörige Positionstabelle werden die entsprechenden Positionen eingestellt. Die Belegnummer wird vom Kopf übernommen, die Positionsnummer wird aus SY-INDEX der inneren Schleife gebildet. Man beachte, daß die Positionstabelle BELTAB-POSTAB als eingebettete Tabelle eines Beleges keine Kopfzeile haben kann. Dementsprechend wird bei Operationen auf dieser Tabelle ein Hilfsbereich POS verwendet.

Auf den ersten Blick mag die gezeigte Konstruktion verwirren. Sie ist aber durchaus sinnvoll, da sie es erlaubt, einzelne Substrukturen und eingebettete Tabellen eines komplexen Datenobjekts als Einheit anzusprechen. Das wird sich insbesondere bei der Verwendung von

Forms und Funktionsbausteinen mit entsprechend strukturierten Parametern als nützlich erweisen.

6.8 Feldsymbole – FIELD-SYMBOLS, ASSIGN

Es gibt Problemstellungen, bei denen der Name eines Feldes, auf das zugegriffen werden soll, erst zur Laufzeit des Programms bekannt wird. Trotzdem müssen ein Speicherbereich deklariert und eine zugehörige Programmlogik entworfen werden, ohne daß Name, Datentyp und Länge des Feldes vorher bekannt sind.

Feldsymbole in ABAP/4 lassen sich mit Referenzen in C++ vergleichen. Sie stellen Aliasnamen für andere Datenobjekte wie Felder oder Feldleisten dar. Intern werden Feldsymbole genauso wie Referenzen über Const-Zeiger realisiert.

Der wesentliche Unterschied zu den C++-Referenzen besteht darin, daß ein Feldsymbol auch ohne ein referenziertes Datenobjekt existieren kann. Mit der Vereinbarung eines Feldsymbols wird in ABAP/4 ein Datenobjekt für eine zur Laufzeit anzulegende Referenz bereitgestellt.

FIELD-SYMBOLS *Feldsymbol.*

Ein Feldsymbol belegt immer denselben Speicherplatz von 4 Byte, unabhängig davon, wie groß das Datenobjekt ist, auf das es später zeigt. Die Referenz auf ein Feld oder eine Feldleiste wird zur Laufzeit so angelegt:

ASSIGN *Feld* **TO** *Feldsymbol.*
ASSIGN *(Feld)* **TO** *Feldsymbol.*

Intern wird dem Feldsymbol dabei die Adresse des Feldes zugewiesen. Dieses Anlegen der Referenz mit ASSIGN ist deutlich zu unterscheiden von Zuweisungen zum Feldsymbol mit MOVE oder '='. Diese werden über die angelegte Referenz auf die referenzierte Variable weitergeleitet.

```
REPORT  YR-06-17 LINE-SIZE 70.
DATA: TEXTFELD(10) VALUE 'ABAP/4',
      FELDNAME(10) VALUE 'TEXTFELD'.    " zeigt auf das Feld TEXTFELD
FIELD-SYMBOLS <FS>.

WRITE: / 'TEXTFELD=', TEXTFELD.
WRITE: / 'FELDNAME=', FELDNAME.
SKIP.

ASSIGN TEXTFELD TO <FS>.
WRITE:  / 'ASSIGN TEXTFELD TO <FS>  :  <FS> =', <FS>.
<FS> = 'R/3'.
```

```
WRITE:  / 'Zuweisung <FS> = R/3      : TEXTFELD = ', TEXTFELD.
SKIP.

ASSIGN (FELDNAME) TO <FS>.
WRITE:  / 'ASSIGN (FELDNAME) TO <FS>:  <FS> =', <FS>.
<FS> = 'ABAP/4'.
WRITE:  / 'Zuweisung <FS> = ABAP/4  : TEXTFELD = ', TEXTFELD.
```

```
28.05.1997              Kapitel  6: Feldsymbole                1
-----------------------------------------------------------------
TEXTFELD= ABAP/4
FELDNAME= TEXTFELD

ASSIGN TEXTFELD TO <FS>   :  <FS> = ABAP/4
Zuweisung <FS> = R/3      : TEXTFELD =  R/3

ASSIGN (FELDNAME) TO <FS>:  <FS> = R/3
Zuweisung <FS> = ABAP/4  : TEXTFELD =  ABAP/4
```

Abbildung 6.9 zeigt die Zusammenhänge bei der direkten und indirekten Zuweisung von Feldsymbolen. Es kommt zu einem Laufzeitfehler, wenn einer leeren Referenz ein Wert zugewiesen werden soll oder wenn der zuzuweisende Wert nicht zum referenzierten Datenobjekt paßt.

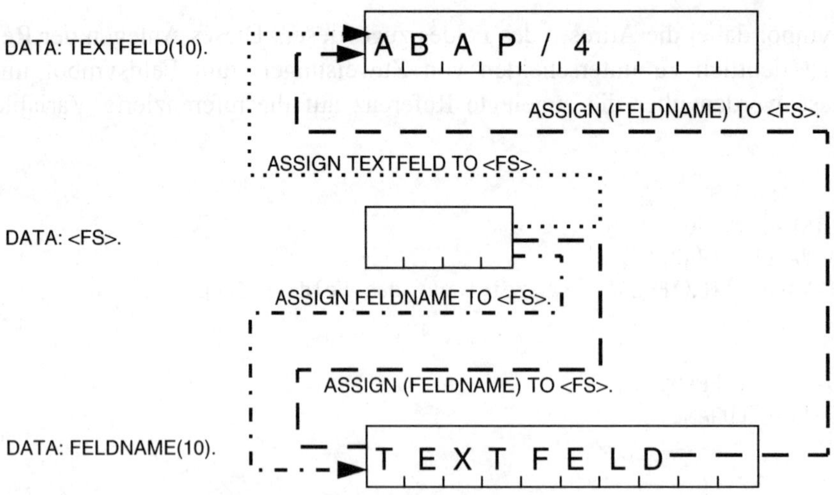

Abb. 6.9: Verschiedene Zuweisungen von Feldsymbolen

Eine typische praxisnahe Anwendung von Feldsymbolen ist die Umsetzung von Einstellungen im Customizing von SAP-Anwendungen. Denkbar wäre, daß der Anwender die Möglichkeit hat, sich nur bestimmte Felder einer Datenbanktabelle in einer bestimmten Reihenfolge anzeigen zu lassen. Abhängig von der Einstellung im Customizing muß das Programm die entsprechenden Feldnamen und Inhalte auf den Bildschirm bringen.

In Kapitel 12 wird ein Schnittstellenprogramm vorgestellt, daß Daten inklusive Strukturinformationen aus einer Datei einliest. Dabei werden ebenfalls Feldsymbole verwendet.

6.9 Datenbankzugriff mit Open SQL

Open SQL sind die im Sprachumfang von ABAP/4 enthaltenen Datenbankbefehle. Sie orientieren sich am SQL-Standard, ohne ihn streng einzuhalten. Große Teile von Standard SQL werden in ABAP/4 nicht angeboten, aber auch nicht benötigt. Dies sind insbesondere alle Befehle zur Pflege der Datenbank-Systemtabellen wie CREATE TABLE, DROP TABLE, GRANT usw. Diese Funktionen werden über die dialogorientierte Pflege des Data Dictionary abgebildet. Aber auch komplexe SELECTs mit Joins können nicht direkt in ABAP/4 programmiert werden. Eine Ursache für diese Einschränkungen ist, daß die Programme in ABAP/4 ohne Änderung auf allen Datenbanktypen von R/3 laufen sollen. Dies erschwert die Einhaltung des SQL-Standards gegenüber anderen 4GL-Sprachen, die sich meist auf genau einen Datenbanktyp beziehen (z. B. Ingres4GL für Windows, Informix, Visual BASIC). Andererseits gibt es in ABAP/4 eine Reihe von spezifischen, leistungsfähigen Open SQL Befehlen, die das Arbeiten mit der Datenbank gegenüber herkömmlichen 4GL-Sprachen erheblich vereinfachen.

6.9.1 Tabellendefinitionen im Programm

Die Befehle von Open SQL können nur auf die R/3-Datenbank des Systems zugreifen, in dem das Programm läuft. Es können nur diejenigen Tabellen bearbeitet werden, die im Data Dictionary vereinbart wurden. Der Befehl, der dem Programm die zu verwendenden Tabellen bekanntmacht, lautet:

TABLES *Tabelle.*

bzw.

TABLES: *Tabelle1, Tabelle2, ...Tabellen.*

Der TABLES-Befehl erfüllt zwei Aufgaben: Er zeigt dem Programm an, daß auf die angegebene Tabelle zugegriffen werden soll. Das ermöglicht zur Compilezeit eine Prüfung, ob die Tabellen überhaupt als aktive Tabellen im Data Dictionary definiert sind. Namen und Eigenschaften der Tabellenfelder können nach dieser Deklaration benutzt werden.

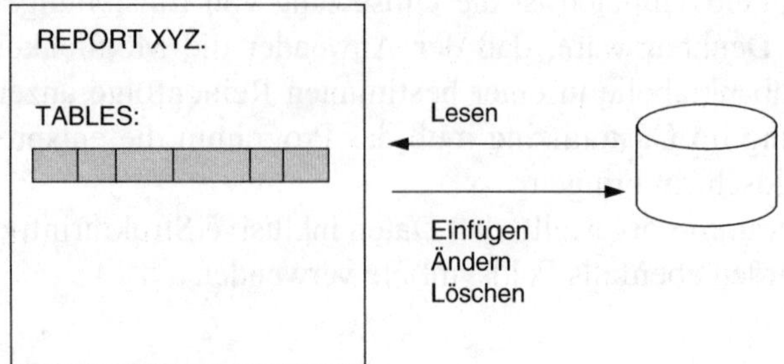

Abb. 6.10: Tabellenarbeitsbereich als Übergabepuffer zwischen ABAP/4 und Datenbank

Zusätzlich stellt der TABLES-Befehl eine Datendefinition einer Feldleiste mit der Struktur der jeweiligen Tabelle dar. Diese Feldleiste wird auch als Tabellenarbeitsbereich bezeichnet. Dieser stellt einen Übergabebereich für einen Satz der entsprechenden Tabelle dar. Der Vorteil ist, daß so keine speziellen Hostvariablen für den Datenbankzugriff definiert werden müssen.

6.9.2 Befehle von Open SQL

Die am häufigsten benutzten Open-SQL-Befehle sind:

SELECT	einen oder mehrere Sätze aus einer Tabelle lesen
INSERT	einen oder mehrere Sätze in eine Tabelle einfügen
UPDATE	einen oder mehrere Sätze einer Tabelle ändern
MODIFY	einen oder mehrere Sätze in eine Tabelle einfügen oder ändern
DELETE	einen oder mehrere Sätze einer Tabelle löschen
ROLLBACK WORK	DB-Befehle nach letztem COMMIT WORK zurücknehmen
COMMIT WORK	DB-Befehle nach letztem COMMIT WORK festschreiben
SY-SUBRC	Gibt Auskunft über den Erfolg eines Open-SQL-Befehls.
SY-SUBRC = 0:	Es wurde (mindestens) ein Satz verarbeitet.
SY-SUBRC = 4:	Es wurde kein Satz verarbeitet.
SY-DBCNT	Gibt im Falle SY-SUBRC = 0 die Anzahl verarbeiteter Sätze an.

Eine weitere Spezifik aller Open-SQL-Befehle ist die Behandlung mandantenabhängiger Tabellen. Der Mandant (MANDT) wird beim Einloggen eingegeben und in SY-MANDT gespeichert. Alle Datenbankbefehle beziehen sich automatisch nur auf Sätze mit diesem Mandanten. Der Nutzer sieht so nur den Datenbestand seines Mandanten. In seltenen Fällen wird eine mandantenübergreifende Arbeit mit mandantenabhängigen Tabellen notwendig. Dies wird in den Open-SQL-Befehlen mit dem Zusatz CLIENT SPECIFIED ausgedrückt.

6.9.3 Sätze aus *einer* Tabelle lesen – SELECT

Der weitaus mächtigste und vermutlich am häufigsten benutzte Befehl von Open SQL ist SELECT. SELECT liest eine Anzahl von Datensätzen aus der angegebenen Tabelle *DBTabelle*. Das Ergebnis läßt sich als Tabelle auffassen, deren Zeilenaufbau in *Feldliste* angegeben wird. Ein „*" steht abkürzend für alle Felder. INTO bezeichnet das oder die Zielfelder, es können auch interne Tabellen als Zielbereiche angegeben werden. Die WHERE-Bedingung legt fest, welche Sätze zu lesen sind. Mit der ORDER-BY-Klausel werden die gelesenen Sätze nach Feldern sortiert. Die GROUP-BY-Klausel erlaubt die Zusammenfassung gelesener Sätze zu Gruppen, wobei Aggregationen möglich sind.

SELECT [**SINGLE** [**FOR UPDATE**]] | **DISTINCT** *Feldliste*
  [**INTO** (*Feld1, Feld2, ...*) |
      Feldleiste |
      TABLE *Itab* [**PACKAGE SIZE** *Satzanz*]] |
  [**APPENDING TABLE** *Itab* [**PACKAGE SIZE** *Satzanz*]]
 FROM *DBTabelle* | (*Namensvariable*)
  [**CLIENT SPECIFIED**] [**BYPASSING BUFFER**] [**UP TO** *N* **ROWS**]
 [**WHERE** *Bedingung*]
 [**GROUP BY** *Feld1 Feld2* ...]
 [**ORDER BY** *Feld1 Feld2* ...| **PRIMARY KEY**].

* Sätze verarbeiten

ENDSELECT.

Im weiteren wird die WHERE-Bedingung genauer beschrieben; anschließend werden einige wichtige Spezialfälle von SELECT anhand von Beispielen diskutiert. Die nach WHERE angegebene Bedingung kann ein komplexer logischer Ausdruck sein, der aus Einzelausdrücken mit AND, OR und NOT entsprechend Kapitel 6.4.1 kombiniert wird. Die WHERE-Klausel kennt folgende spezielle Formate für logische Einzelausdrücke:

Tabelle 6.8: Logische Ausdrücke der WHERE-Klausel

Formate der WHERE-Bedingung	Beispiel (SELECT * FROM YPARTNER)
TabFeld OP Feld OP: =, >, <, >=, <=	...WHERE NAME = 'MEIER'
TabFeld [NOT] BETWEEN Feld1 AND Feld2	...WHERE PARTNR BETWEEN 1000 AND 2000
TabFeld LIKE String '%': beliebige Zeichenfolge '_': genau ein Zeichen	...WHERE NAME LIKE 'Mei%' (WHERE ROLLNAME LIKE '#_VK' ESCAPE '#') (ESCAPE schaltet Platzhalterrolle aus)
TabFeld [NOT] IN (Feld1,..., Feldn)	...WHERE PARTNR NOT IN (1002, 1004, 1009)

Formate der WHERE-Bedingung	Beispiel (SELECT * FROM YPARTNER)
TabFeld [NOT] IN ITab	DATA PARTNR LIKR YPARTNER-PARTNR. RANGES: SelOpt FOR PARTNR. ....WHERE PARTNR IN SelOpt (s. Kap. 7)
TabFeld IS [NOT] NULL	...WHERE PLZ IS NOT NULL
(ITab)	... WHERE (Itab) (s. Kap. 6.9.11)

Zur vollständigen Beschreibung des Befehls SELECT wird auf die SAP-Dokumentation verwiesen. Hier werden die häufig vorkommenden Varianten gezeigt.

SELECT * **FROM** *Tabelle* **WHERE** *Bedingung* **.**

* Verarbeitung der Sätze

ENDSELECT.

In dieser Variante werden alle Felder der angegebenen Tabelle gelesen. Da der Zielbereich nicht explizit angegeben ist, wird der Tabellenarbeitsbereich aus der TABLES-Deklaration genutzt. Nach jedem SELECT steht ein neuer Satz im Arbeitsbereich zur Verfügung, der durch die Programmlogik zwischen SELECT und ENDSELECT verarbeitet werden kann. Programm YR-06-21 zeigt ein Beispiel. Es selektiert alle Kunden, deren Postleitzahl mit 1 beginnt.

```
REPORT  YR-06-21 LINE-SIZE 70.
TABLES: YPARTNER.

SELECT * FROM YPARTNER WHERE PLZ LIKE'1%'
                       ORDER BY NAME VORNAME.
  WRITE:  / ' ',  (1)SY-DBCNT,
          YPARTNER-ANREDE, (10) YPARTNER-VORNAME, (10)YPARTNER-NAME,
          (5)YPARTNER-PLZ, (12)YPARTNER-ORT,
          YPARTNER-PARTNR.
ENDSELECT.
SKIP.
WRITE: / '  Anzahl selektierter Partner:', (2)SY-DBCNT.
```

```
28.05.97 Kapitel  6: Selektieren aller Partner im PLZ-Bereich        1
----------------------------------------------------------------------
  1 Herr       Paul       Badel      10319 Berlin       00001000
```

```
2 Herr Dr.  Frank     Döhring   12345 Dresden      00001004
3 Frau      Sabine    Döhring   12345 Dresden      00001003
4 Frau Dr.  Sabine    Ehrlich   10345 Berlin       00001002
5 Herr Dr.  Peter     Gerlach   10234 Berlin       00001006
6 Herr      Uli       Kettler   15370 Fredersdorf  00001007
7 Frau      Ingrid    Ziller    14567 Köln         00001010

Anzahl selektierter Partner: 7
```

Die Systemvariable SY-DBCNT gibt innerhalb der SELECT-Schleife die laufende Nummer des Datensatzes im SELECT an. Nach ENDSELECT beinhaltet SY-DBCNT die Anzahl der insgesamt gelesenen Sätze.

In komplexen Algorithmen muß ein und derselbe Datensatz oft mehrfach angesprochen werden. Ein mehrfacher Datenbankzugriff würde zuviel Zeit kosten. In diesem Fall können die zu verarbeitenden Sätze mit einem einzigen SELECT-Befehl in eine interne Tabelle gelesen werden. Der erwähnte Algorithmus greift dann ausschließlich auf diese im Hauptspeicher befindliche Tabelle zu. Sie muß dieselbe Struktur wie die Datenbanktabelle haben.

SELECT * INTO TABLE *ITab* **FROM** *Tabelle* **WHERE** *Bedingung*.

Diese Variante kennt kein ENDSELECT. Sie wirkt wie ein einziger Befehl. Eine Verarbeitung während des Einlesens ist nicht möglich. Nach dem Befehl stehen die Sätze in der internen Tabelle *ITab* zur Verfügung. Ein häufiger Fehler ist das Vergessen des Schlüsselwortes TABLE. Dann wird *ITab* als einfache Feldleiste interpretiert, die natürlich nur je einen Satz aufnehmen kann. Folgerichtig fragt der Syntaxchecker nach einem ENDSELECT, das die in diesem Fall nötigen Verarbeitungsbefehle klammert.

```
REPORT  YR-06-22 LINE-SIZE 70.
TABLES: YKONTO.
DATA  : ITAB LIKE YKONTO OCCURS 30 WITH HEADER LINE.


WRITE: / 'Ohne PACKAGE SIZE und ohne ENDSELECT:'.
WRITE: / 'Lfd. Nr.', 10 'Konto Nr', 20 'Sperre'.
SELECT * INTO TABLE ITAB FROM YKONTO.
LOOP AT ITAB.
  WRITE:  / ' ',  (5)SY-TABIX UNDER 'Lfd. Nr.',
                  ITAB-KONTNR UNDER 'Konto Nr',
                  (4)ITAB-SPERRKZ UNDER 'Sperre' RIGHT-JUSTIFIED.
ENDLOOP.
SKIP 2.
WRITE: / 'Mit PACKAGE SIZE und mit ENDSELECT:'.
WRITE: / 'Lfd. Nr.', 10 'Konto Nr', 20 'Sperre'.
SELECT * INTO TABLE ITAB PACKAGE SIZE 4 FROM YKONTO.
```

```
  LOOP AT ITAB.
    WRITE:  / ' ',  (5)SY-TABIX UNDER 'Lfd. Nr.',
                    ITAB-KONTNR UNDER 'Konto Nr',
                    (4)ITAB-SPERRKZ UNDER 'Sperre' RIGHT-JUSTIFIED.
  ENDLOOP.
  SKIP.
ENDSELECT.
```

```
28.05.97 Kapitel  6: Selektieren aller Konten in interne Tabelle     1
----------------------------------------------------------------------
Ohne PACKAGE SIZE und ohne ENDSELECT:
Lfd. Nr. Konto Nr  Sperre
    1    00004000
    2    00004001
    3    00004002
    4    00004003      X
    5    00004004
    6    00004005
    7    00004006      X
    8    00004007
    9    00004008
   10    00004009
   11    00004010
   12    00004011
   13    00004012


Mit PACKAGE SIZE und mit ENDSELECT:
Lfd. Nr. Konto Nr  Sperre
    1    00004000
    2    00004001
    3    00004002
    4    00004003      X

    1    00004004
    2    00004005
    3    00004006      X
    4    00004007

    1    00004008
    2    00004009
    3    00004010
    4    00004011

    1    00004012
```

Wenn die Anzahl der zu lesenden Sätze sehr groß ist, kann das Einlesen in die interne Tabelle mit dem Zusatz PACKAGE SIZE portioniert werden. In diesem Fall wird wieder ein ENDSELECT benötigt.

SELECT * **INTO TABLE** *ITab* **PACKAGE SIZE** *ITabZeilen*
FROM *Tabelle* **WHERE** *Bedingung.*

* Verarbeitung der internen Tabelle, meist mit LOOP

ENDSELECT.

Bei jedem SELECT mit INTO TABLE wird der Inhalt der angegebenen internen Tabelle überschrieben. Wenn man die neuen Sätze an die bestehende Tabelle anhängen will, so wählt man APPENDING TABLE anstelle von INTO TABLE.

6.9.4 Sätze aus verbundenen Tabellen lesen

Standard SQL kann aus mehreren Tabellen gleichzeitig lesen. Meist werden mit sog. Joins Tabellen bearbeitet, die durch Fremdschlüssel verbunden sind. Die Fremdschlüsselbeziehung muß in der WHERE-Bedingung angegeben werden. In Open SQL können anstelle von Joins geschachtelte SELECTs verwendet werden. Programm YR-06-23 liest Partner- und Vertragsdaten zu den Partnernummern 1005 bis 1007.

```
REPORT  YR-06-23 LINE-SIZE 70.
TABLES: YPARTNER, YVERTRAG , YPARVER.

WRITE: / 'Geschachtelte Selects'.
WRITE: / 'Partner', 10'Name', 30'Vertrag', 40 'Anfang', 52'Ende'.
SELECT * FROM YPARTNER WHERE PARTNR BETWEEN 1005 AND 1007.
  WRITE: / YPARTNER-PARTNR UNDER 'Partner',
           YPARTNER-NAME UNDER 'Name'.
  SELECT * FROM YVERTRAG WHERE PARTNR = YPARTNER-PARTNR
                          AND ANGEBOT NE 'X'.
    WRITE: / YVERTRAG-VERTNR UNDER 'Vertrag',
             YVERTRAG-ANFDAT UNDER 'Anfang',
             YVERTRAG-ENDDAT UNDER 'Ende'.
  ENDSELECT.
ENDSELECT.
ULINE.
WRITE: / 'Select mit View YPARVER'.
WRITE: / 'Partner', 10'Name', 30'Vertrag', 40 'Anfang', 52'Ende'.
SELECT * FROM YPARVER WHERE PARTNR BETWEEN 1005 AND 1007
                        AND ANGEBOT NE 'X'.
  WRITE: / YPARVER-PARTNR UNDER 'Partner',
```

```
          YPARVER-NAME   UNDER 'Name',
          YPARVER-VERTNR UNDER 'Vertrag',
          YPARVER-ANFDAT UNDER 'Anfang',
          YPARVER-ENDDAT UNDER 'Ende'.
ENDSELECT.
```

```
28.05.97 Kapitel  6: Geschachteltes SELECT und View                  1
-----------------------------------------------------------------------
Geschachtelte Selects
Partner  Name                    Vertrag   Anfang      Ende
00001005 Falke
                                 00003006  23.07.1996  12.07.2006
                                 00003014  23.07.1996  12.07.2006
00001006 Gerlach
                                 00003007  23.07.1996  12.07.2006
00001007 Kettler
                                 00003008  23.07.1996  12.07.2006
-----------------------------------------------------------------------
Select mit View YPARVER
Partner  Name                    Vertrag   Anfang      Ende
00001005 Falke                   00003006  23.07.1996  12.07.2006
00001006 Gerlach                 00003007  23.07.1996  12.07.2006
00001007 Kettler                 00003008  23.07.1996  12.07.2006
00001005 Falke                   00003014  23.07.1996  12.07.2006
```

Die gesuchten Informationen über die Verträge befinden sich in der Tabelle YVERTRAG, die auch die Informationen über den vertragsschließenden Partner (PARTNR) als Fremdschlüssel enthält. Der Zusammenhang zum Partner wird über die Tabelle YPARTNER hergestellt, die PARTNR als Primärschlüssel enthält.

In der äußeren SELECT-Schleife werden daher alle interessierenden Partner selektiert. Zu jedem gefundenen YPARTNER werden in der inneren SELECT-Schleife die Verträge gelesen. Der erste Teil der inneren WHERE-Bedingung bildet die Fremdschlüsselbeziehung zwischen den Tabellen ab, der zweite Teil schließt die Angebote von der Anzeige aus. Am Ergebnis sieht man, daß ein Partner mehrere Verträge haben kann.

Wenn die Fremdschlüsselbeziehung über PARTNR im inneren SELECT vergessen wird, kann die Datenmenge sehr groß werden, da dann zu *jedem* Partner *alle Verträge* des *gesamten* Datenbestandes gelesen werden. Die insgesamt gelesene Satzanzahl ist das Produkt aus den Satzzahlen der einzelnen SELECTs. Im vorliegenden Beispiel wäre auch das noch unkritisch. Wenn im System jedoch 300.000 Partner mit 450.000 Verträgen vorhanden sind, kommen 135 Milliarden Sätze zusammen.

Mit geschachtelten SELECTs können auch sog. Autojoins, das heißt Fremdschlüsselbeziehungen einer Tabelle mit sich selbst, abgebildet werden. Dazu empfiehlt SAP jedoch die Verwendung der CURSOR-Befehle.

Wenn die Anzahl der gelesenen Sätze sehr groß wird oder wenn mehrere Programme auf verbundene Tabellen zugreifen wollen, so empfiehlt sich die Verwendung von Views (Kap. 4.1.5). Im zweiten Teil des Reports YR-06-23 wird die selbe Liste mit Hilfe des Views YPARVER erzeugt. Man benötigt nun nur noch einen Selektbefehl. Die Daten werden jedoch in einer anderen Reihenfolge angeliefert. Mit dem Zusatz ORDER BY PARTNR kann man die richtige Reihenfolge jedoch leicht herstellen.

6.9.5 Sätze in eine Tabelle einfügen – INSERT

Die wichtigsten Formen des Befehls lauten:

INSERT *Tabelle.*	ein Satz aus dem Tabellenarbeitsbereich
INSERT *Tabelle* **FROM TABLE** *ITab.*	mehrere Sätze aus einer internen Tabelle
INSERT INTO *Tabelle* **FROM** *WA.*	ein Satz aus einem beliebigen Arbeitsbereich

Alle Befehle können mit einer WHERE-Bedingung kombiniert werden.

6.9.6 Sätze in einer Tabelle ändern – UPDATE

Die wichtigsten Formen des Befehls lauten:

UPDATE *Tabelle.*	ein Satz aus dem Tabellenarbeitsbereich
UPDATE *Tabelle* **FROM TABLE** *ITab.*	mehrere Sätze aus einer internen Tabelle

Daneben können mit

UPDATE *Tabelle* **SET** *f1=Wert1 ... fn = Wertn .*

die Werte einzelner Felder gesetzt werden. Alle Befehle können mit einer WHERE-Bedingung kombiniert werden.

6.9.7 Sätze aus einer Tabelle löschen – DELETE

Die wichtigsten Formen des Befehls lauten:

DELETE *Tabelle.*	ein Satz aus dem Tabellenarbeitsbereich
DELETE *Tabelle* **FROM TABLE** *ITab.*	mehrere Sätze aus einer internen Tabelle

Alle Befehle können mit einer WHERE-Bedingung kombiniert werden.

6.9.8 Sätze einer Tabelle ändern oder in eine Tabelle einfügen – MODIFY

Dieser-Open-SQL Befehl ist SAP-spezifisch. Er kombiniert die Befehle INSERT und UPDATE. Es wird versucht, den oder die Sätze einzufügen. Wenn Sätze mit den übergebenen Schlüsselwerten schon vorhanden sind, dann werden die Attribute geändert (UPDATE). Anderenfalls erfolgt ein normales INSERT. Der Befehl spart dem Entwickler das lästige Überprüfen doppelter Schlüssel.

6.9.9 Datenbankänderungen festschreiben oder verwerfen

Alle Datenbankänderungen eines Programms werden zunächst in einem Puffer ausgeführt, der es erlaubt, sie bei Bedarf auch wieder rückgängig zu machen. Bei normalem Datenbankbetrieb haben andere Programme keinen Zugriff auf diese gepufferten Daten. Innerhalb von R/3 wird dieser Zugriff aber aus Performancegründen standardmäßig erlaubt (Kap. 6.9.10). Mit dem Befehl

COMMIT WORK.

kann der seit dem letzten COMMIT WORK geänderte Datenbankinhalt festgeschrieben werden. Von nun an kann er nicht mehr mit ROLLBACK WORK zurückgenommen werden. Alle Datenbanksperren werden freigegeben. Darüber hinaus hat COMMIT WORK weitere Wirkungen im Zusammenhang mit gebündelter bzw. asynchroner Verbuchung in Dialogtransaktionen (Kap. 9).

ROLLBACK WORK.

nimmt alle Änderungen nach dem letzten COMMIT WORK zurück.

Im folgenden Beispiel wird ein Personalsatz mit SELECT SINGLE aus der Datenbank gelesen und mit UPDATE geändert. Ein erneutes SELECT auf diesen Satz zeigt den geänderten Satz, *ohne* daß ein COMMIT WORK erfolgte. Ein nach ROLLBACK WORK abgesetztes SELECT zeigt wieder die Ausgangssituation. Anstelle von ROLLBACK WORK würde ein COMMIT WORK den Umzug von Partner 10002006 auf den Hofweg 9 in der Datenbank festschreiben.

```
REPORT  YR-06-24 LINE-SIZE 70.
TABLES: YPARTNER.
CONSTANTS: PARTNR LIKE YPARTNER-PARTNR VALUE '1006'.

SELECT SINGLE * FROM YPARTNER WHERE PARTNR = PARTNR.
WRITE: / 'Datenbank     :',  YPARTNER-PARTNR, YPARTNER-STRASSE.
UPDATE YPARTNER SET STRASSE = 'Hofweg 9'.
SELECT SINGLE * FROM YPARTNER WHERE PARTNR = PARTNR.
WRITE: / 'Nach UPDATE   :',  YPARTNER-PARTNR, YPARTNER-STRASSE.
ROLLBACK WORK.
SELECT SINGLE * FROM YPARTNER WHERE PARTNR = PARTNR.
```

```
WRITE: / 'Nach ROLLBACK :',  YPARTNER-PARTNR, YPARTNER-STRASSE.
```

```
28.05.97 Kapitel  6: COMMIT WORK und ROLLBACK WORK                     1
--------------------------------------------------------------------
Datenbank      : 00001006 Uhlandstr. 17
Nach UPDATE    : 00001006 Hofweg 9
Nach ROLLBACK  : 00001006 Uhlandstr. 17
```

Das COMMIT-ROLLBACK-Verfahren erlaubt es, komplexe Datenobjekte, die in mehreren Tabellen abgelegt werden, konsistent in der Datenbank zu speichern. Ein Beispiel dafür sind Belege, die aus einem Satz in YBELKPF und mehreren zugeordneten Sätzen in YBELPOS bestehen. Ein COMMIT WORK wird beim Buchen eines Beleges erst dann abgesetzt, wenn *alle* Sätze des Belegs in den jeweiligen Tabellen ohne Fehler gespeichert wurden.

6.9.10 Sperrmechanismen

Bei einer Datenbank, auf der viele Nutzer parallel arbeiten, kann es zu konkurrierenden Datenzugriffen kommen, wenn mehrere Programme gleichzeitig auf dieselben Daten schreibend zugreifen wollen. Die Folge kann im Extremfall ein Datenverlust sein. Dies soll durch sog. Sperrmechanismen ausgeschlossen werden.

Alle Datenbanksysteme verfügen über entsprechende Möglichkeiten zum Setzen und Aufheben solcher Sperren. Sperren werden durch die Datenbankbefehle SELECT, UPDATE, INSERT und DELETE gesetzt und durch COMMIT bzw. ROLLBACK wieder aufgehoben. Die sicherste und einfachste Methode wäre das exklusive Sperren aller gelesenen und zu schreibenden Daten durch die SQL-Befehle. Das würde bei starker Parallelarbeit und langen Bearbeitungszeiten aber zu ständigen Blockierungen der Datenbank führen. Aus diesem Grunde führt man unterschiedliche Sperrarten ein:

- Lesesperre (Shared Lock)
- Schreibsperre (Exclusive Lock)

Die Lesesperre wird von SELECT gesetzt. Sie geht davon aus, daß die gelesenen Daten nicht verändert werden sollen. Eine solche Sperre kann mehrfach auf ein Datenobjekt gesetzt werden. Verschiedene Nutzer greifen gleichzeitig lesend auf dieselben Daten zu. Ein gleichzeitiger Schreibzugriff ist nicht erlaubt, also darf keine Schreibsperre auf Objekte mit einer bestehenden Lesesperre gesetzt werden. Das Objekt wird zum Schreiben erst dann wieder freigegeben, wenn die letzte Lesesperre durch COMMIT oder ROLLBACK gelöscht ist.

Die Scheibsperre ist exklusiv. Sie wird von den Schreibbefehlen UPDATE, INSERT, DELETE und MODIFY gesetzt. Sie sperrt das Datenobjekt zum persönlichen Gebrauch des auslösenden Programms bis zu dessen COMMIT oder ROLLBACK.

Der Vorteil der Lesesperre liegt darin, daß auf Daten parallel lesend zugegriffen werden kann. Der Nachteil ist, daß jeder lesende Zugriff durch das Setzen einer Lesesperre eine schreibende Bearbeitung der Daten verhindert. Um dies bei Bedarf auszuschließen, kennen Datenbanksysteme die Möglichkeit, zwischen *Uncommitted Read* und *Committed Read* zu wählen. Diese Option wird als Isolation Level der Datenbank bezeichnet. Ein SELECT mit Isolation Level *Uncommitted Read* liest ein Datenobjekt unabhängig von bestehenden Sperren. Es setzt selbst keine Sperren. Abbildung 6.11 zeigt ein Beispiel. Programm A fügt mit INSERT einen Satz ein. Programm B liest diesen Satz mit *Uncommitted Read,* bevor in Programm A ein COMMIT oder ROLLBACK erfolgte. Wenn Programm A den Satz verwirft, hat Programm B einen sog. Phantomsatz gelesen, den es kurz darauf in der Datenbank nicht mehr gibt. Ein UPDATE auf diesen Satz schlägt fehl. Ein SELECT mit Isolation Level *Committed Read* testet durch kurzzeitiges Setzen einer Lesesperre, ob ein Programm beabsichtigt, das betreffende Objekt zu ändern, d. h., es wird geprüft, ob eine entsprechende Schreibsperre existiert. Wenn das nicht der Fall ist, dann wird die Lesesperre gleich wieder gelöscht und das Objekt ist frei.

Bei der Wahl eines Isolation Levels geht es darum, einen Kompromiß zwischen den konträren Forderungen nach Datensicherheit auf der einen und Datenbankperformance auf der anderen Seite zu finden. Eine häufig praktizierte Methode besteht darin, mit schnellem *Uncommitted Read* zu arbeiten. Vor einem UPDATE eines so gelesenen Datenobjekts muß durch Nachlesen des Objektes sichergestellt werden, daß dieses noch auf der Datenbank existiert und zwischenzeitlich nicht durch andere verändert wurde.

R/3 verwendet als Standardeinstellung den Isolation Level *Uncommitted Read.* Eine Umstellung auf *Committed Read* ist mit dem Funktionsbaustein DB_SET_ISOLATION_LEVEL möglich. In der Standardeinstellung setzt SELECT keine Sperren, INSERT, UPDATE, MODIFY und DELETE setzen Schreibsperren auf der Datenbank. Dabei ist zu beachten, daß die Sperreinheiten bei den meisten Datenbanken nicht einzelne Sätze, sondern größere Einheiten (Seiten) sind. Das verschlechtert die Performance bei *Committed Read* noch weiter.

Parallel zu den Sperrmechanismen des Datenbanksystems bietet R/3 die Möglichkeit, einzelne Tabellensätze durch Aufruf spezieller Funktionsbausteine (Kapitel 9) zu sperren und zu entsperren. Diese Funktionsbausteine haben die Form

ENQUEUE_<*Sperrobjekt*> zum Anlegen von Sperren
DEQUEUE_<*Sperrobjekt*> zum Freigeben von Sperren.

Sperrobjekte können einzelne Sätze einer Tabelle sein. Sperrobjekte können aber auch aus mehreren Sätzen verbundener Tabellen bestehen. Ein Beispiel für ein komplexes Sperrobjekt ist ein Beleg, der aus einer Zeile von YBELKPF und aus mehreren Zeilen von YBELPOS besteht. Die Argumente der Sperrbausteine sind die Schlüssel zum Auffinden der zu sperrenden Sätze.

Diese SAP-Sperren sind unabhängig von COMMIT oder ROLLBACK und können über lange Transaktionen mit mehreren Bildschirmwechseln erhalten bleiben.

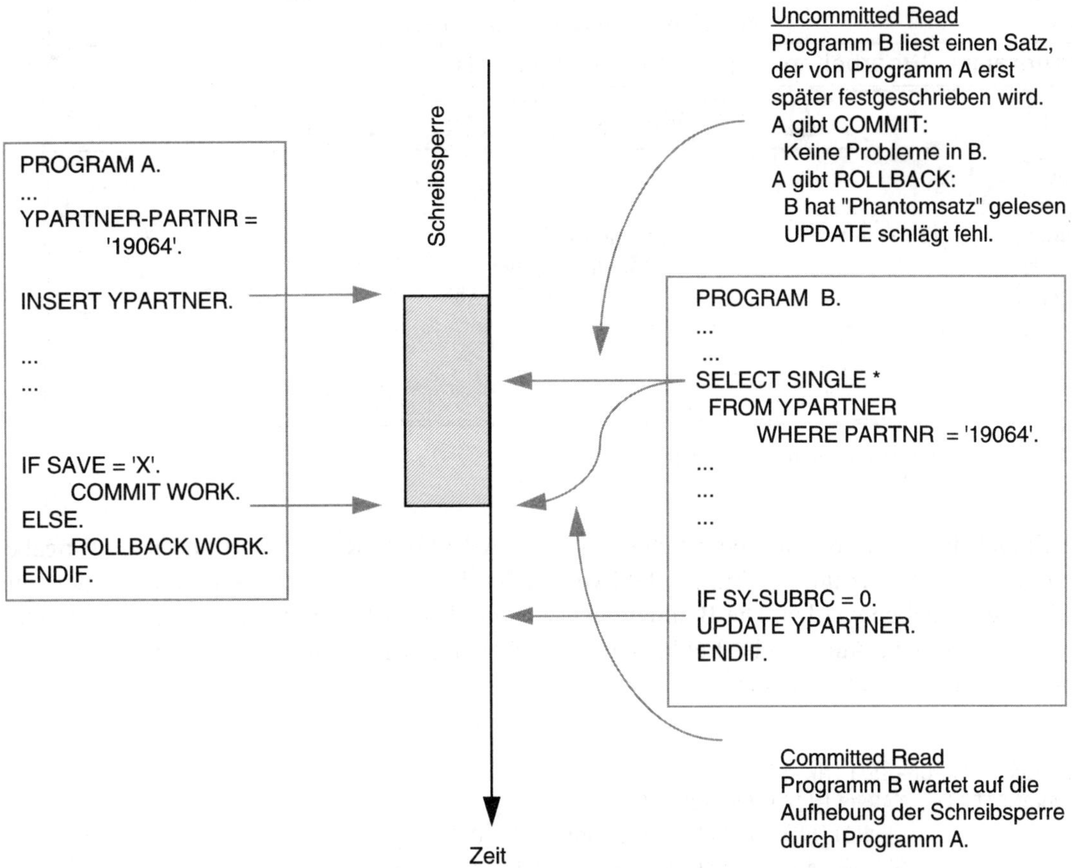

Abb. 6.11: Konkurrierender Zugriff zweier Programme auf einen Datensatz

6.9.11 Dynamisches Open SQL

Alle Befehle von Open SQL können auch in dynamischer Form ausgeführt werden. Damit ist gemeint, daß neben der WHERE-Bedingung auch die Tabelle und ggf. die zu bearbeitenden Felder erst zur Laufzeit des Programms bekannt sind. Das bedeutet insbesondere, daß die zu bearbeitenden Tabellen nicht in der TABLES-Deklaration des Programms vorkommen. In den Open-SQL-Befehlen wird anstelle der Tabelle ein ABAP-Feld gesetzt, das zur Laufzeit den Namen der Tabelle enthalten muß. Zur Unterscheidung vom statischen Fall wird der Feldname in runde Klammern gesetzt.

Der folgende Report erlaubt die Eingabe eines Tabellennamens und zweier Bedingungen zur Laufzeit. Er kann mit den abgebildeten Defaultwerten ausgeführt werden und liefert das unten angegebene Ergebnis.

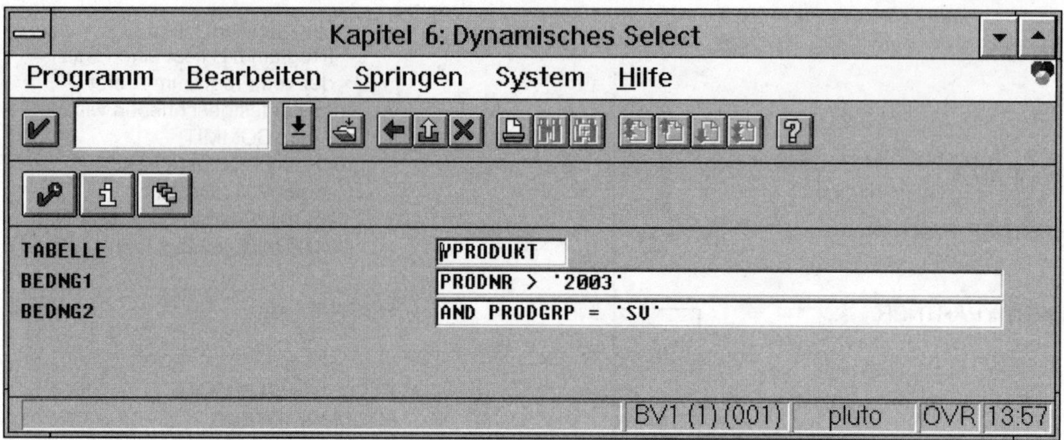

Abb. 6.12: Selektionsbild für dynamisches Open SQL

Die Eingabefelder werden mit dem Schlüsselwort PARAMETERS definiert und nach Eingabe wie ein mit DATA definiertes Eingabefeld verwendet. Es können beliebige Tabellennamen zur Laufzeit eingegeben werden. Die Bedingungen müssen dann natürlich für Felder *dieser* Tabelle angegeben werden. Auf falsche Feldnamen oder falsch geschriebene Konstanten reagiert das Programm mit einem Kurzdump.

```
REPORT  YR-06-25 LINE-SIZE 70.
PARAMETERS:  TABELLE(10) DEFAULT 'YPRODUKT',
             BEDNG1(60)  DEFAULT 'PRODNR > ''2003''',
             BEDNG2(60)  DEFAULT 'AND PRODGRP = ''SV'''.
DATA:    BEGIN OF WHERETAB OCCURS 2,
           BEDNG(60),
         END OF WHERETAB.
DATA:    WA(200).

WHERETAB-BEDNG = BEDNG1. APPEND WHERETAB.
WHERETAB-BEDNG = BEDNG2. APPEND WHERETAB.

SELECT * INTO WA FROM (TABELLE) WHERE (WHERETAB).
  WRITE: / WA(100).
ENDSELECT.
```

```
28.05.97 Kapitel  6: Dynamisches Select                          1
----------------------------------------------------------------------
00100002004SV   KFZ-Vollkasko V4
00100002005SV   KFZ-Vollkasko V6
```

```
00100002006SV   KFZ-Vollkasko V12
00100002007SV   KFZ-Insassen I4
```

Man beachte, daß der Report keinen TABLES-Bereich besitzt. Deshalb muß ein Zielbereich WA für die gelesenen Daten angegeben werden. Da die Struktur der gelesenen Tabelle dem Report nicht bekannt ist, kann dieser Arbeitsbereich nur ein CHAR-Bereich sein. Er muß mindestens so lang wie ein Satz der gelesenen Tabelle sein. Die Ausgabe des Arbeitsbereiches kann ebenfalls nur in CHAR-Format erfolgen. Gepackte Zahlen oder binär codierte Zahlen sind auf diese einfache Weise nicht darstellbar. Die Bedingungen können interaktiv eingegeben oder – wie für die Defaultwerte gezeigt – vom Programm ermittelt werden. Im zweiten Fall müssen die Stringbegrenzer, die in den Vergleichsliteralen vorkommen sollen, doppelt geschrieben werden. Alle Bedingungen werden dem SELECT in Form einer Bedingungstabelle (WHERETAB) übergeben.

Eine typische Anwendung für dynamische SELECTs ist ein Data Browser wie er in der Workbench zu finden ist. Zu einem als Parameter übergebenen Tabellennamen sollen alle Sätze feldweise gegliedert angezeigt werden. Der Report YXXXX im Anhang demonstriert dies. Ihm können sogar zwei Tabellennamen übergeben werden. Überdies liest er die notwendigen Strukturinformationen zur Laufzeit aus dem Data Dictionary und baut eine zweistufige Liste auf. Dieser Report läßt sich für beliebige Tabellenpaare mit einer Fremdschlüsselbeziehung 1:n verwenden und erlaubt feldweises Horizontalscrollen für große Satzlängen.

6.9.12 Allgemeingültige Hinweise zur Performance von Open SQL

Unabhängig vom unterliegenden Datenbanksystem lassen sich laut SAP folgende Hinweise zum performanten Einsatz von Open SQL geben:

- Menge der selektierten Sätze so klein wie möglich halten
  Ausfeilen der WHERE-Bedingung ist besser, als Sätze umsonst zu lesen und später zu verwerfen
- Anzahl der pro Satz übertragenen Felder so klein wie möglich halten
  - anstelle von „* “ nur die wirklich benötigten Felder angeben
  - Aggregatfunktionen benutzen (MAX, MIN, SUM ...)
  - UPDATE nur auf wirklich geänderte Felder, nicht auf den ganzen Satz
  - Duplikate, wenn möglich, mit SELECT DISTINCT ausschließen
- Wenig Open-SQL-Aufrufe
  - keine geschachtelten SELECTs, besser Views
  - SELECT ... INTO TABLE ist besser als viele Einzelselekts
  - SELECT ... FOR ALL ENTRIES nutzen
- Optimieren des Suchalgorithmus
  - Komplexe WHERE-Bedingung am besten mit AND und EQ zusammensetzen.
    Für Operatoren OR, NOT und IN werden Indizes nicht unterstützt.
  - Indizes mit wenigen Feldern benutzen, dabei selektivste Felder zuerst.
- Datenbank entlasten
  - Tabellenpuffer benutzen

- kein Mehrfachlesen, Zwischenpuffern in internen Tabellen
- Kein Mehrfachaufsetzen umfangreicher SELECTs, besser PACKAGE SIZE nutzen
- ORDER BY, wenn möglich, durch SORT auf der gelesenen internen Tabelle ersetzen
- SELECT DISTINCT, wenn möglich, durch DELETE ADJACENT der internen Tabelle ersetzen

6.10 Datenbankzugriff mit Native SQL

Neben den in Kapitel 6.9 beschriebenen Möglichkeiten des in ABAP/4 integrierten Open SQL besteht die Möglichkeit, in ABAP/4 sog. Native-SQL-Befehle abzusetzen. Sie werden in einer EXEC SQL-ENDEXEC-Klammer folgender Form notiert:

EXEC SQL [PERFORMING *Form* **].**

SQL-Statements

ENDEXEC.

Andere Programmiersprachen (COBOL, C) kennen diese Form des SQL unter dem Begriff „Embedded SQL".

Innerhalb von EXEC-ENDEXEC dürfen keine ABAP/4-Befehle, sondern nur SQL-Statements der jeweiligen Datenbank stehen. Insbesondere darf auch kein ABAP-Punkt als Abschluß des SQL-Statements verwendet werden.

Ein SELECT-Befehl liefert üblicherweise mehrere Sätze. In Open SQL können innerhalb der SELECT-ENDSELECT-Klammer ABAP/4-Befehle codiert werden, die diese Sätze verarbeiten. Innerhalb der EXEC-ENDEXEC-Klammer ist das nicht der Fall. Die Verarbeitung kann aber in einer speziellen parameterlosen Form (s. Kap. 7) erfolgen. Sie wird hinter dem Zusatz PERFORMING angegeben.

6.10.1 Native SQL auf der R/3-Datenbank

Das R/3-System wird beim Starten mit der R/3-Datenbank verbunden. Alle-Open-SQL-Befehle beziehen sich automatisch auf diese Datenbank. Auch Native SQL arbeitet standardmäßig auf dieser Datenbank.

Der Report YR-06-06 ermittelt in einer Native-SQL-Anweisung alle Partner, die mindestens zwei Verträge abgeschlossen haben.

```
REPORT  YR-06-26 LINE-SIZE 70.
DATA TABNAME(70).
DATA CREATOR(70).
DATA: BEGIN OF WA,
        PARTNR(8), VORNAME(15), NAME(15),
```

```
    END OF WA.

EXEC SQL PERFORMING ANZEIGEN.
  SELECT PARTNR, VORNAME, NAME INTO :WA FROM YPARTNER P
    WHERE MANDT = '001'
          AND 1 <
         ( SELECT COUNT(*) FROM YVERTRAG V
              WHERE V.MANDT  = P.MANDT
                AND V.PARTNR = P.PARTNR  )
    ORDER BY NAME, VORNAME
ENDEXEC.

FORM ANZEIGEN.
  WRITE:  / ' ', (15)WA-NAME, (15)WA-VORNAME, (8)WA-PARTNR.
ENDFORM.
```

```
28.05.97 Kapitel  6: Native SQL mit Subselect auf DB/2                1
----------------------------------------------------------------------
  Falke           Detlef          00001005
  Franke          Gerd            00001008
  Franke          Julia           00001009
  Niederwall      Gerda           00001001
  Ziller          Ingrid          00001010
```

Im Hauptselekt werden alle Partner aus YPARTNER ermittelt. P steht als Aliasname für YPARTNER. Ein Subselekt liefert die Anzahl der Verträge aus YVERTRAG zu dem jeweiligen Partner. Die WHERE-Bedingung im Subselekt verknüpft YPARTNER und YVERTRAG entsprechend der Fremdschlüsselbeziehung. Man beachte, daß der Mandant in Native SQL nicht gesondert behandelt wird. Die selektierten Daten werden in den Arbeitsbereich WA eingestellt. Dieser erscheint in der INTO-Klausel des Hauptselekts als sog. Hostvariable mit einem Doppelpunkt als Vorsatz. Die Form ANZEIGEN wird für jeden Satz des Hauptselekts aufgerufen.

6.10.2 Native SQL auf R/3-fremden Datenbanken

Die echte Notwendigkeit für Native SQL entsteht erst dann, wenn man in einem ABAP/4-Programm gleichzeitig auf Tabellen des Data Dictionary und auf R/3-fremde Tabellen zugreifen will.

Die folgenden Beispiele stammen aus einer Entwicklung einer R/3-externen Vorgangssteuerung (VGS), in die R/3-Transaktionen eingebunden wurden.

Der Quelltextausschnitt zeigt ein Native SQL auf ein Oracle-DBMS. Die in diesem System wie üblich angelegte Datenbank SAPR3 braucht bei den Tabellen nicht explizit angegeben zu werden. Das sind alle Tabellen, die mit „Y" beginnen. Die R/3-fremden Tabellen der Vorgangssteuerung EINTRAG und OB gehören zur Datenbank VGS, die als R/3-fremde Datenbank in SQL explizit angegeben werden muß.

```
* EXEC-SQL-Statements für DB-System Oracle.
*
EXEC SQL PERFORMING TK_FUELLEN_01.
      SELECT  E.EINTRAG_KEY_U, E.EINTRAG_KEY_N, ' ', ART,
              VORGANG_KEY_U, VORGANG_KEY_N, ' ', TERMIN, FRIST,
              NAME, OB_TYP, OB_WERT, STATUS, BENUTZER, E.POSTFACH,
              E.AENDERUNG_KEY, START_DATUM, 0, ' ',
              YLFACHDAT.INFO_1, YLFACHDAT.INFO_2, YLFACHDAT.INFO_3,
              P1.PART_TITEL, P1.PART_VORS, P1.PART_NAME, P1.PART_ZUS,
              P1.PART_VNAME, P1.PART_GEB, P2.PLZ, P2.ORT, P2.STRASSE,
              P2.HAUS_NR, E.PRIORITAET, E.DIALOG_TYP, VORGANG_TYP,
              VORGANG_NAME, E.MANDANT, P1.MA_KZ
              TYP, GUELTIG_AB, AUFRUF_LFD, ' ', ' ', ' ', ' ', ' '
        FROM  VGS.EINTRAG E, VGS.OB O, YLFACHDAT, YYPPAR P1, YYPANS P2
       WHERE  E.EINTRAG_KEY_U  = O.EINTRAG_KEY_U                AND
              E.EINTRAG_KEY_N  = O.EINTRAG_KEY_N                AND
              E.EINTRAG_KEY_U  = YLFACHDAT.EKEY_U               AND
              E.EINTRAG_KEY_N  = YLFACHDAT.EKEY_N               AND
*           ( O.BELEGT_KZ     >= '0' AND O.BELEGT_KZ <= '2' )  AND
              E.MANDANT        = :SY-MANDT                      AND
              P1.PART_KEY      = YLFACHDAT.INFO_SPEZ            AND
              P1.PART_KEY      = P2.PART_KEY                    AND
              P2.DEFAULT_KZ    = 'X'                            AND
              P1.MANDANT       = :SY-MANDT                      AND
              P2.MANDANT       = :SY-MANDT                      AND
              ART              = 'K'                            AND
            ( STATUS           = 'A'          OR
              STATUS           = 'L'          OR
              STATUS           = 'W'                          ) AND
              OB_WERT          = :YLTERMFIL-OBWERT_1            AND
              E.POSTFACH       = :YLTERMFIL-POSTFACH            AND
              TERMIN           < :FT_VON_01
       ORDER  BY 11, 12 DESC, 5 DESC, 6 DESC, 4 DESC, 33, 34, 1, 2
        INTO  :TK_01
    ENDEXEC.
```

Dasselbe Beispiel wurde für ein Informix-DBMS realisiert, wobei die Tabellen der Vorgangssteuerung zwar innerhalb der R/3-Datenbank SAPR3, aber nicht im Data Dictionary angelegt wurden. Auch diese Tabellen können ohne den Vorsatz SAPR3 wie DD-Tabellen benutzt werden.

```
* EXEC-SQL-Statements für DB-System Informix.
*
EXEC SQL PERFORMING TK_FUELLEN_01.
      SELECT  E.EINTRAG_KEY_U, E.EINTRAG_KEY_N, ' ', ART,
              VORGANG_KEY_U, VORGANG_KEY_N, ' ', TERMIN, FRIST,
              NAME, OB_TYP, OB_WERT, STATUS, BENUTZER, E.POSTFACH,
              E.AENDERUNG_KEY, START_DATUM, 0, ' ',
              YLFACHDAT.INFO_1, YLFACHDAT.INFO_2, YLFACHDAT.INFO_3,
              P1.PART_TITEL, P1.PART_VORS, P1.PART_NAME, P1.PART_ZUS,
*             P1.PART_VNAME, P1.PART_GEB, P2.PLZ, P2.ORT, P2.STRASSE,
*             P2.HAUS_NR, E.PRIORITAET, E.DIALOG_TYP, P1.MA_KZ,
              P1.PART_VNAME, P1.PART_GEB, ' ', ' ', ' ',
              ' ', E.PRIORITAET, E.DIALOG_TYP, P1.MA_KZ,
              VORGANG_NAME, VORGANG_TYP, E.MANDANT, TYP, GUELTIG_AB,
              AUFRUF_LFD, START_ZEIT, ' ', ' ', ' ', ' ', ' '
*       FROM  EINTRAG E, OB O, YLFACHDAT, YYPPAR P1, YYPANS P2
        FROM  EINTRAG E, OB O, YLFACHDAT, YYPPAR P1
        WHERE E.EINTRAG_KEY_U  = O.EINTRAG_KEY_U             AND
              E.EINTRAG_KEY_N  = O.EINTRAG_KEY_N             AND
              E.EINTRAG_KEY_U  = YLFACHDAT.EKEY_U            AND
              E.EINTRAG_KEY_N  = YLFACHDAT.EKEY_N            AND
              E.MANDANT        = :SY-MANDT                   AND
              P1.PART_KEY      = YLFACHDAT.INFO_SPEZ         AND
*             P1.PART_KEY      = P2.PART_KEY                 AND
*             P2.DEFAULT_KZ    = 'X'                         AND
              P1.MANDANT       = :SY-MANDT                   AND
*             P2.MANDANT       = :SY-MANDT                   AND
              ART              = 'K'                         AND
            ( STATUS           = 'A'       OR
              STATUS           = 'L'       OR
              STATUS           = 'W'                       ) AND
              OB_WERT          = :YLTERMFIL-OBWERT_1         AND
              E.POSTFACH       = :YLTERMFIL-POSTFACH         AND
              TERMIN           < :FT_VON_01
        ORDER BY 11, 12 DESC, 5 DESC, 6 DESC, 4 DESC, 33, 34, 1, 2
        INTO  :TK_01
   ENDEXEC.
```

7 Interaktive Reports

Reports im herkömmlichen Sinne sind Programme, die Daten aus der Datenbank extrahieren und in Listenform aufbereiten. Oft laufen Reports im Batch und geben die benötigten Listen ohne Dialog direkt auf einen Drucker aus.

R/3 bietet eine wesentliche und sehr komfortable Erweiterung der Reporttechnik – die interaktiven Reports. Die dabei realisierten Erweiterungen der einfachen Reportprogrammierung haben folgende Ziele:

- Erhöhung der Variabilität eines Reports durch diverse Eingabemöglichkeiten (Parameter, Buttons, Funktionstasten)
- Erhöhung der Interaktivität eines Reports (Drill Down)
- Verbesserte Programmstrukturierung (Ereignisse, Makros, Includes, FORMs)

Die interaktiven Reports gehören zu den hervorzuhebenden Stärken der ABAP/4-Workbench.

Es dürfte schwer sein, ein anderes Entwicklungswerkzeug zu finden, das mit dem selben geringen Programmieraufwand Gleiches in der Reporttechnik bietet.

Ein wesentliches Konzept zur Erreichung der o. g. Ziele der interaktiven Reporttechnik ist das Ereigniskonzept. Dieses Konzept definiert interne und externe Ereignisse, auf die das Reportprogramm reagieren muß bzw. kann.

7.1 Ereignissteuerung

Ereignissteuerung nutzen heute alle modernen Programmiersysteme, die Dialogprogramme erstellen, u. a. Visual Basic, Visual C++, Visual Age Cobol, Delphi, Ingres-Windows 4GL. Das Prinzip besteht darin, daß man Codefragmente (CALLBACK-Routinen) schreibt und sie definierten Ereignissen zuordnet. Der eigentliche Programmablauf wird nicht codiert, sondern ergibt sich erst durch das Eintreten verschiedener Ereignisse. Die Ablaufsteuerung liegt nicht im eigenen Programm, sondern bei einer Laufzeitumgebung.

Interaktive Reports unter ABAP/4 sind Dialogprogramme für den Online-Datenbankzugriff. Die Erzeugung und interaktive Bearbeitung (Drill Down) von Listen steht im Vordergrund.

Die interaktiven Reports besitzen im Vergleich zu den *echten* Dialogprogrammen (Kap. 8) eine wesentliche Besonderheit. Die benutzten Dialogbilder (Selektionsbilder zur Eingabe von Parametern, Listenbilder) werden nicht im Dialogeditor (Screen Painter), sondern über Programmbefehle im Reportprogramm selbst erzeugt. Für den Programmierer sind interaktive Reports wesentlich einfacher zu erstellen als echte Dialogprogramme.

Interaktive Reports laufen ereignisgesteuert ab. ABAP/4 kennt nur wenige Ereignisse. Diese sind als ABAP-Schlüsselworte definiert. Sie werden im Programm als ein Satz mit abschließendem Punkt aufgeführt. Der sich anschließende Code ergibt den Verarbeitungsblock, der diesem Ereignis zugeordnet wird. Ein Verarbeitungsblock ist zu Ende, wenn ein neues Ereignis-Schlüsselwort beginnt, d. h. am Ende einer Form (Kap. 8.2) bzw. am Ende des Quelltextes.

Der ABAP-Prozessor steuert den Programmablauf durch Triggern der entsprechenden Ereignisse sowie durch Abarbeiten der zugeordneten Verarbeitungsblöcke.

7.1.1 Prinzipieller Reportablauf

Abbildung 7.1 zeigt das Ablaufdiagramm eines interaktiven Reports. Der ABAP/4-Prozessor arbeitet zunächst den Code des Ereignisses INITIALIZATION ab. Danach befindet sich der Report im Status *Selektionsbild* und erwartet Eingaben des Nutzers zur Abgrenzung der Datenbank (Parametereingaben) und zur Programmsteuerung.

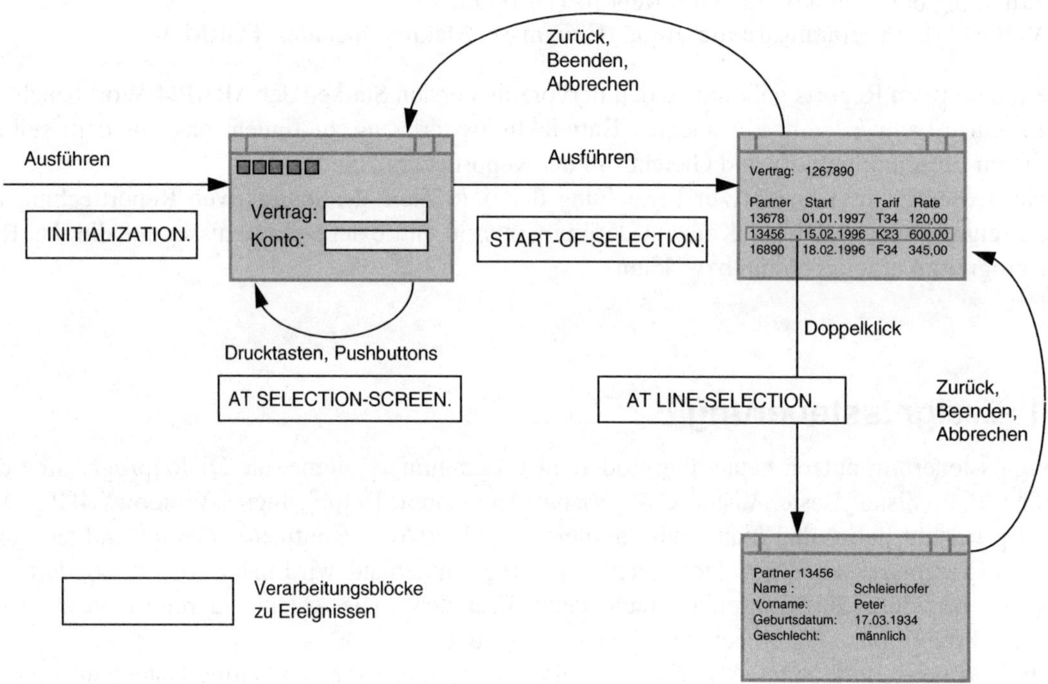

Abb. 7.1: Ablaufdiagramm eines interaktiven Reports

Folgende Eingaben des Nutzers triggern das Ereignis AT SELECTION–SCREEN:

- Menüaktionen
- Pushbuttons
- PF-Tasten

und veranlassen den ABAP/4-Prozessor, den zugeordneten Verarbeitungsblock auszuführen. Drücken der Ausführungstaste gibt die Steuerung an den ABAP/4-Prozessor zurück. Dieser verarbeitet den Block START–OF–SELECTION. Hier werden üblicherweise Datensätze entsprechend der angegebenen Abgrenzung eingelesen und verarbeitet. Mit WRITE werden die Ergebnisse in eine Liste ausgegeben. Am Ende des Verarbeitungsblocks erscheint die Grundliste und der Report befindet sich im Status „Liste 0". Jetzt ist die Kontrolle wieder beim Nutzer. Dieser kann in der angezeigten Liste scrollen, spezielle USER-Commands ausführen oder auf einzelne Zeilen doppelklicken. Letzteres bezeichnet man als Drill Down. Im Ergebnis wird der Verarbeitungsblock hinter AT-LINE-SELECTION durchlaufen. Das Ergebnis erscheint in einer sog. Verzweigungsliste. Der Report befindet sich in Status „Liste1". Jetzt sind wieder Nutzereingaben möglich. Mit der Taste „Zurück" kann man aus einer Verzweigungsliste in die übergeordnete Liste springen. Die Quelltextstruktur eines interaktiven Reports sieht so aus:

```
* globale Datendefinitionen
TABLES:
DATA:
SELECTION-SCREEN:
SELECT-OPTIONS:
PARAMETERS:
*------------------------------------------ Standardereignisse------
INITIALIZATION
* hier steht Code, der zum Vorbereiten des Anfangsbildes nötig ist
* typisch: Vorbelegung von Eingabeparametern

AT SELECTION-SCREEN OUTPUT.
* Dynamische Änderungen im Selektionsbild (MODIFY SCREEN)
* Danach erscheint das geänderte Selektionsbild

AT SELECTION-SCREEN INPUT.
* Reaktion auf Nutzereingaben während des Selektionsbildes
* - Pushbuttons
* - PF-Tasten
* - Menüs

START-OF-SELECTION.
* Einlesen von Datensätzen SELECT
* Manipulieren von Datensätzen mit UPDATE, INSERT, DELETE
* Ausgabe von Datensätzen mit WRITE
```

```
*----------------------------------------- Listenaufbereitung--------
TOP-OF-PAGE.
* Kopf auf jeder Seite bei Druckausgabe,
* feststehender Kopf auf der Reportausgabe

END-OF-PAGE.
* Seitenfuß auf jeder Druckseite

*------------------------------------------ Interaktionen-----------
AT LINE-SELECTION.
* Reaktionen auf Doppelklick in einer Liste
* typisch: Erzeugen einer Verzweigungsliste

AT USER-COMMAND.
* Reaktionen auf PF-Tasten und Befehlsfeldeingaben

AT PF-<nn> PF-nn.
* Reaktionen auf PF-Tasten

*------------------------------------------ Logische Datenbank------
GET <Tabelle>.
* Neuer Satz aus Tabelle vom Leseprogramm bereitgestellt

GET <Tabelle> LATE.
* Letzter untergeordneter Satz zu Tabelle gelesen

END-OF-SELECTION.
* Alle Sätze vom Leseprogramm gelesen
```

Bei Verwendung einer logischen Datenbank werden zusätzliche Ereignisse vom Leseprogramm getriggert. Diese werden in Kapitel 8.4 besprochen.

Ein Report wird meist nur einige der o. g. Ereignisse in Form von Verarbeitungsblöcken definieren. Im Extremfall werden keine Ereignis-Schlüsselworte angegeben. Dann werden die gefundenen Codezeilen automatisch dem Ereignis START-OF-SELECTION zugeordnet und nach dem Bearbeiten des Selektionsbildes durchlaufen.

7.1.2 Selektionsbild eines Reports

Abbildung 7.2 zeigt ein Selektionsbild eines interaktiven Reports. Dieses erscheint vor Beginn der eigentlichen Arbeiten. Das Selektionsbild wird über ABAP/4-Befehle gestaltet. Es sind die Schlüsselworte mit diversen Zusätzen möglich:

- SELECTION–SCREEN
- SELECT–OPTIONS
- PARAMETERS .

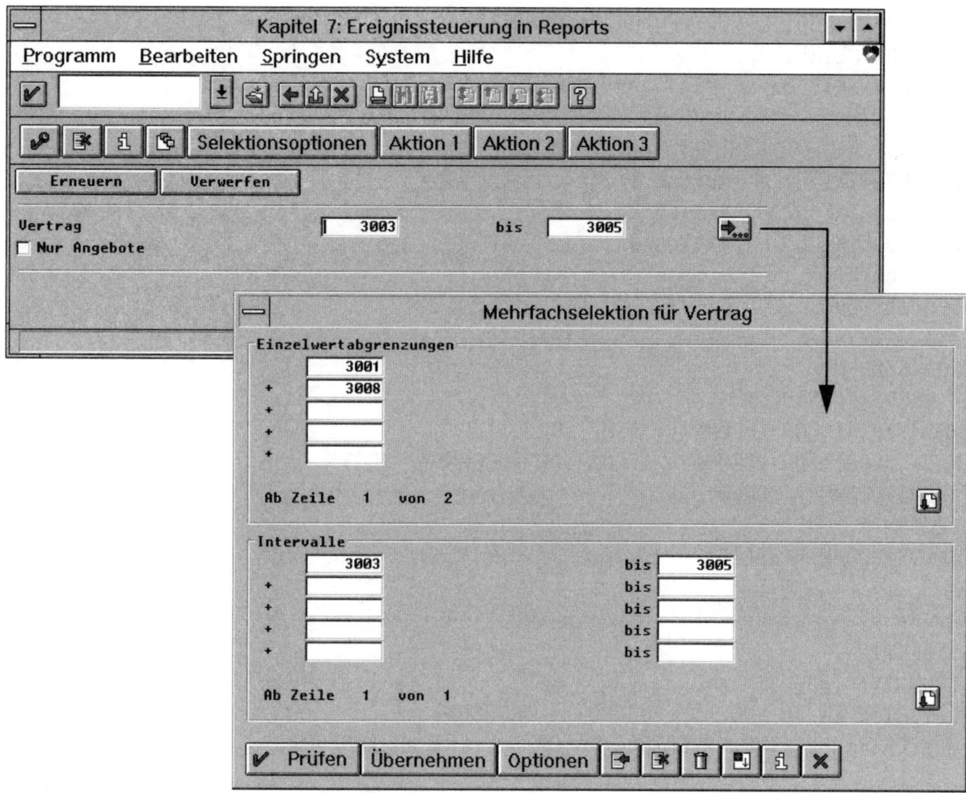

Abb. 7.2: Selektionsbild des Reports YR-07-01

Der Report YR-07-01 demonstriert, wie das abgebildete Selektionsbild erzeugt wird. Die eigentliche Datenselektion sowie die Listenausgabe wurden aus Gründen der Übersichtlichkeit kurz gehalten.

```
REPORT YR-07-01 LINE-SIZE 70.
TABLES: SSCRFIELDS, YVERTRAG.
DATA: LUCOMM LIKE SSCRFIELDS-UCOMM.
DATA: VERTNR LIKE YVERTRAG-VERTNR.
*-----------------------------------------------------------------
SELECTION-SCREEN:
  FUNCTION KEY 1,
  FUNCTION KEY 2,
  FUNCTION KEY 3,
  PUSHBUTTON /1(15) BTN1 USER-COMMAND PSH1,
  PUSHBUTTON 17(15) BTN2 USER-COMMAND PSH2,
  ULINE.
SELECT-OPTIONS: SO_VNR FOR VERTNR DEFAULT '3003' TO '3005'.
```

```
PARAMETERS     : ANGEBOT LIKE YVERTRAG-ANGEBOT DEFAULT SPACE.
SELECTION-SCREEN ULINE.
SELECTION-SCREEN SKIP 2.
*-----------------------------------------------------------------
INITIALIZATION.
  SSCRFIELDS-FUNCTXT_01 = 'Aktion 1'.
  SSCRFIELDS-FUNCTXT_02 = 'Aktion 2'.
  SSCRFIELDS-FUNCTXT_03 = 'Aktion 3'.
  BTN1 = 'Erneuern'.
  BTN2 = 'Verwerfen'.
*-----------------------------------------------------------------
AT SELECTION-SCREEN.
  LUCOMM = SSCRFIELDS-UCOMM.
  IF LUCOMM = 'PSH1' OR LUCOMM = 'PSH2' OR
     LUCOMM = 'FC01' OR LUCOMM = 'FC02' OR LUCOMM = 'FC03'.
    SSCRFIELDS-UCOMM = 'ONLI'.
  ELSEIF LUCOMM = 'ONLI'.
    SSCRFIELDS-UCOMM = SPACE.
  ENDIF.
*---------------------------------------------------------------------
START-OF-SELECTION.
SELECT * FROM YVERTRAG
     WHERE VERTNR IN SO_VNR AND ANGEBOT = ANGEBOT.
  WRITE: / YVERTRAG-VERTNR, YVERTRAG-ANFDAT, YVERTRAG-ANGEBOT.
ENDSELECT.
```

Nach dem Schlüsselwort SELECTION-SCREEN werden die drei Funktionstasten mit dem Zusatz FUNCTION KEY definiert. Mit PUSHBUTTON werden zwei Pushbuttons erzeugt, denen die Variablen BTN1 und BTN2 zugeordnet werden. Drucktasten und Pushbuttons erhalten ihre Aufschriften im Programmblock INITIALIZATION. Bei Betätigung der Drucktasten oder Pushbuttons durch den Nutzer wird das Ereignis SELECTION–SCREEN getriggert. Der auslösende Nutzer-Code wird in diesem Moment im Feld SSCRFIELDS-UCOMM an das Programm übergeben. Bei Drucktasten hat UCOMM die Form FC<nn>, wobei nn die zweistellige Nummer der Funktionstaste ist. Der UCOMM der Pushbuttons wird bei der Definition explizit angegeben. Man beachte allerdings, daß hier keine Literale stehen. Mit der Anweisung

SELECT-OPTIONS *SelOpt* **FOR** *Feld* [*Zusätze*].

werden Eingabefelder für Wertebereiche der Datenbankselektionen des Programms auf dem Selektionsbild bereitgestellt. Zusätzlich wird je Option eine interne Tabelle SelOpt folgender Struktur angelegt:

```
DATA: BEGIN OF SELOPT OCCURS ...
            SIGN,
            OPTION(2),
            LOW LIKE FELD,
            HIGH LIKE FELD,
      END OF SELOPT.
```

Die Bezugsvariable *Feld* vererbt ihren Typ an die Unter- und Obergrenzen der Selektionstabelle. Diese kann in ihren Zeilen mehrere Bereiche aufnehmen, die über ein logisches OR verbunden werden. Die interne Tabelle kann im Dialog (Taste neben den Selektionsoptionen in Abbildung 7.2) zeilenweise gefüllt werden. Eine Initialisierung im Programm ist zum Zeitpunkt INITIALIZATION möglich. Ein Beispiel dafür zeigt der Report YR-07-10. Der Befehl

PARAMETERS *Feld* [Zusätze].

erzeugt sowohl ein Eingabefeld als auch eine Programmvariable.

Normalerweise kann der Report nur über die Ausführen-Taste gestartet werden. Diese setzt SSCRFILDS-UCOMM auf den Wert „ONLI“ (Online) und beginnt mit der Abarbeitung des Blockes START–OF–SELECTION. Die definierten Drucktasten und Pushbuttons können damit nicht zum Start der Programmlogik verwendet werden. Mit einem kleinen Trick kann man diese Einschränkung aufheben. Man rettet SSCRFIELDS-UCOMM in ein eigenes Feld LUCOMM. Wenn dieses den Wert einer Drucktaste oder eines Pushbuttons hat, wird SSCRFIELDS-UCOMM auf ONLI gesetzt. Der folgende Verarbeitungsblock START-OF-SELECTION bestimmt die auszuführenden Aktionen über LUCOMM. Unmittelbar nach Drücken der Taste *Aktion 1* wird das Selektionsbild geschlossen und es erscheint die folgende Ausgabe auf dem Bildschirm:

```
28.05.1997     Kapitel  7: Ereignissteuerung in Reports           1
--------------------------------------------------------------------
00003003 23.07.1996
00003004 23.07.1996
00003005 23.07.1996
00003008 23.07.1996
```

7.1.3 Varianten

Eine konkrete Wertebelegung aller Parameter und Selektionsoptionen eines Reports kann unter einem gemeinsamen Namen als sog. Variante auf der Datenbank abgelegt werden. Jeder Report kann beliebig viele solcher Varianten besitzen. Bei einem Onlinestart eines Reports kann anstelle der Einzeleingaben eine Variante geladen werden. Bei der Batchausführung eines Reports mit Parametern oder Selektionsoptionen *muß* eine Variante angegeben werden. Wird der Batchjob aus einem Programm heraus über SUBMIT ... VIA JOB gestartet, so werden die dabei übergebenen Parameter automatisch als Variante abgelegt. Die Namen solcher Varianten beginnen mit einem „&“.

Eine Spezialität in Varianten sind zeitabhängige Parameter. Um für solche Parameter nicht jeweils neue Varianten anlegen zu müssen, können Datumsvariablen in den Varianten benutzt werden. Weiterhin kann man sich in Varianten auf benutzerspezifische Festwerte beziehen. Damit können unterschiedliche Benutzer mit derselben Variante arbeiten.

7.2 Texte und Menüs

7.2.1 Texte

Der aufmerksame Leser wird sich fragen, an welcher Stelle im Programm YR-07-01 die Texte *Vertrag* und *Nur Angebote* stehen, die ja auf dem Selektionsbild erscheinen. Diese Texte werden als sprachabhängige Bestandteile nicht als Textkonstanten in das Programm integriert. Sie werden den Variablennamen in der PARAMETERS-Definition über den Menüpunkt *Springen/Textelemente/Selektionstexte* zugeordnet:

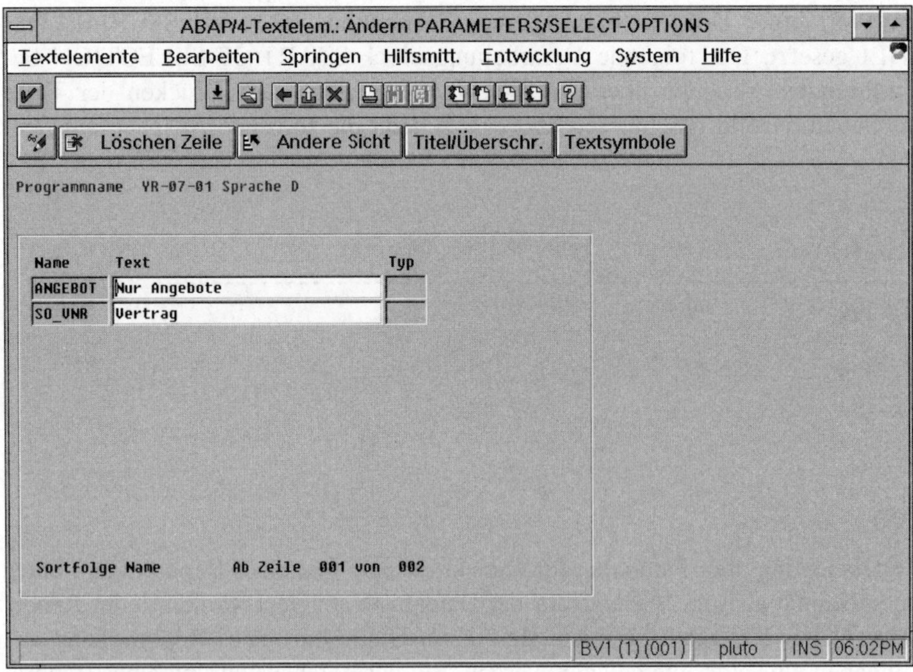

Abb. 7.3: Eingeben von Selektionstexten

7.2.2 Menüs

Ein Report kann ein eigenes Menü erhalten. Menüs werden mit dem Menu Painter bearbeitet und mit dem Befehl

SET PF-STATUS *Status.*

vor der Ausgabe der Liste gesetzt. Der Menu Painter wird in Kapitel 5 beschrieben. Der Funktionscode der Tasten und Menübefehle wird in SY-UCOMM an den Report übergeben und kann zum Zeitpunkt AT SELECTION-SCREEN INPUT ausgewertet werden.

7.3 Listenverarbeitung

Wenn das Selektionsbild mit der Taste *Ausführen* verlassen wurde, wird der Block START–OF–SELECTION verarbeitet. Dieser beinhaltet die notwendigen SELECTs mit entsprechenden Verarbeitungen. In der Mehrzahl der Fälle erzeugen Reports Listen, die mit WRITE auf das Programmfenster ausgegeben werden. Die Besonderheit der interaktiven Listenverarbeitung besteht darin, daß die Listen interaktiv verändert werden können (Blättern, Sortieren, Ein- und Ausblenden von Spalten). Durch Doppelklicken auf Listenzeilen können sog. Verzweigungslisten mit Detailinformationen zu der betreffenden Zeile geöffnet werden. Dieses Verfahren wird als Drill Down bezeichnet. Es kann auch mehrstufig angewendet werden.

7.3.1 Erzeugen von Grundliste und Verzweigungslisten mit WRITE

Grundlisten werden durch WRITE-Befehle im Verarbeitungsblock START-OF-SELECTION erzeugt. Im Kapitel 6.3 wurden die Grundlagen von WRITE bereits besprochen. Erst wenn dieser Verarbeitungsblock vollständig durchlaufen wurde, erscheint die Liste im Bildschirmbild der Grundliste. Diese wird automatisch generiert und ist zeilen- und spaltenorientiert aufgebaut. Bei (versehentlich) sehr großen Datenmengen kann es mehrere Minuten dauern, bis die Grundliste erscheint. Auf dem Grundlistenbild ist eine Blätterleiste vorhanden, mit der vertikal geblättert werden kann. Wenn die Ausgabelänge des Reports größer als die sichtbare Spaltenzahl ist, wird automatisch eine horizontale Blätterleiste eingeblendet.

Das verzögerte Ausgabeverhalten der Liste hat folgende Ursache: WRITE schreibt alle Daten nach entsprechender Umsetzung in das externe, also lesbare Format in eine interne Tabelle. Diese wird erst am Ende von START–OF–SELECTION auf das Grundlistenbild ausgegeben. Der Vorteil besteht darin, daß auf die Listendaten sowohl vom ABAP/4-Prozessor als auch vom Programm aus jederzeit zugegriffen werden kann. Ausgegebene Listen sind also nicht nur zu sehen, sondern im Programm auch leicht zu verarbeiten. Es verwundert also nicht, daß man angezeigte Listen speichern oder durchblättern kann.

Durch Doppelklick auf eine Zeile der Grundliste wird das Ereignis LINE–SELECTION angestoßen und der zugeordnete Verarbeitungsblock durchlaufen. Ist dieser Block im Report vorhanden, so erzeugen die darin enthaltenen WRITE-Befehle eine Verzweigungsliste der Stufe 1.

Die Systemvariable SY-LSIND (Listenindex) enthält die Listenstufe. Auf der Grundliste ist SY-LSIND = 0. Die Verzweigungsliste schreibt in dieselbe interne Tabelle wie die Grundliste. Um die Zeilen den einzelnen Listen zuordnen zu können, enthält die Tabelle zusätzlich den Listenindex. Man kann sich die Struktur der internen Listentabelle so vorstellen:

```
TYPES:      BEGINN OF LISTTAB,
                   INDEX LIKE SY-LSIND,
                   ZEILE(255),
            END OF LISTTAB.
```

Im Normalfall überlagert die Ausgabe der Verzweigungsliste die der Grundliste. Mit *Zurück* gelangt man wieder auf die Grundliste, die aus der bereits vorhandenen internen Tabelle ohne Zeitverzug neu ausgegeben wird. Der Block START–OF–SELECTION wird beim Rücksprung auf die Grundliste natürlich nicht noch einmal durchlaufen. Die Daten der Verzweigungsliste sind jedoch verloren. Sie werden aus der internen Tabelle gelöscht.

Auf einer Verzweigungsliste selbst kann auch wieder ein Doppelklick ausgeführt werden. Danach wird der Block AT LINE–SELECTION erneut durchlaufen. Es ist Aufgabe des Entwicklers, innerhalb von AT LINE–SELECTION durch Test auf SY-LSIND festzustellen, in welcher Verzweigungsstufe sich das Programm befindet. Bei mehrstufigen Verzweigungslisten wird man ein CASE SY-LSIND programmieren.

7.3.2 Unsichtbare Zusatzinformationen an Listenzeilen anhängen – HIDE

Beim Programmieren mehrstufiger Verzweigungslisten muß die Schlüsselinformation der Zeile, zu der ein Drill Down gewünscht wird, dem Programm bekannt sein. Der Inhalt der angeklickten Zeile befindet sich in SY-LISEL. Aus dieser Systemvariablen kann man alle *ausgegebenen* Informationen der Zeile rekonstruieren. Die Zeile liegt jedoch im externen Format vor und muß nicht alle Schlüssel des Satzes beinhalten. Mit dem Befehl

HIDE *Feld* .

hat man die Möglichkeit, beliebige Informationen unsichtbar an die Zeile anzuhängen. HIDE wird üblicherweise unmittelbar nach WRITE aufgerufen. HIDE kann je Zeile mehrfach für unterschiedliche Felder aufgerufen werden. Beim Doppelklick auf die Zeile werden alle mit HIDE gespeicherten Felder in die Programmdaten zurückgeschrieben. Man kann sich die oben erwähnte Ausgabeliste LISTTAB damit als interne Tabelle vorstellen, deren Zeilen neben den eigentlichen Zeileninformationen eine kleine interne Tabelle HIDETAB enthalten. Diese wird bei HIDE mit Namen und Wert der entsprechenden Variablen gefüllt. Beim Doppelklick auf die Zeile wird die Tabelle HIDETAB wieder ausgelesen.

```
TYPES:      BEGIN OF HIDETABTYPE,
                   NAME(32),
                   VALUE(50),
```

```
            END OF HIDETAB.

TYPES:      BEGIN OF LISTTAB,
                  INDEX LIKE SY-LSIND,
                  ZEILE(255),
                  HIDETAB TYPE HIDETABTYPE OCCURS 5,
            END OF LISTTAB.
```

Wenn die WRITE- und damit auch die HIDE-Ausgaben in einem Unterprogramm (FORM, Kap. 8.2) erfolgen, ist folgendes zu beachten: Als HIDE-Parameter dürfen keine lokalen Felder der FORM benutzt werden, da sie nur so lange existieren, wie die Form durchlaufen wird. Das Ereignis LINE–SELECTION, vor dessen Durchlaufen die HIDE-Bereiche zurückgeschrieben werden, kann aber erst dann verarbeitet werden, wenn alle Unterprogramme zu Ende sind.

Der Report YR-07-02 gibt eine Grundliste von Kontonummern aus. Die Abgrenzung erfolgt über die Selektionsoptionen SO_KNR. Auf der Grundliste soll durch Drill Down zu einem Konto die Verzweigungsliste 1 aller Belegköpfe dieses Kontos gezeigt werden. Verzweigungsliste 2 enthält alle Posten zu dem ausgewählten Beleg.

Der Block START–OF–SELECTION liest die geforderten Konten und schreibt die Grundliste. Mit HIDE YKONT-KONTNR wird der Schlüssel, also die Kontonummer, zum Erstellen der Verzweigungsliste 1 gesichert. Diese wird in AT LINE–SELECTION unter SY-LSIND = 1 erzeugt. Zum Lesen der Belege des Kontos wird das vorher gesicherte YKONTO-KONTNR in der Selektionsbedingung für die Belegköpfe genutzt. Würde man den HIDE-Befehl in der Grundliste streichen, so würde sich die Verzweigungsliste immer auf das *letzte Konto* der Grundliste beziehen. Nach WRITE auf der Belegliste wird die Belegnummer YBELKPF-BELNR mit HIDE gesichert. Sie wird in der Verzeigungsliste 2 zum SELECT auf YBELPOS benötigt.

```
REPORT YR-07-02 LINE-SIZE 70.
TABLES: SSCRFIELDS, YKONTO, YBELKPF, YBELPOS.
DATA:   KONTNR LIKE YKONTO-KONTNR.
DATA:   Z1 TYPE I, S1 TYPE I.
DATA:   Z2 TYPE I, S2 TYPE I.
*-------------------------------------------------------------------
SELECT-OPTIONS: SO_KNR FOR KONTNR DEFAULT '4000' TO '4010'.
*----------------------------------------------------------------------
START-OF-SELECTION.
SELECT * FROM YKONTO
     WHERE KONTNR IN SO_KNR.
  WRITE: / YKONTO-KONTNR.
  HIDE YKONTO-KONTNR.
ENDSELECT.

*----------------------------------------------------------------------
```

```
AT LINE-SELECTION.
Z1 = 2 * SY-LSIND. S1 = 4 * SY-LSIND.
Z2 = 10 + Z1. S2 = 50 + S1.
WINDOW STARTING AT S1 Z1 ENDING AT S2 Z2.
CASE SY-LSIND.
  WHEN 1.
    WRITE: / 'Konto  : ', YKONTO-KONTNR.
    ULINE.
    SELECT * FROM YBELKPF WHERE KONTNR = YKONTO-KONTNR.
      WRITE: / YBELKPF-BELNR, YBELKPF-WAERS.
      HIDE YBELKPF-BELNR.
    ENDSELECT.
  WHEN 2.
    WRITE: / 'Konto  : ', YBELKPF-KONTNR, 'Währung:', YBELKPF-WAERS.
    ULINE.
    SELECT * FROM YBELPOS WHERE BELNR = YBELKPF-BELNR.
      WRITE: / YBELPOS-BELNR, YBELPOS-POSNR, YBELPOS-WRBTR.
      HIDE YBELKPF-BELNR.
    ENDSELECT.
ENDCASE.
```

```
28.05.1997     Kapitel  7: Verzweigungslisten in Reports            1
--------------------------------------------------------------------
00004000
00004001
00004002
00004003
00004004
00004005
00004006
00004007
00004008
00004009
00004010
-------------------------------SY-LSIND= 01
Konto  :  00004001
--------------------------------------------------------------------
00005000 DEM
00005001 DEM
00005002 DEM
00005015 DEM
-------------------------------SY-LSIND= 02
Konto  :  00004001 Währung: DEM
--------------------------------------------------------------------
```

```
00005001 001          1.450,00
00005001 002            100,00
00005001 003             45,00
```

Das Protokoll zeigt die Grundliste und die Verzweigungslisten der Stufen 1 und 2. Auf dem Ausgabebild ist jeweils nur eine dieser drei Listen zu sehen. Mit Doppelklick erzeugt man die jeweils höhere Listenstufe, mit Zurück wird auf die übergeordnete Liste zurückgegangen. Die Verzweigungsliste mit dem höchsten Index liegt immer oben.

7.3.3 Verzweigungslisten auf eigenen Fenstern – WINDOW

In manchen Fällen ist es erwünscht, daß die Verzweigungslisten auf jeweils eigenen Fenstern erscheinen (Abb. 7.4).

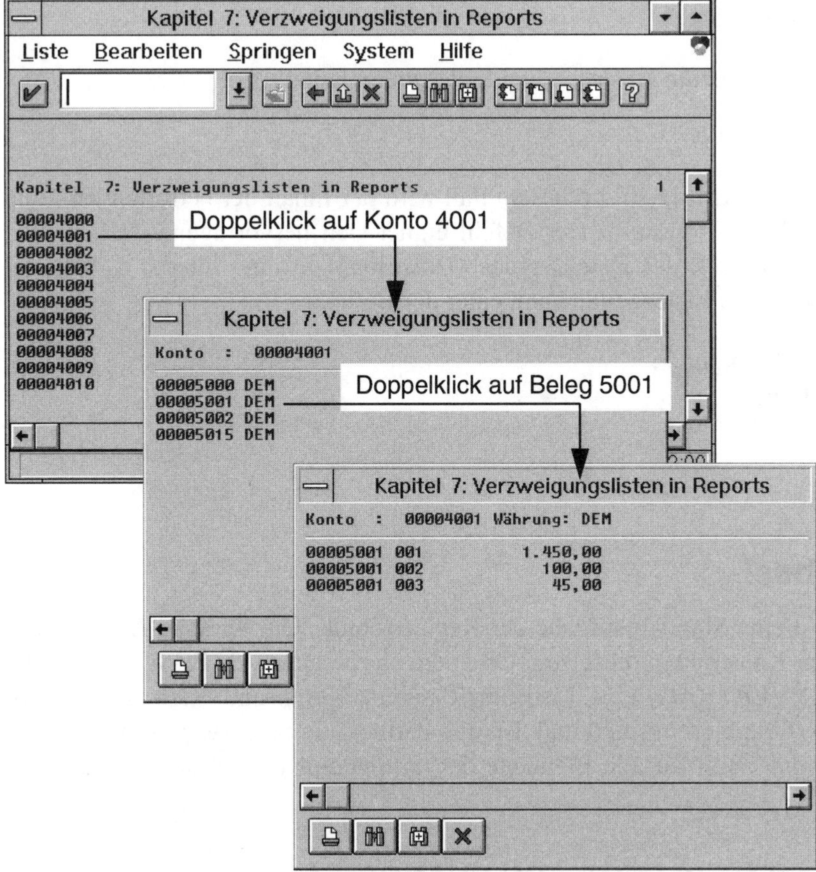

Abb. 7.4: Grundliste mit Verzweigungslisten auf separaten Fenstern

Dazu fügt man vor der Ausgabe der Verzweigungsliste den Befehl

WINDOW STARTING AT *Zeile Spalte* **[ENDING AT** *Zeile Spalte*] .

ein. Die so entstehenden Fenster sind modal. Eingaben sind nur im jeweils oberen Fenster möglich. Nur dieses Fenster kann bewegt werden.

7.3.4 Manipulieren von Listen

Die interne Listentabelle kann im Programm, das die Liste erzeugt hat, mit verschiedenen ABAP/4-Befehlen bearbeitet werden. Ein programmgesteuertes horizontales und vertikales Scrollen in der Liste ist mit verschiedenen Varianten des Befehls SCROLL möglich:

**SCROLL LIST [TO FIRST PAGE | TO LAST PAGE | FORWARD | BACKWARD |
LEFT | RIGHT].**
SCROLL LIST TO PAGE *Seite.*
SCROLL LIST TO COLUMN *Spalte.*

Eine häufig benutzte Befehlsform zum Auslesen von Listenzeilen lautet:

READ LINE *LineNr* **INDEX** *Stufe.*

SY-SUBRC gibt wie üblich den Erfolg an. In diesem Fall wird der Inhalt der betreffenden Zeile nach SY-LISEL (LIne SELection) gestellt. Der Befehl eignet sich hervorragend dazu, Listen oder Listenhierarchien zum Zweck der Dateiausgabe (Download) in eine interne Tabelle zu übernehmen. Zum Verändern von Listenzeilen kann einer der Befehle

MODIFY LINE *LineNr* **INDEX** *Stufe.*
MODIFY CURRENT LINE.

verwendet werden.

7.4 Gruppenwechsel

Gruppierung von Daten ist eine Standardaufgabe der Reporttechnik. Die Sprache ABAP/4 unterstützt mit verschiedenen Konstrukten diese sog. Gruppenverarbeitung. Als Beispiel soll, ausgehend von der Tabelle YVERTRAG, eine Liste mit Partner-, Konto-und Vertragsnummern erstellt werden. Oberstes Gruppierungsmerkmal ist die Partnernummer, zweites die Kontonummer. Die Gruppennummer soll für alle Elemente der Gruppe nur einmal ausgegeben werden.

7.4.1 Gruppenwechsel bei SELECT – ON CHANGE

Innerhalb einer SELECT-Schleife kann die Konstruktion

ON CHANGE OF *Feld* **[OR** *Feld2* **OR** *Feld3* **...].**

ENDON.

verwendet werden. Für jedes in einer CHANGE-Klausel aufgeführte Feld wird eine Vergleichsvariable zum Test auf Gruppenwechsel angelegt. Das Programm YR-07-11 zeigt, wie die gewünschte Liste erzeugt wird. Zum Zeitpunkt TOP-OF-PAGE wird eine Listenüberschrift ausgegeben. Diese bleibt beim Vertikalscrollen in einer langen Liste immer sichtbar. Wenn sich das Feld YVERTRAG-PARTNR ändert, dann wird es ausgegeben. Dasselbe gilt für YVERTRAG-KONTNR. Die Vertragsnummer wird immer ausgegeben, anschließend wird die Zeile beendet.

Die Sortierung *muß* mit ORDER BY auf die Reihenfolge der Gruppierung eingestellt werden. Anderenfalls erscheinen einzelne Partner mehrfach.

```
REPORT  YR-07-03 LINE-SIZE 70.
TABLES: YVERTRAG.

TOP-OF-PAGE.
  WRITE: / 'Partner  Konto   Vertrag'.

START-OF-SELECTION.
  SELECT * FROM YVERTRAG
              WHERE PARTNR BETWEEN 1001 AND 1003
              ORDER BY PARTNR KONTNR VERTNR.
    ON CHANGE OF YVERTRAG-PARTNR.
      ULINE.
      WRITE: / YVERTRAG-PARTNR.
    ENDON.
    ON CHANGE OF YVERTRAG-KONTNR.
      WRITE AT 10 YVERTRAG-KONTNR.
    ENDON.
    WRITE AT 20 YVERTRAG-VERTNR.
    WRITE: / ' '.
  ENDSELECT.
```

```
28.05.1997   Kapitel  7: Gruppenwechsel mit ON CHANGE OF           1
---------------------------------------------------------------------
Partner  Konto   Vertrag
---------------------------------------------------------------------
00001001 00004001  00003000
                   00003005
         00004004  00003016
         00004005  00003004
         00004014  00003012
```

```
------------------------------------------------------------------------
00001002 00004002  00003001
------------------------------------------------------------------------
00001003 00004003  00003002
```

7.4.2 Gruppenwechsel bei internen Tabellen – AT NEW

Die folgenden Befehle werden zur Gruppenwechselverarbeitung innerhalb von Loops über interne Tabellen genutzt:

AT FIRST.
AT LAST.
AT NEW *Tabellenfeld.*
AT END OF *Tabellenfeld.*

Sie werden jeweils mit ENDAT abgeschlossen. Bei AT FIRST und AT LAST werden Kopf- und Fußinformationen der gesamten Tabelle ausgegeben. Als Felder in AT NEW und AT END OF werden die Gruppierungsfelder der internen Tabelle angegeben. Nach AT NEW werden üblicherweise die Kopfinformationen der jeweiligen Gruppe (hier nur die Nummern PARTNR und KONTNR) ausgegeben. Nach AT END OF können Endeinformationen der Gruppe ausgegeben werden (neue Zeile, Unterstreichung). Numerische Felder können außerdem mit SUM innerhalb einer Gruppe summiert werden.

Man könnte vermuten, daß man mit SELECT INTO TABLE alle Zeilen aus YVERTRAG in eine interne Tabelle einlesen und dann mit AT NEW dieselbe Liste erzeugen könnte wie im Programm YR-07-11. Das ist aber nicht möglich. Bei Verwendung von AT NEW muß die Reihenfolge der Felder in der internen Tabelle unbedingt der Gruppierungsreihenfolge entsprechen. Aus diesem Grunde wurde im Programm YR-07-24 die interne Tabelle VERTRAGTAB angelegt, die nur die Felder PARTNR, KONTNR, VERTNR und BETRAG enthält. VERTRAGTAB kann nicht mit SELECT ... INTO VERTRAGTAB aus YVERTRAG gelesen werden. Über MOVE-CORRESPONDING mit anschließendem APPEND werden die Felder in die gewünschte Reihenfolge gebracht. Die interne Tabelle muß entsprechend der Gruppierungshierarchie mit SORT sortiert werden, da sonst Zeilen mit gleicher Gruppennummer auseinandergerissen werden.

```
REPORT  YR-07-04 LINE-SIZE 70.
TABLES: YVERTRAG.
DATA:   BEGIN OF VERTRAGTAB OCCURS 15,
          PARTNR LIKE YVERTRAG-PARTNR,
          KONTNR LIKE YVERTRAG-KONTNR,
          VERTNR LIKE YVERTRAG-VERTNR,
          BETRAG LIKE YVERTRAG-BETRAG,
        END OF VERTRAGTAB.
```

```
START-OF-SELECTION.
  SELECT * FROM YVERTRAG
               WHERE PARTNR BETWEEN 1001 AND 1003.
    MOVE-CORRESPONDING YVERTRAG TO VERTRAGTAB.
    APPEND VERTRAGTAB.
  ENDSELECT.

  SORT VERTRAGTAB BY PARTNR KONTNR VERTNR.

  LOOP AT VERTRAGTAB.
    AT FIRST.
      WRITE: / 'Partner  Konto    Vertrag       Betrag'.
    ENDAT.
    AT NEW PARTNR.
      WRITE: / VERTRAGTAB-PARTNR.
    ENDAT.
    AT NEW KONTNR.
      WRITE AT 10 VERTRAGTAB-KONTNR.
    ENDAT.
    WRITE AT 19 VERTRAGTAB-VERTNR.
    WRITE AT 30(11) VERTRAGTAB-BETRAG.
    WRITE: / '  '.
    AT END OF KONTNR.
      WRITE: / '  '.
    ENDAT.
    AT END OF PARTNR.
      SUM. ULINE AT 30(11).
      WRITE AT 30(11) VERTRAGTAB-BETRAG.
      ULINE.
    ENDAT.
  ENDLOOP.
```

```
28.05.1997   Kapitel  7: Gruppenwechsel mit AT NEW                  1
----------------------------------------------------------------------
Partner  Konto    Vertrag       Betrag
00001001 00004001 00003000    1.200,00
                  00003005    2.450,00
         00004004 00003016    5.200,00
         00004005 00003004    2.200,00
         00004014 00003012    4.200,00
                             15.250,00
----------------------------------------------------------------------
```

```
00001002 00004002 00003001       1.450,00
                                 1.450,00
-----------------------------------------------------------------------
00001003 00004003 00003002       1.700,00
                                 1.700,00
-----------------------------------------------------------------------
```

8 Fortgeschrittene Programmiertechniken

8.1 Makros und Includes

8.1.1 Makros als Quelltextbausteine

Makros sind Quelltextbausteine, die abkürzend für längere Quelltextstücke an verschiedenen Stellen im Quelltext eingesetzt werden. ABAP/4-Makros werden ähnlich wie C-Makros definiert:

DEFINE *Makroname*.

* Quelltext unter Verwendung von Platzhaltern &1, &2, &3 ...

END-OF-DEFINITION.

Beim Generieren eines Quelltextes werden die aufgerufenen Makros expandiert, d. h. an der Aufrufstelle werden die Quelltextzeilen aus der Makrodefinition eingesetzt. Dabei ersetzen die aktuellen Parameter die Platzhalter &1, &2 usw. Die aktuellen Parameter eines Makroaufrufes werden durch Leerzeichen getrennt. Das hat zur Folge, daß keine leeren Parameter übergeben werden dürfen. Das folgende Beispiel definiert das Makro ONERROR mit zwei Platzhaltern.

```
DEFINE ONERROR.
  IF SY-SUBRC = &1.
    &2.
  ENDIF.
END-OF-DEFINITION
```

Das Makro kann zum Beispiel zur Fehlerbehandlung in einer Schleife eingesetzt werden. Bei dem Fehler ERR_NO_VALUE wird die Schleife abgebrochen, bei ERR_IS_EMPTY wird ein neuer Schleifendurchlauf begonnen.

```
CONSTANTS: ERR_NO_VALUE TYPE I VALUE 77.
CONSTANTS: ERR_IS_EMPTY TYPE I VALUE 9.
DO.
* Programmlogik , setzt SY-SUBRC
  ONERROR ERR_NO_VALUES EXIT.
```

```
  ONERROR ERR_IS_EMPTY CONTINUE.
* Programmlogik
ENDDO.
```

Der erste Parameter ist eine Programmkonstante, der zweite das Schlüsselwort EXIT oder CONTINUE. Diese Schlüsselworte werden bei der Makroexpansion ohne Veränderung bzw. ohne Interpretation eingesetzt. Für Unterprogramme (Forms) ist eine solche Parameterübergabe von Schlüsselworten nicht möglich.

Generell sollten Makros nur dann benutzt werden, wenn die gewünschte Funktionalität nicht durch eine entsprechende FORM erreicht werden kann (Kap. 8.2). Bei o. g. Beispiel ist das der Fall. Wenn man den Makroaufruf durch ein geeignetes PERFORM ersetzt, gilt das entsprechende EXIT bzw. CONTINUE in dieser FORM und nicht in der DO-Schleife.

Die Anzahl der aktuellen Parameter eines Makros muß gleich der Zahl der Platzhalter in der Makrodefinition sein. In Makros können selbst wieder Makros benutzt werden. Die Reihenfolge der Makrodefinitionen spielt keine Rolle. Ein rekursiver oder ein wechselseitiger Aufruf von Makros wird von der Syntaxprüfung abgelehnt.

Das Programm YR-08-01 zeigt, wie mit den Makros A1 und A3 (A steht für APPEND, die Zahl steht für die Anzahl der Parameter) eine interne Tabelle mit Programmcode gefüllt wird. Dieses Verfahren kann bei der automatischen Quelltexterzeugung benutzt werden.

```
REPORT YR-08-01 LINE-SIZE 70.
DATA: BEGIN OF PROGTAB OCCURS 20,
          ZEILE(72),
        END OF PROGTAB.

DEFINE A1.
  PROGTAB-ZEILE = &1. APPEND PROGTAB.
END-OF-DEFINITION.

DEFINE A3.
  CONCATENATE &1 &2 &3 INTO PROGTAB-ZEILE. APPEND PROGTAB.
END-OF-DEFINITION.

CLEAR PROGTAB. REFRESH PROGTAB.
A1 'REPORT YTEST.'.
A1 'WRITE: / ''Hier ist Report     :'', SY-REPID.'.
A3 'WRITE: / ''Generiert von Report:' SY-REPID '''.'.

LOOP AT PROGTAB.
  WRITE: / PROGTAB-ZEILE.
ENDLOOP.
*INSERT REPORT 'YTEST' FROM PROGTAB.
*SUBMIT YTEST AND RETURN.
```

```
29.05.97 Kapitel  8: Makrodefinitionen für die Programmgenerierung  1
----------------------------------------------------------------------
REPORT YTEST.
WRITE: / 'Hier ist Report      :', SY-REPID.
WRITE: / 'Generiert von Report:YR-08-01'.
```

Der erste Aufruf von A1 generiert die REPORT-Anweisung. Der zweite Aufruf von A1 erzeugt im Zielprogramm eine Ausschrift des Programmnamens SY-REPID. Man beachte, daß dabei der Name „SY-REPID" für den erzeugenden Report YR-08-01 ein Teil eines konstanten Strings ist und in YR-08-01 *nicht* ausgewertet wird. Zwei Hochkommata hintereinander ('') ergeben ein Hochkomma in PROGTAB-ZEILE.

Der Aufruf von A3 wertet SY-REPID des generierenden Reports YR-08-01 aus und schreibt den Wert „YR-08-03" in den String. Mit Hilfe der beiden letzten Zeilen könnte der so erzeugte Report YTEST in das Repository geschrieben und anschließend sofort gestartet werden.

8.1.2 Quelltextaufteilung mit INCLUDE

Mit dem INCLUDE-Verfahren können umfangreiche ABAP/4-Quelltexte in mehrere kleinere Quelltexte zerlegt werden. Das Verfahren ist ebenfalls aus anderen Programmiersprachen, besonders aus C, bekannt. Im Dictionary werden INCLUDE-Quellen als Programme vom Typ „I" verwaltet. Ein Include wird mit dem Befehl

INCLUDE *Programmname*.

in einen Quelltext eingebunden. Includes können mehrstufig erfolgen, d. h. ein Include kann selbst wieder INCLUDE-Anweisungen enthalten. Rekursive Includes sind natürlich verboten.

8.2 Unterprogrammtechnik mit Forms

Forms sind eine der wichtigsten Strukturierungsmöglichkeiten in ABAP/4. Forms sind vergleichbar mit Sektionen in COBOL, void-Funktionen in C, Subroutinen in FORTRAN oder BASIC bzw. mit Prozeduren in PASCAL.

Forms sind parametrisierbare Unterprogramme. Sie werden an einer Stelle im Programm definiert und können an beliebigen Stellen aufgerufen werden. Anders als bei einem Makro bedeutet das Aufrufen einer FORM das Durchlaufen der Programmzeilen der Definition mit anschließendem Rücksprung zur Aufrufstelle.

8.2.1 Definition

Eine FORM wird nach folgendem Muster definiert:

FORM *Formname*
TABLES *TabParam1* [*Typ1*] *TabParam2* [*Typ2*] ...
USING *RefParam1* [*Typ1*] *RefParam2* [*Typ2*] ...
USING VALUE(*ValueParam1*) [*Typ1*] **VALUE**(*ValueParam2*)] [*Typ2*] ...
CHANGING *ChangeParam1* [*Typ1*] *ChangeParam2* [*Typ2*] ...
* Datenvereinbarungen der FORM
* Programmlogik der FORM
ENDFORM.

Innerhalb der FORM-ENDFORM-Klammer sind die meisten Deklarations-, Definitions- und Ausführungsanweisungen eines ABAP/4-Programms erlaubt, was auch die Bezeichnung als Unterprogramm rechtfertigt. Eine wesentliche Ausnahme bilden die Ereignisschlüsselworte, die nur auf der obersten Programmebene sinnvoll sind. Auf Lebensdauer und Gültigkeitsbereich der in einer Form definierten Daten wird in Kapitel 8.2.3 eingegangen.

Die Schlüsselworte TABLES, USING und VALUE definieren die Liste der formalen Parameter. Diese Parameter sind Tabellen, Felder und Strukturen die die Schnittstelle der Form zum rufenden Programm beschreiben. Die formalen Parameter werden innerhalb der Form wie „normale" Programmvariablen benutzt. Die Liste der formalen Parameter kann leer sein.

Tabellen mit oder ohne Kopfsatz können einer Form per Referenz mit dem Zusatz TABLES übergeben werden. Wenn die Typisierung eines Tabellenparameters weggelassen wird, dann können in der Form nur Operationen auf ganzen Tabellenzeilen ausgeführt werden. Feldzugriffe sind in diesem Fall nicht möglich. Bei der Typisierung von Tabellen kann sowohl auf Tabellen oder Strukturen im Data Dictionary als auch auf interne Tabellen Bezug genommen werden. Dies wird anhand des Reports YR-08-02 demonstriert.

Feld- oder Strukturparameter werden durch USING *Feld* immer per Referenz übergeben. Das bedeutet, daß die Form eigentlich Feldsymbole nutzt. Diese haben den Namen der Formalparameter, zeigen aber auf die aktuellen Parameter. Ein lesender Zugriff auf einen solchen Parameter liest eine Variable, die außerhalb der Form definiert ist. Ein schreibender Zugriff ändert diese Variablen unmittelbar. Für einen Referenzparameter können zwar auch Konstanten oder Literale als aktuelle Werte eingesetzt werden, bei einem schreibenden Zugriff in der Form stürzt das Programm jedoch mit dem Laufzeitfehler MOVE_TO_LIT_NOTALLOWED ab.

USING-Parameter werden entweder zum Informationsexport aus der Form oder aber zur bidirektionalen Informationsübertragung genutzt. Die Typisierung von USING-Parametern erfolgt genauso wie die von normalen Daten. Aus Gründen der Performanz deklariert man große Strukturen auch dann als USING, wenn man sie in der Form nur lesen will. Die Form hat dann selbst dafür zu sorgen, daß Original nicht verändert wird.

Wenn ein Parameter nur Informationen in die Form importieren soll, dann kann er mit USING VALUE(Param) vereinbart werden. Von solchen Parametern werden lokale Kopien (Kap. 8.2.3) in der Form angelegt. Diese können gelesen und geschrieben werden, ohne daß Änderungen auf das Original durchschlagen. Somit bieten VALUE-Parameter eine Sicherheit für solche Originaldaten, die in der Form nicht geändert werden dürfen.

CHANGING kombiniert die Eigenschaften von USING mit denen von USING VALUE. Die Übergabe erfolgt per Referenz, es wird aber für die Laufzeit der Form eine lokale Kopie angelegt, auf der gearbeitet wird. Erst bei einem fehlerfreien Ende der Form werden die geänderten

Werte aus der lokalen Kopie in das Original zurückgeschrieben. So können inkonsistente Zustände des Originals vermieden werden.

8.2.2 Aufruf und Aktualparameter

Der Aufruf einer mit FORM definierten Form erfolgt mit

PERFORM *Formname*
  TABLES *TabParam1 TabParam2 ...*
  USING *Param1 Param2 ....*

Die nach USING und TABLES angegebenen Feldnamen oder Literale bezeichnet man als aktuelle Parameterliste. Diese muß genauso viele USING-Parameter besitzen wie die formale Parameterliste in der Definition. Entsprechendes gilt für die TABLES-Parameter.

Die aktuellen Parameter werden den formalen der Reihenfolge nach zugeordnet. Wenn die Parameter nicht typenkompatibel zu den jeweiligen formalen Parametern sind, entsteht ein Syntaxfehler.

Der Report YR-08-02 definiert im Rahmenprogramm die interne Tabelle PTAB mit der Struktur von YBELPOS. In diese Tabelle liest die Form LIES_POSITIONEN alle Positionen zu einer übergebenen Belegnummer ein.

```
REPORT YR-08-02 LINE-SIZE 70.

TABLES: YBELPOS.
DATA  : PTAB LIKE YBELPOS OCCURS 10 WITH HEADER LINE.
DATA  : POSANZ LIKE SY-DBCNT.

PERFORM LIES_POSITIONEN TABLES PTAB USING '5001' POSANZ.

LOOP AT PTAB.
WRITE: / PTAB-BELNR, PTAB-POSNR, PTAB-WRBTR.
ENDLOOP.

WRITE: / 'Positionen:', POSANZ.
*-------------------------------------------------------------------
FORM LIES_POSITIONEN
        TABLES POSTAB STRUCTURE PTAB
        USING VALUE(BELNR) LIKE YBELKPF-BELNR
        POSANZ.
SELECT * INTO TABLE POSTAB FROM YBELPOS WHERE BELNR = BELNR.
POSANZ = SY-DBCNT.
ENDFORM.
```

```
28.05.97 Kapitel  8: Form mit Tabellenparameter                1
-------------------------------------------------------------------
00005001 001            1.450,00
00005001 002              100,00
00005001 003               45,00
Positionen:             3
```

Die interne Tabelle POSTAB der formalen Parameterliste übernimmt die Struktur von PTAB mit STRUCTURE PTAB. Dies funktioniert nur, weil PTAB im Rahmenprogramm als interne Tabelle mit Kopfbereich (WITH HEADER LINE) definiert wurde. Insgesamt gibt es vier Möglichkeiten zur Typisierung der Parametertabelle:

Tabelle 8.1: Typisierung von Tabellenparametern

Variante	Bezugstabelle	Mit Kopf ?	Typisierung in FORM ... TABLES :
1	YBELPOS	Ja(immer)	POSTAB STRUCTURE YPOSTAB
2 a, b	PTAB	Ja	POSTAB STRUCTURE PTAB oder POSTAB LIKE PTAB[ ]
3	PTAB	Nein	POSTAB LIKE PTAB

Generell gilt: STRUCTURE nimmt Bezug auf Tabellen mit Kopfbereich. Das können interne oder externe Tabellen sein. LIKE darf nur auf interne Tabellen angewendet werden, wobei die leeren eckigen Klammern auf eine Bezugstabelle mit Kopfbereich hinweisen. Alle o. g. Varianten liefern das selbe Ergebnis. Zu beachten ist jedoch, daß bei Verwendung von PTAB ohne Kopfzeile ein Zielfeld im LOOP angegeben werden muß.

Der Parameter BELNR ist ein typisierter Werteparameter, er kann in der Form nicht geändert werden. POSANZ ist ein Refenzparameter ohne Typ, der die Anzahl der gelesenen Positionen in das rufende Programm zurückgibt.

Namensgleichheit zwischen formalen und aktuellen Parametern ist möglich, wird auch oft verwendet. Häufig werden auch Parameterpräfixe wie „P_“ oder „I_“ für Import und „E_“ für Export zur besseren Kennzeichnung der formalen Parameter benutzt.

8.2.3 Lokale und globale Variablen

Programmdaten in ABAP/4 werden hinsichtlich

- *Sichtbarkeit*
  - *global*: überall im Programm ansprechbar, auch in Forms
  - *lokal*: nur in Forms ansprechbar
- *Lebensdauer*
  - *statisch*: Lebensdauer des gesamten Programms
  - *temporär*: Lebensdauer einzelner Forms

unterschieden. Die im Rahmenprogramm definierten Daten sind global. Sowohl das Rahmenprogramm als auch alle Forms können auf diese Daten lesend und schreibend zugreifen. Bei Forms erfolgt dieser Zugriff, ohne daß die Daten in den Parameterlisten erscheinen müssen. Die Lebensdauer globaler Daten entspricht der des Programms. Sie werden bei Programmstart im Arbeitsspeicher des Programms angelegt und erst bei Programmende wieder freigegeben. Globale Daten sind in diesem Sinne statische Daten.

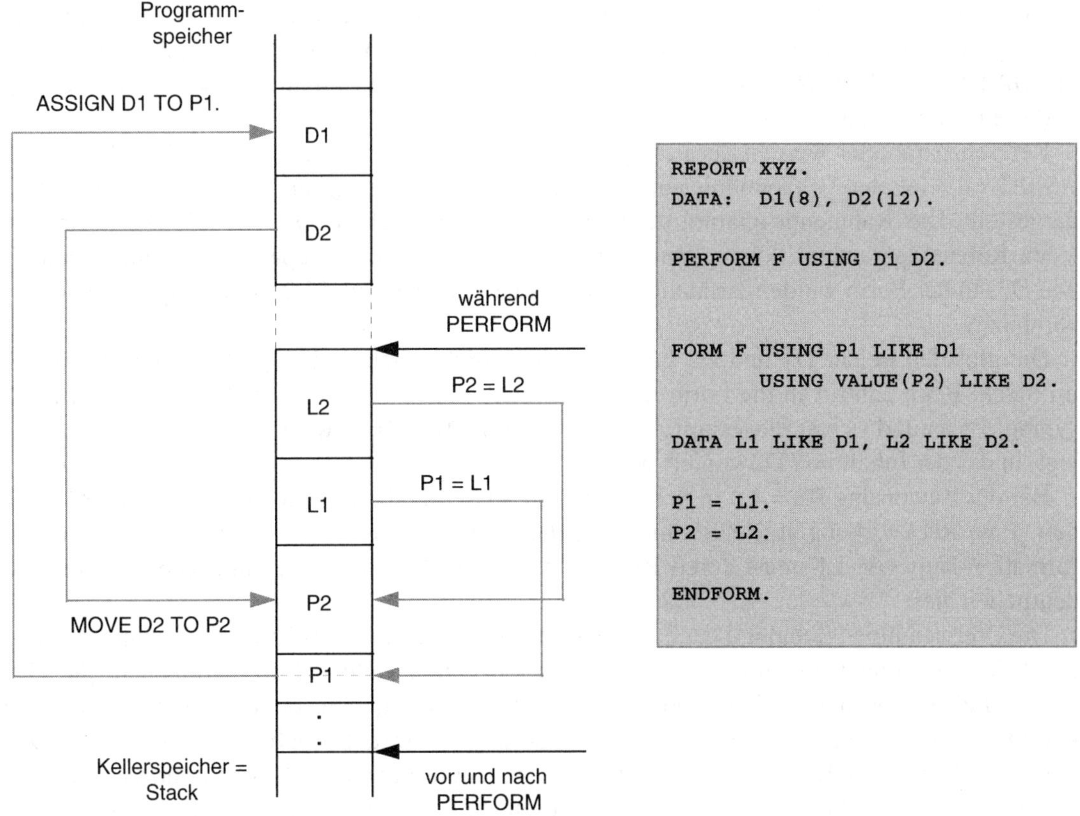

Abb. 8.1: Lokale und globale Variablen

Die in einer Form ohne weitere Zusätze definierten Felder, Feldleisten und Tabellen werden als lokale Daten bezeichnet. Sie sind nur innerhalb der jeweiligen Form sichtbar und benutzbar. Lokale Daten leben nur temporär. Sie werden in einem Kellerspeicher, dem Stack, bei jedem Eintritt in die Form angelegt. Sie existieren nur, während die Form durchlaufen wird, und werden danach von temporären Daten anderer aufgerufener Forms überschrieben.

In diesem Zusammenhang kann der Begriff „dynamische Daten" für Verwirrung sorgen. Das sind solche Daten, die sich den benötigten Speicherplatz erst auf Anforderung zur Laufzeit vom System holen und nach Benutzung ggf. sofort wieder freigeben. In der Programmiersprache C sind das die Funktionen *malloc* oder *cmalloc*. ABAP/4 kennt keine derartigen Befehle. Allerdings wird der Speicher für interne Tabellen immer dynamisch verwaltet. Trotzdem bezeichnet man interne Tabellen im Rahmenprogramm als statisch und in Forms als temporär.

Der Stack selbst ist kein dynamischer Speicher. Seine maximale Größe liegt fest. Sein aktueller Füllstand wird über den Stackpointer gesteuert. Ein PERFORM schiebt Daten und Rücksprungadressen auf den Stack und verändert den Stackpointer entsprechend. Beim Verlassen der Form wird der Stackpointer zurückgesetzt.

Wichtig für das Verständnis des Zusammenspiels von formalen und aktuellen Parametern ist die Tatsache, daß alle Parameter einer Form bei Eintritt automatisch als lokale Daten im Stack angelegt werden. Dabei werden die Werteparameter (USING VALUE) wie ganz normale Daten mit DATA vereinbart. Der Aufruf von PERFORM kopiert den Inhalt des aktuellen Parameters in diese lokale Variable.

Referenzparameter werden als Feldsymbole angelegt. Der Aufruf von PERFORM führt ein ASSIGN des lokalen Feldsymbols auf den übergebenen Parameter aus. In Abbildung 8.1 ist dies dargestellt. Das Rahmenprogramm definiert zwei globale Felder: D1 und D2. Die Form F hat einen Referenzparameter vom selben Typ wie D1 und einen Werteparameter vom selben Typ wie D2. In der Form werden zusätzlich zwei lokale Felder L1 und L2 vom entsprechenden Typ vereinbart.

Die globalen Felder D1 und D2 liegen im Programmspeicher, die lokalen Felder L1 und L2 im Stack. Beim Eintritt in die Form legt das System zusätzlich zu L1 und L2 ein lokales Feldsymbol P1 an und richtet dieses mit ASSIGN auf D1. Außerdem wird ein DATA-Feld P2 angelegt, in das der Inhalt von D2 kopiert wird.

Bei der Zuweisung P2 = L2 in der Form wird ausschließlich das lokale Datenfeld P2 verändert. Eine Rückwirkung auf D2 ist nicht möglich. Anders bei der Zuweisung P1 = L1: Die Information läuft von L1 quasi durch P1 hindurch in das Feld D1. Die angegebenen Pfeile verdeutlichen dies.

Die Verwendung globaler Daten verschleiert den Informationsfluß. Es ist immer besser, durch Verwendung von Parametern explizit aufzuzeigen, welche Informationen in die Form hinein und welche herausfließen. Generell sollte man versuchen, ohne globale Daten auszukommen. Wenn man solche verwendet, so sollte man sie entsprechend kennzeichnen (z. B. durch den Vorsatz „GBL_") und dann auch konsequent nirgends als Parameter übergeben.

Natürlich können Forms wieder Forms aufrufen. Angenommen eine Form F1 ruft eine zweite Form F2 auf. Beide können Informationen entweder über globale Variablen oder über die Parameterliste von F2 austauschen. Bei der Parameterübergabe nimmt F1 die Stelle des Hauptprogramms im o. g. Beispiel ein. Anstelle der Programmdaten D1 und D2 würden lokale Daten der aufrufenden Form F1 stehen. Damit würden sich die Referenzparameter von F2 auf den Stackbereich von F1 beziehen.

Eine Besonderheit stellen lokale, aber statische Daten dar. Diese werden innerhalb von Forms mit dem Schlüsselwort STATICS vereinbart. Die folgenden Beispiele für rekursive Forms enthalten solche STATICS-Definitionen.

8.2.4 Forms mit komplexen Parametern

Der Report YR-08-03 demonstriert, wie komplexe Strukturen sinnvoll als Parameter von Forms eingesetzt werden. Dazu wird eine Struktur BELEG vom Typ BELEGTYP wie in Kapitel 6.7 angegeben definiert.

Der Report definiert die Form LIES_BELEG, die einen Referenzparameter vom Typ BELEGTYP hat. Es wird davon ausgegangen, daß der Schlüssel BELEG-KOPF-BELNR vom Aufrufer gesetzt wird. Die Form soll alle Angaben zum Belegkopf sowie zu allen Belegpositionen von der Datenbank einlesen.

```
REPORT YR-08-03 LINE-SIZE 70.
TABLES: YBELKPF, YBELPOS.

TYPES  : BEGIN OF BELEGTYP,
           KOPF LIKE YBELKPF,
           PTAB LIKE YBELPOS OCCURS 10,
         END OF BELEGTYP.
DATA:    BELEG TYPE BELEGTYP.
DATA:    POS LIKE YBELPOS.
BELEG-KOPF-BELNR = '5001'.
PERFORM LIES_BELEG USING BELEG.
WRITE: / 'Beleg:', BELEG-KOPF-BELNR.
WRITE: / 'Positionen:'.
LOOP AT BELEG-PTAB INTO POS.
  WRITE: / POS-BELNR, POS-POSNR, POS-WRBTR, BELEG-KOPF-WAERS.
ENDLOOP.
*---------------------------------------------------------------------
FORM LIES_BELEG USING BELEG TYPE BELEGTYP.
DATA: POSANZ LIKE SY-DBCNT.
PERFORM LIES_KOPF USING BELEG-KOPF.
PERFORM LIES_POSITIONEN TABLES BELEG-PTAB
                        USING BELEG-KOPF-BELNR POSANZ.
ENDFORM.
*---------------------------------------------------------------------
FORM LIES_KOPF USING KOPF LIKE BELEG-KOPF.
SELECT SINGLE * INTO KOPF FROM YBELKPF
   WHERE BELNR = KOPF-BELNR.
ENDFORM.
*---------------------------------------------------------------------
FORM LIES_POSITIONEN
         TABLES POSTAB LIKE BELEG-PTAB
         USING VALUE(BELNR) LIKE YBELKPF-BELNR POSANZ.
SELECT * INTO TABLE POSTAB FROM YBELPOS WHERE BELNR = BELNR.
POSANZ = SY-DBCNT.
ENDFORM.
```

Die Form ruft selbst zwei weitere Forms auf. LIES_KOPF ist eine Form, die als Referenzparameter eine Struktur vom Typ eines Tabellenkopfes besitzt. An dieser Stelle wird ein wesentlicher Vorteil deutlich, den die Verwendung der Substruktur KOPF im Typ BELEGTYP hat. Die Kopfdaten können als *ein* Parameter an die Form übergeben werden. Eine Deklaration mit INCLUDE STRUCTURE hätte dies nicht leisten können. Entsprechend wird der Form LIES_POSITIONEN die eingebettete Tabelle BELEG-PTAB als TABLES-Parameter übergeben. Die Form füllt die Tabelle mit den gefundenen Positionen. Man beachte, daß der Tabellenparameter in diesem Fall eine Tabelle ohne Kopfzeile beschreibt.

```
28.05.97 Kapitel  8: Forms mit komplexen Parametern                  1
----------------------------------------------------------------------
Beleg: 00005001
Positionen:
00005001 001           1.450,00  DEM
00005001 002             100,00  DEM
00005001 003              45,00  DEM
```

8.2.5 Rekursion

Rekursive Forms rufen sich selbst auf. Dabei werden üblicherweise die Parameter von Aufruf zu Aufruf so lange geändert, bis ein Abbruchkriterium die Rekursion beendet. Ein Beispiel ist eine Form zur rekursiven Berechnung der Fakultät N! einer natürlichen Zahl N. Sie codiert die folgende rekursive Fakultätsformel:

$$N! = 1 \quad \text{für } N = 1$$
$$= N * (N-1)! \quad \text{für } N > 1.$$

```
REPORT YR-08-04 LINE-SIZE 70.
DATA N TYPE I VALUE 7.
DATA FAKUL TYPE I.
PERFORM CALC_FAKUL USING  N FAKUL.
ULINE.
WRITE: / 'Fakultät von', (2) N, '=', FAKUL.
*---------------------------------------------------------------------
FORM CALC_FAKUL USING VALUE(N) TYPE I    FAKUL TYPE I.
STATICS: LEVEL TYPE I VALUE 0.
DATA N1 TYPE I.
DATA SPALTE TYPE I.
LEVEL = LEVEL + 1.
SPALTE = LEVEL * 3.
WRITE: /SPALTE 'Start Level', (2)LEVEL.
IF N = 1.
  FAKUL = 1.
```

```
ELSE.
  N1 = N - 1.
  PERFORM CALC_FAKUL USING N1 FAKUL.
  FAKUL = N * FAKUL.
ENDIF.
WRITE: / ' '.
WRITE: AT /SPALTE 'N=', (2) N, 'Fakultät=', FAKUL.
WRITE: AT /SPALTE 'Ende Level',(2) LEVEL.
LEVEL = LEVEL - 1.
ENDFORM.
```

```
28.05.97 Kapitel  8: Rekursive Berechnung von Fakultäten               1
----------------------------------------------------------------------
  Start Level 1
     Start Level 2
        Start Level 3
           Start Level 4
              Start Level 5
                 Start Level 6
                    Start Level 7
                    N= 1  Fakultät=          1
                    Ende Level 7
                 N= 2  Fakultät=          2
                 Ende Level 6
              N= 3  Fakultät=          6
              Ende Level 5
           N= 4  Fakultät=         24
           Ende Level 4
        N= 5  Fakultät=        120
        Ende Level 3
     N= 6  Fakultät=        720
     Ende Level 2
  N= 7  Fakultät=      5.040
  Ende Level 1
----------------------------------------------------------------------
Fakultät von 7  =      5.040
```

In CALC_FAKUL wird zunächst der Werteparameter N getestet. Ist er größer als 1, so ruft sich CALC_FAKUL mit dem Parameter N1 = N - 1 selbst wieder auf. Die lokale Variable N1 braucht man nur, weil man in ABAP/4 keine Ausdrücke in aktuelle Parameterlisten einsetzen darf. Bei einer Verschachtelungstiefe von 7 wird N = 1 erreicht, der Referenzparameter FAKUL wird auf 1 gesetzt. Jetzt kommt es zur eigentlichen Berechnung der Fakultät, indem FAKUL nacheinander mit den lokalen Werten von N multipliziert wird. Obwohl bei diesem siebenfach verschachtelten Aufruf immer der selbe Code durchlaufen wird, existieren bis zu sieben unterschiedliche Werte von N bzw. N1 gleichzeitig auf dem Stack. Dieser wird durch den rekursiven Aufruf entsprechend stark belastet. Die statische Variable *Level* gibt die aktuelle Schachtelungstiefe der Form an. Das Protokoll zeigt den Level durch entsprechende Einrükkungen. Dieses einfache Beispiel dient nur Demonstrationszwecken. Natürlich würde man die Fakultät besser mit:

```
FAKUL = 1.
DO N TIMES.
 FAKUL = FAKUL * SY-INDEX.
ENDDO.
```

berechnen. Sinnvolle und elegante Anwendungsmöglichkeiten rekursiver Forms lassen sich z. B. bei Berechnungen auf Graphen finden. Abbildung 8.2 zeigt einen solchen gerichteten Graphen, der durch seine Knoten und eine Knotenverbindungsliste beschrieben wird.

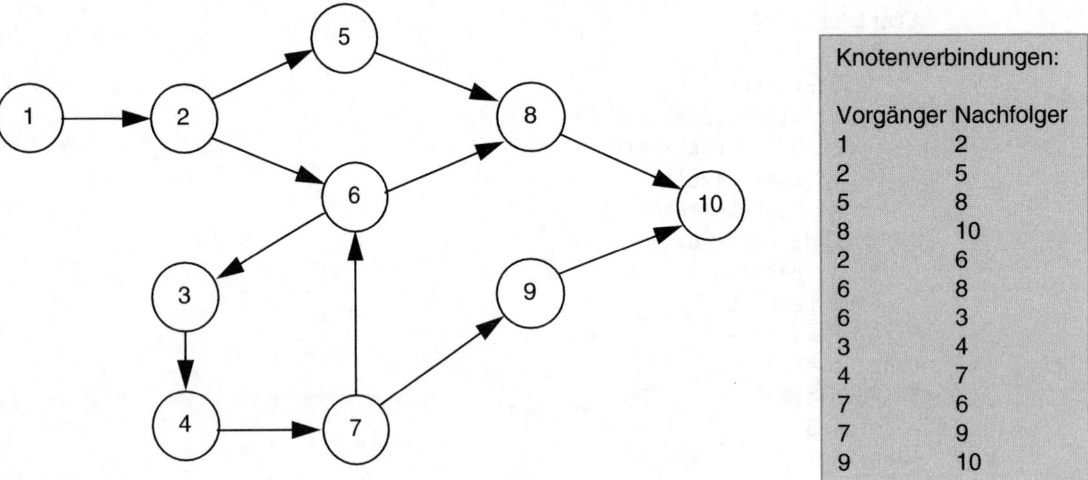

Knotenverbindungen:

Vorgänger	Nachfolger
1	2
2	5
5	8
8	10
2	6
6	8
6	3
3	4
4	7
7	6
7	9
9	10

Abb. 8.2: Gerichteter Graph mit Knotenverbindungsliste

YR-08-05 definiert die Knotenverbindungsliste als interne Tabelle KVL. Über das Makro V (Verbindung) werden die in der Abbildung dargestellten Verbindungen eingetragen. Die rekursive Form FINDPATH sucht im Graphen nach einem Weg vom Knoten START zum Knoten ZIEL. Der Form werden zwei Tabellen übergeben: die Knotenverbindungsliste KVL und die Tabelle WEG, in der ggf. die Knoten auf dem gefundenen Weg abgelegt werden.

```
REPORT YR-08-05 LINE-SIZE 70.

DATA: BEGIN OF KVLTAB OCCURS 20,
        VORG TYPE I,
        NACHF TYPE I,
```

```
      END OF KVLTAB.
DATA  WEGTAB TYPE I OCCURS 20 WITH HEADER LINE.
DATA: START TYPE I VALUE 1.
DATA: ZIEL  TYPE I VALUE 9.

DEFINE V.
KVLTAB-VORG = &1. KVLTAB-NACHF = &2. APPEND KVLTAB.
END-OF-DEFINITION.

V 1 2.   V 2 5. V 5 8.  V 8 10.
V 2 6.  V 6 8. V 6 3. V 3 4.  V 4 7.  V 7 6.  V 7 9.  V 9 10.
CLEAR WEGTAB. REFRESH WEGTAB.

PERFORM FINDPATH TABLES KVLTAB WEGTAB
                 USING  START  ZIEL.
WRITE: / 'Weg von', (2) START, 'nach',(2)ZIEL,'  ='.
WRITE: (2) START, '-->'.
LOOP AT WEGTAB. WRITE: (2) WEGTAB, '-->'. ENDLOOP.
WRITE: (2)ZIEL.
*-----------------------------------------------------------------------
FORM FINDPATH TABLES KVL LIKE KVLTAB[]
                     WEG LIKE WEGTAB[]
              USING  VALUE(START)
                     VALUE(ZIEL).
STATICS: MARK TYPE I OCCURS 20 WITH HEADER LINE.
STATICS: GEFUNDEN  VALUE SPACE.
DATA   : LANG TYPE I.

LOOP AT KVL WHERE VORG = START.
  IF KVL-NACHF = ZIEL.
    GEFUNDEN = 'X'.
    EXIT.
  ENDIF.
  READ TABLE MARK WITH KEY KVL-NACHF.
  IF SY-SUBRC = 0.   " schon im MARK
      CONTINUE.
  ENDIF.
  APPEND KVL-NACHF TO MARK .
  APPEND KVL-NACHF TO WEG.
  PERFORM FINDPATH TABLES KVL WEG USING KVL-NACHF ZIEL.
  IF GEFUNDEN = 'X'. EXIT. ENDIF.
  DESCRIBE TABLE WEG LINES LANG.
  DELETE WEG INDEX LANG.
ENDLOOP.
ENDFORM.
```

```
28.05.97 Kapitel  8: Rekursive Pfadsuche in einem Netz              1
--------------------------------------------------------------------
Weg von 1  nach 9    = 1  --> 2  --> 6  --> 3  --> 4  --> 7  --> 9
```

Vereinfacht läßt sich das Prinzip der rekursiven Pfadsuche so erklären: Wenn es einen Weg vom Knoten START zum Knoten ZIEL gibt, so muß dieser Weg über einen Nachfolger des Startknotens führen. Diese Aussage stimmt auch für jeden der Nachfolger selbst. Also sucht der Algorithmus ausgehend vom Startknoten alle Nachfolgeknoten und startet die Suche für jeden der Nachfolger neu, indem er diesen als neuen Startknoten einsetzt. Das Verfahren bricht ab, wenn einer der Nachfolgeknoten der gesuchte Zielknoten ist oder wenn alle vom Startknoten aus erreichbaren Knoten überprüft wurden.

Die Form FINDPATH sucht in einem LOOP alle Nachfolgeknoten des übergebenen Anfangsknotens START. Ist der Nachfolgeknoten gleich dem vorgegebenen Zielknoten ZIEL, dann wurde ein Pfad gefunden. Wenn nicht, so wird überprüft, ob der Nachfolgeknoten bereits in früheren Schritten von dem Algorithmus erreicht wurde. Dazu definiert die Form die lokale, aber statische Tabelle MARK. Wenn ein Knoten markiert wurde, d. h. in die Tabelle MARK eingefügt wurde, dann braucht er im weiteren nicht noch einmal untersucht zu werden, und der LOOP wird mit CONTINUE fortgesetzt. Ist der Knoten neu, so wird er für nachfolgende Schritte markiert. Jetzt ruft sich die Form mit aktuellem Parameter START = KVL-NACHF selbst auf.

Die statische Variable GEFUNDEN wird im ersten Aufruf der Form mit SPACE initialisiert. Sie wird auf 'X' gesetzt, wenn der Zielknoten erreicht wurde. So kann in der Tiefe der Rekursion ein Abbruch der Suche angezeigt werden.

Die Tabelle MARK stellt sicher, daß im Graphen vorhandene Schleifen nicht zu einer Endlosschleife im Programm führen. Dies wäre auf dem ermittelten Pfad $1 \rightarrow 2 \rightarrow 6 \rightarrow 3 \rightarrow 4 \rightarrow 7$ von Knoten 1 zu Knoten 9 der Fall. Bei Knoten 7 angekommen, würde ohne Markierung als erster Nachfolgeknoten wieder Knoten 6 untersucht. Die Folge wäre eine Endlosrekursion, die zum Programmabbruch führen würde.

Jeder neue Nachfolgerknoten wird auf Verdacht in die Tabelle WEG aufgenommen. Wenn der rekursive Aufruf von FINDPATH mit diesem Knoten als Startknoten das Ziel nicht findet, so liegt der Knoten nicht auf einem Weg. Er wird wieder aus der Tabelle WEG entfernt.

Das Verfahren arbeitet nach der Methode DEPTH FIRST, d. h., der rekursive Aufruf erfolgt im LOOP über alle Nachfolger bevor der Loop vollständig abgearbeitet wurde. Die Suche „in die Tiefe", nach Nachfolgern weiterer Generationen, hat Vorrang vor der Suche in die Breite, d. h. nach unmittelbaren Nachfolgern.

8.2.6 Aufruf externer Forms

Bei der Bearbeitung großer Projekte werden im Laufe der Zeit Forms entstehen, die in verschiedenen Programmen verwendet werden können und sollen. Beispiele sind Forms für Konvertierungen oder zur Stringverarbeitung. Es gibt zwei Wege, solche Forms in verschiedenen Programmen zu nutzen.

Die erste Möglichkeit besteht darin, daß man die Forms in ein Include auslagert, das von mehreren Programmen benutzt wird. Dies wirkt genau so, als ob die Forms jeweils in den Programmen selbst definiert worden wären. Der Aufruf erfolgt wie oben dargestellt. Sollten die Forms globale Variablen nutzen, so müssen diese in allen includierenden Programmen vorhanden sein.

Als zweite Möglichkeit kann man einen externen Aufruf einer Form nutzen. Dazu existieren in der oben beschriebenen PERFORM-Anweisung die Zusätze:

PERFORM *Form(Progname) Parameterliste.*

oder

PERFORM *Form* **IN PROGRAM** *Progname Parameterliste.*

Auf diese Weise wird eine Form im Programm *Progname* aufgerufen. In der ersten Variante muß der Programmname zur Compilzeit bekannt sein, in der zweiten kann er zur Laufzeit ermittelt werden.

In beiden Fällen wird das Programm, dessen Form gerufen wird, zusätzlich zum rufenden Programm in den Hauptspeicher geladen. Es entsteht eine sog. Programmgruppe. Die Parameterübergabe sowie die Verwaltung der lokalen Daten der gerufenen Form erfolgen im Stack des *rufenden* Programms. Daher gibt es bei der Parameterübergabe keine Unterschiede zwischen einem internen und einem externen Aufruf.

Anders ist es bei den globalen Daten. Die gerufene Form nutzt die globalen Daten ihres eigenen Programms. Man darf also nicht erwarten, daß eine extern gerufene Form die globalen Daten im rufenden Programm lesen oder schreiben kann. Wenn das gewünscht wird, muß man explizit einen gemeinsamen Speicherbereich zwischen rufendem und gerufenem Programm vereinbaren:

DATA: BEGIN OF COMMON PART *Name,*

* gemeinsam genutzte Daten

END OF COMMON PART *Name.*

In Abbildung 8.3 ruft das Programm PROG1 die Form F2 im Programm PROG2 auf. Die Form benutzt ein globales Feld COMMDAT ihres Programms. COMMDAT ist im COMMON-Bereich C beider Programme vereinbart. Die Ausschrift von COMMDAT im Programm PROG1 ergibt den Wert „PROG2“, der von der Form gesetzt wurde. Wird das Feld COMMDAT in beiden Programmen ohne COMMON-Block definiert, so ist COMMDAT im Programm PROG1 nach Aufruf von F2 leer.

Bei externen FORM-Aufrufen ist zu beachten, daß diese nicht in die Syntaxprüfung einbezogen werden. Wenn z. B. eine falsche Parameteranzahl im PERFORM steht, so bricht das rufende Programm zur Laufzeit mit dem Fehler PERFORM_PARAMETER_MISSING ab. Diesen Nachteil kann man durch die Verwendung von Funktionsbausteinen umgehen.

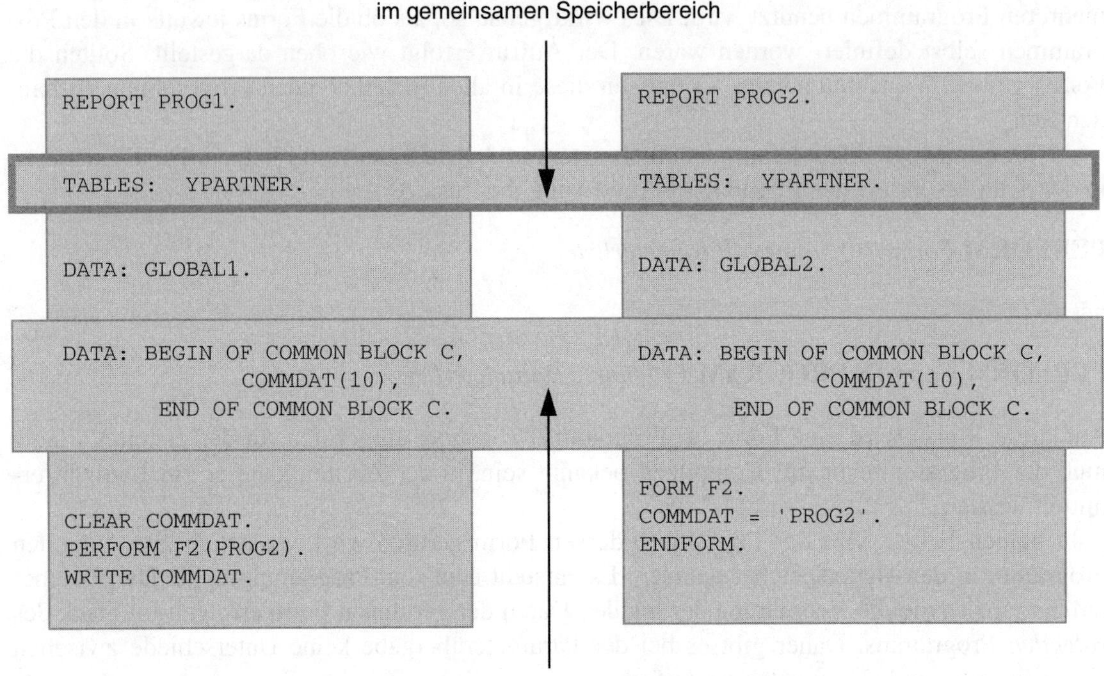

Abb. 8.3: Gemeinsame globale Daten zweier Programme

8.3 Datenaustausch zwischen Reports

In Kapitel 8.2.6 wurde gezeigt, wie ein Programm eine Form eines anderen Programms aufrufen kann. Die Datenübergabe erfolgte über die Parameterliste der Form oder über einen gemeinsamen Speicherbereich.

Dabei war charakteristisch, daß immer nur der Code der gerufenen Unterprogramme, nie aber der Programmcode des gerufenen Reports selbst abgearbeitet wurde. Es ging um eine Kommunikation zwischen Programm und Unterprogramm. Die drei folgenden Teilkapitel demonstrieren die Kommunikation zwischen verschiedenen Programmen.

8.3.1 Report starten mit SUBMIT

SUBMIT ist ein mächtiger, sehr effizienter ABAP/4-Befehl. Er dient dem Start eines Reports aus einem anderen Report heraus. Der Befehl kennt viele Varianten und Zusätze, die hier nicht alle besprochen werden. Eine mögliche Form des Befehls mit häufig verwendeten Zusätzen lautet:

SUBMIT (*Reportname*)
[**WITH** *Parameter* Op *Feld*]
[**WITH** *SelektOption* **IN** *Sel*]
[**VIA SELECTION-SCREEN**]
[**USER** *User* **VIA JOB** *Job* **NUMBER** n]
[**USING SELECTION-SET** *Variante*]
[**USING SELECTION-SETS OF PROG** *Programm*]
[**AND RETURN**] .

Der Reportname kann als Literal oder als Variable angegeben werden. Der gerufene Report wird in den Hauptspeicher geladen und die Abarbeitung wird beim gerufenen Report fortgesetzt. Einzelne Parameterwerte des gerufenen Reports werden über WITH *Parameter Op Feld* gesetzt. Wenn der zu startende Report mehrere Parameter verlangt, kann dieser Zusatz mehrfach aufgeführt werden. Selektionsoptionen werden über WITH ... IN gesetzt. Dazu vereinbart man im rufenden Report eine entsprechende RANGES-Tabelle. Diese hat die selbe Struktur wie die SELECT-OPTIONS im gerufenen Programm. Man kann einer Option einen zusammengesetzten Bereich über mehrere Tabellenzeilen zuweisen. Natürlich sind mehrere Selektionsoptionen zulässig.

Soll das Selektionsbild des gerufenen Reports angezeigt werden, so muß dies explizit mit dem Zusatz VIA SELECTION-SCREEN geschehen. In diesem Fall sind interaktive Eingaben möglich. Wurde zusätzlich WITH verwendet, so erscheinen die damit übergebenen Werte im Selektionsbild. Sie überschreiben die Werte, die der gerufene Report in INITIALIZATION ggf. selbst setzt.

Über VIA JOB kann der Report als Hintergrundjob eingestellt werden. Dies wird in Kapitel 10 ausführlich beschrieben.

Mit dem Zusatz USING SELECTION-SET kann das Programm mit einer (eigenen) Variante gestartet werden. Über USING SELECTION-SETS (Mehrzahl) können die Varianten eines anzugebenden anderen Programms benutzt werden. Damit können Varianten über Programmgrenzen hinweg genutzt werden. Natürlich ist das nur für solche Programme sinnvoll, die dieselben Parameter haben.

Der Zusatz AND RETURN führt dazu, daß die Verarbeitung nach Beendigung des gerufenen Reports im rufenden Report hinter SUBMIT fortgesetzt wird.

```
REPORT YR-08-06 LINE-SIZE 70.

DATA    KONTNR LIKE YKONTO-KONTNR.
RANGES  RANGE_KNR FOR KONTNR.

RANGE_KNR-SIGN = 'I'.
RANGE_KNR-OPTION = 'BT'.
RANGE_KNR-LOW = '4001'.
```

```
RANGE_KNR-HIGH = '4003'. APPEND RANGE_KNR.
WRITE: / 'YR-07-02 wird gestartet ...'.
SUBMIT ('YR-07-02') WITH SO_KNR IN RANGE_KNR AND RETURN.
WRITE: / '                          ... ist fertig.'.
```

```
28.05.97 Kapitel  8: Aufruf eines Reports mit SUBMIT                1
--------------------------------------------------------------------
YR-07-02 wird gestartet ...
                          ... ist fertig.
```

Der Report YR-07-08 ruft den interaktiven Report YR-07-02 über SUBMIT ... AND RETURN auf. Die Selektoption SO_KNR des gerufenen Reports wird über die RANGES-Tabelle RANGE_KNR gefüllt. Die Grundliste und die Verzweigungslisten von YR-07-02 erscheinen auf dem Bild des rufenden Reports. Erst ein *Zurück* auf der Grundliste von YR-07-02 führt zur Ausgabe der Grundliste von YR-07-08. Damit erscheint auch das WRITE, das vor dem SUBMIT steht, erst nach dem RETURN.

8.3.2 Datenübergabe mittels EXPORT / IMPORT

Wenn ein Report einen anderen mit SUBMIT startet, so wird ein neuer *interner* Modus geöffnet. Ein externer Modus, also ein nichtmodales Eingabefenster einer Sitzung, kann bis zu neun solcher internen Modi haben. Alle internen Modi haben zwar ihren eigenen Speicherbereich (Rollbereich), können aber zusätzlich auf einen gemeinsamen Speicherbereich, das ABAP/4-Memory, zugreifen. Dazu dienen die Befehle

EXPORT *Feld1 Feld2* ... **TO MEMORY ID** *Id.*

und

IMPORT *Feld1 Feld2* ... **FROM MEMORY ID** *Id.*

Es können Felder, Feldleisten oder ganze Tabellen exportiert und importiert werden. Typisch ist, daß der rufende Report vor dem SUBMIT Daten exportiert, die der gerufene Report wieder importiert.

Man beachte folgendes: Wird der gerufene Report in einem anderen externen Modus gestartet, auch während der exportierende Report noch aktiv ist, kann er keine Daten importieren. Dazu werden die Befehle SET PARAMETER und GET PARAMETER verwendet.

Neben dem Export in das ABAP/4-Memory ist ein Export auf eine Datenbanktabelle oder eine Datei möglich. Entsprechende Importbefehle existieren ebenfalls.

8.3.3 Datenübergabe mittels SET / GET PARAMETER

Über das sog. SAP-Memory können Programme kommunizieren, die in unterschiedlichen externen Modi laufen.

SET PARAMETER *Feld* **ID** *Id.*

GET PARAMETER *Feld* **ID** *Id.*

Dieser Speicherbereich ist während der gesamten Sitzung aktiv. Einmal gesetzte Parameter bleiben erhalten, auch wenn das setzende Programm beendet ist. Sie können durch ein SET PARAMETER mit dem selben ID andere Werte erhalten.

Das Beispielprogramm YR-08-07 legt das Feld *Wert1* mittels EXPORT im ABAP/4-Memory, und das Feld *Wert2* mittels SET PARAMETER im SAP-Memory ab. Das Programm YR-08-08 versucht, diese Daten über IMPORT bzw. GET PARAMETER zu lesen. Das Ergebnis hängt davon ab, wie YR-08-08 gestartet wird.

Der mit GET PARAMETER gelesene Wert2 = „22222“ ist immer dann vorhanden, wenn SET PARAMETER von YR-08-07 in der selben Sitzung irgendwann vor YR-08-08 gelaufen ist. Es spielt keine Rolle, ob YR-08-08 im selben oder in einem anderen Modus gestartet wird.

Der Wert1 = „11111“ kann nur dann über IMPORT gelesen werden, wenn YR-08-08 im selben Modus (im selben Fenster) wie YR-08-07 läuft oder lief.

```
REPORT YR-08-07 LINE-SIZE 70.
DATA WERT1(10) VALUE '1111111'.
DATA WERT2(10) VALUE '2222222'.

EXPORT WERT1 TO MEMORY ID 'ID1'.
SET PARAMETER ID 'ID2' FIELD WERT2.

WRITE: / 'Klicken um YR-08-08 zu starten.'.

AT LINE-SELECTION.
SUBMIT ('YR-08-08') AND RETURN.
```

```
REPORT YR-08-08 LINE-SIZE 70.
DATA WERT1(10).
DATA WERT2(10).

IMPORT WERT1 FROM MEMORY ID 'ID1'.
GET PARAMETER ID 'ID2' FIELD WERT2.
WRITE: / 'Hier ist', SY-REPID.
WRITE: / 'Wert1=', WERT1, 'WERT2 =', WERT2.
```

```
28.05.97 Kapitel  8: IMPORT FROM MEMORY und GET PARAMETER              1
------------------------------------------------------------------------
Hier ist YR-08-08
Wert1= 1111111    WERT2 = 2222222
```

8.4 Logische Datenbanken

In großen Anwendungssystemen, wie etwa einem R/3-Modul, existieren üblicherweise viele Reports, die auf die beteiligten Tabellen zugreifen. Es zeigt sich, daß diejenigen Programmteile dieser Reports, die für die Datenbeschaffung aus der Datenbank (SELECT) zuständig sind, sich in gleicher oder ähnlicher Weise ständig wiederholen. Der Entwickler muß in jedem Report erneut Tabellen vereinbaren und komplexe SELECTs mit umfangreichen WHERE-Bedingungen programmieren.

Es wäre wünschenswert, diesen redundanten Code aus den Reports zu separieren und in einem allen Reports zugänglichen Leseprogramm unterzubringen.

Genau das leistet eine logische Datenbank. Sie trennt die Datenbeschaffung von der Datenverarbeitung. Der Entwickler, der in seinem Report eine logische Datenbank verwendet, beschreibt ausschließlich die Verarbeitung der von der logischen Datenbank gelieferten Daten. Die logische Datenbank informiert ihn über das Schlüsselwort GET <Tabelle>, daß ein neuer Satz im Tabellenarbeitsbereich bereitsteht. Reports, die logische Datenbanken verwenden, beinhalten meist keine eigenen SELECTs.

Der Entwickler von Verarbeitungsreports kann sich ausschließlich darauf konzentrieren, wie er seine Daten verarbeitet. Die gesamte Datenbeschaffung wird ihm von der logischen Datenbank abgenommen. Eine logische Datenbank wird im Repository in Form von drei Komponenten abgelegt:

- Strukturbeschreibung
- Selektionsoptionen
- Leseprogramm

Der Ablauf eines Datenbankreports wird von einem übergeordneten Steuerprogramm koordiniert. Dieses stößt wechselseitig die Beschaffungsroutinen im Leseprogramm und die Verarbeitungsroutinen im Verarbeitungsprogramm an.

Eine logische Datenbank enthält selbst kein ablauffähiges Programm, sie ist nur in Verbindung mit entsprechenden Reports nutzbar.

8.4.1 Strukturbeschreibung einer logischen Datenbank

Eine logische Datenbank verbindet mehrere im Data Dictionary definierte, logisch zusammengehörende Tabellen. Sie wird durch eine Tabellenhierarchie (= Tabellenbaum) beschrieben. Die

Beziehungen zwischen den Tabellen in der logischen Datenbank entsprechen den Fremdschlüsselbeziehungen der beteiligten Tabellen.

Abbildung 8.4 zeigt die Struktur der logischen Datenbank YDF. Der Wurzelknoten ist die Tabelle YKONTO. An dieser Tabelle hängen über 1:N-Beziehungen die Tabellen YVERTRAG und YBELKPF. Die Tabelle der Belegköpfe YBELKPF ist selbst Primärtabelle für die Belegpositionen YBELPOS. Man erkennt, daß die Beziehung zwischen YVERTRAG und YBELKPF in einem Tabellen*baum* keinen Platz hat. Alle Tabellen, die eine gemeinsame Primärtabelle haben, befinden sich auf derselben Ebene. Beziehungen zwischen solchen Tabellen kann eine logische Datenbank nicht abbilden.
Die Struktur der logischen Datenbanken ist in der Tabelle TLDB abgelegt. Da jeder LDB nur zwei Sätze zur Verfügung stehen, ist die Anzahl der Tabellen in einer LDB beschränkt.

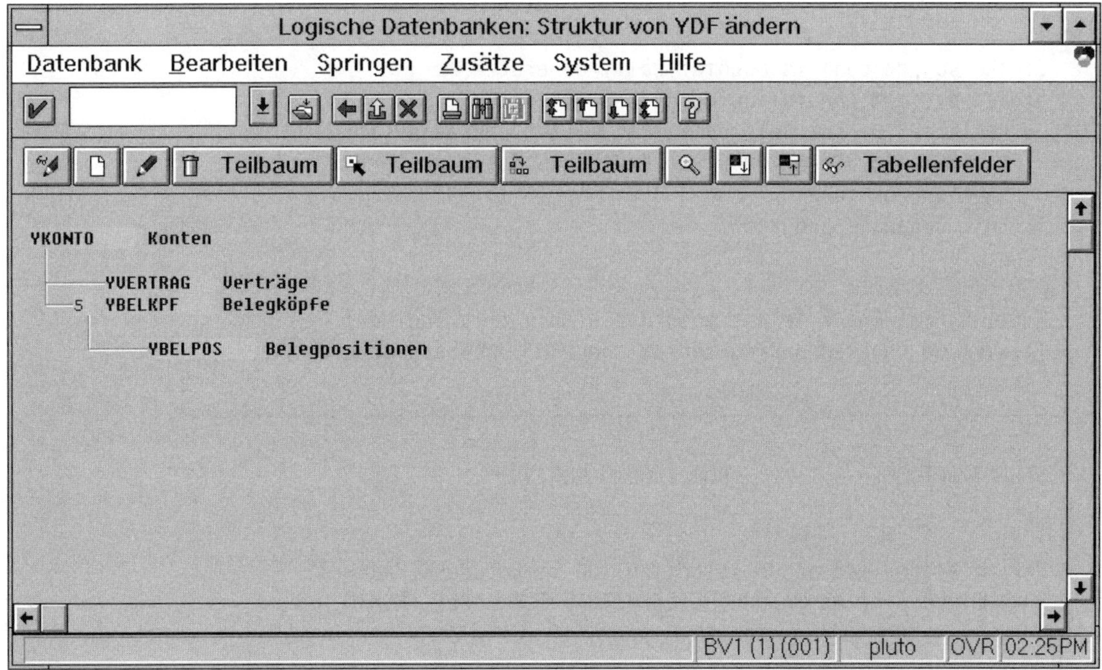

Abb. 8.4: Struktur der logischen Datenbank YDF

8.4.2 Selektionsoptionen und Leseprogramm

Wenn die Struktur einer LDB festgelegt wurde, können die Selektionsoptionen sowie das zugehörige Leseprogramm generiert werden. Der Programmname wird in der Form SAPDB<LDB> vom System vorgegeben und darf nicht geändert werden. Das Include für die Selektionsoptionen erhält seinen Namen entsprechend den SAP-Standards zu DB<LDB>SEL.

Die Selektionsoptionen bieten die Möglichkeit, nach dem Start eines Verarbeitungsprogramms Datenbankabgrenzungen interaktiv einzugeben und diese dem Leseprogramm mitzuteilen. Die in den Selektionsoptionen angegebenen Parameter und SELECT-OPTIONS erscheinen automatisch im Selektionsbild des Verarbeitungsprogramms und ergänzen die dort definierten Parameter. Die eingegebenen Informationen stehen dem Leseprogramm zur Verfügung.

Das System generiert auf Anfrage den folgenden Vorschlag für die Selektionsoptionen der logischen Datenbank YDF aus der Datenbankstruktur:

```
*---------------------------------------------------------------------*
* INCLUDE DBYDFSEL
* It will be automatically included into the database program.
*---------------------------------------------------------------------*
*
*
* If the source code is automatically generated,
* please perform the following steps:
* 1. Replace ? by suitable names (at most 8 characters).
* 2. Activate SELECT-OPTIONS and PARAMTERS (delete stars).
* 3. Save source code.
* 4. Edit database program
*
*
* Hint: Syntax-Check is not possible within this Include!
* It will be checked during syntax-check of database program.
*
*---------------------------------------------------------------------*

* SELECT-OPTIONS: ?        FOR YKONTO-KONTNR.


* Parameter for matchcode selection (DD-structure MCPARAMS):
* PARAMETERS p_mc AS MATCHCODE STRUCTURE FOR TABLE YKONTO.


* SELECT-OPTIONS: ?        FOR YVERTRAG-VERTNR.
* SELECT-OPTIONS: ?        FOR YBELKPF-BELNR.
* SELECT-OPTIONS:
*                 ?        FOR YBELPOS-BELNR,
*                 ?        FOR YBELPOS-POSNR.
```

Je nach Wunsch kann man einzelne Zeilen in DBYDFSEL streichen oder neue hinzufügen. Die Parameter und Optionen können im Leseprogramm zur Datenbankabgrenzung verwendet werden. Das ebenfalls auf Wunsch generierte Leseprogramm sieht so aus :

```
*---------------------------------------------------------------------*
* DATABASE PROGRAM OF LOGICAL DATABASE YDF
*---------------------------------------------------------------------*
*
* The automatically generated subroutines (FORMs) are called by
* system routines. Therefore their names must not be changed!!!
*
* If the source code is automatically generated,
* please perform the following steps:
* 1. Replace ? by suitable ABAP statements.
* 2. Activate ABAP statements (delete stars).
* 3. Save source code.
* 4. Check syntax of database program.
*    SELECT-OPTIONS and PARAMETERS will be checked automatically.
*---------------------------------------------------------------------*

*---------------------------------------------------------------------*
* Performance notes
*---------------------------------------------------------------------*
* General information about the use of logical databases is contained
* in the extended help information of transaction SE36.
* Please consider in particular the following aspects:
* 1. Use of internal tables:
*    SELECT * FROM table INTO TABLE i_table WHERE ... .
*    LOOP AT i_table.
*      MOVE-CORRESPONDING table TO i_table.
*      PUT table.
*    ENDLOOP.
* 2. Use of OPEN/FETCH CURSOR for nested structures.
* 3. Use of dynamic selections to enable further selection criteria
*    (cf. documentation of SELECTION-SCREEN DYNAMIC SELECTIONS).
* 4. Authority checks already at PAI of selection screen.
*---------------------------------------------------------------------*

PROGRAM SAPDBYDF DEFINING DATABASE YDF.

TABLES: YKONTO,
        YVERTRAG,
        YBELKPF,
        YBELPOS.

***********************************************************************
* !!! PLEASE DO NOT CHANGE MANUALLY (BEGIN OF BLOCK) !!!!!!!!!!!!!! *
*---------------------------------------------------------------------*
* Data structures for matchcode selection                             *
```

```
* !!! PLEASE DO NOT CHANGE MANUALLY (END OF BLOCK) !!!!!!!!!!!!!!!!! *
**********************************************************************

*--------------------------------------------------------------------*
* BEFORE_EVENT will be called before event EVENT
* Possible values for EVENT: 'START-OF-SELECTION'
*--------------------------------------------------------------------*
* FORM BEFORE_EVENT USING EVENT.
*   CASE EVENT.
*     WHEN 'START-OF-SELECTION'
*
*   ENDCASE.
* ENDFORM.                                  "BEFORE_EVENT

*--------------------------------------------------------------------*
* AFTER_EVENT will be called after event EVENT
* Possible values for EVENT: 'END-OF-SELECTION'
*--------------------------------------------------------------------*
* FORM AFTER_EVENT USING EVENT.
*   CASE EVENT.
*     WHEN 'END-OF-SELECTION'
*
*   ENDCASE.
* ENDFORM.                                  "AFTER_EVENT

*--------------------------------------------------------------------*
* Initialize selection screen (processed before PBO)
*--------------------------------------------------------------------*
FORM INIT.

ENDFORM.                                    "INIT.

*--------------------------------------------------------------------*
* PBO of selection screen (processed always after ENTER)
*--------------------------------------------------------------------*
FORM PBO.

ENDFORM.                                    "PBO.

*--------------------------------------------------------------------*
* PAI of selection screen (processed always after ENTER)
*--------------------------------------------------------------------*
FORM PAI USING FNAME MARK.

* CASE FNAME.
*   WHEN '*'.
```

```
* ENDCASE.

ENDFORM.                                "PAI

*---------------------------------------------------------------------*
* Call event GET YKONTO
*---------------------------------------------------------------------*
FORM PUT_YKONTO.
* SELECT * FROM YKONTO
*          INTO TABLE ?
*          WHERE KONTNR     = ?.
    PUT YKONTO.
* ENDSELECT.
ENDFORM.                                "PUT_YKONTO

*---------------------------------------------------------------------*
* Call event GET YVERTRAG
*---------------------------------------------------------------------*
FORM PUT_YVERTRAG.
* SELECT * FROM YVERTRAG
*          INTO TABLE ?
*          WHERE VERTNR     = ?.
    PUT YVERTRAG.
* ENDSELECT.
ENDFORM.                                "PUT_YVERTRAG

*---------------------------------------------------------------------*
* Call event GET YBELKPF
*---------------------------------------------------------------------*
FORM PUT_YBELKPF.
* SELECT * FROM YBELKPF
*          INTO TABLE ?
*          WHERE BELNR      = ?.
    PUT YBELKPF.
* ENDSELECT.
ENDFORM.                                "PUT_YBELKPF

*---------------------------------------------------------------------*
* Call event GET YBELPOS
*---------------------------------------------------------------------*
FORM PUT_YBELPOS.
* SELECT * FROM YBELPOS
*          INTO TABLE ?
*          WHERE BELNR      = YBELKPF-BELNR
*            AND POSNR      = ?.
    PUT YBELPOS.
```

```
* ENDSELECT.
ENDFORM.                                      "PUT_YBELPOS

*---------------------------------------------------------------------*
* Authority Check for table YKONTO
*---------------------------------------------------------------------*
* FORM AUTHORITYCHECK_YKONTO.
*   AUTHORITY-CHECK ...
* ENDFORM.                                    "AUTHORITYCHECK_YKONTO

*---------------------------------------------------------------------*
* Authority Check for table YVERTRAG
*---------------------------------------------------------------------*
* FORM AUTHORITYCHECK_YVERTRAG.
*   AUTHORITY-CHECK ...
* ENDFORM.                                    "AUTHORITYCHECK_YVERTRAG

*---------------------------------------------------------------------*
* Authority Check for table YBELKPF
*---------------------------------------------------------------------*
* FORM AUTHORITYCHECK_YBELKPF.
*   AUTHORITY-CHECK ...
* ENDFORM.                                    "AUTHORITYCHECK_YBELKPF

*---------------------------------------------------------------------*
* Authority Check for table YBELPOS
*---------------------------------------------------------------------*
* FORM AUTHORITYCHECK_YBELPOS.
*   AUTHORITY-CHECK ...
* ENDFORM.                                    "AUTHORITYCHECK_YBELPOS

*---------------------------------------------------------------------*
* PUT_YDF_MATCHCODE.
* Processed when matchcode selection is used,
* i.e. user input into PARAMETERS p_mc AS MATCHCODE STRUCTURE.
*---------------------------------------------------------------------*
* FORM PUT_YDF_MATCHCODE.
* ENDFORM.                                    " PUT_YDF_MATCHCODE
```

Das Leseprogramm besteht ausschließlich aus Forms, die vom übergeordneten Steuerprogramm aufgerufen werden. Die Forms lassen sich gruppieren. Es gibt Forms, die vor bzw. nach den jeweils spezifizierten Events des Verarbeitungsprogramms aufgerufen werden:

- AFTER_EVENT
- BEFORE_EVENT

- INIT
- PAI
- PBO

In vielen Fällen wird man diese Forms nicht ausfüllen. In den Forms AUTHORITY-CHECK_<Tabelle> wird ggf. eine Berechtigungsprüfung vorgenommen. Die eigentlichen Routinen zur Datenselektion haben immer die Form

PUT_<Tabelle>.

Diese Forms werden für jede Tabelle in der LDB generiert. Sie beinhalten im wesentlichen eine Selektschleife mit den entsprechenden Abgrenzungen sowie ein PUT auf die jeweilige Tabelle. Der Befehl PUT <Tabelle> wird durch das Steuerprogramm ausgeführt. Er beinhaltet die Ausführung des zugehörigen GET <Tabelle> im Verarbeitungsprogramm sowie den Aufruf der PUT-Forms aller untergeordneten Tabellen. Eine lauffähige Variante von DBYDFSEL und SAPDBYDF sieht so aus:

```
SELECT-OPTIONS: SKONTNR FOR YKONTO-KONTNR.
SELECT-OPTIONS: SVERTNR FOR YVERTRAG-VERTNR.
```

```
*----------------------------------------------------------------*
PROGRAM SAPDBYDF DEFINING DATABASE YDF.

TABLES: YKONTO,
        YVERTRAG,
        YBELKPF,
        YBELPOS.

*****************************************************************
* !!! PLEASE DO NOT CHANGE MANUALLY (BEGIN OF BLOCK) !!!!!!!!!!!!!! *
*----------------------------------------------------------------*
* Data structures for matchcode selection                         *
* !!! PLEASE DO NOT CHANGE MANUALLY (END OF BLOCK) !!!!!!!!!!!!!!!! *
*****************************************************************
FORM INIT.
ENDFORM.                "INIT.
*------------------------------------------------------------------
FORM PBO.
ENDFORM.                "PBO.
*------------------------------------------------------------------
FORM PAI USING FNAME MARK.
ENDFORM.                "PAI
*------------------------------------------------------------------
```

```
FORM PUT_YKONTO.
SELECT * FROM YKONTO
          WHERE KONTNR IN SKONTNR.
    PUT YKONTO.
ENDSELECT.
ENDFORM.                              "PUT_YKONTO
*-------------------------------------------------------------------*
FORM PUT_YVERTRAG.
SELECT * FROM YVERTRAG
           WHERE KONTNR = YKONTO-KONTNR
             AND VERTNR IN SVERTNR.
    PUT YVERTRAG.
ENDSELECT.
ENDFORM.                              "PUT_YVERTRAG
*-------------------------------------------------------------------*
FORM PUT_YBELKPF.
SELECT * FROM YBELKPF
         WHERE KONTNR = YKONTO-KONTNR.
    PUT YBELKPF.
ENDSELECT.
ENDFORM.                              "PUT_YBELKPF
*-------------------------------------------------------------------*
FORM PUT_YBELPOS.
SELECT * FROM YBELPOS
         WHERE BELNR      = YBELKPF-BELNR.
    PUT YBELPOS.
ENDSELECT.
ENDFORM.                              "PUT_YBELPOS
```

8.4.3 Verarbeitungsprogramm

Wenn ein Report eine logische Datenbank nutzen will, so muß deren Name in den Reportattributen angegeben werden (Abb. 8.5). Als Beispiel wird der Report YR-08-09 betrachtet, der über die logische Datenbank YDF alle Belege mit ihren Positionen zu den in den Selektionsoptionen angegebenen Konten lesen soll. In der TABLES-Anweisung deklariert der Report die Tabellen, deren Daten er verarbeiten möchte: YKONTO, YBELKPF und YBELPOS. Das müssen nicht alle Tabellen der logischen Datenbank sein – die Vertragstabelle YVERTRAG interessiert in diesem Report nicht. Zum Zeitpunkt INITIALIZATION kann der Report Parameter oder Selektionsoptionen initialisieren. Hier wird SKONTNR initialisiert. Der Report definiert für die angegebenen Tabellen der LDB die GET-Ereignisse, die von den zugeordneten PUT-Forms im Programm SAPDBYDS getriggert werden.

Die Ereignisse mit dem Zusatz LATE treten immer dann ein, wenn für einen Satz in einer Primärtabelle alle Sätze aller untergeordneten Tabellen gelesen wurden. Im Report wird GET YBELKPF LATE dann durchlaufen, wenn zu einem Belegkopf alle Belegpositionen gelesen wurden. Es wird eine Leerzeile ausgegeben. GET YKONTO LATE wird dann verarbeitet, wenn alle Belege mit allen Positionen eines Kontos gelesen wurden. Es wird ein Trennstrich ausgegeben.

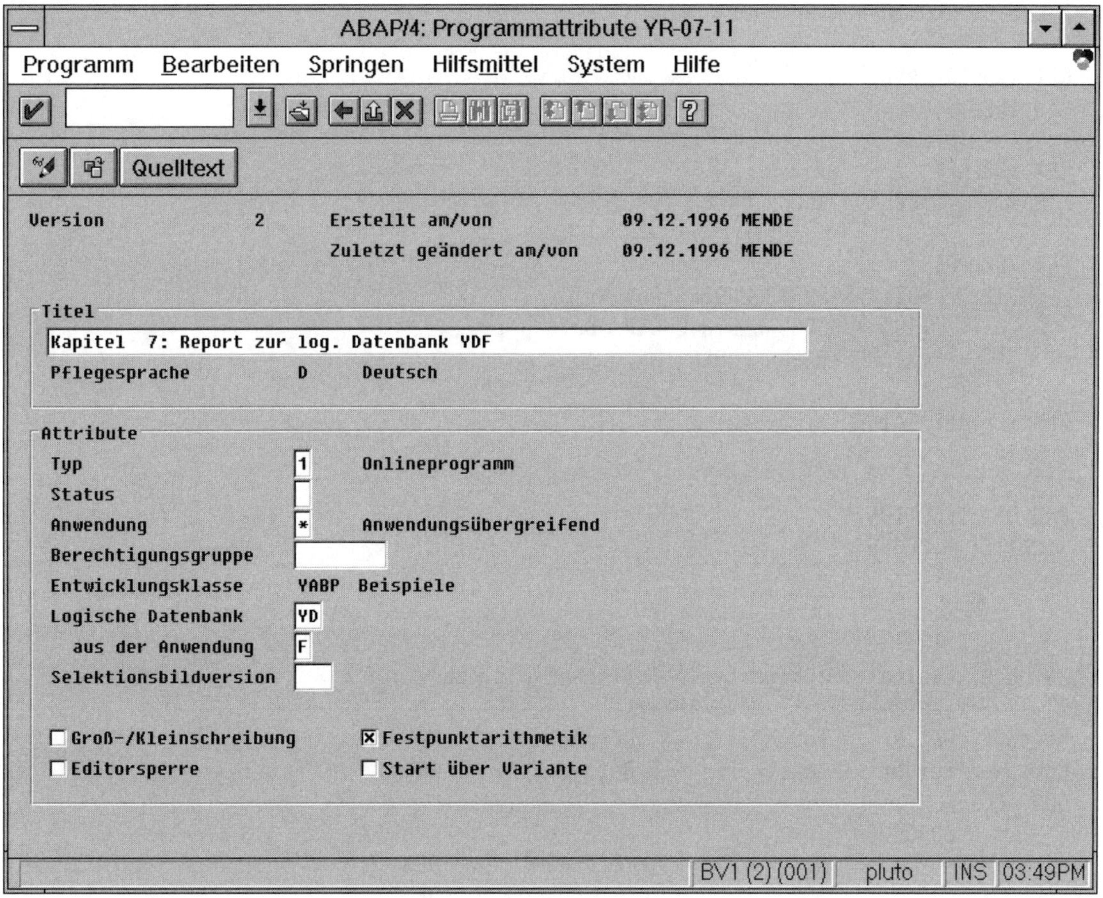

ABAP/4: Programmattribute YR-07-11

Programm Bearbeiten Springen Hilfsmittel System Hilfe

Quelltext

Version 2 Erstellt am/von 09.12.1996 MENDE

Zuletzt geändert am/von 09.12.1996 MENDE

Titel

Kapitel 7: Report zur log. Datenbank YDF

Pflegesprache D Deutsch

Attribute

Typ 1 Onlineprogramm

Status

Anwendung * Anwendungsübergreifend

Berechtigungsgruppe

Entwicklungsklasse YABP Beispiele

Logische Datenbank YD

aus der Anwendung F

Selektionsbildversion

☐ Groß-/Kleinschreibung ☒ Festpunktarithmetik

☐ Editorsperre ☐ Start über Variante

BV1 (2) (001) pluto INS 03:49PM

Abb. 8.5: Angabe der logischen Datenbank in den Reportattributen

```
REPORT YR-08-09 LINE-SIZE 70.
TABLES: YKONTO, YBELKPF, YBELPOS.

INITIALIZATION.
  SKONTNR-LOW = '4001'.
  SKONTNR-HIGH = '4003'.

TOP-OF-PAGE.
```

```
  WRITE: / 'Konto', 10 'Bel.Nr', 20 'Pos.Nr', 35 'Betrag', 50 'Währ.'.

START-OF-SELECTION.
  WRITE: / 'Konto', 10 'Bel.Nr', 20 'Pos.Nr', 35 'Betrag', 50 'Währ.'.

GET YKONTO.
  WRITE: YKONTO-KONTNR UNDER 'Konto'.

GET YKONTO LATE.
  ULINE.

GET YBELKPF.
  WRITE: / YBELKPF-BELNR UNDER 'Bel.Nr'.

GET YBELPOS.
  WRITE: / YBELPOS-POSNR UNDER 'Pos.Nr',
           (10) YBELPOS-WRBTR UNDER 'Betrag',
           YBELKPF-WAERS UNDER 'Währ.'.

GET YBELKPF LATE.
  SKIP.

END-OF-SELECTION.
  WRITE: / 'Ende'.
```

```
29.05.97 Kapitel  8: Report zur logischen Datenbank YDF             1
----------------------------------------------------------------------
Konto    Bel.Nr    Pos.Nr          Betrag         Währ.
Konto    Bel.Nr    Pos.Nr          Betrag         Währ.
00004001
         00005000
                   001           1.450,00         DEM
                   002              50,00         DEM

         00005001
                   001           1.450,00         DEM
                   002             100,00         DEM
                   003              45,00         DEM

         00005002
                   001           1.700,00         DEM
                   002             150,00         DEM

         00005015
```

```
                    001          2.700,00       DEM

---------------------------------------------------------------------
00004002
          00005003
                    001          1.950,00       DEM

          00005004
                    001          1.950,00       DEM
                    002            100,00       DEM
                    003            200,00       DEM
---------------------------------------------------------------------
00004003
          00005005
                    001          2.200,00       DEM
                    002            180,00       DEM

          00005009
                    001          2.700,00       DEM
                    002            100,00       DEM

---------------------------------------------------------------------
Ende
```

8.4.4 Steuerprogramm

Das Steuerprogramm ist für den Entwickler nicht zugänglich. Es steuert die wechselseitige Abarbeitung von Lese- und Verarbeitungsprogramm anhand der Struktur der LDB.

Zuerst liest das Steuerprogramm die Informationen über die logische Datenbank aus der Tabelle TLDB und ermittelt, welche dieser Tabellen GET-Ereignisse im Report haben.

Danach ruft das Steuerprogramm die Form PUT_<Tabelle> der Wurzeltabelle auf – in diesem Fall PUT_YKONTO. Die Selektschleife von YKONTO wird durchlaufen. Bei jedem gefundenen Satz wird ein PUT YKONTO ausgelöst. Der ABAP/4-Prozessor arbeitet danach den Event GET YKONTO im Verarbeitungsprogramm ab. Anschließend werden die PUT-Routinen aller untergeordneten Tabellen von YKONTO in der Reihenfolge ihres Auftretens in der logischen Datenbank aufgerufen. Diese enthalten wiederum einen entsprechenden PUT-Befehl. So kommt es zu einer rekursiven Abarbeitung der Struktur der LDB nach der Depth-First-Methode.

8.5 Funktionsgruppen und Funktionsbausteine

8.5.1 Konzept

Neben den im Kapitel 8.2 besprochenen Forms bilden Funktionsbausteine eine weitere Strukturierungsmöglichkeit für ABAP/4-Programme. Anders als Forms sind Funktionsbausteine speziell für den externen Aufruf aus beliebigen Programmen heraus vorgesehen.

Alle Funktionsbausteine gehören zur systemweiten Bibliothek. Anders als in anderen Programmierumgebungen ist die R/3-Bibliothek keine programmtechnische, sondern eine verwaltungstechnische Einheit. Der Entwickler kann keine eigenen Bibliotheken anlegen; es gibt immer genau eine Bibliothek, in der *alle* Funktionsbausteine enthalten sind. Die Namen von Funktionsbausteinen müssen daher systemweit eindeutig sein.

Funktionsbausteine wird man nur dann schreiben, wenn man eine allgemein nutzbare Funktionalität bereitstellen will. Daneben gibt es Anwendungsfälle, für die immer spezielle Funktionsbausteine verlangt werden:

- Sperren (ENQUEUE, DEQUEUE)
- Konvertierungsexits
  (CONVERSION_EXIT_xxxx_INPUT, CONVERSION_EXIT_xxxx_OUTPUT)
- Userexits
- RFC-Calls
- Berechtingungsüberprüfungen (AUTHORITY_CHECK)
- Große Teile der R/3-Funktionalität werden in Form von Funktionsbausteinen angeboten.

Die programmtechnische Einheit bei der Entwicklung von Funktionsbausteinen ist die sog. Funktionsgruppe. Meist werden funktionell zusammengehörende Funktionsbausteine zu einer Gruppe zusammengefaßt. Diese Funktionsgruppen stellen neben Reports und Modulpools die dritte Programmart dar. Funktionsgruppen lassen sich in gewisser Weise mit DLLs von Windows vergleichen. Genauso wie diese stellen sie eine eigene programmtechnische Einheit dar, haben eigene globale Daten, sind selbst nicht ausführbar, sondern nur ladbar und bestehen aus Funktionen für den externen Aufruf.

8.5.2 Anlegen von Funktionsgruppen

Funktionsgruppen werden wie Programme angelegt. Sie nutzen immer das Standard-Include-Verfahren. Dieses wird am Beispiel der Funktionsgruppe YBEL erläutert. Alle Quelltextnamen werden vom Namen der Funktionsgruppe abgeleitet, vom System vergeben und liegen im SAP-Namensraum.

```
SAPLYBEL                                Rahmenprogramm
        INCLUDE LYBELTOP                Globale Daten, Tabellen
        INCLUDE LYBELUnn                Je Funktionsbaustein ein Include
                INCLUDE LYBEL01         1. Baustein = Y_BUCHEN_BELEG
                INCLUDE LYBEL02         2. Baustein = ...
```

...
INCLUDE LYBELFnn Forms für alle Funktionsbausteine

Zwischen den Quelltextbestandteilen wird über den Befehl „Springen" gewechselt. Dabei werden die globalen Daten und die Funktionsincludes etwas mühsam über *Springen/Andere Objekte* erreicht. Im weiteren wird der Baustein Y_BUCHEN_BELEG betrachtet.

8.5.3 Anlegen von Funktionsbausteinen

Definition des Interface

Genauso wie für Forms wird auch für Funktionsbausteine eine Liste der formalen Parameter angelegt. Dies geschieht jedoch nicht im Quelltext, sondern über entsprechende Masken. Der aus dem Maskeninput generierte Quelltext darf nicht geändert werden.

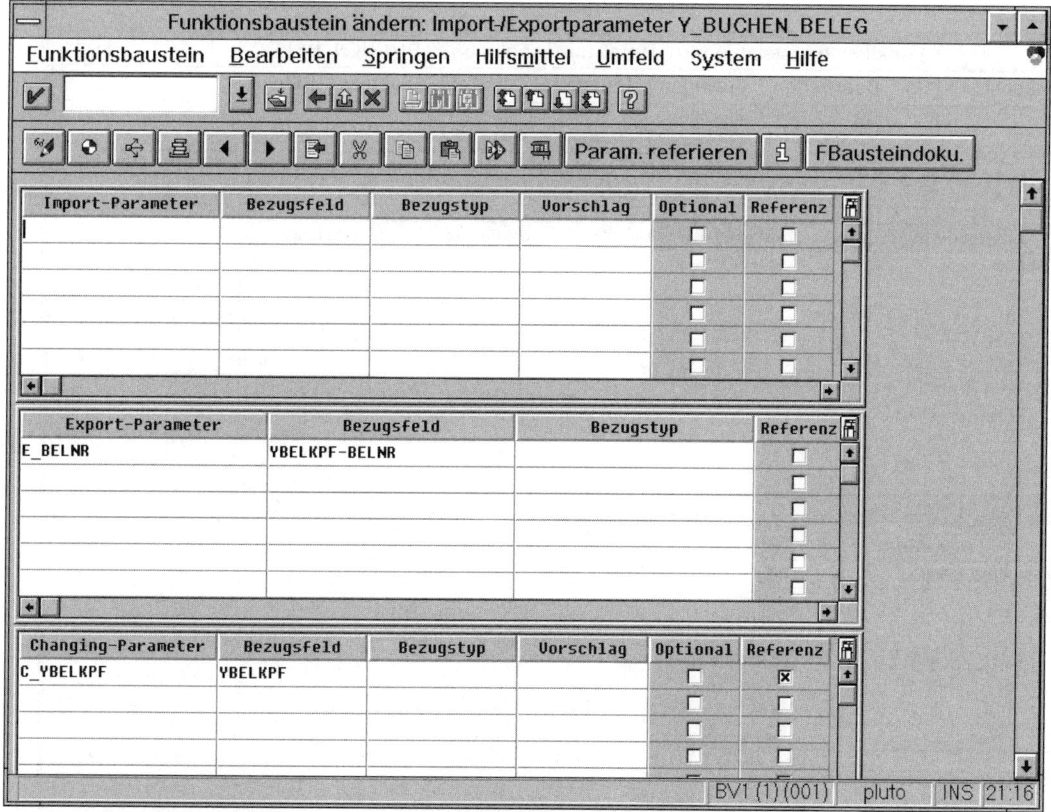

Abb. 8.6: Import-, Export und Changig Parameter des Bausteins Y_BELEG_BUCHEN

Abbildung 8.6 zeigt den Dialog zur Festlegung der Import-, Export- und Changing-Parameter des Bausteins Y_BUCHEN_BELEG.

Importparameter übertragen Informationen ausschließlich in den Funktionsbaustein hinein, Exportparameter ausschließlich heraus. Changing-Parameter übertragen bidirektional. Die Parameter erscheinen als *namentliche* Parameter in der Aufrufliste. Darin liegt ein wesentlicher Unterschied zu den Positionsparametern der Forms. Alle Parameter können mit einem Bezugsfeld oder einem Bezugstyp versehen werden. Die Verwendung solcher getypten Parameter ist – genauso wie bei den Forms – dringend zu empfehlen. Alle Parameter können per Referenz oder per Value übergeben werden. Auf Grund der namentlichen Parameterübergabe können optionale Parameter weggelassen werden. Für sie wird dann der angegebene Vorschlagswert eingesetzt. Viele Entwickler versehen die Parameter mit den Vorsätzen „I_“ = Import, „E_“ = Export, „C_“ = Changing, „T_“ = Tabelle. So hat man im Quelltext eine bessere Kontrolle über erlaubte Operationen. Im Beispiel ist E_BELNR ein reiner Exportparameter, der die im Baustein über ein Nummernkreisobjekt generierte Belegnummer an das rufende Programm zurückgibt. C_YBELKPF ist eine Struktur, die bidirektional Informationen überträgt.

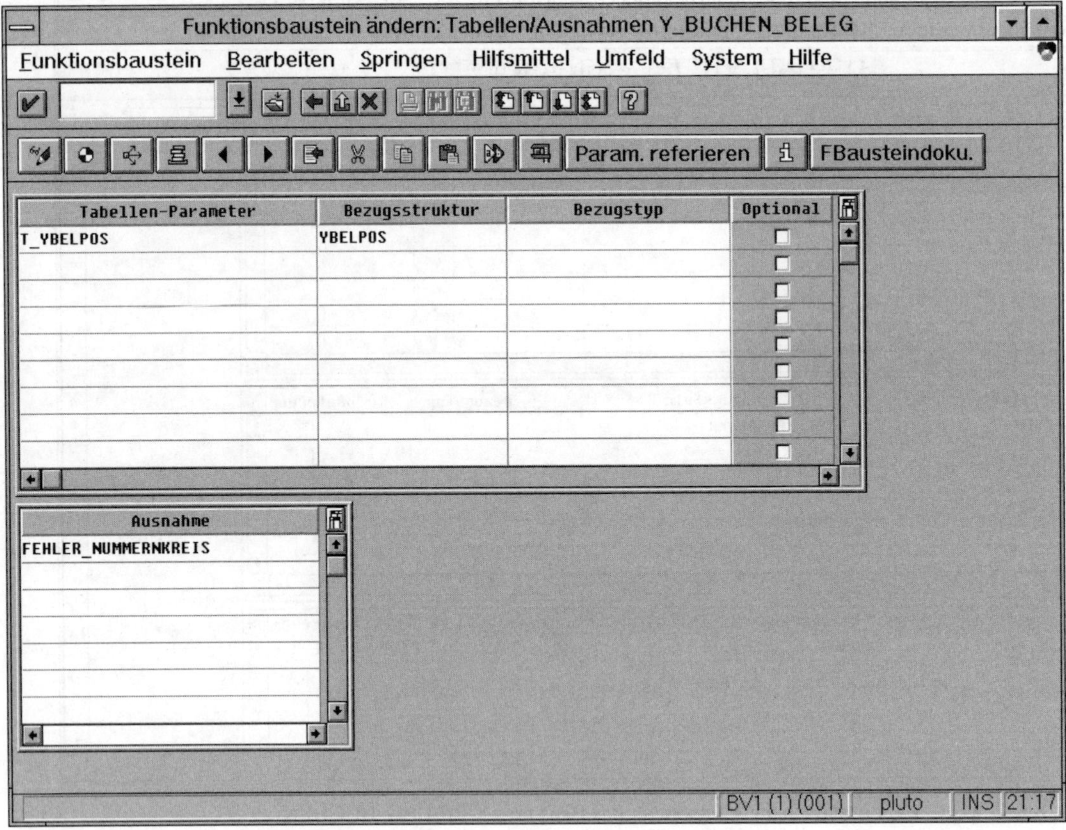

Abb. 8.7: Festlegen von Tabellenparametern und Ausnahmen

Aus den hier eingegeben Werten wird ein Kommentar im Quelltext des Funktionsbausteins generiert; aus den Bezugsfeldern wird eine LIKE-Definition, aus den Bezugstypen eine TYPES-Definition erzeugt.

In diesem Dialog werden auch komplexe Datentypen , insbesondere Strukturen mit eingebetteten Tabellen, als Parameter festgelegt.Für reine Tabellenparameter sowie für die Definition von Ausnahmen (Exceptions) steht ein weiterer Dialog zur Verfügung (Abb. 8.7). Die Tabelle der Belegpositionen hat die Struktur YBELPOS. Es wird eine Ausnahme mit dem Namen FEHLER_NUMMERNKREIS vorgesehen.

Globale Daten und Definitionen

Funktionsgruppen kennen eigene globale Daten, die in allen Funktionsbausteinen und Forms der Gruppe ohne Parameterübergabe bekannt sind. Tabellendefinitionen werden an dieser Stelle immer zentral angegeben. Die globalen Daten der Funktionsgruppen entsprechen den globalen Daten von Reports oder Modulpools.

Es ist typisch, daß Funktionsbausteine einer Gruppe nacheinander auf gemeinsame globale Daten zugreifen. Ein Beispiel ist die Plausibilisierung von Massendaten. Es wird ein Initialisierungsbaustein benutzt, der Inhalte von Prüftabellen in den Hauptspeicher übernimmt. Der wiederholte Aufruf des eigentlichen Plausibilisierungsbausteins bezieht sich auf diese Tabellen.

Je Funktionsbaustein ein Include

Für jeden Funktionsbaustein wird ein Include genutzt, in das vom System automatisch das Interface als Kommentar eingepflegt wird, hier LYBELU01. Dieser Kommentar wird nach jeder Änderung des Interface automatisch aktualisiert. Auf diese Weise sieht der Entwickler im Quelltext stets das aktuelle Interface vor sich. Es macht keinen Sinn, in diesem automatisch erzeugten Kommentar selbst etwas zu ändern.

Beim Buchen soll die interne Nummernvergabe für Belegnummern genutzt werden. Deshalb wird als erstes durch Aufruf des Funktionsbausteins NUMBER_GET_NEXT für das Nummernkreisintervall YBELNR und das Intervall 02 eine neue Belegnummer angefordert. Diese wird in den Kopf und in die Positionen eingetragen. Dann wird der Kopf mit INSERT in die Tabelle YBELKPF geschrieben. Über einen LOOP werden die Positionen in die Tabelle YBELPOS geschrieben. Ein COMMIT WORK erfolgt im Funktionsbaustein nicht.

```
FUNCTION Y_BUCHEN_BELEG.
*"----------------------------------------------------------------------
*"*"Lokale Schnittstelle:
*"       EXPORTING
*"             VALUE(E_BELNR) LIKE  YBELKPF-BELNR
*"       TABLES
*"              T_YBELPOS STRUCTURE  YBELPOS
*"       CHANGING
*"             REFERENCE(C_YBELKPF) LIKE  YBELKPF STRUCTURE  YBELKPF
*"       EXCEPTIONS
*"              FEHLER_NUMMERNKREIS
*"----------------------------------------------------------------------
```

```
DATA BELNR LIKE YBELKPF-BELNR.
DATA QUANTITY LIKE INRI-QUANTITY.
DATA RETCODE LIKE INRI-RETURNCODE.

CALL FUNCTION 'NUMBER_GET_NEXT'
      EXPORTING
           NR_RANGE_NR                = '02'
           OBJECT                     = 'YBELNR'
      IMPORTING
           NUMBER                     = BELNR
           QUANTITY                   = QUANTITY
           RETURNCODE                 = RETCODE
      EXCEPTIONS
           INTERVAL_NOT_FOUND         = 1
           NUMBER_RANGE_NOT_INTERN    = 2
           OBJECT_NOT_FOUND           = 3
           QUANTITY_IS_0              = 4
           QUANTITY_IS_NOT_1          = 5
           INTERVAL_OVERFLOW          = 6
           OTHERS                     = 7.

IF SY-SUBRC <> 0.
  MESSAGE E023 WITH 'YBELNR' '02' RAISING FEHLER_NUMMERNKREIS.
ENDIF.

C_YBELKPF-BELNR = BELNR.
INSERT YBELKPF FROM C_YBELKPF.
LOOP AT T_YBELPOS.
  T_YBELPOS-BELNR = BELNR.
  T_YBELPOS-POSNR = SY-TABIX.
  INSERT INTO YBELPOS VALUES T_YBELPOS.
ENDLOOP.

E_BELNR = BELNR.
PERFORM LISTE_DOWN USING 'C:\B\ABAP\'.
ENDFUNCTION.
INCLUDE YI-00-01.
```

Im Inneren eines Funktionsbausteins gelten dieselben Regeln wie im Inneren einer Form. Es kann auf die globalen Daten zugegriffen werden. Es können lokale Daten angelegt werden. Die formalen Parameter werden wie lokale Daten behandelt. Der Baustein Y_BELEG_BUCHEN ruft zunächst seinerseits den Baustein NUMBER_GET_NEXT auf.

Jeder neu entwickelte Funktionsbaustein muß aktiviert werden, anderenfalls kommt es bei einem Aufruf zu einem Laufzeitfehler.

Forms in einem speziellen Include
Zur weiteren Strukturierung verwenden Funktionsgruppen oft spezielle Forms. Wenn eine Form ausschließlich zu einem Funktionsbaustein gehört, kann sie direkt hinter ENDFUNCTION des Funktionsbausteins notiert werden. Solche Forms, die von verschiedenen Funktionsbausteinen genutzt werden sollen, sollten in einem speziellen Include (z. B. LYBELF001) verwaltet werden.

Auslösen von Nachrichten und Ausnahmen
Über den Befehl MESSAGE können in Funktionsbausteinen genauso wie in Reports oder Modulpools Nachrichten ausgegeben werden. Eine Nachrichtengruppe kann in den globalen Daten unter MESSAGE-ID als Default eingestellt werden. Bei der Onlineausführung werden die Nachrichten in die Nachrichtenzeile gestellt, im Batch ins Joblog. Eine besondere Rolle nehmen Nachrichten vom Typ „E" ein. Sie kennzeichnen im Funktionsbaustein auftretende Fehler- oder Ausnahmesituationen.

Eine einfache E-Nachricht führt zum Abbruch des Funktionsbausteins und des rufenden Programms. Diese Variante ist nicht zu empfehlen, da sie dem rufenden Programm keine Möglichkeiten gibt, die Fehlerreaktion zu beeinflussen.

Eine bessere Behandlung von Ausnahmesituationen erreicht man über sog. Exceptions (Ausnahmen). Alle in einem Baustein zu erwartenden Ausnahmen werden im Dialog nach Abbildung 8.7 *namentlich* erfaßt. Mit

RAISE *Ausnahme.*

kann dem aufrufenden Programm angezeigt werden, daß eine spezielle Ausnahmesituation aufgetreten ist. Der Funktionsbaustein wird abgebrochen, ohne daß Aufrufparameter versorgt werden. Das rufende Programm erhält die Kontrolle und kann durch Auswerten der Ausnahme (SY-SUBRC) selbst die Fehlerreaktion bestimmen. RAISE kann mit MESSAGE kombiniert werden:

MESSAGE *Nachricht* **RAISING** *Ausnahme.*

In diesem Fall wird die Nachricht nicht ausgeführt, sondern es werden nur die Message-Variablen versorgt. Der Aufrufer muß die Nachricht bei Bedarf selbst ausgeben. Funktionsbausteine, die ausschließlich MESSAGE ... RAISING benutzen, sind also stumm.

Wünschenswert wäre eine Methode, die das Ausgeben von E-Nachrichten und das Auslösen von Ausnahmen kombiniert. Dies ist durch Auswerten der Systemausnahme ERROR_MESSAGE möglich. Diese wird vom System selbst bei einer E-Nachricht erzeugt.

8.5.4 Aufruf von Funktionsbausteinen

Funktionsbausteine werden mit CALL FUNCTION aufgerufen. Anders als bei Forms werden dabei die Parameterlisten in der Form

Formalname = Aktualname | Aktualwert

angegeben:

CALL FUNCTION *Name*
IMPORTING *Exportliste*
EXPORTING *Importliste*
TABLES *Tabellenliste*
EXCEPTIONS *Ausnahmenliste.*

Parameter mit Defaultbelegung können daher weggelassen werden. Diese namensbezogene Form des Aufrufs ist besser lesbar und auch variabler als die stellungsbezogene Form des PERFORM-Aufrufs. Der höhere Schreibaufwand läßt sich durch Anwendung des Befehls *Einfügen/Muster* reduzieren. Dieser Befehl fügt einen FBS-Aufruf mit allen formalen Parametern und Exceptions ein. Der Entwickler muß nur noch die aktuellen Werte ergänzen.

Es wird ausdrücklich darauf hingewiesen, daß die Bedeutung von IMPORTING und EXPORTING beim Funktions*aufruf* gegenüber der Funktions*definition* vertauscht ist. Sie ist beim Aufruf auf das rufende Programm bezogen. Dieses importiert die Parameter, die der Baustein exportiert und umgekehrt.

Um den Aufruf von Funktionsbausteinen zu testen, braucht man kein Programm zu schreiben. Die Workbench stellt dazu eine komfortable Testumgebung bereit (Kap. 14.2).

8.5.5 Auswertung von Ausnahmen, Abfrage von E-Nachrichten

Die in einem Baustein definierten Ausnahmen sowie auch die Systemausnahme ERROR_MESSAGE können im rufenden Programm abgefangen und entsprechend behandelt werden. Dazu werden den Ausnahmen eines Bausteins bei seinem Aufruf numerische Werte zugeordnet. Wenn im Funktionsbaustein eine Ausnahme auftritt, wird SY-SUBRC auf den angegebenen Wert gesetzt. Beispielsweise werden im Aufruf von NUMBER_GET_NEXT in Y_BELEG_BUCHEN den sieben möglichen Ausnahmen die numerischen Werte von 1 bis 7 zugeordnet. Die Zuordnung könnte jedoch auch anders lauten.

Wenn man wie in Kapitel 8.5.3 beschrieben, in einem Funktionsbaustein eine E-Nachricht (ohne RAISING) ausgeben, aber dennoch die Kontrolle wiedererhalten will, so ist die Ausnahme ERROR_MESSAGE zu verwenden.

```
CALL FUNCTION  Fname
     EXPORTING ..
     IMPORTING...
     TABLES ...
     EXCEPTIONS
            ERROR_MESSAGE = 1
            OTHERS                   = 7.
IF SY-SUBRC = 1.
       * Baustein durch E-Nachricht abgebrochen, diese steht im Joblog
ENDIF.
```

Bei dieser Variante kümmert sich der Funktionsbaustein um das Ausgeben der Nachricht. Für das rufende Programm werden jedoch alle Fehlersituationen auf SY-SUBRC = 1 abgebildet. Eine Unterscheidung ist z. B. über SY-MSGNR möglich.

8.5.6 Parallelaufruf einer Funktionsgruppe durch mehrere Programme

Eine DLL unter Windows kann von mehreren Programmen gleichzeitig genutzt werden. Dabei haben unterschiedliche Programme indirekt Zugriff auf dieselben globalen Daten der DLL. Dieser Zugriff sollte zwar vermieden werden, erlaubt aber prinzipiell eine Datenübergabe zwischen unterschiedlichen Programmen.

Wenn mehrere ABAP-Programme gleichzeitig auf Funktionsbausteine derselben Funktionsgruppe zugreifen, so wird für jedes Programm eine eigene Version der Funktionsgruppe in den Speicher geladen. Damit ist ein Zugriff auf gemeinsame Daten durch unterschiedliche Programme prinzipiell ausgeschlossen.

8.5.7 Wichtige Gruppen von Funktionsbausteinen

In der Installation des vorliegenden Systems befinden sich 5014 Funktionsgruppen mit insgesamt 29.234 Funktionsbausteinen. Es kann eine zeitraubende Aufgabe sein, bei dieser Vielzahl von Bausteinen denjenigen zu finden, der eine vorgegebene Aufgabe löst. In vielen Fällen lohnt es sich jedoch, etwas länger zu suchen. Für die meisten praktischen Entwicklungsprobleme gibt es bereits eine geeignete Lösung.

Eine Möglichkeit der Suche bietet das Repository-Informationssystem. Abbildung 8.8 zeigt den vollen Selektionsbildschirm zur Eingrenzung von Funktionsbausteinen. Oft hilft etwas Probieren unter sinnvoller Benutzung der Platzhalter '*'. Wichtige Funktionsgruppen und häufig benutzte Bausteinen sind:

Tabelle 8.2: Wichtige Funktionsgruppen

Gruppe	Baustein	Funktionalität
GRAP	WS_DOWNLOAD	File aus interner Tabelle auf den PC speichern
	WS_UPLOAD	File vom PC in interne Tabelle laden
	WS_FILE_DELETE	File auf dem PC löschen
	WS_FILE_COPY	File auf dem PC kopieren
	WS_EXECUTE	Ausführen eines Programms auf dem PC
BTCH	JOB_OPEN	Jobeinplanung über Programm starten
	JOB_SUBMIT	Programmstep zu einem geöffneten Job hinzufügen
	JOB_CLOSE	Jobeinplanung über Programm beenden
SBDC	BDC_OPEN_GROUP	Neue Batch-Input-Mappe öffnen
	BDC_INSERT	Transaktionssdaten in Mappe einfügen

Gruppe	Baustein	Funktionalität
	BDC_CLOSE_GROUP	Batch-Input-Mappe schließen
STXC	START_FORM	Neues Formular starten
	END_FORM	Formular beenden
	OPEN_FORM	Formulardruck öffnen
	CLOSE_FORM	Formulardruck schließen
	WRITE_FORM	Textelement ausgeben

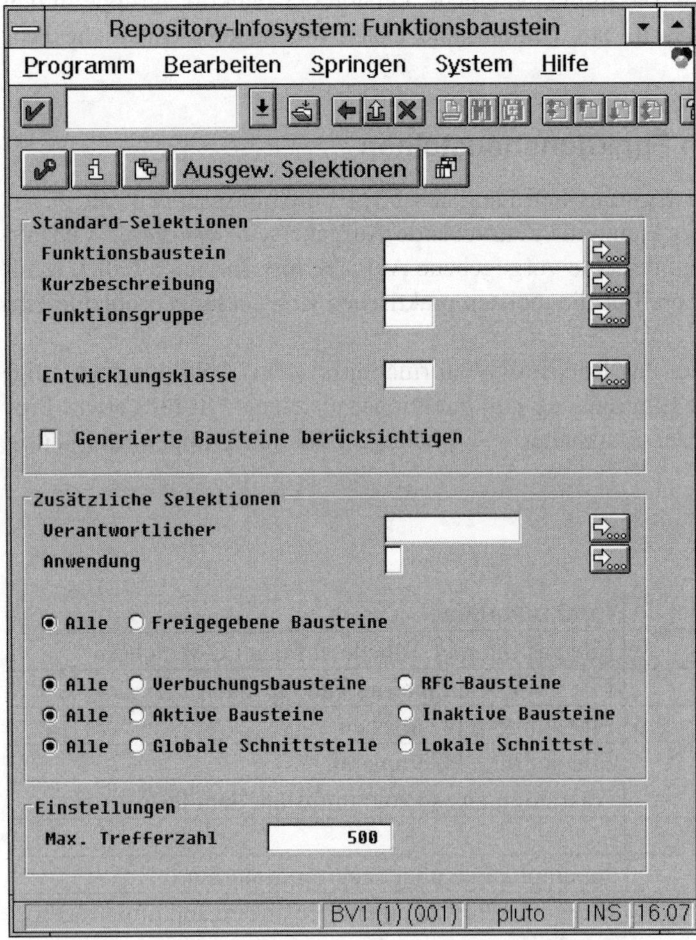

Abb. 8.8: Repository-Informationssysteme für Funktionsbausteine

8.5.8 Konvertierungsexits

Konvertierungsexits sind Funktionsbausteine, die Umwandlungen zwischen internem und externem Format von Feldern ausführen. Sie treten immer paarweise auf und folgen den Namenskonventionen

CONVERSION_EXIT_XXXXX_INPUT
CONVERSION_EXIT_XXXXX_OUTPUT.

XXXXX steht dabei für die fünfstellige Bezeichnung eines Konvertierungsobjektes. Diese Bezeichnung kann als Attribut einer Domäne gesetzt werden. Wird später ein Feld auf der Grundlage dieser Domäne angelegt, so werden bei Ausgaben (WRITE oder Dynproanzeige) der OUTPUT-Exit und bei Eingaben (PARAMETERS oder Dynproeingabe) der INPUT-Exit automatisch aufgerufen. Beide Bausteine benutzen die ungetypten Parameter INPUT und OUTPUT.

Als Beispiel wird das Konvertierungsobjekt IPADR betrachtet, das interne und externe Darstellungen von IP-Adressen ineinander umwandelt. IP-Adressen werden extern in der Form 193.26.250.3 und intern üblicherweise als vorzeichenlose 4-Byte-Zahl (LONG) dargestellt. Da ABAP/4 nur vorzeichenbehaftete Zahlen INT4 kennt, wird als internes Format eine gepackte Zahl verwendet. Um den Wertebereich von LONG von ca. 10 Dezimalen abzudecken, benötigt man P(5), ein Byte wird für das Vorzeichen hinzugefügt. Also wird als interne Darstellung P(6) genutzt.

Der INPUT-Baustein splittet die externe Darstellung an den Trennpunkten in vier Felder auf und weist diese vier gepackten Feldern P1 ... P4 zu. Diese werden entsprechend der Wertigkeit zu der internen Darstellung P zusammengesetzt.

```
FUNCTION CONVERSION_EXIT_IPADR_INPUT.
*"----------------------------------------------------------------------
*"*"Lokale Schnittstelle:
*"       IMPORTING
*"             VALUE(INPUT)
*"       EXPORTING
*"             VALUE(OUTPUT)
*"----------------------------------------------------------------------
DATA: C1(3), C2(3), C3(3), C4(3).
DATA: P1(2) TYPE P, P2(2) TYPE P, P3(2) TYPE P, P4(2) TYPE P.
DATA: P(6) TYPE P.
SPLIT INPUT AT '.' INTO C1 C2 C3 C4.
P1 = C1. P2 = C2. P3 = C3. P4 = C4.
P = P4 + 256 * ( P3 + 256 * ( P2 + 256 * P1 ) ) .
OUTPUT = P.
ENDFUNCTION.
```

Der OUTPUT-Baustein funktioniert umgekehrt. Er zerlegt die interne Darstellung in die vier Einzelbytes, wandelt diese in CHAR-Felder um und verkettet sie mit dem Trennzeichen „." in zu der geforderten externen Darstellung.

```
FUNCTION CONVERSION_EXIT_IPADR_OUTPUT.
*"----------------------------------------------------------------------
*"*"Lokale Schnittstelle:
*"       IMPORTING
*"             VALUE(INPUT)
*"       EXPORTING
*"             VALUE(OUTPUT)
*"----------------------------------------------------------------------
DATA: B(3).
DATA I TYPE I.
DATA: P(6) TYPE P, POT(6) TYPE P.
P = INPUT.
POT = 256 * 256 * 256.
I = P DIV POT. B = I. CONCATENATE B '.' INTO OUTPUT.
P = P MOD POT.
POT = 256 * 256.
I = P DIV POT. B = I. CONCATENATE OUTPUT B '.' INTO OUTPUT.
P = P MOD POT.
POT = 256.
I = P DIV POT. B = I. CONCATENATE OUTPUT B '.' INTO OUTPUT.
I = P MOD POT. B = I. CONCATENATE OUTPUT B INTO OUTPUT.
ENDFUNCTION.
```

Das folgende Programm YR-08-10 definiert einen Parameter IPADR. Dieser nimmt mit LIKE auf ein Strukturfeld des DD Bezug, das seinerseits eine Domäne mit dem Konvertierungsexit IPADR verwendet. Das Programm liefert den folgenden Selektionsbildschirm.

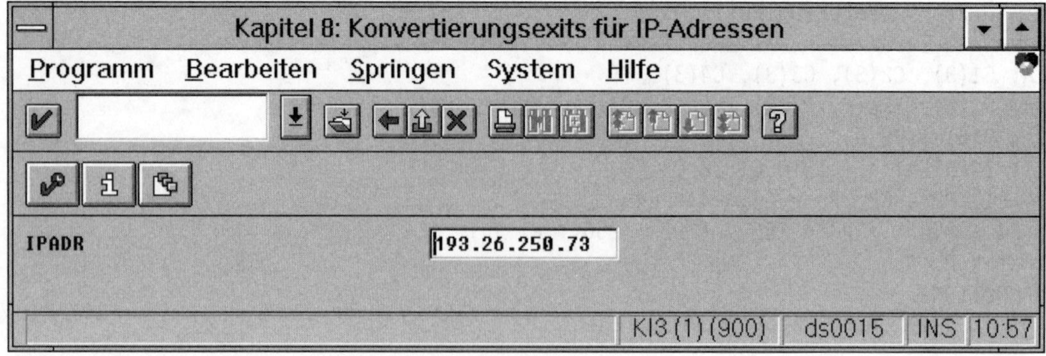

Abb. 8.9: Selektionsbildschirm mit Parameter im externen Format

Führt man das Programm mit der eingetragenen Defaultbelegung des Parameters aus, so ergibt sich folgende Ausschrift:

```
REPORT YR-08-02 LINE-SIZE 70.
TABLES: YBELPOS.
DATA  : PTAB LIKE YBELPOS OCCURS 10 WITH HEADER LINE.
DATA  : POSANZ LIKE SY-DBCNT.

PERFORM LIES_POSITIONEN TABLES PTAB USING '5001' POSANZ.

LOOP AT PTAB.
WRITE: / PTAB-BELNR, PTAB-POSNR, PTAB-WRBTR.
ENDLOOP.
WRITE: / 'Positionen:', POSANZ.
*---------------------------------------------------------------------
FORM LIES_POSITIONEN
        TABLES POSTAB STRUCTURE PTAB
        USING VALUE(BELNR) LIKE YBELKPF-BELNR
        POSANZ.
SELECT * INTO TABLE POSTAB FROM YBELPOS WHERE BELNR = BELNR.
POSANZ = SY-DBCNT.
ENDFORM.
```

Die ABAP/4-Variable P wird mittels OUTPUT-Baustein automatisch in die externe Darstellung im Parameterfeld konvertiert. Nach Start des Programms wird sie über den INPUT-Baustein in das interne Format zurückkonvertiert, um danach mit WRITE wieder in das externe Format übertragen zu werden. Die ausgeschriebenen internen und externen Darstellungen entsprechen einander, d. h., es gilt $3239770697 = 193*256^3 + 26*256^2 + 250*256 + 73$.

Man beachte, daß es im Programm YR-08-10 keinen *expliziten* Aufruf der Konvertierungsbausteine gibt, sondern daß diese ausschließlich implizit bei der Feldübertragung vom und zum Dynpro und bei WRITE aufgerufen werden.

Andererseits ist ein expliziter Aufruf der Bausteine, z. B. in einem Schnittstellenprogramm mit externer Datendarstellung, jederzeit möglich.

8.5.9 Sperrbausteine

In Kapitel 4 wurden Sperrobjekte beschrieben, mit deren Hilfe die SAP-eigene Sperrlogik realisiert wird. Zu jedem angelegten und aktivierten Sperrobjekt werden vom System zwei Funktionsbausteine generiert, mit deren Hilfe eine oder mehrere Einheiten des Sperrobjektes gesperrt bzw. entsperrt werden können. Als Beispiel wurde das Sperrobjekt EYKONTO betrachtet, das zur Verwaltung von Sperreinträgen in der Tabelle YKONTO dient. Der generierte Sperrbaustein ENQUEUE_EYKONTO hat folgendes Interface:

```
FUNCTION ENQUEUE_EYKONTO.
*"----------------------------------------------------------------------
*"*"Lokale Schnittstelle:
*"       IMPORTING
*"             VALUE(MODE_YKONTO) LIKE  DD26E-ENQMODE DEFAULT 'E'
*"             VALUE(MANDT) LIKE  YKONTO-MANDT DEFAULT SY-MANDT
*"             VALUE(KONTNR) LIKE  YKONTO-KONTNR OPTIONAL
*"             VALUE(X_KONTNR) DEFAULT SPACE
*"             VALUE(_SCOPE) DEFAULT '2'
*"             VALUE(_WAIT) DEFAULT SPACE
*"             VALUE(_COLLECT) LIKE  DDENQ_LIKE-COLLECT DEFAULT ' '
*"       EXCEPTIONS
*"              FOREIGN_LOCK
*"              SYSTEM_FAILURE
*"----------------------------------------------------------------------

* Generierter Funktionsbaustein zum Sperrobjekt EYKONTO
* Bitte diesen Funktionsbaustein nicht modifizieren oder kopieren!
* Informationen zum SAP-Sperrkonzept finden Sie in der ABAP/4-Hilfe
* zum Schlüsselwort 'ENQUEUE'

ENDFUNCTION.
```

- MODE_YKONTO
  gibt an, ob die Sperre exclusiv („E") oder shared („S") erfolgen soll.
- MANDT
  ist der Mandant, für den die Sperre eingetragen wird.
- KONTNR
  Eindeutige (z. B. „5009") oder generische (z. B. „5*") Kontonummer, die gesperrt werden soll. Wird KONTNR weggelassen, wird der Initialwert gesetzt. Es werden dann alle Sätze des Objektes gesperrt, die nicht durch andere Sperrattribute ausgeschlossen sind. In diesem Fall würde bei Weglassen der Kontonummer die gesamte Kontentabelle gesperrt.
- X_KONTNR
  Dieser Eintrag wird selten verwendet. Er schaltet die generische Wirkung des Initialwertes im Parameter KONTNR aus und zeigt an, daß der Initialwert von KONTNR selbst, also „00000000", gesperrt werden soll.
- SCOPE
  gibt den Gültigkeitsbereich der Sperre bezüglich einer Verbuchungstask an.
- WAIT
  wird auf „X" gesetzt, wenn der Sperrbaustein auf das Freigeben eventuell bestehender fremder Sperren warten soll.
- COLLECT
  zeigt an, daß mehrere Sperren zunächst nur gesammelt und später gemeinsam eingetragen werden sollen.

Wenn ein Sperrobjekt durch mehrere Schlüsselattribute beschrieben wird, so wird für jedes Teilattribut ein Paar von Parametern (wie KONTNR, X_KONTNR) im Sperrbaustein angelegt.

Wenn die Sperre nicht gesetzt werden kann, so wird dies durch eine der folgenden Ausnahmen angezeigt:

- FOREIGN_LOCK
  Es besteht bereits eine Sperre, in SY-MSGV1 steht der Name des Sperrinhabers.
- SYSTEM_FAILURE
  Die Sperre konnte aus systeminternen Gründen nicht gesetzt werden.

Mit dem generierten Baustein DEQUEUE_EYKONTO kann eine Sperre wieder freigegeben werden:

```
FUNCTION DEQUEUE_EYKONTO.
*"----------------------------------------------------------------------
*"*"Lokale Schnittstelle:
*"       IMPORTING
*"             VALUE(MODE_YKONTO) LIKE  DD26E-ENQMODE DEFAULT 'E'
*"             VALUE(MANDT) LIKE  YKONTO-MANDT DEFAULT SY-MANDT
*"             VALUE(KONTNR) LIKE  YKONTO-KONTNR OPTIONAL
*"             VALUE(X_KONTNR) DEFAULT SPACE
*"             VALUE(_SCOPE) DEFAULT '3'
*"             VALUE(_SYNCHRON) DEFAULT SPACE
*"             VALUE(_COLLECT) LIKE  DDENQ_LIKE-COLLECT DEFAULT ' '
*"----------------------------------------------------------------------

* Generierter Funktionsbaustein zum Sperrobjekt EYKONTO
* Bitte diesen Funktionsbaustein nicht modifizieren oder kopieren!
* Informationen zum SAP-Sperrkonzept finden Sie in der ABAP/4-Hilfe
* zum Schlüsselwort 'ENQUEUE'

ENDFUNCTION.
```

Die Parameter haben im wesentlichen dieselbe Bedeutung wie beim Sperren.

8.5.10 Nummernkreise

In Kapitel 5 wurden Nummernkreisobjekte erwähnt. Bei der Programmentwicklung kann über folgende Funktionsbausteine auf diese zugegriffen werden:

- NUMBER_GET_NEXT Holen einer neuen internen Nummer
- NUMBER_CHECK Überprüfen einer externen Nummer
- NUMBER_GET_INFO Information zu einem Intervall holen

Als Beispiel wird der Baustein NUMBER_GET_NEXT im Programm YM-09-03 aufgerufen.

8.5.11 Nachrichten zusammensetzen

Mit dem Funktionsbaustein RKC_MSG_STRING kann eine vollständige Nachricht rekonstruiert werden. Dazu sind Nachrichten-ID und -nummer sowie die Werte der laufzeitabhängigen Nachrichtenteile zu übergeben.

```
FUNCTION RKC_MSG_STRING.
*"Lokale Schnittstelle:
*"      IMPORTING
*"              ID LIKE SY-MSGID DEFAULT 'KX'
*"              MTYPE LIKE SY-MSGTY
*"              NUMBER LIKE SY-MSGNO
*"              PAR1 LIKE SY-MSGV1 DEFAULT SPACE
*"              PAR2 LIKE SY-MSGV2 DEFAULT SPACE
*"              PAR3 LIKE SY-MSGV3 DEFAULT SPACE
*"              PAR4 LIKE SY-MSGV4 DEFAULT SPACE
*"      EXPORTING
*"              MSG_LIN LIKE CFGNL-MSGLIN
```

Bei einem Aufruf können z. B. die Nachrichten-Systemvariablen SY-MSGGR, SY-MSGTY usw. als Parameter eingesetzt werden.

8.6 Berechtigungsprüfungen

Unter Werkzeuge/Administration/Benutzerpflege/Berechtigungen (SU03) können unterschiedlichste Berechtigungen für R/3 angelegt und Benutzern zugeordnet werden. Es werden Objektklassen, Objekte und einzelne Berechtigungen an Objekten unterschieden. Abbildung 8.10 zeigt die Berechtigungsobjekte zur Nummernkreispflege. Alle Berechtigungsobjekte für Nummernkreise werden durch zwei Felder spezifiziert:

- Aktivität
- Nummernkreisobjekt

Das konkrete Objekt F_SYS_PROD berechtigt zu den Aktivitäten *Ändern* (02) und *Anzeigen* (03) der Nummernkreisobjekte DEBITOR, KREDITOR, RF_BELEG.

Auf Berechtigungsobjekten können Berechtigungsprüfungen ausgeführt werden. In ABAP/4 sind die Berechtigungsprüfungen Bestandteil der Sprache. Mit dem Befehl

AUTHORITY-CHECK *Objekt*
  ID *Feld1* **FIELD** *Wert1*
  ID *Feld2* **FIELD** *Wert2*
  ...
  ID *Feld10* **FIELD** *Wert10.*

können Berechtigungen konkreter Objekte abgefragt werden. Eine Änderungstransaktion für Nummernkreise könnte folgenden Aufruf enthalten:

```
AUTHORITY-CHECK 'F_SYS_PROD'
     ID 'AKTIVITAET' FIELD '02'
     ID 'NAME DES NUMMERNKREISOBJEKTES'  FIELD 'DEBITOR'.
```

Als Returnwert wird SY-SUBRC ausgewertet.

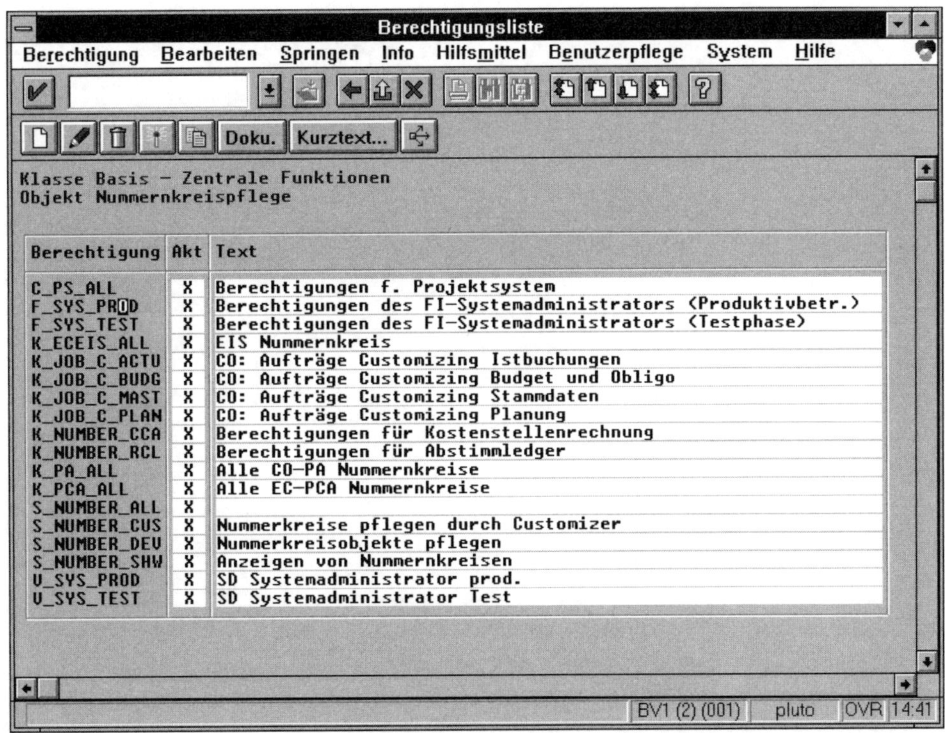

Abb. 8.10: Berechtigungsobjekte der Nummernkreispflege

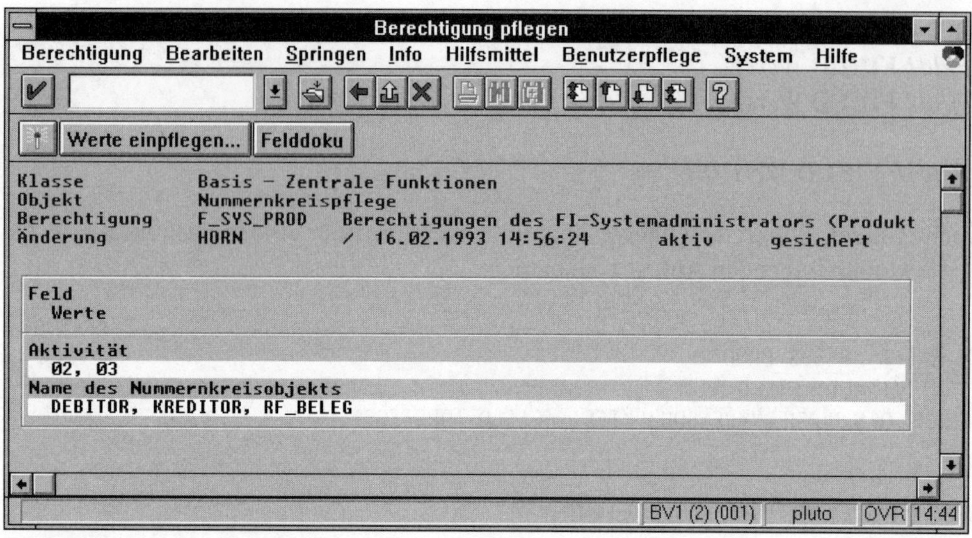

Abb. 8.11: Pflegen einer Berechtigung

9 Entwickeln von Dialogtransaktionen

9.1 Konzept

Dialogtransaktionen oder Dialogprogramme stellen neben den im Kapitel 7 behandelten Reports die zweite (selbständig ausführbare) Programmart in der ABAP/4-Workbench dar. Dialogprogramme führen einen Dialog mit dem Benutzer, in dessen Verlauf Daten aus dem System angezeigt bzw. Daten in das System eingegeben werden können. Typische Dialoganwendungen sind Buchungsprogramme. Häufig werden Dialogprogramme tabellen- bzw. satzorientiert aufgebaut, d.h. sie bearbeiten jeweils einen oder mehrere Sätze einer Tabelle oder eines Tabellenpaares. Abbildung 9.1 zeigt oft benutzte Dialogvarianten.

Dialogprogramme sind für den Online-Betrieb ausgelegt, wobei die wesentliche Funktion die manuelle Datenerfassung ist. Eine Batchausführung von Dialogprogrammen ist nicht möglich. In Kapitel 12 wird allerdings gezeigt, wie durch eine Umlenkung der Eingaben Dialogprogramme auch für sog. Batch-Input verwendet werden können.

Ein Dialogprogramm besteht zunächst aus Komponenten zur Beschreibung der Programm-Oberfläche. Diese Komponenten heißen in ABAP/4 Dynpros. Ein Dynpro (= **DYN**amisches **PRO**gramm) ist ein Bild (= Bildschirmbild = Dialogmaske = Dialog = Screen) mit einer zugehörigen Ablaufsteuerung. Bilder und Ablaufsteuerung von Dynpros werden im Screen Painter bearbeitet. Dieser ist – was die Gestaltung der Screens betrifft – mit den Dialogeditoren anderer Entwicklungsumgebungen, wie Visual Basic oder Visual C++ vergleichbar.

Die Ablaufsteuerung ist eine Spezialität von ABAP/4. Sie enthält Steueranweisungen für den Dynpro-Prozessor, insbesondere Anweisungen zu

- Einzelfeldprüfungen
- Gruppenfeldprüfungen
- ABAP/4-Aufrufe
- Ausnahmebehandlungen.

Eine Dialogtransaktion umfaßt üblicherweise mehrere Dynpros, die in fester Reihenfolge oder aber auch nutzergesteuert abgearbeitet werden.

Die zweite wesentliche Komponente eines Dialogprogramms ist die Programmlogik, die den Dynpros Daten zur Verfügung stellt oder Daten der Dynpros verarbeitet.

Die Programmlogik von Dialogprogrammen besteht aus sog. Modulen. Ein Modul ist ein Stück ABAP/4-Code, das von der Ablaufsteuerung eines Dynpros aufgerufen werden kann. Ein Modul ist kein Unterprogramm, es hat keine Parameterliste und kennt keine lokalen Variablen. Da ein Dialogprogramm aus vielen Modulen besteht, wird es auch als Modulpool bezeichnet. Der Modulpool kann allerdings eigene Unterprogramme definieren, und die Module selbst können Unterprogrammaufrufe enthalten.

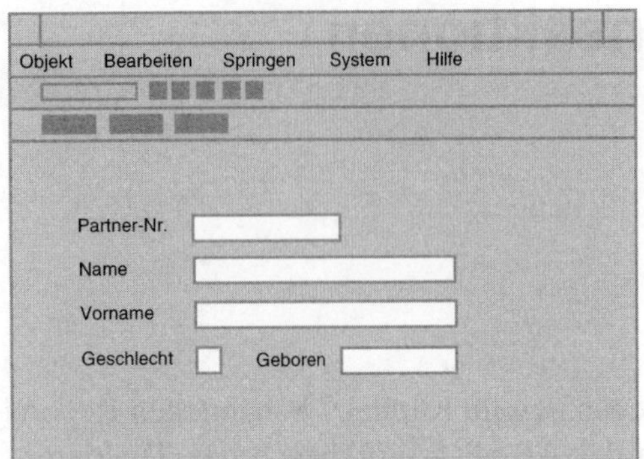

Einzelsatz:
Felder einer Tabellenstruktur
Beispiel:
Kontostammdaten
Partnerstammdaten

Mehrsatz:
Mehrere Sätze **einer** Tabelle
Beispiel:
Customizing von Steuertabellen

Einzel-Mehrsatz:
Ein Satz der Primärtabelle
Mehrere Sätze der Sekundärtabelle
Beispiel:
Belegkopf YBELKPF mit
Belegpositionen YBELPOS

Abb. 9.1: Dialogvarianten

Ein Dialogprogramm läuft natürlich ereignisgesteuert ab. Die im interaktiven Reporting benutzten Ereignisse haben jedoch für Dialogprogramme keine Gültigkeit. Die im Kapitel 7 besprochenen Verfahren zur Gestaltung von Selektionsbildern (SELECTION–SCREEN, SE-

LECT–OPTIONS, PARAMETERS usw.) sowie die Ereignisse des interaktiven Reporting (START–OF–SELECTION, END-OF–SELECTION, AT LINE–SELECTION) dürfen in Modulpools nicht verwendet werden. Eine Ausgabeliste existiert ebenfalls nicht; der Befehl WRITE darf also in Modulpools nicht benutzt werden.

ABAP/4 definiert für Dialogprogramme die folgenden speziellen Ereignisse:

Tabelle 9.1: Ereignisse in Dialogprogrammen

Ereignis	Angestoßen durch	Funktion
PBO = PROCESS BEFORE OUTPUT	Dynpro-Prozessor	Dynpro-Daten und -Layout vorbereiten
PAI = PROCESS AFTER INPUT	Nutzer: ENTER, PF-Tasten Buttons, Menüs,	Dynpro-Daten übernehmen Reaktion auf Fehler Reaktion auf Eingaben
POH = PROCESS ON HELP-REQUEST	Nutzer: F1	Nutzerspezifische Reaktion auf die F1-Taste
POV = PROCESS ON VALUE-REQUEST	Nutzer: F4	Nutzerspezifische Reaktion auf die F4-Taste

Beim Eintritt dieser Ereignisse werden zugeordnete ABAP/4-Module aufgerufen. Der genaue Ablauf wird weiter unten beschrieben.

Wer die Dialogprogrammierung unter Windows (z. B. Visual C++ mit MFC) mit ihren ca. 100 WM_-Nachrichten kennt, der mag über die geringe Anzahl von Ereignissen in den Dialogprogrammen von ABAP/4 erstaunt sein. Die Ursache dafür ist in der unterschiedlichen Architektur der beiden Systeme zu suchen. Ein Windows-Dialogprogramm läuft auf demselben PC, auf dem auch die Oberfläche angezeigt wird. Es ist also ohne weiteres möglich, im Programm in Echtzeit auf Tausende von WM_MOUSEMOVE bei schneller Mausbewegung zu reagieren.

Ganz anders bei R/3. Das ABAP/4-Programm, das auf alle Nutzereingaben reagieren muß, läuft unter Umständen 500 km entfernt vom PC, auf dem die Oberfläche durch den SAPGUI präsentiert wird. Es macht keinen Sinn, diese WAN-Verbindung durch eine ständige Ereignisübermittlung zu belasten. Man definiert daher einige wenige Zeitpunkte, zu denen die benötigten Informationen zwischen Oberfläche und ABAP/4-Programm ausgetauscht werden.

9.2 Bestandteile von Dialogprogrammen und ihre Bearbeitung

9.2.1 Anlegen eines Dialogprogramms

Ein Dialogprogramm wird genauso wie ein Report aus dem Object Browser heraus angelegt. Man gelangt zunächst in die Programmattribute, in denen der Programmtyp „M" als Modulpool anzugeben ist (Abb. 9.2).

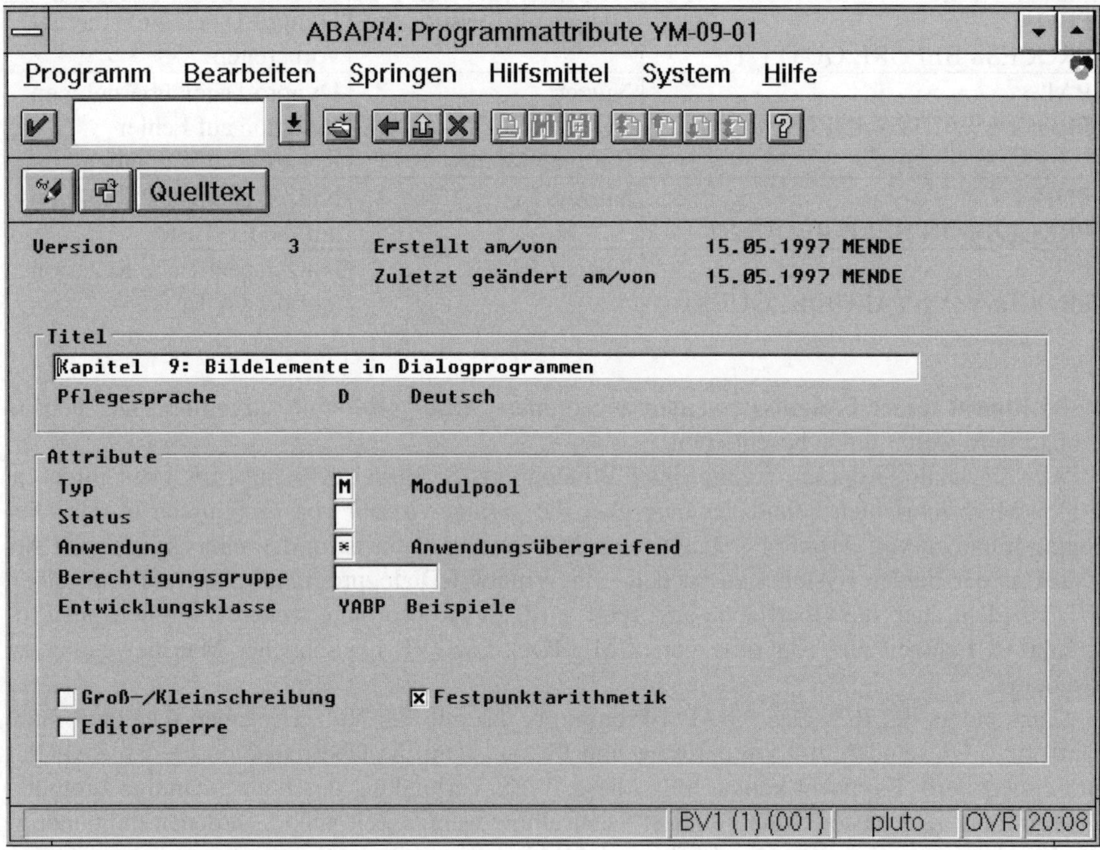

Abb. 9.2: Programmattribute eines Dialogprogramms

Das so angelegte Programm hat bereits eine eigene Objektliste. Durch Doppelklick in dieser Liste auf *Objektarten Programm* kann man sich die möglichen Programmbestandteile anzeigen lassen (Abb. 9.3).

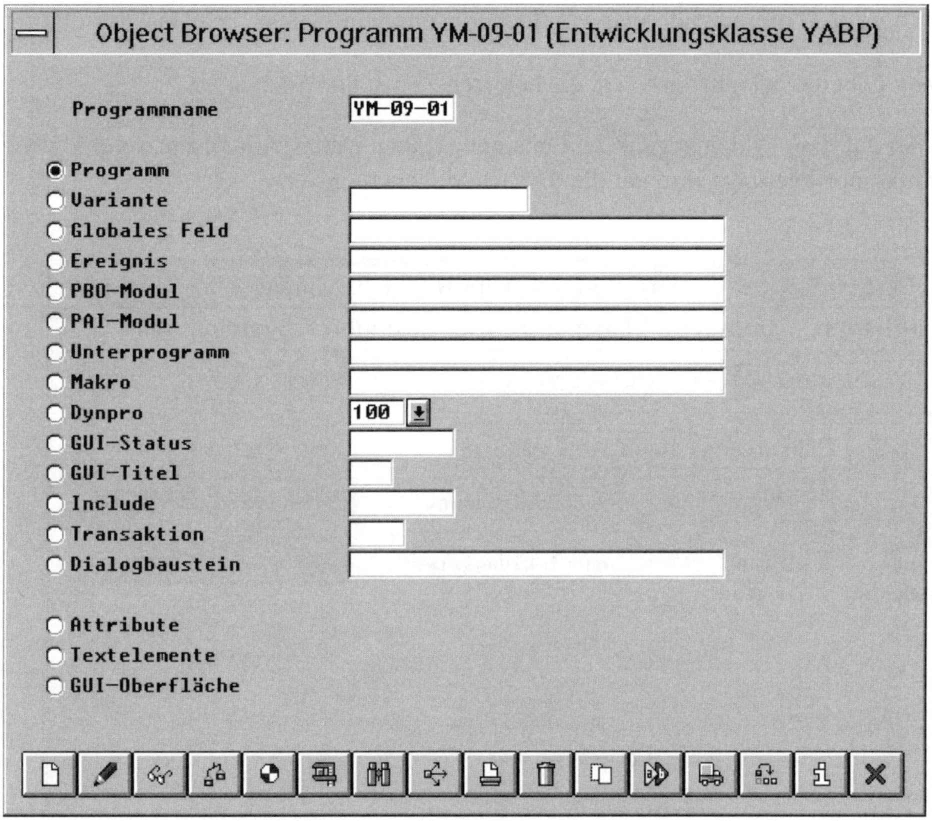

Object Browser: Programm YM-09-01 (Entwicklungsklasse YABP)

Programmname YM-09-01

- Programm
- Variante
- Globales Feld
- Ereignis
- PBO-Modul
- PAI-Modul
- Unterprogramm
- Makro
- Dynpro 100
- GUI-Status
- GUI-Titel
- Include
- Transaktion
- Dialogbaustein

- Attribute
- Textelemente
- GUI-Oberfläche

Abb. 9.3: Mögliche Bestandteile eines Dialogprogramms im Object Browser

9.2.2 Anlegen und Bearbeiten eines Dynpros

Als zweiten Schritt wird man ausgehend von der Objektliste ein Dynpro anlegen. Man gelangt dabei in die Dynpro-Attribute (Abb. 9.4). Neben einer Kurzbeschreibung können Angaben zum Dynprotyp und zu den Dynpro-Attributen gemacht werden.

Dynprotyp:
- normal
- modales Dialogfenster
- Subscreen

Dynproattribute:
- *Folgedynpro*: Nächstes Dynpro im Dialogprogramm, kann dynamisch durch SET SCREEN überschrieben werden.
- *Cursorposition*: Hier kann man den Namen eines Dynprofeldes eintragen, auf das der Cursor nach der Bildanzeige gesetzt werden soll.

- *Bildgruppe*: Dient der Zusammenfassung von Dynpros mit dem Ziel, sie gemeinsam zu behandeln.
- *Zeilen/Spalten*: Gibt die belegbaren sowie die belegten Zeilen und Spalten an.

Zur Erklärung der auf dem Bild angegebenen Optionen (Halten Daten, Äquidistanzschrift, Ausschalten Laufzeitkomprimierung) wird auf die SAP-Dokumentation verwiesen.

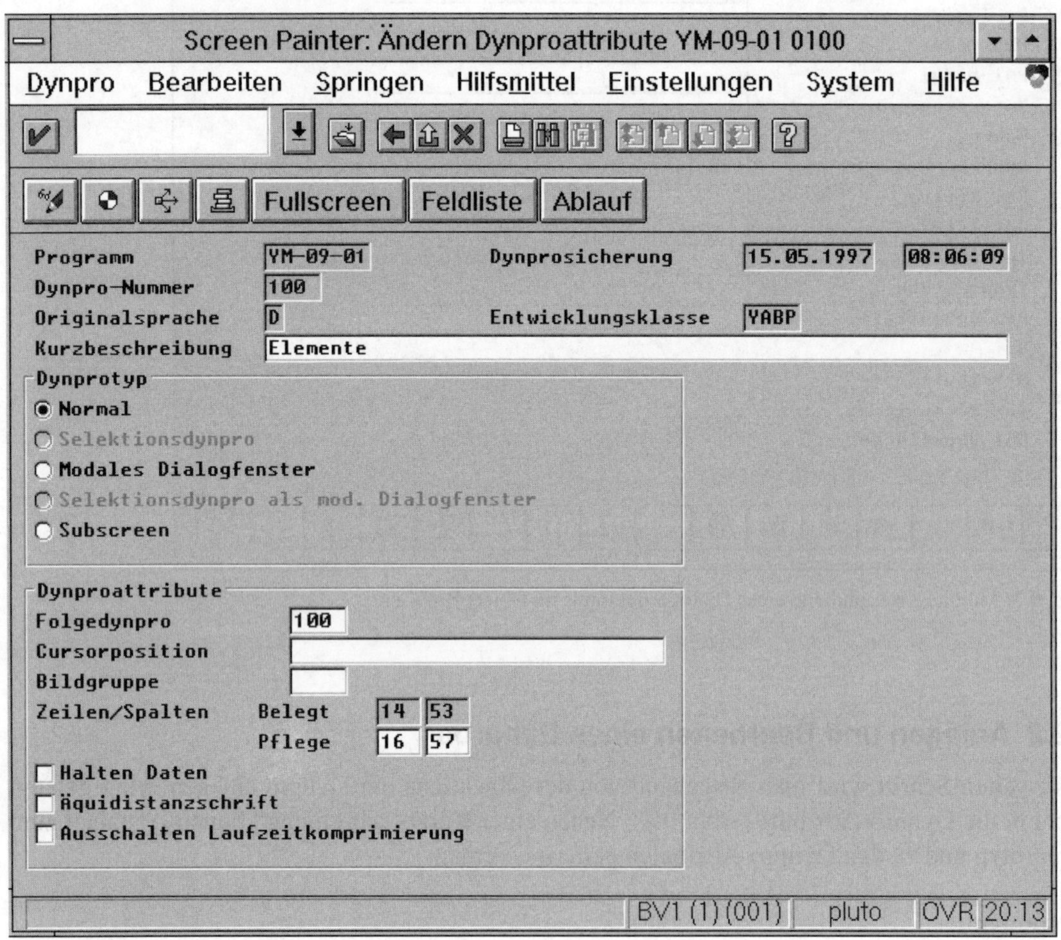

Abb. 9.4: Attribute eines Dynpros

Nachdem die Attribute eingegeben und gesichert wurden, kann das Layout des Dynpros im Screen Painter bearbeitet werden. Die Bedienung des Full-Screen-Editors ist gewöhnungsbedürftig. Das übliche Drag & Drop anderer Dialogeditoren gibt es bis jetzt leider nur unter Windows NT.

Statische Texte werden direkt an die benötigten Stellen geschrieben. Alle anderen Elemente werden an den Zielpositionen durch entsprechende Schablonen eingegeben. Eingegebene Schablonen („_") können über „Grafisches Element" in Ankreuzfelder, Auswahlfelder und Drucktasten umgewandelt werden. Im Blockmodus können mehrere Elemente gruppiert und gemeinsam bearbeitet werden.

Tabelle 9.2 gibt die verfügbaren grafischen Grundelemente an, aus denen das Layout eines Dynpros aufgebaut werden kann. Die rein statischen Elemente „Text" und „Rahmen" lassen zur Laufzeit keine Nutzeraktionen zu und haben daher keinerlei Bezug zum zugehörigen Modulpool. Die anderen Grundelemente lassen sich unterteilen in

- speichernde Elemente
  - Ankreuzfelder
  - Auswahlfelder
  - Ein-/Ausgabefelder
  - Tabellenfelder
- auslösende Elemente
  - Drucktasten.

Speichernde Elemente speichern einen Zustand bzw. einen Wert. Ihnen werden im Modulpool entsprechende ABAP/4-Variablen gleichen Namens zugeordnet. Zwischen ABAP/4-Variablen und namensgleichen speichernden Dynprofeldern werden in beiden Richtungen Informationen übertragen.

Auslösende Elemente sind solche, die bei Betätigung durch den Nutzer das Ereignis PAI anstoßen. Da es mehrere solcher Elemente auf einem Bild geben kann, muß das entsprechende ABAP/4-Modul informiert werden, welches Element das auslösende war. Dazu ist in jedem Dynpro ein sog. OK-Code definiert. Auslösende Elemente haben einen Funktionscode, der vor dem Ausführen eines ABAP/4-Moduls in den OK-Code kopiert wird.

Tabelle 9.2: Elementetypen des Screen Painters

Typ	Typ im Screen Painter	Kopplung mit ABAP/4-Variable ?	Triggern von PAI ? FCODE-Übergabe ?
Statischer Text	Text	nein	nein
Rahmen	Frame	nein	nein
Ein- / Ausgabefeld	I/O	ja	nein
Ankreuzfeld	Check	ja	nein
Auswahlfeld	Radio	ja	nein
Drucktaste	Push	nein	ja
Table Control	TC	ja, interne Tabelle	nein

Man erkennt, daß speichernde Elemente kein Triggern von PAI verursachen und daß umgekehrt auslösende Elemente keine Informationsspeicher sind. Für die Bedienung bedeutet das, daß man so lange Eingaben auf einem Bild machen kann, bis ein auslösendes Element betätigt wird.

Auslösende Wirkung haben neben Drucktasten noch Menüs, Funktionstasten sowie die ENTER-Taste. Abbildung 9.5 zeigt Dynpro 100 vom Programm YM-09-01, das die Verwendung der Grundelemente von Bildern erklärt.

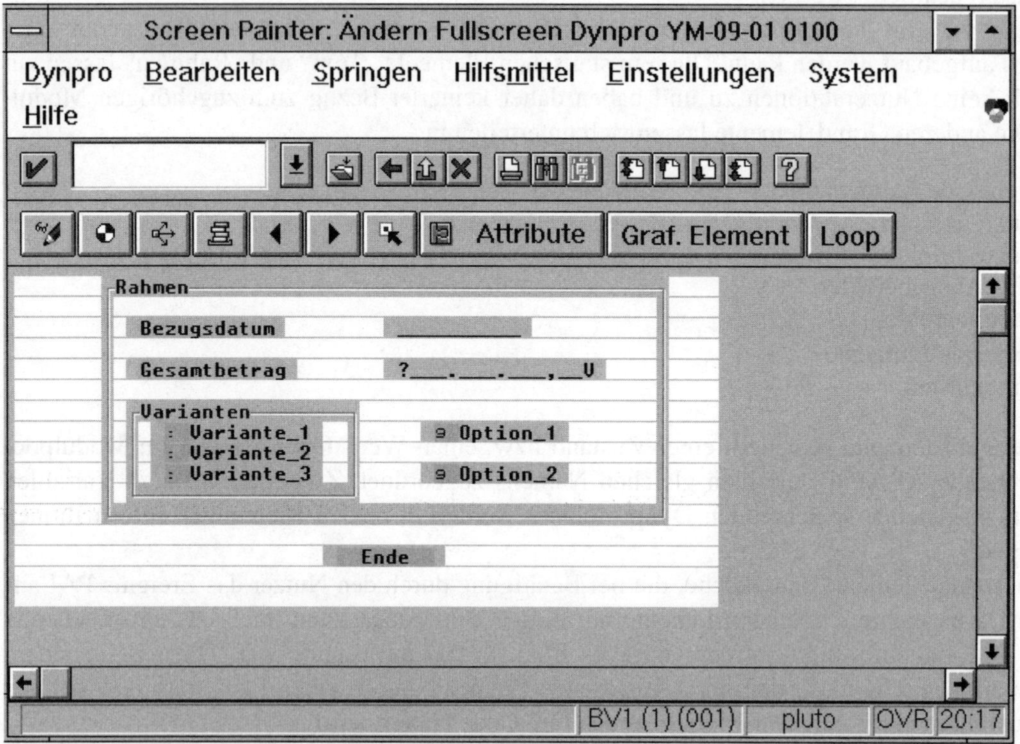

Abb. 9.5: Screen mit Grundelementen

Über *Attribute* können die Eigenschaften eines markierten Dynproelements gesetzt werden. Abbildung 9.6. zeigt stellvertretend für ein speicherndes Element die Attribute des Feldes BETRAG. Wichtige Attribute für speichernde Elemente sind:

- *Feldname*: Der hier angegebene Name ist mit dem ABAP/4-Feldnamen identisch.
- *Feldtext*: Hier kann eine Schablone zur Formatierung der Eingaben angegeben werden. Ein „?“ steht für eine Mußeingabe, ein „V“ für ein Vorzeichen.
- *Längenangaben*: Hier wird zwischen Defaultlänge und angezeigter Länge unterschieden. Wenn bei I/O-Feldern die angezeigte Länge größer als die Defaultlänge ist, kann man das Feld rollbar machen.
- *Gruppierungen:* Mit bis zu vier frei wählbaren Gruppierschlüsseln können Felder für eine spätere gemeinsame Bearbeitung zusammengefaßt werden. Eine typische Gruppenverarbeitung ist das Ein- und Ausblenden von Gruppen.

- *Format:* Hier wird das Format angegeben, in das der Inhalt eines speichernden Elementes umzuwandeln ist. Dieses Format muß mit dem Typ des zugeordneten ABAP/4-Feldes korrespondieren.
- *Ein-/Ausgabeparameter:* Es sind sowohl reine Ausgabefelder als auch kombinierte Felder möglich.

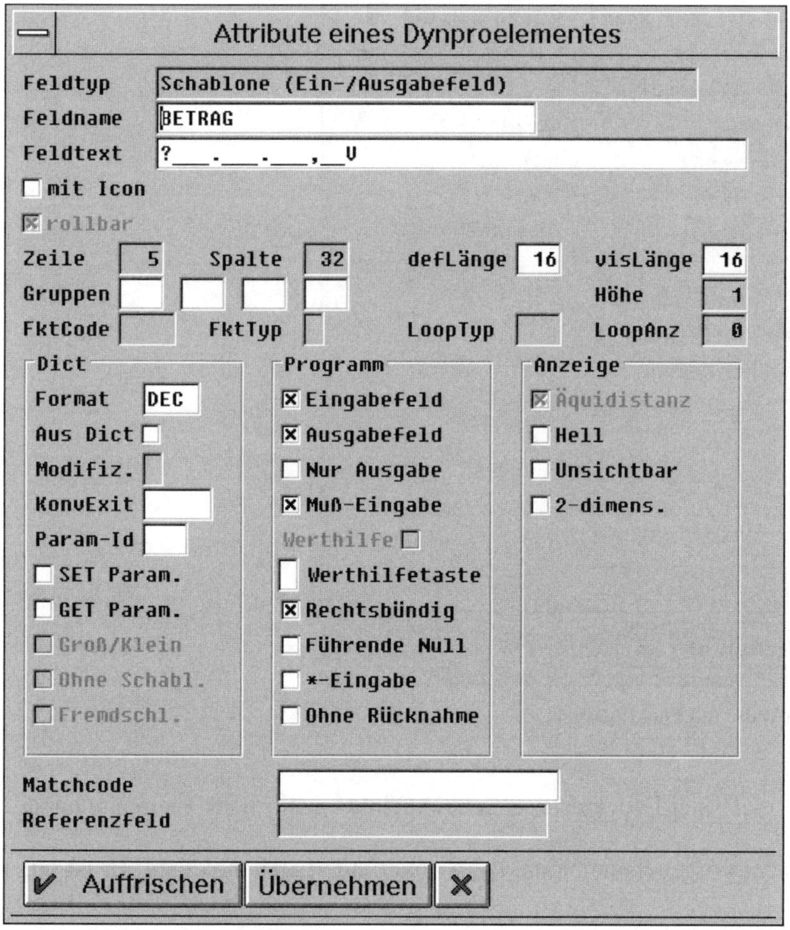

Abb. 9.6: Feldattribute eines P-Feldes

Ein spezielles speicherndes Element ist der OK-Code eines Bildes. Dieser erscheint nicht auf der Oberfläche, sondern ist nur ein Speicher für den Funktionscode auslösender Elemente. Ein OK-Code ist immer vom Typ CHAR und hat die Länge 4.

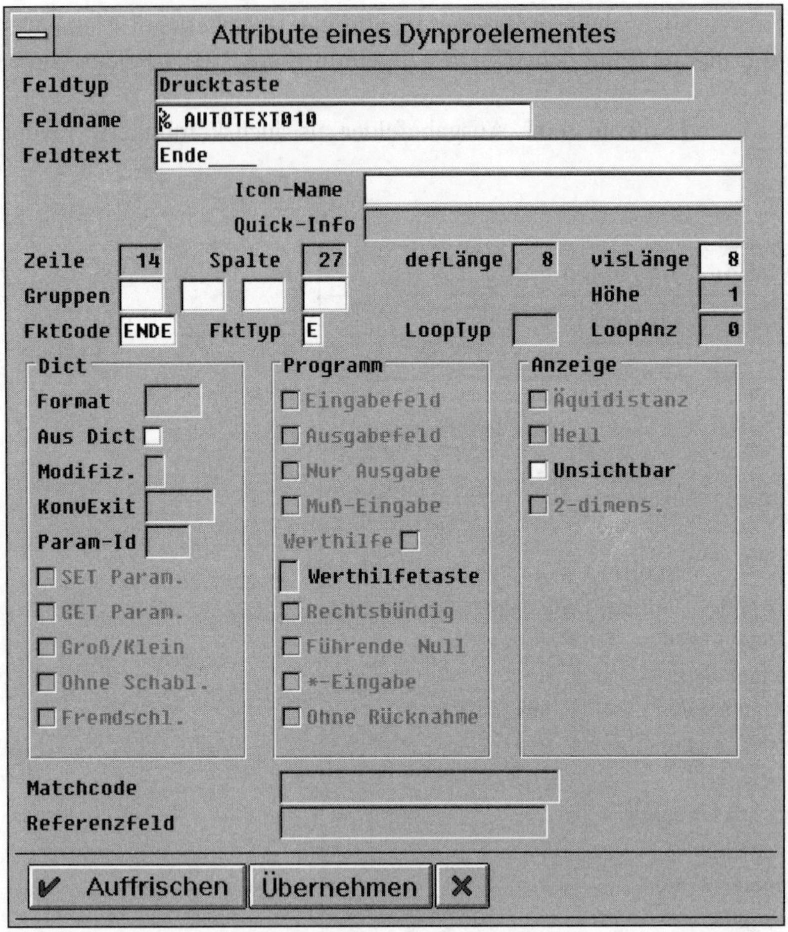

Abb. 9.7: Feldattribute einer Drucktaste mit Funktionscode

Abbildung 9.7 zeigt am Beispiel einer Drucktaste, welche Attribute auslösende Elemente haben:

- *Feldname*: Der vom System vorgegebene Name kann unverändert stehenbleiben. Er ist ohne Bedeutung.
- *Feldtext*: Der Feldtext erscheint bei Drucktasten als Aufschrift.
- *Längenangaben*: Hier wird zwischen Defaultlänge und angezeigter Länge unterschieden. Bei Drucktasten richtet sich die Defaultlänge nach dem Feldtext. Wenn die Taste breiter sein soll, kann man eine größere sichtbare Länge angeben. Der Text wird dann zentriert.
- *Gruppierungen*: Mit bis zu vier frei wählbaren Gruppierschlüsseln können Felder für eine spätere gemeinsame Bearbeitung zusammengefaßt werden. Eine typische Gruppenverarbeitung ist das Ein- und Ausblenden von Gruppen.

- *FktCode*: Hier wird der Identifikationscode des auslösenden Elements angegeben. Er wird vor dem Aufruf von PAI in den OK-CODE des Screens kopiert und gestattet so dem Verarbeitungsprogramm, die dem auslösenden Element zugeordnete Funktion aufzurufen.
- *FktTyp*: gibt den Typ des Funktionscodes an.

Für alle Elemente bzw. Felder eines Bildes existieren mehrere Sichten von Feldlisten. Eine davon ist in Abbildung 9.8 zu sehen.

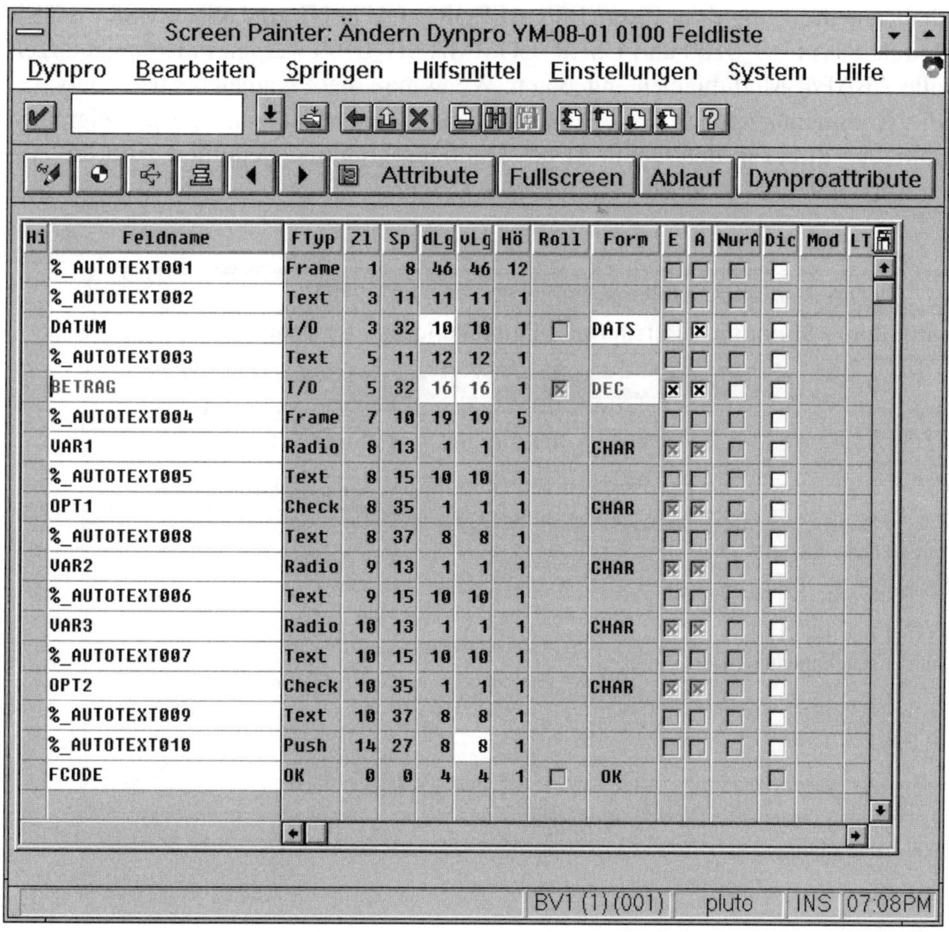

Hi	Feldname	FTyp	Zl	Sp	dLg	vLg	Hö	Roll	Form	E	A	NurA	Dic	Mod	LT
	%_AUTOTEXT001	Frame	1	8	46	46	12								
	%_AUTOTEXT002	Text	3	11	11	11	1								
	DATUM	I/O	3	32	10	10	1		DATS		X				
	%_AUTOTEXT003	Text	5	11	12	12	1								
	BETRAG	I/O	5	32	16	16	1	X	DEC	X	X				
	%_AUTOTEXT004	Frame	7	10	19	19	5								
	VAR1	Radio	8	13	1	1	1		CHAR	X	X				
	%_AUTOTEXT005	Text	8	15	10	10	1								
	OPT1	Check	8	35	1	1	1		CHAR	X	X				
	%_AUTOTEXT008	Text	8	37	8	8	1								
	VAR2	Radio	9	13	1	1	1		CHAR	X	X				
	%_AUTOTEXT006	Text	9	15	10	10	1								
	VAR3	Radio	10	13	1	1	1		CHAR	X	X				
	%_AUTOTEXT007	Text	10	15	10	10	1								
	OPT2	Check	10	35	1	1	1		CHAR	X	X				
	%_AUTOTEXT009	Text	10	37	8	8	1								
	%_AUTOTEXT010	Push	14	27	8	8	1								
	FCODE	OK	0	0	4	4	1		OK						

Abb. 9.8: Feldliste

9.2.3 Die Ablaufsteuerung eines Dynpros

Aus dem Full Screen Editor kann man direkt in die Ablaufsteuerung des Dynpros springen. Diese wird in Textform mit dem ABAP/4-Editor eingegeben. Sie enthält Anweisungen für den Dynpro-Prozessor, wann dieser welche ABAP/4-Module aufrufen soll. Man beachte allerdings, daß die Ablaufsteuerung selbst keinen ABAP/4-Code darstellt. Die Ablaufsteuerung kennt im Vergleich zu ABAP/4 nur sehr wenige Schlüsselworte. Sie erlaubt keine Datenvereinbarungen und keine Unterprogrammaufrufe.

Nach dem Anlegen eines neuen Dynpros wird eine erste einfache Ablaufsteuerung vorgegeben. Diese enthält nur die Ereignisse PROCESS BEFORE OUTPUT und PROCESS AFTER INPUT. Die Module STATUS_0100 und USER_COMMAND_0100 werden in Kommentarzeichen als sinnvolle ABAP/4-Modulnamen angeboten. Wenn man diese Namen benutzen möchte, entfernt man die Kommentarzeichen. Per Doppelklick auf den Modulnamen verzweigt man nach einer Bestätigung direkt in den Quelltext des Dialogprogramms. Detailliert wird die Ablaufsteuerung in Kapitel 9.3 beschrieben.

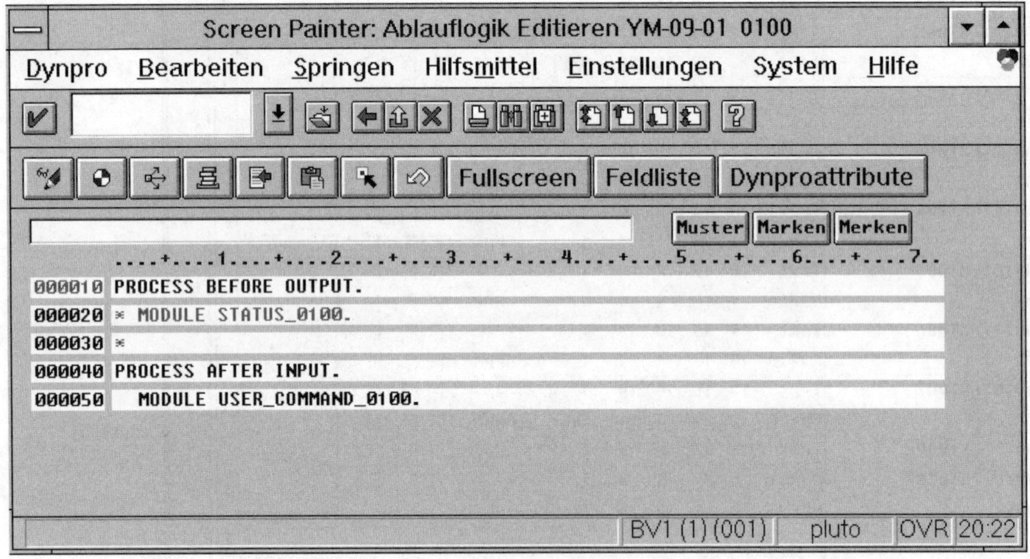

Abb. 9.9: Ablaufsteuerung editieren

9.2.4 Modulpool eines Dialogprogramms

Im nachfolgenden Beispiel ist der Quelltext des Modulpools YM-09-01 dargestellt. Als globale Daten sind die ABAP/4-Felder zu den speichernden Dynproelementen vereinbart. Insbesondere wurde der OK-Code als Variable FCODE angegeben. Derselbe Name erscheint in der unteren Zeile der Feldliste des Dynpros.

Im Modul STATUS_0100 können diese Variablen gesetzt werden. Das Modul muß mit dem ABAP/4-Schlüsselwort OUTPUT versehen werden. Die gesetzten Werte erscheinen nach der Abarbeitung des Moduls im Dynpro. Ankreuz- und Auswahlfelder kennen nur den Status „X“ für gesetzt und SPACE für nicht gesetzt.

Das Modul USER_COMMAND_0100 muß mit dem Schlüsselwort INPUT versehen werden. Hier können die im Dynpro eingegebenen Werte verarbeitet werden. Typischerweise wird hier ein CASE-Zweig programmiert, in dem der OK-CODE, also FCODE, ausgewertet wird. In diesem Beispiel wird nur auf die Taste *Ende* reagiert, die das Programm beendet.

```
PROGRAM  YM-09-01 LINE-SIZE 72 MESSAGE-ID YO.

DATA:
       DATUM TYPE D VALUE '19961224',
       BETRAG(15) TYPE P DECIMALS 2 VALUE '150500.00',
       VAR1 VALUE ' ',
       VAR2 VALUE 'X',
       VAR3 VALUE ' ',
       OPT1 VALUE 'X',
       OPT2 VALUE 'X',
       FCODE(4).
*----------------------------------------------------------------------*
MODULE USER_COMMAND_0100 INPUT.
IF FCODE = 'ENDE'.
  SET SCREEN 0. LEAVE SCREEN.
ENDIF.
ENDMODULE.                     " USER_COMMAND_0100  INPUT
```

9.2.5 Transaktionscode festlegen

Ein Dialogprogramm kann anders als ein Report nicht ohne einen sog. vierstelligen Transaktionscode gestartet werden. Dieser kann ausgehend von Abbildung 9.3 angelegt werden. Es sind der Name des zu startenden Programms sowie die Nummer des ersten Dynpros anzugeben. Der so vergebene Code kann im Befehlsfeld eines Moduls mit /nYYYY oder mit /oYYYY eingegeben werden. Eine Einbindung in Bereichsmenüs ist über den Transaktionscode ebenfalls möglich.

Dialogtransaktion ändern
Transaktionscode Bearbeiten Springen Hilfsmittel System Hilfe
Transaktionscode YELE
Transaktionstext Elemente von Screens
Programm YM-09-01
Dynpronummer 100
Berechtigungsobjekt
Werte
[x] Pflege der Standardtransaktionsvariante erlaubt
BV1 (1) (001) pluto OVR 20:24

Abb. 9.10: Transaktionscode zum Start des Dialogprogramms vergeben

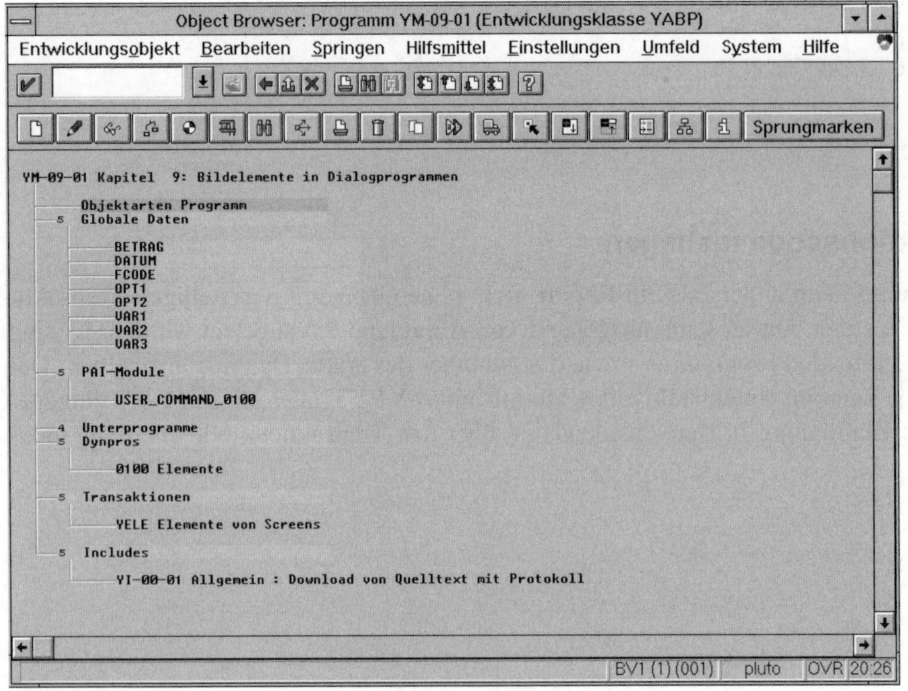

Abb. 9.11: Programmobjekt im Object Browser

9.2.6 Die Objektliste eines Dialogprogramms

Alle nacheinander in einem Dialoprogramm angelegten Elemente werden in der Objektliste erfaßt. Diese Objektliste eignet sich besonders bei umfangreichen Programmen ausgezeichnet zur Navigation. Durch Doppelklick auf ein Element wird das entsprechende Bearbeitungstool gestartet und mit der zugehörigen Programmkomponente geladen. Wenn man einen Transaktionscode festgelegt hat, ist aus dieser Liste heraus auch ein Direktstart des Programms über *Ausführen* möglich. Das ausgeführte Programm ist in Abbildung 9.12 zu sehen. Die Werte der Programmvariablen werden durch Inhalt bzw. Status der Dynprofelder angezeigt. Man kann beliebige Eingaben am Betragsfeld, an den Ankreuzfeldern oder den Auswahlfeldern vornehmen. Mit ENTER kann man den Aufruf von PAI anstoßen. Da Dynpro 100 sich selbst als Folgebild hat, wird danach sofort das Ereignis PBO angestoßen und Dynpro 100 wird wieder angezeigt. Erst das Betätigen der Ende-Taste schließt das Dynpro und beendet das Programm.

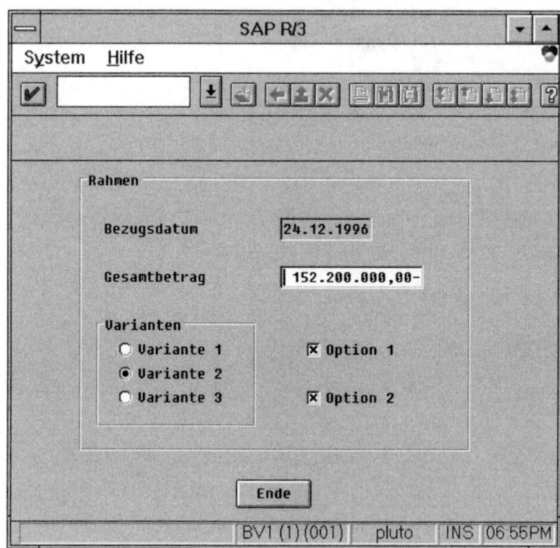

Abb. 9.12: Ausgeführtes Programm YM-09-01

9.3 Bildbearbeitung

Bei der Bearbeitung eines Transaktionsbildes übernehmen Dialogprozessor und ABAP/4-Prozessor wechselseitig die Steuerung. Dieses Zusammenspiel ist für alle Bilder gleich.

Nach dem Start einer Transaktion beginnt der Dialogprozessor mit der Bearbeitung des in den Transaktionsattributen angegebenen Bildes (Startbild). Wie die Reihenfolge der Bilder gesteuert werden kann, wird in Kapitel 9.5 beschrieben.

9.3.1 Standardablauf

Der Standardablauf der Bildbearbeitung wird in Abbildung 9.13 gezeigt.

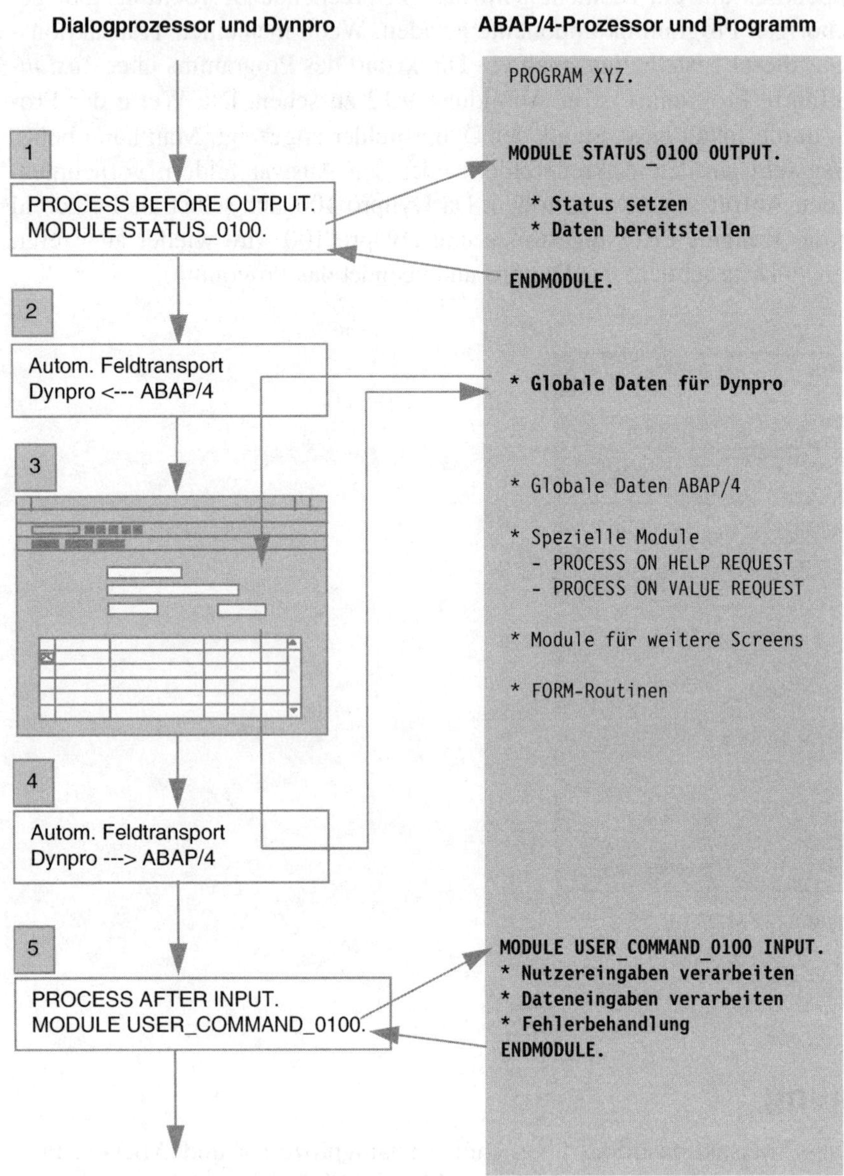

Abb. 9.13: Standardablauf der Bildverarbeitung

Zunächst ist die Kontrolle beim Dialogprozessor (1). Dieser beginnt mit der Bearbeitung der Ablaufsteuerung im Teil PROCESS BEFORE OUTPUT. Zur Bearbeitung des angegebenen ABAP/4-Moduls (hier STATUS_0100) wird die Steuerung an den ABAP/4-Prozessor übergeben. Der Modulname ist natürlich frei wählbar. Er wird von der Entwicklungsumgebung vorgeschlagen und deutet an, daß in diesem Modul meist der Status (Menü) des Dynpros gesetzt wird.

Außerdem können verschiedene Eigenschaften der Dynprofelder manipuliert werden. Eine weitere typische Aufgabe des OUTPUT-Moduls sind lesende Zugriffe auf die Datenbank mit Open SQL. Dieses Modul füllt alle globalen Felder, die über ihren Namen einen Bezug zum Dynpro haben. Danach gibt der ABAP/4-Prozessor die Steuerung an den Dialogprozessor zurück, der den automatischen Feldtransport zwischen gleichnamigen ABAP/4-Feldern und Dynpro-Feldern ausführt (2). Bei diesem Transport werden die Daten vom internen Format in das externe Format umgewandelt. Wenn an der Domäne eines Dynprofeldes ein Konvertierungsexit angegeben wurde, so wird automatisch die Output-Konvertierung aufgerufen.

Im Schritt (3) wird das Dynpro angezeigt. Die Dynpro-Felder sind mit den entsprechenden Werten im Modulpool versorgt. Der Nutzer kann jetzt Eingaben vornehmen. Texteingaben und das Betätigen von Ankreuz- und Auswahlfeldern werden dabei ausschließlich vom SAPGUI entgegengenommen. Erst Menübefehle, Druck- und Funktionstasten sowie die Enter-Taste führen zu einer Datenfreigabe.

Nach der Datenfreigabe wird nach einem Test der automatische Feldtransport vom Dynpro in das ABAP/4-Modul angestoßen (4). Insbesondere wird der Funktionscode des auslösenden Elementes in den zugeordneten ABAP/4-Funktionscode gestellt. Eventuell vorhandene Konvertierungsexits werden ausgeführt. Danach wird das AFTER-INPUT-Modul aus der Ablaufsteuerung gerufen (hier USER_COMMAND_0100).

Dieses Modul (5) reagiert meist in einer CASE-Schleife auf den übergebenen Funktionscode. Typisch sind folgende Aktionen:

- Prüfen und Speichern der Daten
- Aufruf von Berechnungsroutinen oder von Funktionsbausteinen
- Verzweigen zu einem beliebigen anderen Dynpro
- Verzweigen zu einer anderen Transaktion
- Rücksprung zum letzten Dynpro
- Wiederaufruf desselben Bildes (meist bei ENTER)

9.3.2 Automatische Feldprüfungen

Dialogsysteme müssen damit rechnen, daß der Nutzer falsche oder unvollständige Daten eingibt. Vor der Datenübernahme in das Programm bzw. die Datenbank werden die Daten daher verschiedenen Prüfungen unterzogen. Rein formale Prüfungen kann das System auf der Grundlage der Feldinformationen im Screen Painter oder im Data Dictionary automatisch ausführen. Dazu gehören

- *Mußfeldprüfungen*: Wenn Mußfelder bei der Datenfreigabe nicht ausgefüllt sind, gibt das System die Nachricht „Bitte alle Mußfelder ausfüllen“ aus.
- *Formatprüfung:* Hier werden die Eingaben gegen eine vorgegebene Eingabemaske geprüft. Das System reagiert auf Falscheingaben mit Nachrichten in der Form „Bitte geben Sie ein gültiges Datum in der Form TT.MM.JJJJ ein“.
- *Feldwertprüfungen:* Es erfolgt eine automatische Prüfung auf die mit der Felddomäne vorgegebenen Werte. Das können Festwerte oder Werte aus einer angegebenen Werte- oder Prüftabelle sein. Im Fehlerfall gibt das System eine Nachricht in der Form „E: Eintrag <Wert> nicht vorhanden. Bitte Eingabe überprüfen“ aus.

In der Ablauflogik können weitere Feldprüfungen mit dem Befehl

FIELD *Dynprofeld* **VALUES** (*Werteliste*).

notiert werden. Anstelle der Werteliste können auch mehrere logische Bedingungen stehen. Diese Form der Feldprüfungen wird selten verwendet, da sie Informationen über die Daten in die Ablauflogik starr einbindet.

9.3.3 Ablaufsteuerung durch FIELD, CHAIN sowie Nachrichten

Umfangreichere Feldprüfungen werden im ABAP/4-Programm durchgeführt. Dazu können in der Ablaufsteuerung für PAI die Anweisungen FIELD für Einzelfelder und CHAIN für Feldgruppen verwendet werden. Beide Anweisungen rufen zur nutzerspezifischen Feldprüfung entsprechende ABAP/4-Module auf. Diese reagieren im Fehlerfall üblicherweise mit einer E-Nachricht, die den normalen Ablauf unterbricht und das fehlerverursachende Feld wieder eingabebereit macht.

FIELD *Feld* **MODULE** *Modul* **[ON INPUT | ON REQUEST].**

Zur Überprüfung des Feldinhaltes von *Feld* wird das Modul *Modul* aufgerufen. Wenn mehrere Felder nur im Zusammenhang getestet werden können, werden sie mit CHAIN verkettet.

CHAIN.
    FIELD: *Feld1, Feld2, ... Feldn.*
    MODULE *Modul* **[ON CHAIN-INPUT | ON CHAIN-REQUEST].**
ENDCHAIN.

Taucht in einem der Module ein Fehler auf, so wird der normale Ablauf unterbrochen und alle verketteten Felder sind wieder eingabebereit.

Um unnötige Feldprüfungen zu umgehen oder Feldtests nur unter bestimmten Bedingungen durchzuführen, können die in Klammern angegebenen Zusätze verwendet werden.

- FIELD ... MODUL ... ON INPUT
  Das Modul einer Einzelfeldprüfung wird nur dann aufgerufen, wenn das Feld nicht seinen Initialwert enthält. Es spielt keine Rolle, ob das Feld gar nicht berührt oder zwischendurch geändert und dann wieder auf den Initialwert zurückgesetzt wurde.

- CHAIN... FIELD MODULE ...ON CHAIN-INPUT
  Wenn wenigstens eines der CHAIN-Felder die Bedingung ON INPUT erfüllt, wird das Modul aufgerufen.
- ON REQUEST
  Der Modul wird aufgerufen, wenn beliebige Eingaben in das betreffende Feld erfolgt sind.
- ON CHAIN-REQUEST
  Das Modul wird dann aufgerufen, wenn wenigstens ein CHAIN-Feld die Bedingung ON REQUEST erfüllt.

Bei der Verwendung der ABAP/4-Feldprüfung ergeben sich Besonderheiten hinsichtlich des Feldtransportes nach PAI. Zunächst wird der automatische Transport für all die Felder ausgeführt, die nicht in FIELD oder CHAIN-Anweisungen vorkommen. Damit können die programmierten Feldprüfungen auf bereits eingegebene Werte zurückgreifen. Dann werden die FIELD- und CHAIN-Anweisungen der Ablaufsteuerung in der Reihenfolge ihres Auftretens verarbeitet. Dabei erfolgt immer zunächst der Transport des oder der betroffenen Felder und anschließend wird das zugehörige Modul aufgerufen.

9.4 Bildablaufsteuerung

Eine Transaktion besteht üblicherweise aus mehreren Dynpros. Oft ist eine Standardreihenfolge der Abarbeitung vorgesehen.

9.4.1 Statischer Bildablauf

Jedem Dynpro wird in den Dynproattributen ein Folgedynpro zugeordnet. Nach dem PAI eines Dynpros wird in diesem Fall der PBO des Folgedynpros durchlaufen und dieses wird angezeigt.

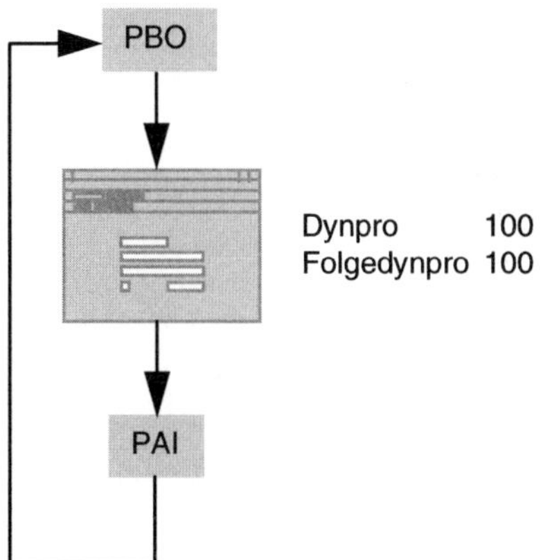

Abb. 9.14: Dynpro, das auf sich selbst als Folgedynpro verweist

Als Vorschlagswert für das Folgedynpro wird immer das Dynpro selbst eingetragen. Wenn dieser Wert nicht geändert wird, so wird nach jedem PAI des Dynpros der PBO durchlaufen und das Dynpro wird wieder angezeigt. Abbildung 9.15 zeigt eine (statische) Dynprofolge.

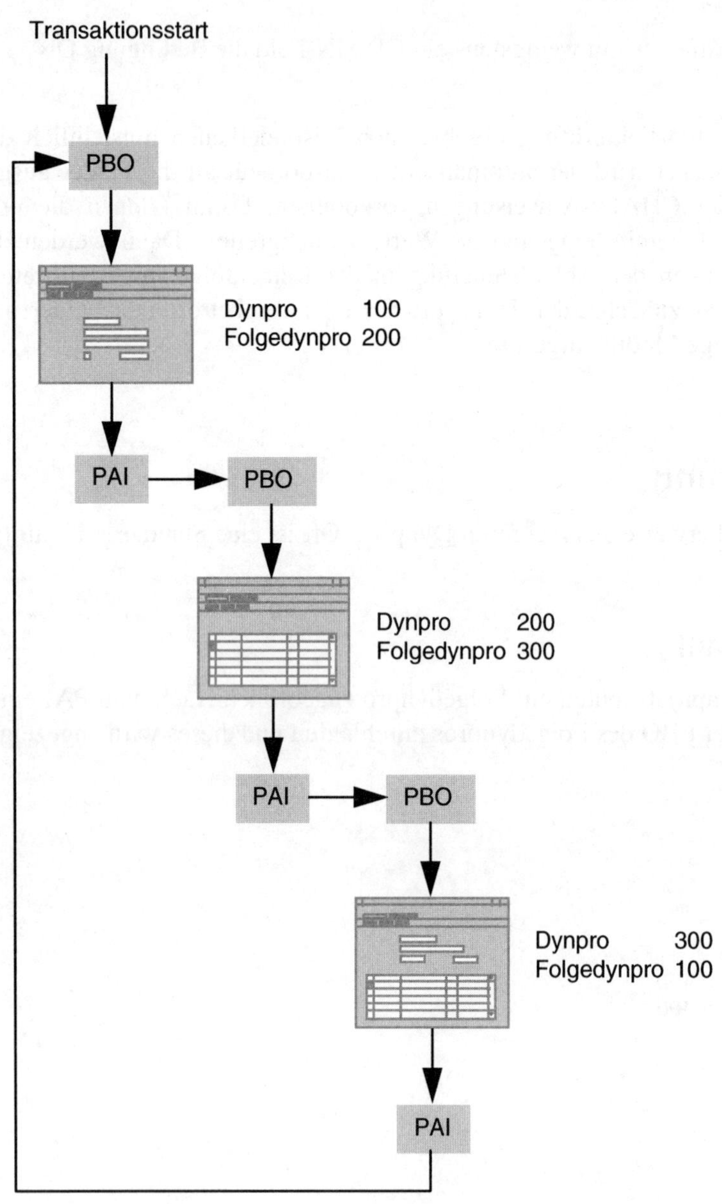

Abb. 9.15: Statische Dynprofolge

9.4.2 Dynamische Bildablaufsteuerung

Die statische Bildfolge reicht bei den meisten Dialogtransaktionen nicht aus. In fast allen Bildern werden dem Nutzer mehrere Verzweigungsmöglichkeiten im Programmablauf über Menüpunkte oder Drucktasten angeboten. Hinter vielen dieser Möglichkeiten verbergen sich Dynpros, die je nach Nutzereingabe dynamisch aufgerufen werden.

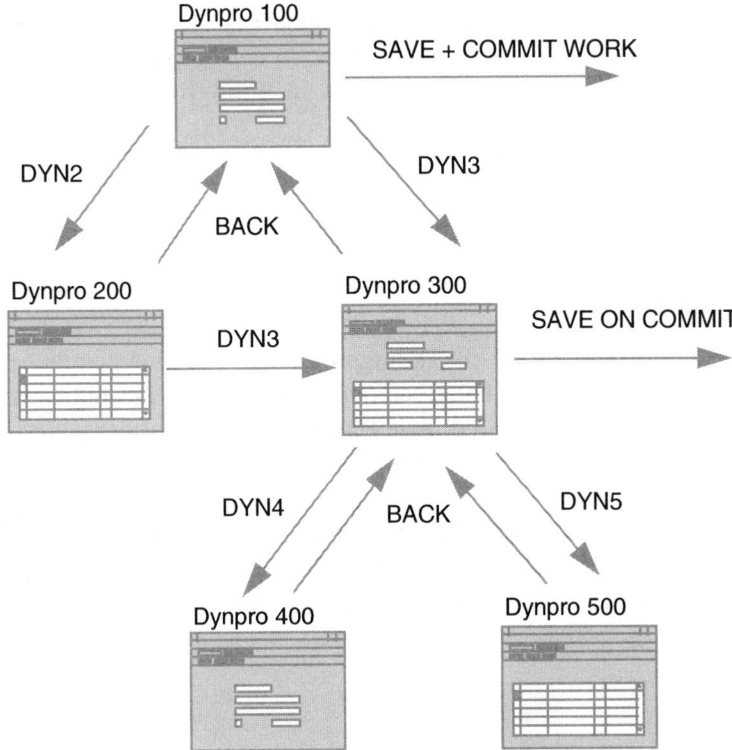

Abb. 9.16: Aufrufhierarchie von Dynpros einer Transaktion

Der Befehl zum Setzen eines neuen Folgebildes (nicht zu dessen Aufruf) lautet:

SET SCREEN *DynNummer*.

Dieser Befehl überschreibt das statische Folgebild in den Dynproattributen. Die Verarbeitung des aktuellen Dynpros läuft weiter bis zu einer Datenfreigabe. Um das aktuelle Dynpro sofort zu verlassen und das neue Dynpro zu starten, wird der Befehl

LEAVE SCREEN.

direkt hinter SET SCREEN verwendet. Wenn man aus einem Bild heraus ein anderes Bild oder eine andere Bildfolge aufrufen und danach hinter die Aufrufstelle zurückkehren möchte, so benutzt man

CALL SCREEN *DynNummer*.

Der Rücksprung zum rufenden Bild erfolgt im gerufenen Bild mit SET SCREEN 0. Wenn in einem Dynpro, das nicht mit CALL aufgerufen wurde, für *DynNummer* eine Null angegeben wird, so wird das Ende der Transaktion vorbereitet. Mit den genannten Befehlen der Bildfolgesteuerung wird die Ablaufsteuerung großer Transaktionen realisiert. In der Entwurfsphase werden die verwendeten Dynpros mit ihren Übergangsmöglichkeiten in Form von Aufrufhierarchien oder Aufrufnetzen dargestellt (Abb. 9.16).

An den Übergängen werden die Funktionscodes notiert.

9.5 Beispiel 1: Taschenrechner

Das folgende einführende Beispiel YM-09-02 zeigt ein Dialogprogramm, das einen einfachen Taschenrechner für die Grundrechenarten realisiert. Die Bedienung erfolgt so, wie es üblich ist, wobei die Rechnertasten mit der Maus anzuklicken sind. Alle Eingaben werden ziffernweise an die untere Anzeige (X) angehängt. Wenn eine Operationstaste gedrückt wird, wird der erste Operand in die obere Anzeige (Y) übernommen. Die gewählte Operation wird neben der unteren Anzeige dargestellt. Jetzt kann der zweite Operand eingegeben werden. Bestätigung der „="-Taste berechnet das Ergebnis und stellt dieses in die untere Anzeige. Die obere Anzeige wird gelöscht. Bei versuchter Division durch Null wird ein Fehler angezeigt.

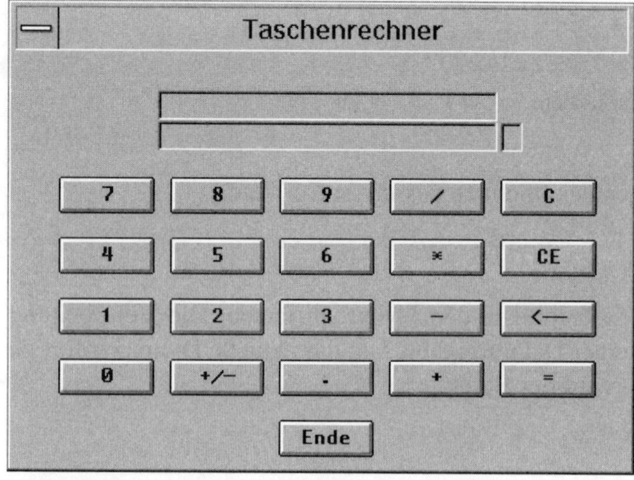

Abb. 9.17: Taschenrechner als modales Dialogfenster

Der Taschenrechner nutzt nur das Dynpro 100. Die Anzeigen werden durch Ausgabefelder, die Tasten des Rechners durch Drucktasten auf der Oberfläche abgebildet.

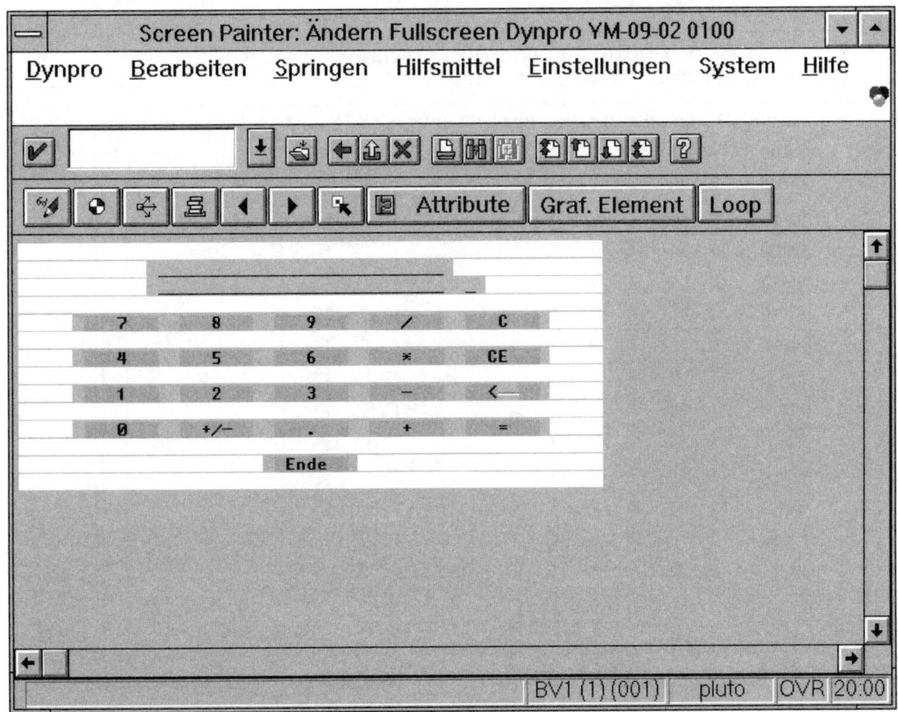

Abb. 9.18: Full Screen Editor für Dynpro 100 des Taschenrechnerprogramms

Die Abbildungen 9.18 und 9.19 zeigen den Full Screen Editor sowie den unteren Teil der Feldliste, die die Elemente des Bildes auflistet. Die Zifferntasten verwenden als Funktionscode direkt die Ziffern. Das erleichtert die Arbeit mit dem Funktionscode im Modul USER_COMMAND_0100. Als letztes Feld steht wieder das Feld FCODE, das vom Typ „OK“ ist.

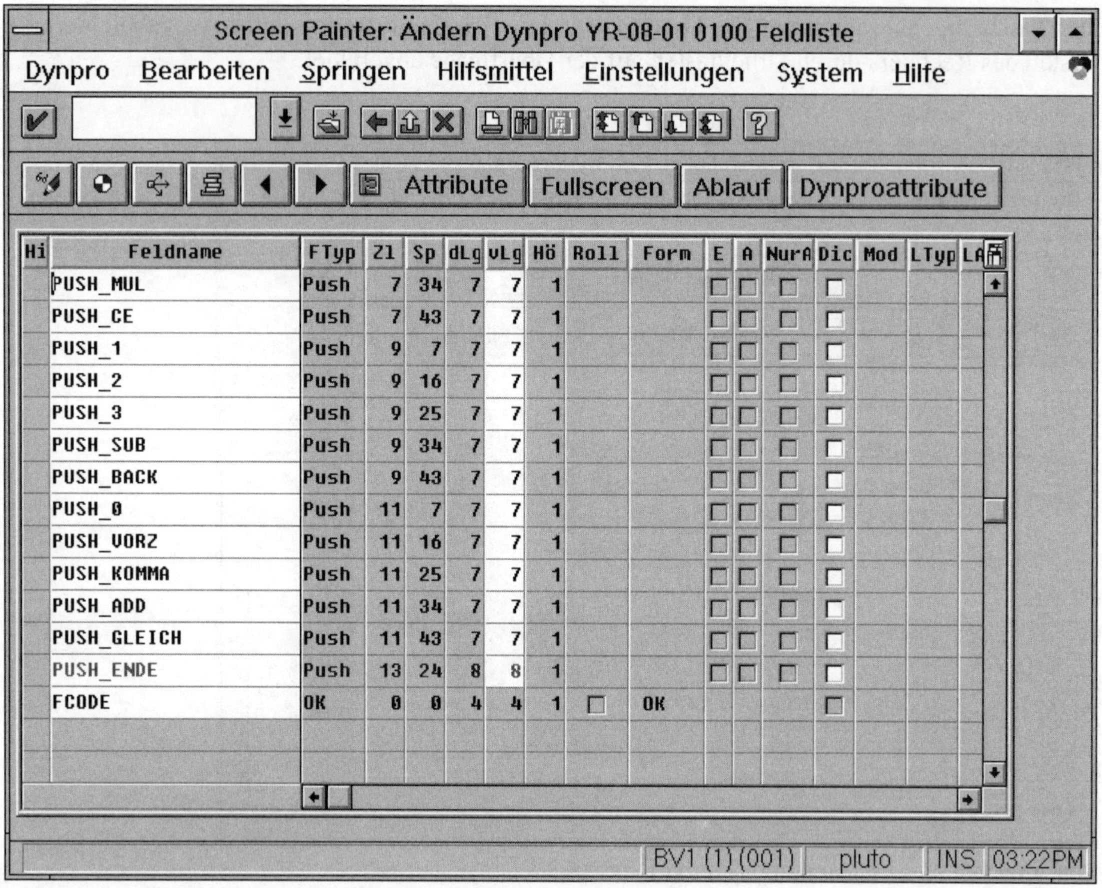

Screen Painter: Ändern Dynpro YR-08-01 0100 Feldliste

Dynpro Bearbeiten Springen Hilfsmittel Einstellungen System Hilfe

Attribute Fullscreen Ablauf Dynproattribute

Hi	Feldname	FTyp	Zl	Sp	dLg	vLg	Hö	Roll	Form	E	A	NurA	Dic	Mod	LTyp	LA
	PUSH_MUL	Push	7	34	7	7	1			☐	☐	☐	☐			
	PUSH_CE	Push	7	43	7	7	1			☐	☐	☐	☐			
	PUSH_1	Push	9	7	7	7	1			☐	☐	☐	☐			
	PUSH_2	Push	9	16	7	7	1			☐	☐	☐	☐			
	PUSH_3	Push	9	25	7	7	1			☐	☐	☐	☐			
	PUSH_SUB	Push	9	34	7	7	1			☐	☐	☐	☐			
	PUSH_BACK	Push	9	43	7	7	1			☐	☐	☐	☐			
	PUSH_0	Push	11	7	7	7	1			☐	☐	☐	☐			
	PUSH_VORZ	Push	11	16	7	7	1			☐	☐	☐	☐			
	PUSH_KOMMA	Push	11	25	7	7	1			☐	☐	☐	☐			
	PUSH_ADD	Push	11	34	7	7	1			☐	☐	☐	☐			
	PUSH_GLEICH	Push	11	43	7	7	1			☐	☐	☐	☐			
	PUSH_ENDE	Push	13	24	8	8	1			☐	☐	☐	☐			
	FCODE	OK	0	0	4	4	1	☐	OK				☐			

BV1 (1) (001) pluto INS 03:22PM

Abb. 9.19: Feldliste der Dynproelemente des Taschenrechnerprogramms

Die Ablaufsteuerung ist nur für den Zeitpunkt PROCESS AFTER INPUT definiert und ruft dort das INPUT-Modul USER_COMMAND_0100 auf. Das folgende Listing zeigt den vollständigen ABAP/4-Quelltext des Taschenrechners.

```
PROGRAM  YM-09-02 LINE-SIZE 72 MESSAGE-ID YO.

DATA: ANZEIGEX(27),
      ANZEIGEY(27),
      OPERATION(1),
      X(12) TYPE P DECIMALS 10,
      Y(12) TYPE P DECIMALS 10,
      FCODE(4).
*---------------------------------------------------------------------
MODULE USER_COMMAND_0100 INPUT.
```

```
IF FCODE BETWEEN '0' AND '9'.
  PERFORM ZIFFER_EINGEBEN.
ELSEIF FCODE = '.'.
  PERFORM DEZIMALPUNKT_EINGEBEN.
ELSEIF FCODE = '+/-'.
  PERFORM VORZEICHEN_WECHSELN.
ELSEIF FCODE = '+' OR FCODE = '-' OR FCODE = '*' OR FCODE = '/'.
  PERFORM OPERATION_EINGEBEN.
ELSEIF FCODE = 'CE'.
      ANZEIGEX = SPACE.
ELSEIF FCODE = 'C'.
      ANZEIGEX  = SPACE.
      ANZEIGEY  = SPACE.
      OPERATION = SPACE.
ELSEIF FCODE = '='.    PERFORM RECHNEN.
ELSEIF FCODE = 'BACK'. SHIFT ANZEIGEX RIGHT.
ELSEIF FCODE = 'ENDE'.
                       SET SCREEN 0. LEAVE SCREEN.
ELSE.
ENDIF.
ENDMODULE.                   " USER_COMMAND_0100  INPUT
*-----------------------------------------------------------------------
FORM ZIFFER_EINGEBEN.
  SHIFT ANZEIGEX LEFT.
  ANZEIGEX+26 = FCODE(1).
ENDFORM.
*-----------------------------------------------------------------------
FORM DEZIMALPUNKT_EINGEBEN.
  IF ANZEIGEX NA '.'.  "Dezimalpunkt darf nicht mehrfach vorkommen
    SHIFT ANZEIGEX LEFT.
    ANZEIGEX+26 = FCODE(1).
  ENDIF.
ENDFORM.
*-----------------------------------------------------------------------
FORM VORZEICHEN_WECHSELN.
DATA O LIKE SY-FDPOS..
  IF ANZEIGEX CA '-'. " Zahl ist negativ
    O = SY-FDPOS.
    ANZEIGEX+O(1) = ' '.
  ELSE.
    IF ANZEIGEX CN ' '.
      O = SY-FDPOS - 1.
      ANZEIGEX+O(1) = '-'.
    ENDIF.
  ENDIF.
ENDFORM.
```

```
*----------------------------------------------------------------------
FORM OPERATION_EINGEBEN.
  IF OPERATION = SPACE.
    Y = ANZEIGEX.
    ANZEIGEY = ANZEIGEX.
    ANZEIGEX = SPACE.
    OPERATION = FCODE.
  ENDIF.
ENDFORM.
*----------------------------------------------------------------------
FORM RECHNEN.
CHECK OPERATION NE SPACE.
X = ANZEIGEX.
CASE OPERATION.
  WHEN '+'. X = Y + X.
  WHEN '-'. X = Y - X.
  WHEN '*'. X = Y * X.
  WHEN '/'. IF X <> '0.0'. X = Y / X. ENDIF.
ENDCASE.
IF OPERATION = '/' AND X = '0.0'.
  MESSAGE I020.
ELSE.
  ANZEIGEY = SPACE.
  PERFORM PACKED2CHAR USING X ANZEIGEX.
  OPERATION = SPACE.
ENDIF.
ENDFORM.
*----------------------------------------------------------------------
FORM PACKED2CHAR USING VALUE(X) TYPE P STR.
DATA S(27).
S = X.
SHIFT S RIGHT.
IF X < '0.0'.
  SHIFT S LEFT DELETING LEADING ' '.
  SHIFT S RIGHT.
  S(1) = '-'.
ENDIF.
SHIFT S RIGHT DELETING TRAILING ' 0.'.
STR = S.
ENDFORM.
*---------------------------------------------------------------------*
MODULE USER_COMMAND_0050 INPUT.
  SET TITLEBAR '100'.
  CALL SCREEN 100 STARTING AT 10 5.
  SET SCREEN 0. LEAVE SCREEN.
ENDMODULE.                " USER_COMMAND_0050  INPUT
```

In den globalen Daten werden die drei Anzeigefelder ANZEIGEX, ANZEIGEY und OPERATION als CHAR-Felder definiert. Das hat den Vorteil, daß die Zifferneingaben ohne weiteres an die bestehende Anzeige angehängt werden können. Zum Rechnen werden die Anzeigen in die entsprechenden P-Variablen X und Y umgesetzt. Das Modul USER_COMMAND_0100 besteht aus einer IF-ELSEIF-Verzweigung, in der die Eingaben in Form des Funktionscodes FCODE verarbeitet werden. Diese Verzweigungsart ist hier besser geeignet als ein CASE, da sie es erlaubt, Gruppen von Eingaben zusammenzufassen. So werden alle Zifferntasten gleichartig behandelt. Für die durch die jeweiligen Tasten ausgelösten Aktionen wurden jeweils Unterprogramme geschrieben. Da es nur wenige globale Daten gibt, wurde gänzlich auf Parameter verzichtet.

Besonders einfach gestaltet sich die Routine ZIFFER_EINGEBEN zur Zifferneingabe. Sie rollt den Inhalt von ANZEIGEX eine Stelle nach links und schreibt die neue Ziffer auf die hinten freiwerdende Stelle. Die Eingabe des Dezimalpunktes in der Form DEZIMALPUNKT_-EINGEBEN verläuft genauso, wobei hier durch einen Test sichergestellt werden muß, daß nicht bereits ein Dezimalpunkt eingegeben wurde. Der Back-Space wird als SHIFT ANZEIGEX RIGHT ohne spezielle Form direkt im Modul behandelt.

Die Eingabe einer Operation setzt den Rechner in einen neuen Status. Dieser ist durch OPERATION <> SPACE gekennzeichnet. ANZEIGEX wird nach ANZEIGE Y kopiert und für die Eingabe des zweiten Operanden gelöscht. Die P-Variable Y wird über die Zuweisung Y = ANZEIGEY gesetzt. Dabei wird die automatische Typkonvertierung CHAR → P genutzt.

Beim Betätigen der „="-Taste soll gerechnet werden – Form RECHNEN. Hier wird zunächst die Variable X aus der Anzeige ermittelt. Dann wird entsprechend der eingegebenen Operation gerechnet. Das Ergebnis steht in X und muß in die Anzeige eingestellt werden.

Hier entsteht ein Problem. Gepackte Zahlen werden bei Konvertierung P → CHAR immer im mit der unter DECIMALS angegebenen Anzahl von Nachkommastellen angegeben. Es soll aber eine Dezimaldarstellung mit variabler Anzahl von Nachkommastellen realisiert werden. Außerdem soll das Vorzeichen nicht wie bei P-Zahlen üblich hinter der Zahl, sondern davor stehen. Das wird in der Form PACKED2CHAR erledigt.

Zuerst wird die P-Zahl X in die lokale CHAR-Variable S konvertiert. Das nachgestellte Vorzeichen wird durch SHIFT RIGHT entfernt. Wenn X negativ ist, wird S nach links gerollt, wobei alle führenden Leerzeichen entfernt werden. Dann wird ein '-' davorgesetzt. Jetzt wird S solange nach rechts gerollt, wie es abschließende Leerzeichen, Nullen oder einen abschließenden Dezimalpunkt gibt.

9.6 Besonderheiten der Bildgestaltung

9.6.1 Dynamische Bildmodifikationen

Im Screen Painter wird der statische Bildaufbau definiert. Die dort angegebenen Feldeigenschaften können bei Bedarf zum Zeitpunkt PBO im Programm dynamisch verändert werden.

Ein typisches, im gesamten R/3 benutztes Beispiel ist die Umschaltung zwischen Anzeige- und Änderungsmodus. Durch eine Nutzeraktion werden zur Laufzeit bestimmte Felder als eingabebereit bzw. als nicht eingabebereit geschaltet. Zu diesem Zweck stellt das System die interne Tabelle SCREEN zur Verfügung, in der die Eigenschaften der Dynprofelder des aktuellen Dynpros eingetragen sind.

Tabelle 9.3: Felder der Systemtabelle SCREEN

Feld	Länge	Typ	Bedeutung
SCREEN-NAME	30	C	Feldname
SCREEN-GROUP1	3	C	Feldgruppe 1
SCREEN-GROUP2	3	C	Feldgruppe 2
SCREEN-GROUP3	3	C	Feldgruppe 3
SCREEN-GROUP4	3	C	Feldgruppe 4
SCREEN-REQUIRED	1	C	Feld Mußeingabe
SCREEN-INPUT	1	C	Feld eingabebereit
SCREEN-OUTPUT	1	C	Ausgabefeld
SCREEN-INTENSIFIED	1	C	Feld helleuchtend
SCREEN-INVISIBLE	1	C	Feld unsichtbar
SCREEN-LENGTH	1	X	Länge des Feldes
SCREEN-ACTIVE	1	C	Feld aktiv

In einer LOOP-Schleife können analog zu normalen internen Tabellen Werte für einzelne Felder bzw. ganze Feldgruppen innerhalb von PBO geändert werden. Typisch wäre folgendes Programmstück, das alle Felder der Gruppe „EING“ über eine Form eingabebereit setzt. Bei Übergabe der Konstante ON werden alle Felder der Gruppe auf nicht aktiv gesetzt.

```
CONSTANTS AN VALUE  '1'
          AUS VALUE '0'.

PERFORM SETZE_EINGABESTATUS USING AN.

FORM SETZE_EINGABESTATUS USING VALUE( STATUS )
LOOP AT SCREEN.
  CHECK SCREEN-GROUP1 = 'EING'.
  SCREEN-INPUT = STATUS.
  MODIFY SCREEN.
ENDLOOP.
ENDFORM.
```

Wichtig ist der Befehl MODIFY, der die Änderungen aus der Kopfzeile in den Tabellenkörper zurückschreibt. Die sonst bei internen Tabellen übliche Form LOOP AT SCREEN WHERE ... ist hier nicht erlaubt.

9.6.2 Table Controls

Table Controls sind komplexe Dynproelemente zur Anzeige und Eingabe tabellenartig strukturierter Daten. Sie haben die in früheren Versionen von R/3 benutzten Step-Loops fast völlig verdrängt.

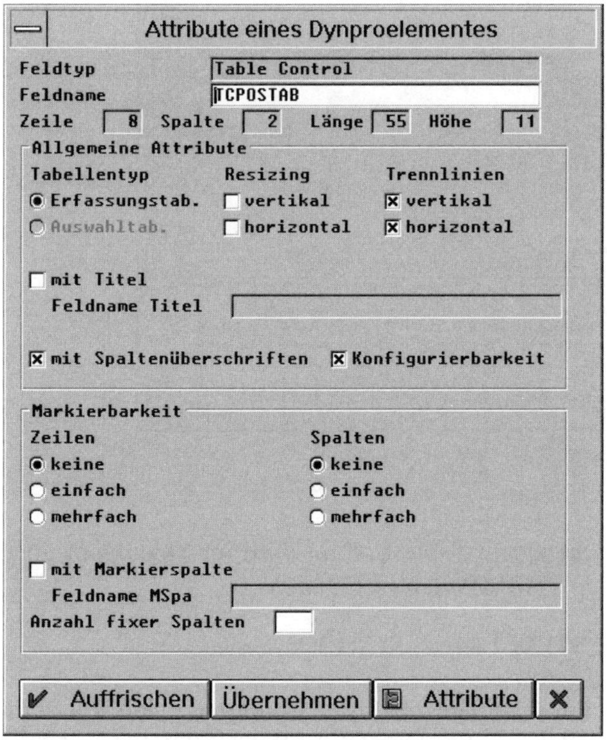

Abb. 9.20: Attribute eines Table Controls im Screen Painter

Table Controls werden auf dem Dynpro angelegt, wobei u. a. folgende Eigenschaften initialisiert werden:

- Anzahl und Breite der Spalten
- Feldbezeichnungen der Spalten
- Überschriften der Spalten

- Zeilenzahl
- Auswählbarkeit von Zeilen
- Gitternetzlinien

Die meisten der Table-Control-Eigenschaften können über eine Datenstruktur, die im Modulpool angelegt wird, auch zur Laufzeit geändert werden. Die in Abbildung 9.21 dargestellte Eingabemaske für die Table-Control-Felder nutzt selbst bereits ein Table Control.

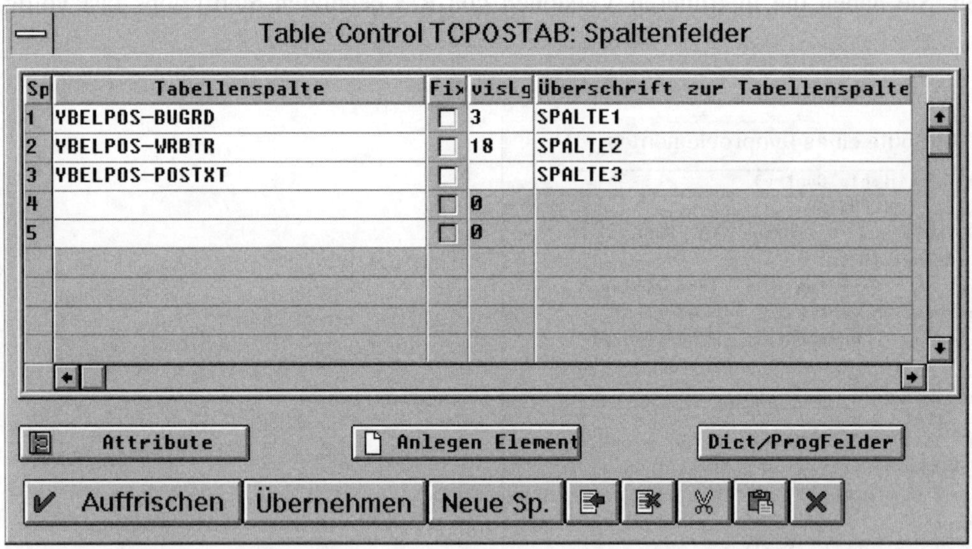

Table Control TCPOSTAB: Spaltenfelder

Sp	Tabellenspalte	Fix	visLg	Überschrift zur Tabellenspalte
1	YBELPOS-BUGRD	☐	3	SPALTE1
2	YBELPOS-WRBTR	☐	18	SPALTE2
3	YBELPOS-POSTXT	☐		SPALTE3
4		☐	0	
5		☐	0	

Attribute | Anlegen Element | Dict/ProgFelder

Auffrischen | Übernehmen | Neue Sp.

Abb. 9.21: Eingabe von Spalten für ein Table Control

Jedes im Screen Painter auf einem Dynpro angelegte Table Control wird im Modulpool über CONTROLS mit einer Datenstruktur vom Typ TABLEVIEW verbunden:

CONTROLS: *ControlName* **TYPE TABLEVIEW USING SCREEN** *ScrNr.*

Der Typ TABLEVIEW enthält alle Zustandsinformationen des Table Control auf dem Bild. Der Typ des Controls wird über einen TYPE-POOL als Struktur CXTAB_CONTROL mit eingebetteter Tabelle COLS vom Typ CXTAB_COLUMN definiert:

```
24.03.1997      Anzeige des Typepools CXTAB                              1
--------------------------------------------------------------------------------
TYPE-POOL CXTAB .

TYPES:
      BEGIN OF CXTAB_COLUMN,
        SCREEN   LIKE SCREEN,      "Attribute der Struktur SCREEN
```

```
    INDEX    TYPE I,              "Spaltenposition (Anzeigereihenfolge)
    SELECTED,                     "Indikator "Spalte selektiert"
    VISLENGTH LIKE ICON-OLENG,"Visualisierte Breite der Spalte
    INVISIBLE,                    "Indikator "Spalte unsichtbar"
  END   OF CXTAB_COLUMN,

  BEGIN OF CXTAB_CONTROL,
    FIXED_COLS     TYPE I, "Anzahl fester Spalten (Führungsspalten)
    LINES          TYPE I, "Anzahl Zeilen (für vertikales Scrollen)
    TOP_LINE       TYPE I, "Erste Zeile bei nächstem PBO
    CURRENT_LINE   TYPE I, "Aktuelle Zeile (innerhalb LOOP/ENDLOOP)
    LEFT_COL       TYPE I, "Erste angezeigte verschiebbare Spalte
    LINE_SEL_MODE  TYPE I, "Zeilenselektion : keine(0), einfach(1),
    COL_SEL_MODE   TYPE I, "Spaltenselektion: mehrfach(2)
    LINE_SELECTOR,         "Indikator: "Zeilenselektion anzeigen"
    V_SCROLL,              "Indikator: "Vertikaler Scrollbalken"
    H_GRID,                "Indikator: "Horizontale Gitterlinie"
    V_GRID,                "Indikator: "Vertikale   Gitterlinie"
    COLS          TYPE CXTAB_COLUMN OCCURS 10,
  END   OF CXTAB_CONTROL.
```

Die wichtigsten Eigenschaften sind TOP_LINE und CURRENT_LINE. Über diese wird der Datenaustausch mit dem Dynpro gesteuert. Man beachte, daß diese Struktur keine Nutzdaten, sondern ausschließlich Zustandsinformationen des Controls enthält. Die Nutzdaten werden meist in einer zusätzlichen internen Tabelle abgelegt.

Leider läßt sich der Feldtransport bei einem Table Control nicht über eine einfache Namensgleichheit zwischen Control-Feldern und Feldern einer internen Tabelle erreichen. In der Ablaufsteuerung werden für den zeilenweisen Feldtransport zusätzliche Schleifenkonstrukte eingeführt:

LOOP AT *Itab* [**WITH CONTROL** *Control*]
[**INTO** *WA*]
[**CURSOR** *ErsteZeile*]
[**FROM** *ITabZeileVon*]
[**TO** *ITabZeileBis*].
MODUL *Modul.*
ENDLOOP.

Die LOOP-Anweisung *muß* sowohl bei PBO als auch bei PAI aufgeführt werden, kann jedoch im Einzelfall leer sein. Abbildung 9.22 zeigt das Zusammenspiel zwischen Ablaufsteuerung mit LOOP-Anweisungen und den entsprechenden ABAP/4-Modulen.

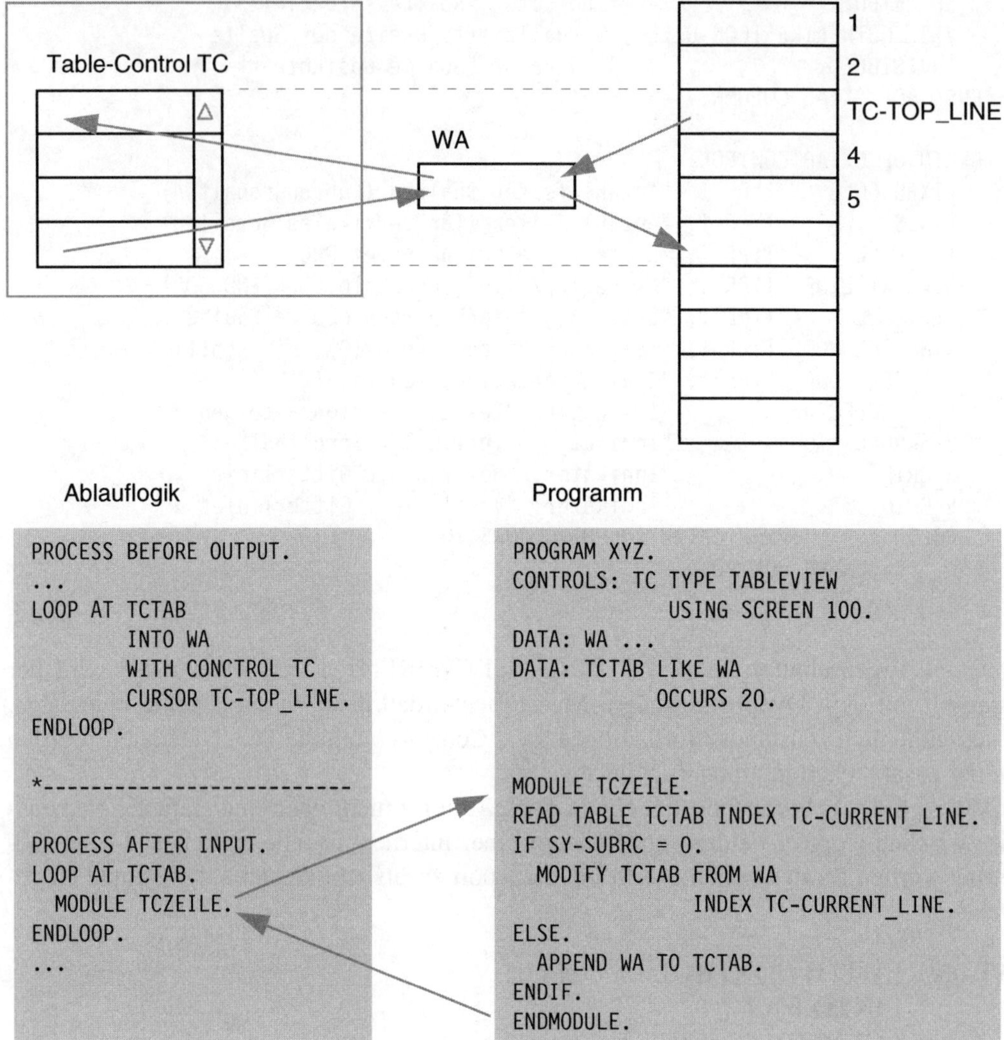

Abb. 9.22: Feldtransport zwischen interner Tabelle TCTAB, Arbeitsbereich WA und Table Control TC

9.7 Beispiel 2: Zwei Table Controls auf einem Dynpro

Es ist möglich, mehrere Table Controls auf einem Dynpro zu plazieren. Ein typischer Anwendungsfall ist die Auswahl von Elementen aus einem Vorrat, wobei unter den ausgewählten Elementen eine Rangfolge angegeben werden soll.

9.7.1 Dynpro als modales Dialogfenster

Abbildung 9.23 zeigt ein modales Dialogfenster zur Partnerauswahl.

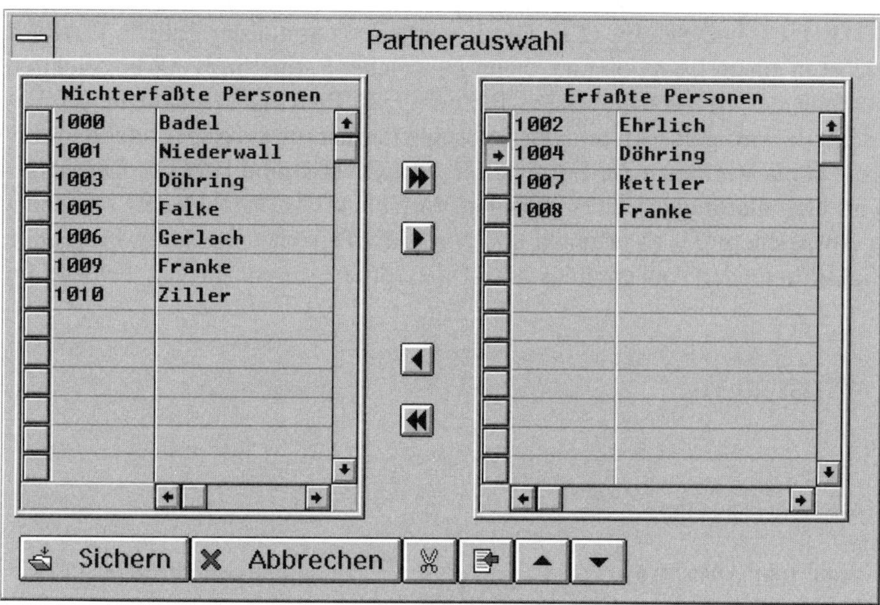

Abb. 9.23: Modales Dialogfenster mit zwei Table Controls

Im linken Control wird der Vorrat an Partnern dargestellt. Über die zwischen den Controls angeordneten Tasten können ausgewählte Felder oder auch alle Felder von einem Control ins andere verschoben werden. Im linken Control können mehrere Zeilen, im rechten nur eine Zeile durch Anklicken ausgewählt werden. Die Reihenfolge innerhalb der erfaßten Personen im rechten Control kann durch Verschieben der ausgewählten Zeile nach oben oder unten verändert werden. Wenn die Menge der erfaßten Personen größer wird als die Zeilenzahl des Controls, kann man besser mit den Tasten *Ausschneiden* und *Einfügen* arbeiten.

9.7.2 Report als Rahmenprogramm

Das Rahmenprogramm YR-09-04 ist als Report ausgelegt. Die Table Controls werden als Variablen CTRL1 und CTRL2 angelegt; ihre Daten werden in den internen Tabellen IPART1 und IPART2 gehalten. Diese haben neben den Feldern von YPARTNER ein Selektionsfeld, in dem im Programm angezeigt wird, ob die Zeile selektiert wurde. Nach Programmstart werden alle Partner in den Arbeitsvorrat IPART1 eingelesen. Mit SET SCREEN 50 wird ein leeres Dynpro gerufen, das als Träger für das modale Dialogfenster 100 dient. Ein direkter Aufruf von Dynpro 100 kann dieses nicht als modales Fenster darstellen. Dynpro 50 hat seinerseits Dynpro 100 als Folgedynpro. Die wesentliche Programmlogik steckt in den Forms. Als Beispiel für eine Form, die auf beide Controls zugreift, wird die Form MOVE_SELECTED_RIGHT betrachtet. Ein

Loop über die interne Tabelle des linken Controls (IPART1) erfaßt entweder alle Zeilen (ALLKZ = „X") oder nur die selektierten Zeilen (SELFIELD NOT INITIAL). Eine so erfaßte Zeile wird nach IPART2 kopiert und mit APPEND an IPART2 angehängt. Danach wird sie aus IPART1 gelöscht.

Die Forms SELECTED_UP und SELECTED_DOWN arbeiten nur auf der Tabelle IPART2. Beide ermitteln zunächst in einem Loop, ob und, wenn ja, welcher Partner in IPART2 selektiert wurde. Die Zeilennummer des zu verschiebenden Partners (SELPARTNER) steht in der Variablen INDEX. Diese Zeile wird gelöscht, und der gelöschte Partner wird darüber oder darunter wieder eingefügt. Ganz ähnlich arbeiten die Forms CUT_SELECTED und PASTE. Der ausgeschnittene Partner wird hier allerdings in einer globalen Variablen (CUTPARTNER) zwischengespeichert. Auf ein Abspeichern der so erfaßten und sortierten Personen wurde im Programm verzichtet. Ein häufig auftretender Anwendungsfall ist die sortierte Auswahl von Feldern für eine Listenanzeige.

```
REPORT YR-09-04 MESSAGE-ID Y1.

TABLES: YPARTNER.

DATA: BEGIN OF IPART1 OCCURS 100,
        SELFIELD.
        INCLUDE STRUCTURE YPARTNER.
DATA: END OF IPART1.

DATA: BEGIN OF IPART2 OCCURS 100,
        SELFIELD.
        INCLUDE STRUCTURE YPARTNER.
DATA: END OF IPART2.

CONTROLS: CTRL1 TYPE TABLEVIEW USING SCREEN 100,
          CTRL2 TYPE TABLEVIEW USING SCREEN 100.

DATA CUTPARTNER LIKE YPARTNER.

SELECT * FROM YPARTNER.
  MOVE-CORRESPONDING YPARTNER TO IPART1.
  APPEND IPART1.
ENDSELECT.
SET SCREEN 50.
*---------------------------------------------------------------------
MODULE STATUS_0100 OUTPUT.
  SET PF-STATUS 'STAT0100'.
  SET TITLEBAR  'TIT' WITH 'Partnerauswahl'.
ENDMODULE.                         " STATUS_0100  OUTPUT
*---------------------------------------------------------------------
MODULE USER_COMMAND_0100 INPUT.
```

```
  CASE SY-UCOMM.
    WHEN 'BACK'. SET SCREEN 0.
    WHEN 'EXIT'. SET SCREEN 0.
    WHEN 'ABEN'. SET SCREEN 0.
    WHEN 'MOVR'. PERFORM MOVE_SELECTED_RIGHT USING SPACE.
    WHEN 'MOVL'. PERFORM MOVE_SELECTED_LEFT USING SPACE.
    WHEN 'ALLR'. PERFORM MOVE_SELECTED_RIGHT USING 'X'.
    WHEN 'ALLL'. PERFORM MOVE_SELECTED_LEFT USING 'X'.
    WHEN 'CUT'.  PERFORM CUT_SELECTED.
    WHEN 'PAST'. PERFORM PASTE.
    WHEN 'DOWN'. PERFORM DOWN_SELECTED.
    WHEN 'UP  '. PERFORM UP_SELECTED.
  ENDCASE.
  LEAVE SCREEN.
ENDMODULE.

*---------------------------------------------------------------------
MODULE INIT_0100 OUTPUT.
  CLEAR SY-UCOMM.
ENDMODULE.
*---------------------------------------------------------------------
FORM MOVE_SELECTED_RIGHT USING ALLKZ.
  LOOP AT IPART1.
    IF ALLKZ <> 'X'.
      CHECK NOT ( IPART1-SELFIELD IS INITIAL ).
    ENDIF.
    CLEAR IPART1-SELFIELD.
    MOVE-CORRESPONDING IPART1 TO IPART2.
    APPEND IPART2.
    DELETE IPART1.
  ENDLOOP.
ENDFORM.
*---------------------------------------------------------------------
FORM MOVE_SELECTED_LEFT USING ALLKZ.
  LOOP AT IPART2.
    IF ALLKZ <> 'X'.
      CHECK NOT ( IPART2-SELFIELD IS INITIAL ).
    ENDIF.
    CLEAR IPART2-SELFIELD.
    MOVE-CORRESPONDING IPART2 TO IPART1.
    APPEND IPART1.
    DELETE IPART2.
  ENDLOOP.
  SORT IPART1 BY PARTNR.
ENDFORM.
*---------------------------------------------------------------------
```

```
MODULE PAI_CTRL1 INPUT.
* CHECK NOT ( IPART1-SELFIELD IS INITIAL ).
  MODIFY IPART1 INDEX CTRL1-CURRENT_LINE.
ENDMODULE.
*---------------------------------------------------------------------
MODULE PAI_CTRL2 INPUT.
* CHECK NOT ( IPART2-SELFIELD IS INITIAL ).
  MODIFY IPART2 INDEX CTRL2-CURRENT_LINE.
ENDMODULE.
*---------------------------------------------------------------------
MODULE PBO_CTRL1 OUTPUT.
*
ENDMODULE.
*---------------------------------------------------------------------
MODULE PBO_CTRL2 OUTPUT.
*
ENDMODULE.
*---------------------------------------------------------------------
MODULE ABEND_0100 INPUT.
  SET SCREEN 0. LEAVE SCREEN.
ENDMODULE.
*---------------------------------------------------------------------
FORM CUT_SELECTED.
  DATA INDEX LIKE SY-TABIX VALUE 0.
  IF NOT ( CUTPARTNER IS INITIAL ).
    IPART1 = CUTPARTNER.
    IPART1-SELFIELD = SPACE.
    APPEND IPART1.
    SORT IPART1 BY PARTNR.
  ENDIF.
  LOOP AT IPART2 WHERE NOT ( SELFIELD IS INITIAL ) .
    CUTPARTNER = IPART2.
    INDEX = SY-TABIX.
    EXIT.
  ENDLOOP.
  IF NOT ( CUTPARTNER IS INITIAL ).
    DELETE IPART2 INDEX INDEX.
  ENDIF.
ENDFORM.
*---------------------------------------------------------------------
FORM PASTE.
  DATA INDEX LIKE SY-TABIX VALUE 0.
  IF NOT CUTPARTNER IS INITIAL.
    MESSAGE S001 WITH 'Nichts einzufügen.'.
    EXIT.
  ENDIF.
```

```
    LOOP AT IPART2 WHERE NOT ( SELFIELD IS INITIAL ) .
      INDEX = SY-TABIX.
      IPART2-SELFIELD = SPACE.
      MODIFY IPART2.
      EXIT.
    ENDLOOP.
    CHECK INDEX > 1.
    INDEX = INDEX - 1.
    INSERT CUTPARTNER INTO IPART2 INDEX INDEX.
ENDFORM.
*---------------------------------------------------------------------
FORM DOWN_SELECTED.
  DATA SELPARTNER LIKE YPARTNER.
  DATA INDEX LIKE SY-TABIX.
  CLEAR: SELPARTNER, SY-TFILL.
  LOOP AT IPART2 WHERE NOT ( SELFIELD IS INITIAL ) .
    SELPARTNER = IPART2.
    INDEX = SY-TABIX.
  ENDLOOP.
  DESCRIBE TABLE IPART2 LINES SY-TFILL.
  IF NOT ( SELPARTNER IS INITIAL ).
    CHECK INDEX < SY-TFILL.
    DELETE IPART2 INDEX INDEX.
    INDEX = INDEX + 1.
    INSERT SELPARTNER INTO IPART2 INDEX INDEX.
  ENDIF.
ENDFORM.
*---------------------------------------------------------------------
FORM UP_SELECTED.
  DATA SELPARTNER LIKE YPARTNER.
  DATA INDEX LIKE SY-TABIX.
  CLEAR SELPARTNER.
  LOOP AT IPART2 WHERE NOT ( SELFIELD IS INITIAL ) .
    SELPARTNER = IPART2.
    INDEX = SY-TABIX.
  ENDLOOP.
  IF NOT ( SELPARTNER IS INITIAL ).
    CHECK INDEX > 1.
    DELETE IPART2 INDEX INDEX.
    INDEX = INDEX - 1.
    INSERT SELPARTNER INTO IPART2 INDEX INDEX.
  ENDIF.
ENDFORM.
*--------------------------------------------------------------------*
MODULE USER_COMMAND_0050 INPUT.
  CALL SCREEN 100 STARTING AT 10 5.
```

```
  SET SCREEN 0. LEAVE SCREEN.
ENDMODULE.
*---------------------------------------------------------------------
MODULE STATUS_0050 OUTPUT.
  SY-UCOMM = 'ONLI'.
ENDMODULE.                              " STATUS_0050  OUTPUT
*---------------------------------------------------------------------
```

9.7.3 Ablaufsteuerung

Die Ablaufsteuerung ist einfach. Sie enthält zum Zeitpunkt PBO für jedes Control einen Loop über die zugeordnete interne Tabelle, wobei als Offset der Wert CTRLX-TOP_LINE benutzt wird. Bei PAI werden wieder Loops in derselben Reihenfolge notiert. Die aufgerufenen Module PAI_CTRL1 und PAI_CTRL2 übernehmen die geänderten Tabelleninhalte ins Programm.

```
PROCESS BEFORE OUTPUT.
  MODULE STATUS_0100.
  LOOP AT IPART1 WITH CONTROL CTRL1 CURSOR CTRL1-TOP_LINE.
    MODULE PBO_CTRL1.
  ENDLOOP.
  LOOP AT IPART2 WITH CONTROL CTRL2 CURSOR CTRL2-TOP_LINE.
    MODULE PBO_CTRL2.
  ENDLOOP.
  MODULE INIT_0100.

PROCESS AFTER INPUT.
  MODULE ABEND_0100 AT EXIT-COMMAND.
  LOOP AT IPART1. " WITH CONTROL CTRL1.
    MODULE PAI_CTRL1.
  ENDLOOP.
  LOOP AT IPART2. " WITH CONTROL CTRL1.
    MODULE PAI_CTRL2.
  ENDLOOP.
  MODULE USER_COMMAND_0100.
```

9.8 Datenbankoperationen

Das in Kapitel 9.5 vorgestellte Taschenrechnerprogramm dient ausschließlich der Ermittlung und Anzeige von Rechenergebnissen. Es beinhaltet keine Zugriffe auf die Datenbank. Die meisten Dialogprogramme greifen jedoch lesend und schreibend mittels Open SQL auf die Datenbank zu.

Dabei stellen die Datenbankänderungen (Aktualisierungen) das schwierigste Problem dar. Ausgangspunkt der Überlegungen ist die Tatsache, daß eine Transaktion bei der Bearbeitung mehrerer Dynpros ggf. mehrfach den Workprozeß wechseln kann. Jeder Wechsel ist mit einem automatischen Datenbank-COMMIT verbunden. Dies bedeutet, daß alle Datenbankänderungen (INSERT, DELETE, MODIFY, UPDATE), die im PAI eines Dynpros ohne weitere Zusätze erfolgen, sofort festgeschrieben werden. Das gilt auch dann, wenn Dynpro und Folgedynpro übereinstimmen. Die Freigabe des Workprozesses nach jedem Bildwechsel ist für die optimale Systemauslastung wichtig, sie erschwert aber eine sinnvolle Aktualisierung über Bildgrenzen hinweg. Typisch für Dialogtransaktionen ist es nämlich, daß Daten in mehreren Bildern gesammelt und erst am Schluß gemeinsam nach dem Prinzip „Alles oder nichts" gespeichert werden.

Ein Beispiel ist eine Transaktion zur Anlage von Partnerdaten, die mehrere Bilder (100 = Allgemeine Daten, 200 = Adressen, 300 = Bankverbindungen) verwendet. Ein Speichern macht erst dann Sinn, wenn alle Bilder durchlaufen und vollständig ausgefüllt wurden. Ein Speichern der allgemeinen Daten, der Adresse oder der Bankdaten allein ist nicht sinnvoll. Im weiteren werden Lösungsmöglichkeiten für den geschilderten Konflikt dargestellt.

9.8.1 Inline-Aktualisierung

Die einfachste Methode besteht darin, alle zu aktualisierenden Daten über Bildgrenzen hinweg in Strukturen bzw. internen Tabellen zu sammeln und an einer einzigen Stelle am Ende der Transaktion geschlossen zu speichern. Es kann nicht schaden, an dieser Stelle ein explizites COMMIT WORK zu setzen. Im Fehlerfall kann mit einem ROLLBACK WORK wieder ein konsistenter Zustand hergestellt werden. In diesem Zusammenhang ist der Befehl

INSERT *Tabelle* **FROM TABLE** *Itab* **ACCEPTING DUPLICATE KEYS.**

hervorzuheben. Er ist performanter als ein einzelnes INSERT innerhalb eines Loops über die interne Tabelle. Der Zusatz ACCEPTING DUPLICATE KEYS verhindert mögliche Laufzeitfehler bei mehrfach auftretenden Schlüsseln.

9.8.2 Gebündelte Aktualisierung mit PERFORM ON COMMIT

Bei diesem Verfahren werden die in den einzelnen Bildern ggf. erforderlichen Aktualisierungen jeweils in einer Form zusammengefaßt, die mit dem Zusatz ON COMMIT aufgerufen wird. Solche Aufrufe bewirken zunächst nur ein Vormerken der Forms für die Aktualisierung beim nächsten COMMIT WORK. Dieses sollte genauso wie bei der Inline-Aktualisierung am Ende der Task nach dem Befehl *Speichern* oder *Sichern* stehen. Forms mit ON COMMIT dürfen selbst kein COMMIT WORK oder ROLLBACK WORK enthalten. Die Reihenfolge der Abarbeitung der vorgemerkten Forms entspricht der Reihenfolge ihres Aufrufs. Mit dem Zusatz LEVEL kann man die Reihenfolge explizit ändern. Aktualisierungen mit ON COMMIT laufen immer synchron ab, d. h., daß der Befehl nach COMMIT WORK erst nach erfolgter Aktualisierung durchlaufen wird.

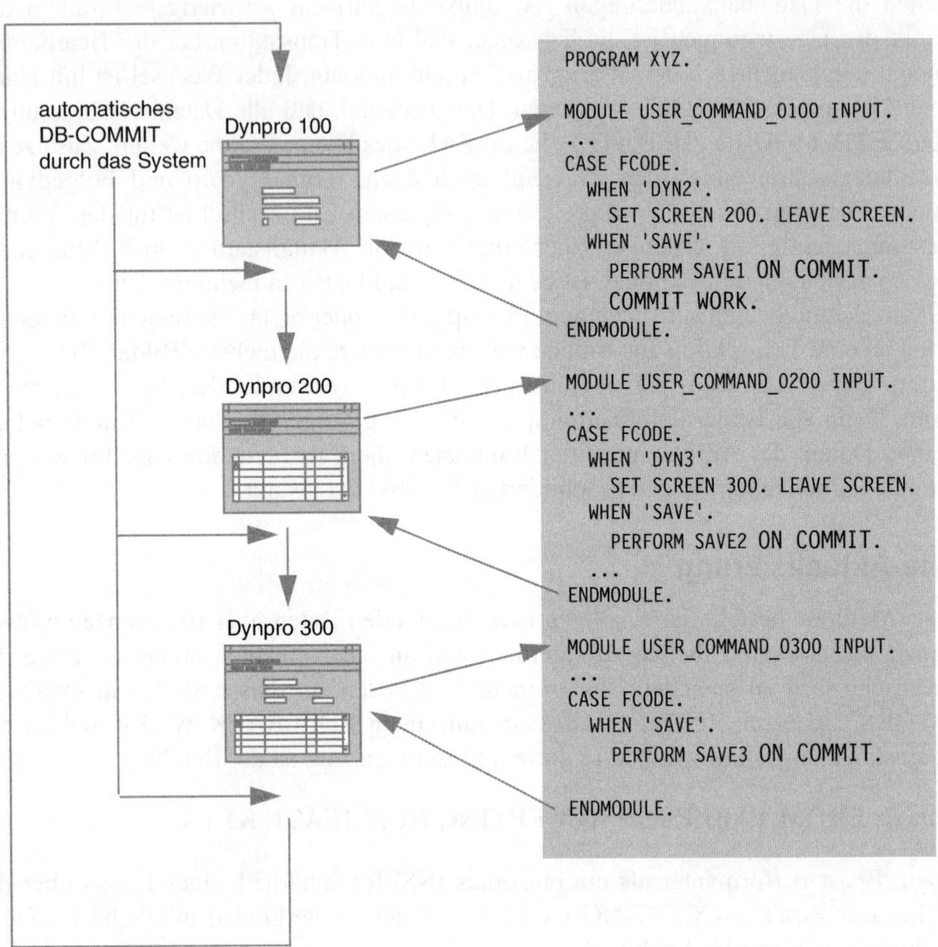

Abb. 9.24: Aktualisierung mit ON COMMIT

Abbildung 9.24 zeigt eine konkrete Bildfolge (100 → 200 → 300 → 100), bei der das COMMIT WORK im ersten Bild stattfindet, nachdem die Bilder 200 und 300 ebenfalls durchlaufen wurden.

An Unterprogramme, die mit ON COMMIT aufgerufen werden, können keine Parameter übergeben werden. Sie müssen globale Daten oder EXPORT TO MEMORY nutzen. Besonders bei globalen Daten ist dabei zu beachten, daß sich deren Werte zwischen Aufrufzeitpunkt (Vormerkung) und Ausführungszeitpunkt (COMMIT WORK) ändern können, was zu unerwünschten Ergebnissen führen kann.

9.8.3 Gebündelte Aktualisierung mit PERFORM IN UPDATE TASK

Umfangreiche Aktualisierungen der Datenbank (Verbuchungen) können über spezielle Funktionsbausteine in der Form

CALL FUNCTION *Funktion* **IN UPDATE TASK EXPORTING** *Exportliste.*

angestoßen werden. Die Verbuchungsbausteine müssen in der Bibliothek entsprechend gekennzeichnet werden. Die Bausteinnamen werden mit den Aufrufparametern in entsprechenden Protokolltabellen abgelegt. Diese werden üblicherweise asynchron von speziellen Verbuchern abgearbeitet. Der Start der asynchronenVerarbeitung wird mit COMMIT WORK ausgelöst. Das Programm wird danach fortgesetzt, ohne auf das Ergebnis der Verbuchung zu warten. Im Sonderfall kann über den Zusatz AND WAIT eine Synchronisation erzwungen werden.

Wegen der asynchronen Arbeitsweise kann ein Verbuchungsbaustein keine Parameter an den Aufrufer exportieren, da dieser im Moment der Verbuchung u. U. nicht mehr läuft. Entsprechendes gilt für Ausnahmen, die der Aufrufer ebenfalls nicht auswerten könnte. Man beachte, daß sich die oben angegebene Bezeichnung EXPORTING auf den Aufrufer bezieht und die vom Baustein *importierten* Parameter kennzeichnet.

9.8.4 Gebündelte Aktualisierung mit PERFORM IN BACKGROUND TASK

Mit einem Aufruf der Form

PERFORM *Funktion* **IN BACKGROUND TASK DEST** *RemoteHost.*

können asynchrone Verbuchungen auf entfernten Rechnersystemen angestoßen werden. Die Funktionsaufrufe werden wie bei der normalen Verbuchung zusammen mit den Parameterwerten in Protokolltabellen gesammelt und bei COMMIT WORK via RFC (s. Kap. 13) an das Remote-System übergeben.

9.9 Beispiel 3: Buchungstransaktion

Es wird eine einfache Buchungstransaktion mit den folgenden Eigenschaften vorgestellt:

- Einzel-Mehrsatz-Belegerfassung auf *einem* Bild
- Positionsdaten in einem Table Control
- Datenbankupdate mit interner Nummernvergabe
- Sperrlogik für bebuchtes Konto

9.9.1 Dialog

Abbildung 9.25 zeigt das Bild des Buchungsdialoges. In den Kopffeldern werden die Elemente eines Belegkopfes YBELKPF erfaßt. Die Belegnummer wird nicht eingegeben, sondern vom System beim Speichern generiert.

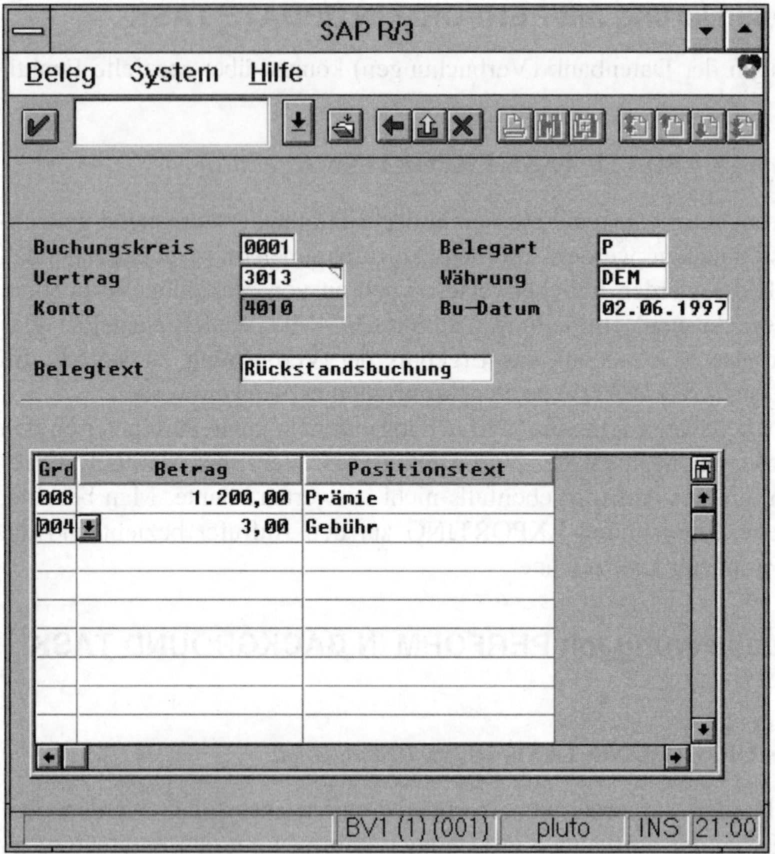

Abb. 9.25: Buchungstransaktion mit Table View

Das Table Control enthält die Positionsdaten entsprechend YBELPOS. Es können beliebig viele Positionen eingegeben werden.

Buchungskreis, Buchungsdatum und Währung werden vorbelegt, können aber überschrieben werden. Für die Belegart existiert eine Eingabehilfe über F4. Die Vertragsnummern können über das in Kapitel 4 beschriebene Matchcode-Objekt ermittelt werden. Da jedem Vertrag genau ein Konto zugeordnet ist, wird die Kontonummer selbst nicht eingegeben, sondern nach Eingabe der Vertragsnummer bei Datenfreigabe (ENTER) dazugelesen. In die Tabelle können beliebig viele Positionen eingegeben werden. Der Befehl *Beleg/Buchen* führt eine gebündelte Inline-Aktualisierung des gesamten Belegs mit anschließendem COMMIT WORK durch.

9.9.2 Modulpool

Der Modulpool definiert als globale Daten zunächst die benötigten Datenbanktabellen. Der Tabellenarbeitsbereich YBELKPF ist dabei über die entsprechenden Feldnamen mit den Kopffeldern des Dynpros verbunden. Die Positionen des Belegs werden vom ABAP/4-Programm in einer internen Tabelle POSTAB erfaßt. Diese hat die Struktur YBELPOS. Als Gegenstück zum Table View auf dem Bild wird im Programm die Variable TCPOSTAB vom Typ CONTROLS angelegt.

```
PROGRAM  YM-09-03 MESSAGE-ID YO.
TABLES: YBELKPF, YBELPOS, YVERTRAG, YKONTO.

CONTROLS: TCPOSTAB TYPE TABLEVIEW USING SCREEN 100.
DATA:     POSTAB LIKE YBELPOS OCCURS 5 WITH HEADER LINE.
DATA:     FCODE(4).
DATA:     BELNR LIKE YBELKPF-BELNR.
*---------------------------------------------------------------------*
MODULE PBO_0100 OUTPUT.
  SET PF-STATUS 'ST0100'.
  YBELKPF-BUKRS = '0001'.
  YBELKPF-BUDAT = SY-DATUM.
  YBELKPF-WAERS = 'DEM'.
  IF YBELKPF-VERTNR NE SPACE AND YBELKPF-KONTNR EQ SPACE.
    SELECT SINGLE * FROM YVERTRAG WHERE VERTNR = YBELKPF-VERTNR.
    IF SY-SUBRC = 0.
      YBELKPF-KONTNR = YVERTRAG-KONTNR.
      CALL FUNCTION 'ENQUEUE_EYKONTO'
           EXPORTING
                KONTNR         = YBELKPF-KONTNR
           EXCEPTIONS
                FOREIGN_LOCK   = 1
                SYSTEM_FAILURE = 2
                OTHERS         = 3.
      IF SY-SUBRC = 1.
        MESSAGE S024 WITH YBELKPF-KONTNR YVERTRAG-VERTNR SY-MSGV2.
        YBELKPF-KONTNR = 0.
        SET SCREEN 100. LEAVE SCREEN.
      ENDIF.
    ENDIF.
  ENDIF.
ENDMODULE.                               " PBO_0100  OUTPUT
*---------------------------------------------------------------------
MODULE PAI_0100 INPUT.
  READ TABLE POSTAB INDEX TCPOSTAB-CURRENT_LINE.
  IF SY-SUBRC = 0.
    MODIFY POSTAB FROM YBELPOS INDEX TCPOSTAB-CURRENT_LINE.
  ELSE.
    APPEND YBELPOS TO POSTAB.
  ENDIF.
ENDMODULE.                               " PAI_0100  INPUT
```

```
*---------------------------------------------------------------------*
MODULE USER_COMMAND_0100 INPUT.
  CASE FCODE.
    WHEN 'EXIT'.
      set screen 0.
      leave screen.
    WHEN 'BUCH'.
      CALL FUNCTION 'Y_BUCHEN_BELEG'
           IMPORTING
                E_BELNR             = BELNR
           TABLES
                T_YBELPOS           = POSTAB
           CHANGING
                C_YBELKPF           = YBELKPF
           EXCEPTIONS
                FEHLER_NUMMERNKREIS = 1
                OTHERS              = 2.
      IF SY-SUBRC = 0.
        COMMIT WORK.
        MESSAGE S022 WITH BELNR.
        CALL FUNCTION 'DEQUEUE_EYKONTO'
             EXPORTING
                  KONTNR = YBELKPF-KONTNR
             EXCEPTIONS
                  OTHERS = 1.
      ELSE.
        MESSAGE ID SY-MSGID TYPE SY-MSGTY  NUMBER SY-MSGNO
                   WITH SY-MSGV1 SY-MSGV2 SY-MSGV3 SY-MSGV4.
      ENDIF.
    WHEN OTHERS.
  endcase.
ENDMODULE.                          " USER_COMMAND_0100  INPUT
*---------------------------------------------------------------------*
```

9.9.3 Ablaufsteuerung

In der Ablaufsteuerung werden die Module PBO_0100, PAI_0100 und USER_COMMAND_-0100 verwendet. Eine Besonderheit stellen die LOOP-ENDLOOP-Schleifen dar, die dem Datenaustausch mit dem Table View TCPOSTAB dienen. Dieser wird im Screen Painter als eigenständiges, zusammengesetztes Element angelegt. Als Spaltennamen werden die DDIC-Bezeichnungen YBELPOS-BUGRD, YBELPOS-BETRW usw. benutzt. Nur so kann man entsprechende Eingabehilfen nutzen. Der Loop in PROCESS BEFORE OUTPUT läuft über die im Modulpool angegebene interne Tabelle POSTAB. Er lädt sie satzweise in den Tabellenarbeitsbereich YBELPOS, über den der automatische Feldtransport zu einer Zeile des Table View erfolgt.

```
PROCESS BEFORE OUTPUT.
MODULE PBO_0100.
LOOP AT POSTAB INTO YBELPOS
   CURSOR TCPOSTAB-TOP_LINE WITH CONTROL TCPOSTAB.
ENDLOOP.

PROCESS AFTER INPUT.
LOOP AT POSTAB.
  MODULE PAI_0100.
ENDLOOP.
MODULE USER_COMMAND_0100.
```

9.10 Transaktionsmanager für komplexe Geschäftsvorfälle

9.10.1 Konzept

Bearbeitung komplexer Geschäftsvorfälle mit R/3-Standard-Transaktionen
In vielen Branchen (Finanzdienstleister, Industrie, öffentliche Verwaltung, Medizinische Einrichtungen) treten komplexe und sehr fachspezifische Geschäftsvorfälle (GVF) auf. Die Anforderungen der Anwender an die effektive Bearbeitung solcher GVF können gegenwärtig durch das SAP-R/3-System nur teilweise erfüllt werden. Mit dem universellen Ansatz einer Standard-Software sind extrem fachspezifische Anforderungen schlecht vereinbar. Um einen komplexen GVF im R/3-System zu bearbeiten, müssen üblicherweise mehrere SAP-Transaktionen mit jeweils mehreren Dialogmasken abgearbeitet werden. Eine SAP-Transaktion kann immer nur ganz oder gar nicht abgearbeitet werden. Ein Zwischenspeichern (Vorerfassen) der Daten ist nicht vorgesehen. Im nachhinein ist eine Zuordnung der Transaktionsergebnisse zu konkreten Geschäftsvorfällen nicht oder nur schwer möglich. Zusätzliche Definitionen von fachlichen Regeln oder Verprobungen werden durch die SAP-Standardtransaktionen nicht ausreichend unterstützt.

Zusammenfassend kann für die Bearbeitung komplexer, fachspezifischer Geschäftsvorfälle im SAP/R3-System folgendes festgehalten werden:

- hoher Erfassungsaufwand bei der Bearbeitung der Geschäftsvorfälle
- keine fachspezifischen Prüfungen im System und eine daraus resultierende hohe Fehlerhäufigkeit
- mangelhafte Möglichkeiten bei der Verwaltung komplexer Geschäftsvorfälle
- aufwendige Einbindung externer Systeme.

Diese unbefriedigende Situation war Anlaß zur Entwicklung einer Software, die es ermöglichen sollte, die genannten Defizite des SAP/R3-Systems zu kompensieren und eine effiktive Geschäftsvorfallbearbeitung zu gewährleisten.

Ziele der Entwicklung des Transaktionsmanagers
Folgende Ziele sollten mit der Entwicklung des Transaktionsmanagers erreicht werden:

- wesentlich geringerer Aufwand bei der Erfassung komplexer Geschäftsvorfälle
- deutliche Vereinfachung des Erfassungsprozesses für die Bearbeiter
- Reduzierung von Erfassungsfehlern
- transparente Verwaltung der Geschäftsvorfälle
- Unterstützung externer Schnittstellen zu Alt- oder Fremdsystemen.

Erste Ergebnisse
Das folgende Beispiel stammt aus einer großen Schweizer Versicherung. Der hier beschriebene Transaktionsmanager läuft in diesem Unternehmen unter R/3, Release 3.xx. Er wird bei der o. g. Versicherung wie folgt eingesetzt:

- produktiver Einsatz seit 1.1.97
- 37 unterschiedliche GVF-Arten wurden modelliert
- Implementierungsaufwand je GVF-Art: ca. 5 Tage
- 12.000 Geschäftsvorfälle pro Monat
- externe Schnittstellen (RFC) zu verschiedenen Altsystemen.

Folgende Ergebnisse konnten bisher erzielt werden:

- Zeitersparnis gegenüber der Verwendung von SAP-Standard-Transaktionen beträgt durchschnittlich 70%, im Einzelfall über 80%
- hohe Akzeptanz des Produkts sowohl in den Fachabteilungen als auch in der Informatik
- deutlich geringere Anforderungen an die Bearbeiter der Geschäftsvorfälle
- wesentlich geringere Fehlerquoten gegenüber der Verarbeitung durch Standardtransaktionen
- vollständige Einhaltung buchhalterischer Grundsätze (z. B. Vieraugenprinzip).

An einem konkreten Geschäftsvorfall sollen diese Ergebnisse verdeutlicht werden.

Der Geschäftsvorfall „Dienstaustritt“ des Unternehmens würde bei traditioneller Bearbeitung des Geschäftsvorfalls vom Bearbeiter die Abarbeitung der folgenden SAP-Standardtransaktionen erfordern:

1. FK01: Anlegen eines Kreditors
2. FB02: Bearbeitung eines Buchungsbeleges zur Erfassung der notwendigen Buchungen des Geschäftsvorfalls
3. ZUMI: Erfassen von Zusatzinformationen für den Zahlungsverkehr (kundenspezifische Transaktion)

Allein für das Erfassen der notwendigen Buchungen des Beleges müßten für diesen Geschäftsvorfall vom Bearbeiter insgesamt 85 (!) SAP-Standard-Dynpros durchlaufen werden.

Dieser Geschäftsvorfall wird derzeit parallel in einem Altsystem erfaßt und in das SAP/R3-System via RFC übernommen. Bei der Übernahme wird der Geschäftsvorfall vervollständigt und gegen das SAP/R3-System und diverse fachspezifische Regeln verprobt. Die Anzahl der zu übernehmenden externen Geschäftsvorfälle beträgt derzeit ca. 300 GVF pro Tag.

Für diesen Geschäftsvorfall konnte der effektive Aufwand für die Bearbeitung eines Vorfalls auf 25% des herkömmlichen Aufwandes gesenkt werden.

Erreicht wurde dieses Ergebnis durch die konsequente Umsetzung folgender Anforderungen bei der Realisierung des Transaktionsmanagers:

- komfortable, geschäftsprozeßorientierte Datenerfassung mit minimiertem Aufwand
- Unterstützung der Datenerfassung durch Defaultbelegungen und fachspezifische Verarbeitungsregeln
- Möglichkeiten der Speicherung unvollständiger Arbeitsstände
- kompakte, transaktionsgesteuerte Verarbeitung vollständig erfaßter GVF
- Monitoring zur Verfolgung verschiedener Bearbeitungsstati der GVF
- einfache Definition und Einbindung neuer GVF-Arten
- Unterstützung externer Schnittstellen

Die durchgängige Anwendung des Transaktionsmanagers birgt ein erhebliches Rationalisierungspotential. Der einmalige erhöhte Implementierungsaufwand für neue Geschäftsvorfallarten wird bereits nach einigen Wochen durch die Einsparung an Bearbeitungszeit ausgeglichen.

Lösungsansatz – Metatransaktionen und Transaktionsmanager

Ziel der Entwicklung des Transaktionsmanagers war es, komplexe Geschäftsvorfälle unternehmensspezifisch im SAP-R/3 System abzubilden, um so eine effektive und möglichst fehlerfreie Bearbeitung dieser Geschäftsvorfälle zu ermöglichen. Der Transaktionsmanager faßt mehrere SAP-R/3-Standardtransaktionen zu einer geschäftsvorfallbezogenen Verarbeitungseinheit zusammen (Metatransaktion) und entlastet den Anwender von der aufwendigen Abarbeitung vieler Einzeldynpros.

Auf einem GVF-Formular werden alle für den Geschäftsvorfall relevanten Daten erfaßt. Dabei ist unter einem GVF-Formular eine spezifisch an den jeweiligen Geschäftsvorfall angepaßte Dialogtransaktion zu verstehen. Die Gestaltung des Formulars ist vollkommen unabhängig von den auszuführenden SAP-R/3-Standardtransaktionen. Bei komplexen Geschäftsvorfällen ist die Implementierung mehrerer Formularmasken mit einer an den Geschäftsvorfall angepaßten übergreifenden Maskenlogik möglich.

Um den Aufwand für die Erstellung des Formulars so gering wie möglich zu halten, wurde die gesamte Formularlogik (Einlesen des GVF, Speichern, Blättern usw.) geschäftsvorfallunabhängig implementiert. Diese Verfahrensweise beschränkt den Aufwand bei der Implementierung neuer Formularmasken auf das Design einer neuen Oberfläche und die Anpassung der benutzten Datenstrukturen (Substrukturen).

Eine der Hauptanforderungen an den Transaktionsmanager war, daß im GVF-Formular alle Verprobungen der Standardtransaktionen des SAP-R/3-Systems durchgeführt werden. Diese Anforderung wird durch das Einbinden der Datenelemente der SAP-Standardtransaktionen in die Formulardatenstrukturen erfüllt. Mit Hilfe der Regellogik des Transaktionsmanagers ist es möglich, im GVF-Formular und bei der späteren Übernahme des Geschäftsvorfalls in den SAP-Standard, eingegebene Daten zu konvertieren, sie zu plausibilisieren, Daten aus dem SAP-System zu selektieren oder die Ablauflogik der Standardtransaktionen des SAP-Systems zu beeinflussen.

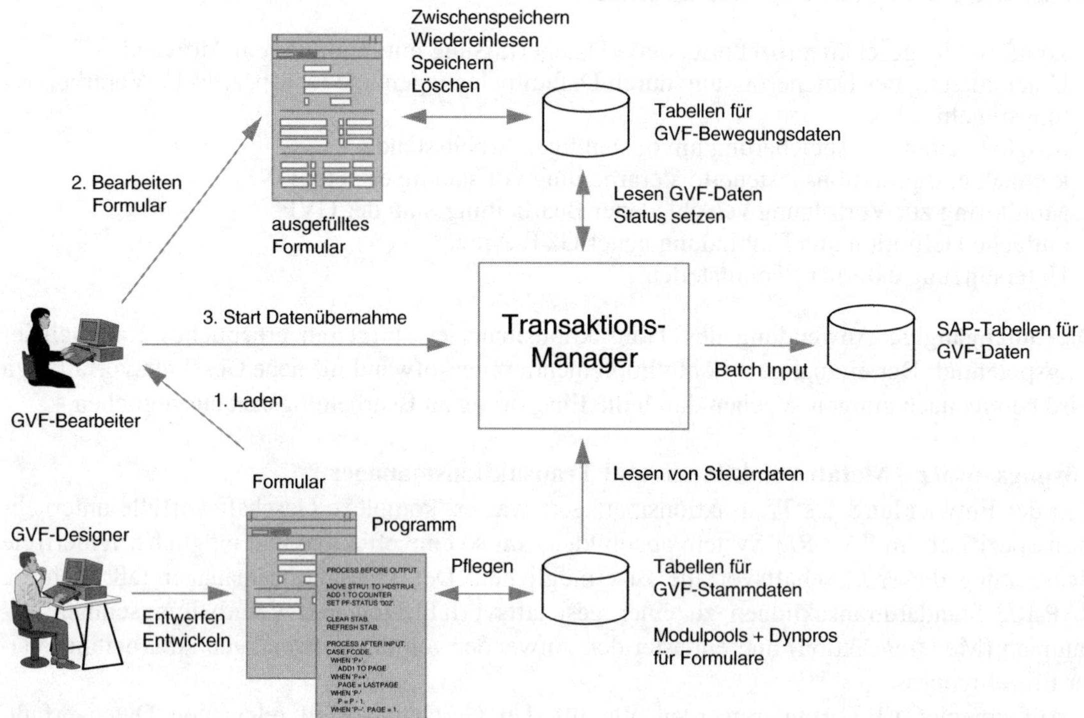

Abb. 9.26: Funktionsprinzip des Transaktionsmanagers

Außerdem können eigene fachliche Regeln für die Verarbeitung von GVF-Formularen definiert werden. Diese Verfahrensweise und die Möglichkeit, alle GVF-Formulare geschäftsvorfallbezogen und sprachabhängig über eine Defaultbelegung zu initialisieren, erlauben dem Anwender eine effektive Bearbeitung der Geschäftsvorfälle.

Die mit den Formularen erfaßten Daten können wahlweise in geschäftsvorfallunabhängigen Belegtabellen gespeichert und später durch den Aufruf von SAP-R/3-Standardtransaktionen im R3-System verarbeitet werden.

Für die Übernahme der Daten in das SAP-R/3-System nutzt der Transaktionsmanager die standardisierten BDC-Schnittstellen des SAP-R/3-Systems. Derzeit werden folgende Schnittstellen unterstützt:

- Übernahme der Daten aus der Belegdatenbank mittels Batch-Input-Mappen
- Direkter Aufruf der SAP-Standardtransaktionen (Call Transaktion)

Aus den Steuertabellen des Transaktionsmanagers werden die für den jeweiligen Geschäftsvorfall abzuarbeitenden SAP-R/3-Transaktionen ermittelt. Aus den Formulartabellen werden die Formulardaten gelesen und seiten- und subpositionsweise abgearbeitet. Der Transaktionsmanager wurde in drei grundlegende Komponentengruppen gegliedert:

- GVF-spezifische Komponenten
- GVF-übergreifende Komponenten
- SAP-spezifische Komponenten

Zu den GVF-spezifischen Komponenten gehören die Formularmasken und die spezielle GVF - Regellogik, nach denen der Geschäftsvorfall be- und verarbeitet werden soll.

Unter übergreifenden Komponenten sind Routinen zu verstehen, die in ihrer Funktionalität sowohl unabhängig von den einzelnen Geschäftsvorfällen als auch unabhängig vom Standard SAP-R/3 sind (z. B. Datenbankroutinen, Mehrfachbelegverarbeitung usw.).

Die SAP-spezifischen Komponenten sind jene Teile des Transaktionsmanagers, die für den Zugriff auf die Standardtransaktionen des SAP-R/3-Systems benötigt werden.

Durch diese bewußte Teilung der Funktionalität des Transaktionsmanagers wird eine gute Anpaßbarkeit und Wartbarkeit des Transaktionsmanagers erreicht. Ändert sich ein Geschäftsvorfall, so sind nur die Formularmasken und die entsprechenden GVF-Regeln anzupassen. Das gleiche gilt für Weiterentwicklungen im Standard des SAP-R/3-Systems. Bei Änderungen im SAP-R/3 sind nur die SAP-spezifischen Komponenten des Transaktionsmanagers zu modifizieren.

9.10.2 Datenmodell des Transaktionsmanagers

Der Transaktionsmanager arbeitet tabellengesteuert. Alle Tabellen werden als transparente Tabellen in R/3 abgelegt. Abbildung 9.27 zeigt das SAP-SERM-Modell des Transaktionsmanagers.

Stammdaten

In der Tabelle „Geschäftsvorfall" werden zu allen Arten von Geschäftsvorfällen folgende Informationen abgelegt:

- GVF-Nummer = Transaktionscode der Metatransaktion = Formulärart
- Beschreibungen des GVF
- Festwerte für Kopffelder (Buchungskreis, Belegart)
- Dynpronummer und Modulpool der Formularoberfläche
- Änderungsdatum

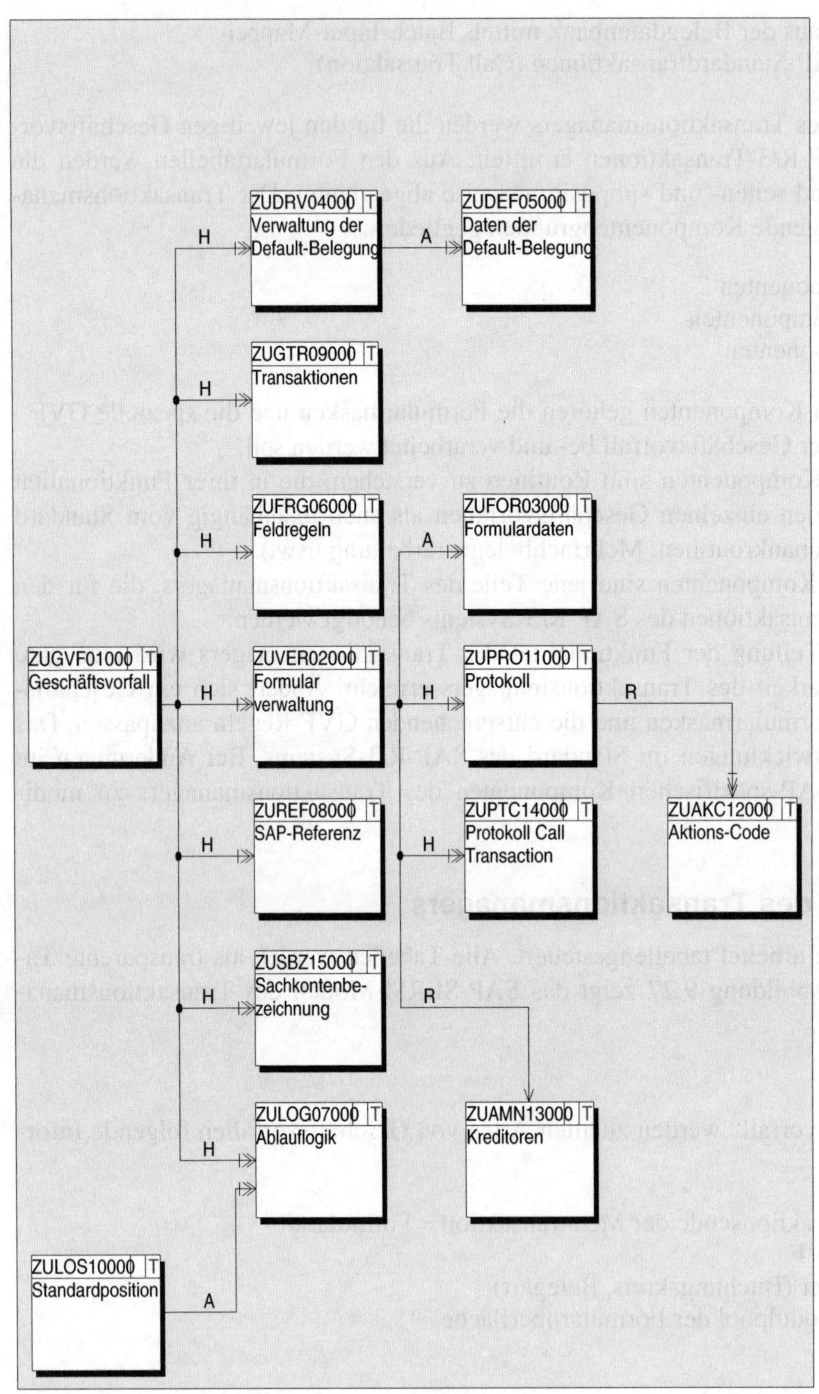

Abb. 9.27: SAP-SERM-Modell des Transaktionsmanagers

In der Tabelle „Transaktionen“ werden alle bei der Verarbeitung eines GVF gerufenen SAP-Transaktionen in der entsprechenden Reihenfolge erfaßt:

- GVF-Nummer
- Laufende Transaktionsnummer
- Transaktionscode
- Transaktionsbezeichnung

In der Tabelle „SAP-Referenz“ werden für jede SAP-Transaktion die zu durchlaufenden Bearbeitungschritte (Dynpros) notiert. Ein Bearbeitungsschritt entspricht einem Dynpro, dessen Nummer ebenfalls angegeben wird. Alle auf dem Dynpro auszufüllenden Felder erhalten eine Referenz auf ein entsprechendes Formularfeld. Die Verarbeitungsart gibt an, ob das Feld evtl. einen Festwert enthalten soll oder nicht.

- GVF-Nummer
- Laufende Transaktionsnummer
- Positionsnummer der Transaktion
- Formularfeld
- SAP-Feld
- Verarbeitungsart
- Feldwert

Bewegungsdaten = Formulardaten
Die Formulare werden über normale SAP-Transaktionscodes gestartet und ausgefüllt. Die Verwaltungsdaten eines Formulars werden in der Tabelle „Formularverwaltung“ erfaßt:

- GVF-Nummer
- Laufende Formularnummer
- Bearbeiter
- Belegdatum
- Buchungsdatum

Die zugehörigen Positionsdaten der Formulare stehen in der Tabelle „Formulardaten“.

- GVF-Nummer
- Laufende Formularnummer
- Sub-Position im Formular
- Strukturname der Sub-Position im Formular
- Strukturlänge
- Strukturdaten

Zu einem ausgefüllten Formular werden so viele Zeilen abgelegt wie es unterschiedliche Strukturen in diesem Formular gibt. Alle Daten einer Struktur werden in nicht interpretierter Form als CHAR-String abgelegt und erst beim Verarbeiten in Einzelfelder zerlegt.

9.10.3 Bestandteile und Funktionen des Transaktionsmanagers

Manuelle Formularerzeugung

Jede Art von GVF hat eine spezielle Erfassungsoberfläche: ein Formular. Formulare werden in der Workbench als Dialogprogramme abgelegt. In den meisten Fällen wird ein Formular einseitig sein, d.h. das Dialogprogramm wird nur ein Dynpro haben. Prinzipiell sind jedoch mehrere Dynpros zugelassen.

Die GVF-Formularmasken sind belegorientiert aufgebaut. Für jeden Geschäftsvorfall wird ein Formular angelegt, das aus mehreren Seiten (Dynpros) bestehen kann. Die Seiten werden ihrerseits in mehrere Subbereiche unterteilt (Abb. 9.28). Eine besondere Bedeutung besitzt der Subbereich 0. In ihm werden die Formularkopfdaten definiert. Für jeden Subbereich ist eine eigene Datenstruktur im Data Dictionary definiert. Über diese wird der Datentransfer zwischen dem Formular-Dynpro und dem Funktionsbaustein für den Zugriff auf die GVF-Tabellen realisiert.

Durch Nutzung der Datenelemente der SAP-Standardtransaktionen werden Teile der Verprobungslogik der Originaltransaktionen in die GVF-Formularmaske integriert. Es ist möglich, für alle Dynprofelder des Formulars Plausibilisierungs- und Konvertierungsregeln zu hinterlegen.

Die Erfassungslogik eines GVF wird in einem Modulpool zusammengefaßt. Dabei werden GVF-übergreifende Teile nur einmal implementiert:

- Initialisierungsfunktionen
- Eingabefunktionen
- Plausibilitätsprüfungen
- Verarbeitungsfunktionen
- Servicefunktionen
- Fehlerbehandlung

Die Initialisierung der Formularmaske beinhaltet die Berechtigungsprüfung, den Aufbau der Formularmaske, die Einstellung vordefinierter Festwerte und die Übernahme eventuell definierter Default- oder Vortragswerte. Die Initialisierungsfunktionen werden innerhalb der PBO-Sektion des Programms abgearbeitet.

Die Eingabe der Daten erfolgt auf allen Formularmasken belegorientiert. Es wird davon ausgegangen, daß sich ein Beleg aus einem Belegkopf und mehreren Belegpositionen zusammensetzt. Innerhalb des Belegkopfes werden die Belegkopfdaten und die Daten, die für mehrere Belegpositionen relevant sind, eingegeben.

Die Plausibilisierung der Formulardaten umfaßt die Überprüfung der eingegebenen Werte auf Feldebene. Neben den Verprobungen, die später auch in der SAP-R/3-Standardtransaktion durchgeführt werden, kann die Plausibilisierung eigene fachliche Prüfungen beinhalten.

Die Verarbeitungsfunktionen werden alternativ über das Menü, die Menüleiste, die Funktionstasten oder über die Drucktasten aktiviert. Sie ermöglichen das Anlegen eines neuen Geschäftsvorfalls, das Speichern des Geschäftsvorfalls in der Belegdatenbank (Belegvorerfassung), die Verarbeitung des Geschäftsvorfalls (Übernahme in SAP), das Abbrechen des Geschäftsvorfalls, das Löschen der Formularmaske, das Ändern eines gespeicherten Geschäftsvorfalls oder das Löschen eines gespeicherten Geschäftsvorfalls.

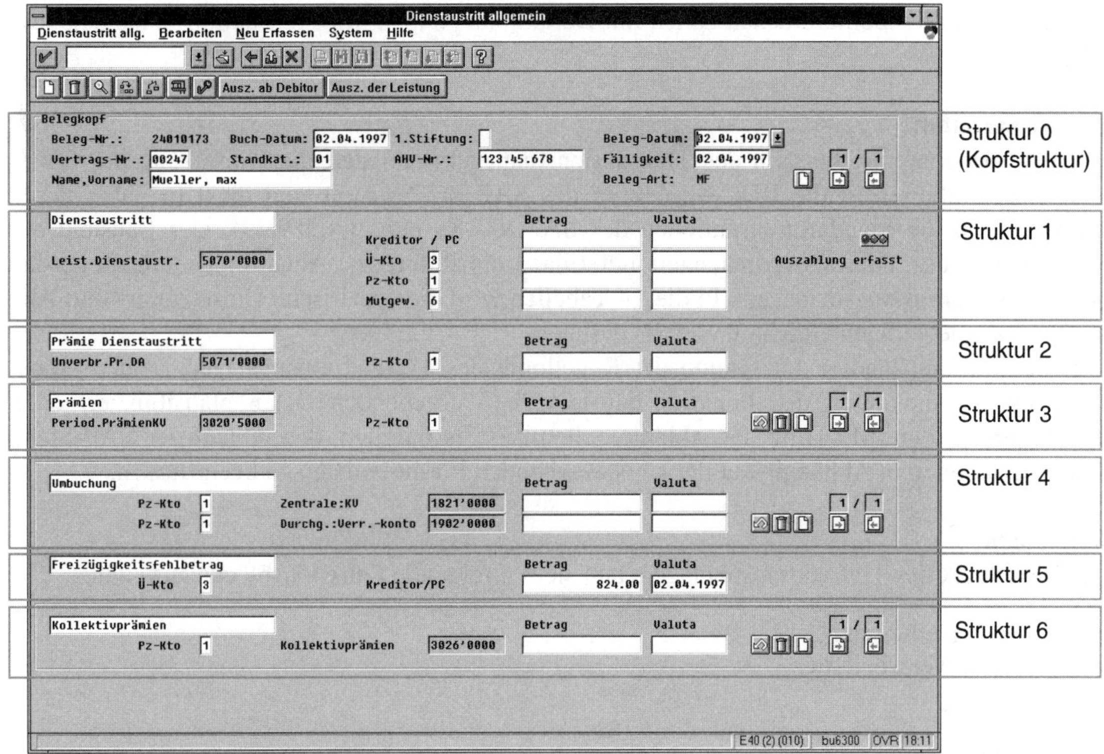

Abb. 9.28: Einseitiges Formular mit 6 Subbereichen (Strukturen)

Die Servicefunktionen werden alternativ über das Menü, die Menüleiste oder über Drucktasten aktiviert. Sie unterstützen den Anwender durch universelle Such- und Anzeigefunktionen innerhalb der Belegdatenbank und bei der Definition von Default-Werten (benutzer- und geschäftsvorfallbezogen).

Die Fehlerbehandlung erfolgt in Abhängigkeit von der genutzten Technik der Datenübernahme in das SAP/R3-System. Bei Übergabe der Daten in das SAP-R/3-System durch Aufruf der Standardtransaktionen (CALL TRANSACTION) wird im Fehlerfall eine Meldungstabelle erzeugt, die alle in der Transaktionen aufgetretenen Fehlermeldungen enthält.

Maschinelle Formularerzeugung – Formularschnittstellen

Es ist möglich, GVF in externen Systemen (Hostsysteme, Laptop) zu erfassen und in den Transaktionsmanager zu übertragen. Folgende Verfahren werden unterstützt:

- Remote Function Call (RFC)
- Batch Input
- Sequentielle Dateien

Dabei können die übernommenen Daten mit Defaultbelegungen des Transaktionsmanagers versehen werden.

GVF-Übernahme
Der GVF-Übernahme-Baustein des Transaktionsmanagers realisiert die Umsetzung der GVF-Datenbankstrukturen in die BDC-Strukturen des SAP-R/3-Systems und die Übergabe dieser Strukturen an die Standardtransaktionen des SAP-R/3-Systems (Abb.9.29). Der Baustein als Kernfunktion des Transaktionsmanagers nutzt dazu die Referenz-, Ablauflogik- und Regel-tabellen des Transaktionsmanagers. In diesen Tabellen wird die spezifische Umsetzungs- und Ablauflogik des jeweiligen Geschäftsvorfalls definiert.

Durch die vollständige Integration der Regellogik des Transaktionsmanagers in den Baustein, können die durch den Funktionsbaustein zu übergebenden Daten plausibilisiert oder konvertiert werden. Mit Hilfe der Ablaufregellogik ist es möglich, den Ablauf der SAP-Standardtransaktionen in Abhängigkeit der zu übergebenden Formulardaten zu beeinflussen.

Regellogik
Die Regellogik des Transaktionsmanagers läßt sich in folgende Funktionsblöcke aufteilen:

- Feldregelverarbeitung
- Ablaufregelverarbeitung

Feldregeln
Die Feldregelverarbeitung beinhaltet die Definition und Verarbeitung von Regeln auf Feldebene. Mit Hilfe einer Feldregel ist es möglich, den eingegebenen Wert eines Feldes zu plausibilisieren, ihn in ein bestimmtes Format zu konvertieren oder das Feld in Abhängigkeit von anderen Werten zu modifizieren. Eine Feldregel besteht aus einer fachlich in sich abgeschlossenen ABAP/4- Routine, die über einen eindeutigen Identifikator referenziert wird.

Ihre Zuordnung zu den einzelnen Feldern erfolgt entsprechend der Regelart in den Referenztabellen („Feldregeln“ und „SAP-Referenz“) des Transaktionsmanagers. Eine Regel kann mehreren Feldern zugeordnet werden.

Der Transaktionsmanager unterstützt derzeit innerhalb der Feldregelverarbeitung folgende Feldarten:

- Formularfelder des GVF-Formulars
- Dynprofelder der zu verarbeitenden SAP-Transaktionen

Während die Referenzierung der Formularfelder über die Tabelle „Feldregeln“ erfolgt, können den Dynprofeldern der SAP-Standardtransaktionen in der Tabelle „SAP-Referenz“ entsprechende Verarbeitungsregeln zugeordnet werden.

Für die Feldregelverarbeitung stellt der Transaktionsmanager einen Funktionsbaustein zur Verfügung. In diesem Funktionsbaustein werden derzeit alle Feldregeln definiert. Um die Regeldefinition zu erleichtern, sind in diesem Funktionsbaustein mehrere globale Routinen für den Zugriff auf die aktuellen Daten des zu bearbeitenden Formulars implementiert.

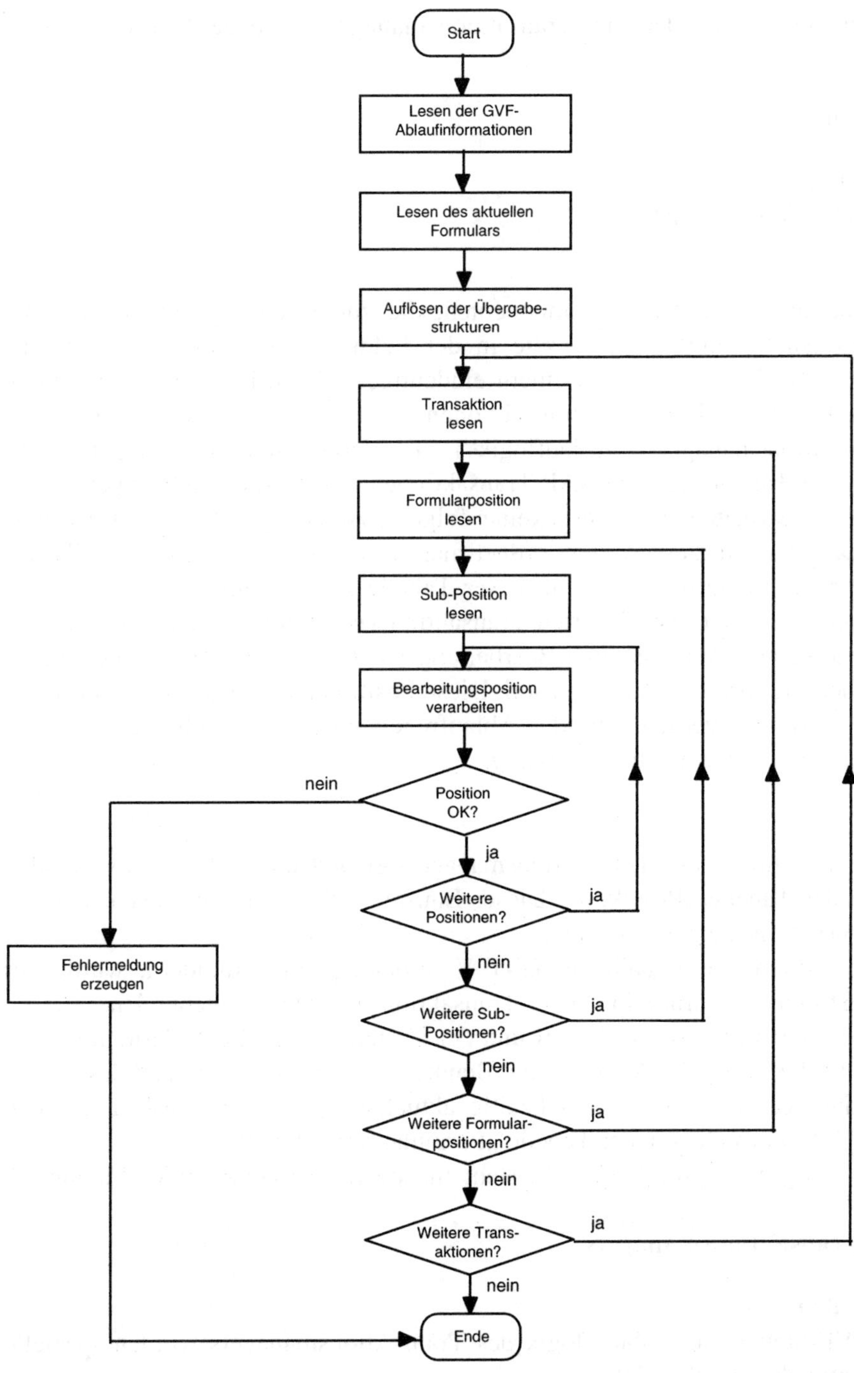

Abb. 9.29: Übernahme von GVF-Daten aus den Formulartabellen

Für die Feldregelverarbeitung werden im Transaktionsmanager folgende Feldregelklassen unterschieden:

- Konvertierungsregeln
- Plausibilitätsregeln
- belegübergreifende Regeln
- Spezialregeln (z. B. für Auszahlungen)

Ablaufregeln
Die Ablaufregelverarbeitung umfaßt alle Komponenten, die zur Steuerung des Ablaufs der SAP-Standardtransaktionen benötigt werden. Wie in der Feldregelverarbeitung besteht eine Ablaufregel aus einer ABAP/4-Routine und einem eindeutigen Identifikator. Die Zuordnung der einzelnen Regeln zu den SAP-Standardtransaktionen erfolgt mit Hilfe der Ablaufsteuerungstabelle des Transaktionsmanagers („Ablauflogik"). Die Verarbeitungslogik des Transaktionsmanagers nutzt diese Tabelle, um die SAP-Transaktionen geschäftsvorfallbezogen in der richtigen Reihenfolge zu bearbeiten. Soll diese Reihenfolge in Abhängigkeit der im GVF-Formular eingegebenen Daten modifiziert werden, ordnet man in der Ablaufsteuerungstabelle den SAP-Standardtransaktionen Ablaufregeln zu. In dieser Tabelle kann definiert werden, ob die jeweilige Regel vor oder nach der spezifizierten Transaktion verarbeitet werden soll. Das Ergebnis einer Ablaufregelverarbeitung ist eine Bearbeitungspositon in der Ablaufsteuerungstabelle, an der die Abarbeitung fortgesetzt werden soll. Diese Position kann in der Regeldefinition absolut oder virtuell bestimmt werden. Für die Ablaufregelverarbeitung stellt der Transaktionsmanager einen Funktionsbaustein zur Verfügung.

Protokollieren
Das Protokollieren aller Aktionen des Transaktionsmanagers erfolgt mit Hilfe eines speziellen Funktionsbausteins in der Tabelle „Protokoll". Dieser Baustein wird von den verschiedensten Komponenten des Transaktionsmanagers genutzt.

Um unkontrollierte Aktionen innerhalb der GVF-Verarbeitung zu verhindern, wurde der Protokollbaustein direkt in die Kernfunktionen des Transaktionsmanagers eingebunden.

Der Baustein protokolliert neben der GVF-Art und der aktuellen GVF-Formularnummer die jeweilige Aktion, ihren Rückkehrcode, den aktuellen Benutzer sowie die Uhrzeit und das Datum an dem die Aktion durchgeführt wurde. Gleichzeitig aktualisiert der Funktionsbaustein den Status des jeweiligen GVF-Formulars in der Tabelle „Formularverwaltung".

Für einfache Auswertungen der Protokolltabelle steht ein spezieller Report zur Verfügung.

Administration des Transaktionsmanagers

Pflege der Steuertabellen
Für die Pflege der GVF-Steuer- und -ablauflogik des Transaktionsmanagers wurden spezielle Dialogtransaktionen entwickelt (Abb. 9.30).

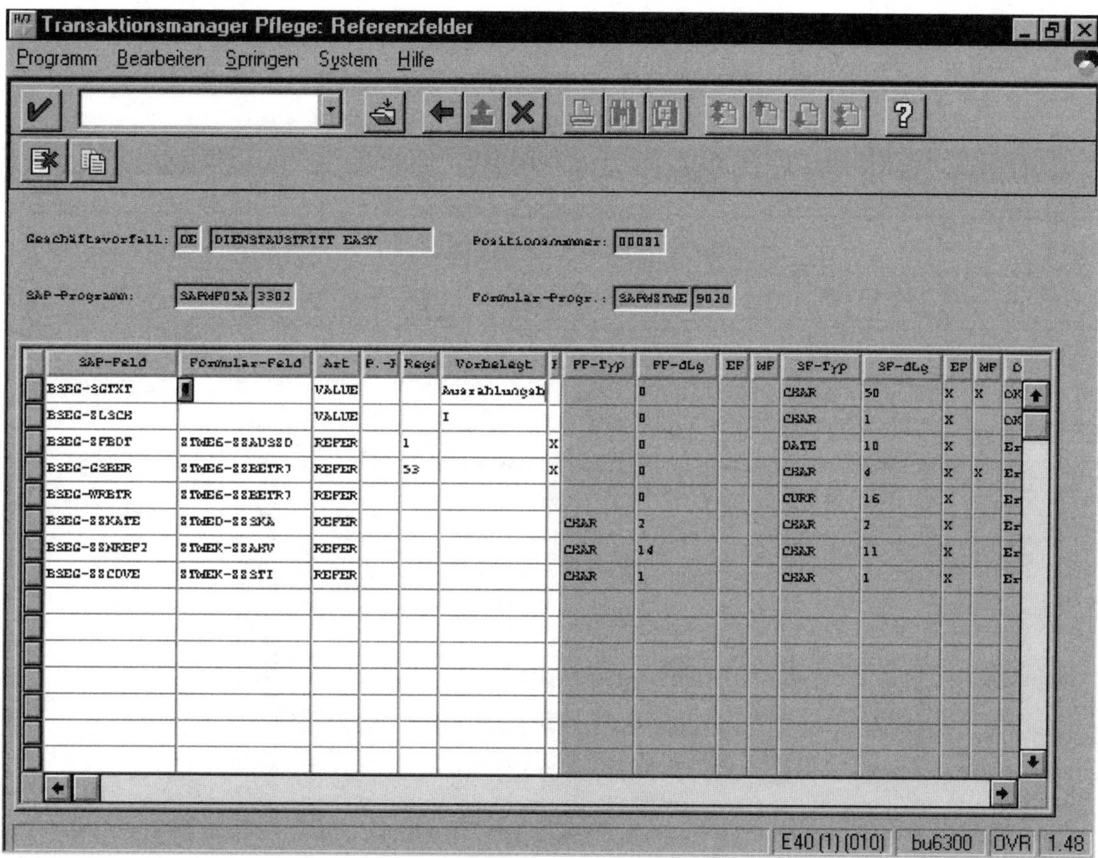

Abb. 9.30: Pflege der GVF-Arten

Monitor

Um auch große Mengen von GVF bearbeiten zu können, wurde der Monitor des Transaktionsmanagers entwickelt. Mit seiner Hilfe können die verschiedenen Bearbeitungsstatus der GVF, der aktuelle Bearbeiter sowie Termininformationen angezeigt werden. Aus dem Monitor heraus können die verschiedenen Bearbeitungsfunktionen des Transaktionsmanagers angestoßen werden (Abb. 9.31).

Transaktionsmanager und Workflow

Der Transaktionsmanager ist kein Ersatz für den SAP-R/3-Workflow. Mit der Auswertung von Verarbeitungsregeln und dem ergebnisgesteuerten Abarbeiten von Transaktionen erfüllt er zwar teilweise Aufgaben eines Workflows. Im Unterschied zum Workflow werden im Transaktionsmanager jedoch keine komplexen Geschäftsprozesse mit mehreren Geschäftsvorfällen abgebildet, sondern verschiedene SAP-Standardtransaktionen zu einer geschäftsvorfallbezogenen Verarbeitungseinheit zusammengefaßt. Dem Nutzer präsentieren sich diese GVF-Transaktionen als normale SAP-Transaktion(Formulare) in Form einer geschäftsvorfallbezogen optimierten Oberfläche mit entsprechenden Verarbeitungsregeln. Ihre Einbindung in den Business Workflow von R/3 ist ohne weiteres möglich und erwünscht.

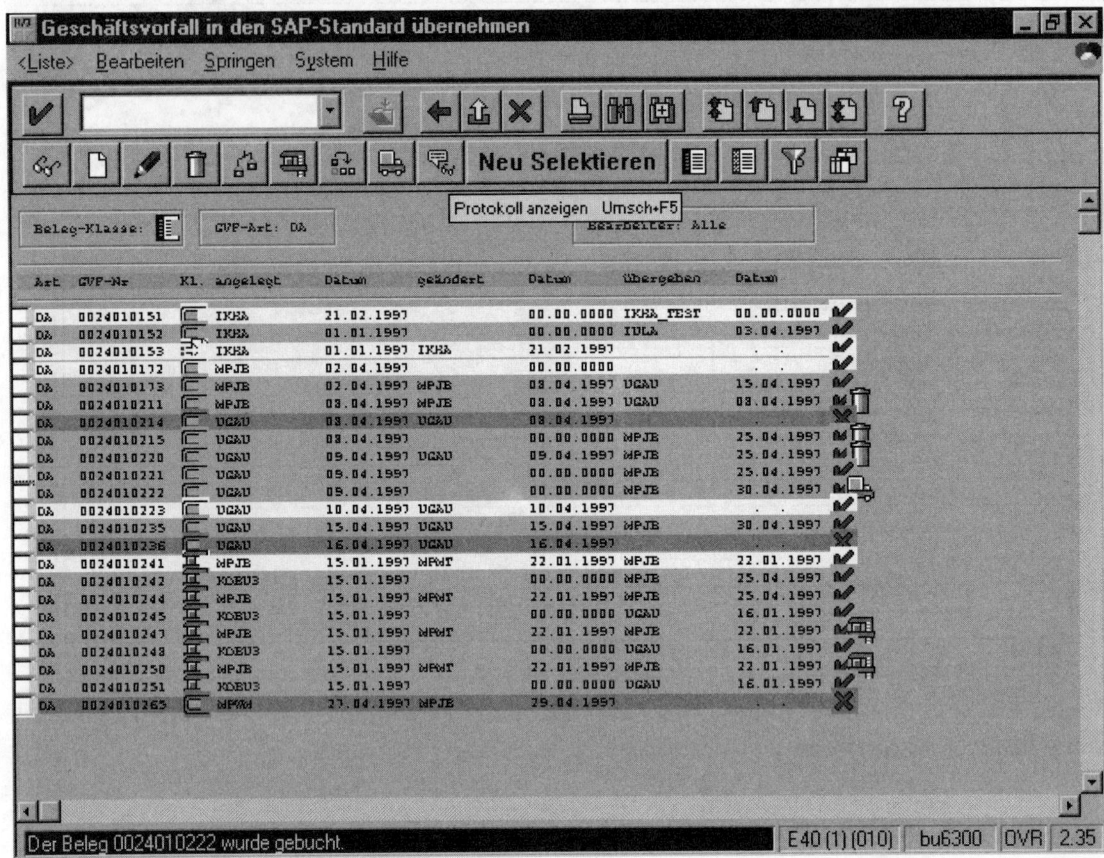

Abb. 9.31: Monitor des Transaktionsmanagers

Transaktionsmanager und SAPForms

Mit SAPForms stellt SAP ab Release 3.1 ein Werkzeug zur Anbindung des Business Workflow an externe Systeme bereit. Perspektivisch wird SAPForms für eine Kopplung des Transaktionsmanagers an externe Systeme genutzt werden können. Die oben beschriebenen Aufgaben des Transaktionsmanagers kann SAPForms nicht abdecken.

10 Hintergrundverarbeitung

10.1 Konzept

R/3 erlaubt die Abarbeitung von Reports sowohl direkt (online) als auch im Hintergrund. Bei der Hintergrundverarbeitung, die auch als Batchverarbeitung bezeichnet wird, werden sog. Batchjobs definiert und durch die Batchsteuerung abgearbeitet. Im einfachsten Fall kann ein einzelner Report über das Menü im Hintergrund ausgeführt werden (Abb. 10.1).

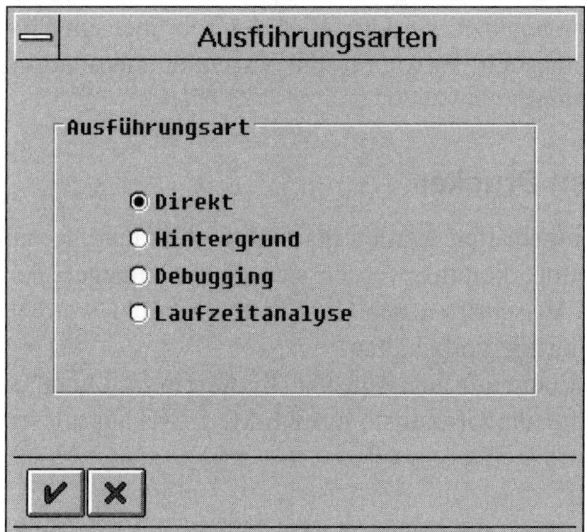

Abb. 10.1: Ausführungsarten eines Reports

Im allgemeinen Fall kann ein Job mehrere Reports (Steps) beinhalten, die sequentiell abgearbeitet werden. Die Hintergrundverarbeitung wird eingesetzt für

- die Bearbeitung großer Datenmengen
- die Abarbeitung komplexer Algorithmen
- die automatisierte Ausführung periodisch wiederkehrender Aufgaben

Das Wort Hintergrundbearbeitung drückt aus, daß dabei keinerlei Interaktionen mit dem Nutzer stattfinden. Alle Ein- und Ausgaben eines Batchjobs werden über Massenspeicher (Datenbank, Dateien) abgewickelt bzw. auf diese umgelenkt. Im Gegensatz zu reinen Batchsystemen, die auf Betriebssystemebene von Großrechnern verbreitet waren, erlaubt R/3 den Parallelbetrieb von

Dialog- und Batchverarbeitung. Jeder Nutzer kann parallel zu seinem Dialogprogramm mehrere Batchjobs im Hintergrund laufen lassen.

10.1.1 Steuerung der Hintergrundverarbeitung

Ein Job wird entweder interaktiv oder aus einem Programm heraus angelegt und danach der Jobsteuerung zur Bearbeitung übergeben. Diese überwacht die Bedingungen, die für den Start der Bearbeitung des Jobs definiert wurden (Zeiten, Ereignisse, andere Jobs), und beginnt selbständig mit der Abarbeitung der einzelnen Programmschritte.

10.1.2 Umleitung von Parametereingaben auf Varianten

Einem interaktiven Report werden üblicherweise Parameter oder Selektionsoptionen im Selektionsbildschirm übergeben. Beim Start eines Reports mit Parametern als Step eines Batchjobs werden die Parameter über eine Variante aus der Datenbank gelesen. Diese Variante muß bei der interaktiven Definition des Programmsteps angegeben werden. Wird der Job über ein Programm gebildet und die Steps über SUBMIT eingestellt, so werden die Varianten automatisch aus den mit WITH übergebenen Parametern angelegt.

10.1.3 Umleitungen von WRITE auf den Drucker

Die von einem Report mit WRITE erzeugten Ausschriften werden bei Online-Abarbeitung auf den Bildschirm ausgegeben. Bei der Hintergrundbearbeitung werden sie auf den angegebenen Drucker umgeleitet. Es können immer nur die Ausschriften der Grundliste gedruckt werden. Drill- Down-Listen bleiben dem interaktiven Reporting vorbehalten.

Insbesondere in der Testphase sind Papierausdrucke oft unerwünscht. In diesem Fall kann es sinnvoll sein, keinen Drucker anzugeben und dafür die Grundliste mit READ LINE auszulesen und vollständig in das Jobprotokoll zu stellen.

10.1.4 Umleitungen von MESSAGE in das Jobprotokoll

Die mit MESSAGE erzeugten Nachrichten eines Reports werden bei der Hintergrundverarbeitung in das Jobprotokoll geschrieben. Hinzu kommen Nachrichten der Jobsteuerung. Eine E-Nachricht auf der Programm- oder Formebene bricht den Step ab.

10.2 Interaktives Arbeiten mit der Jobsteuerung

10.2.1 Anlegen und Ändern eines Jobs

Jobs werden über den Menüpunkt *System/Dienste/Jobs/Jobdefinition* mit der Transaktion SM36 angelegt (Abb. 10.2).

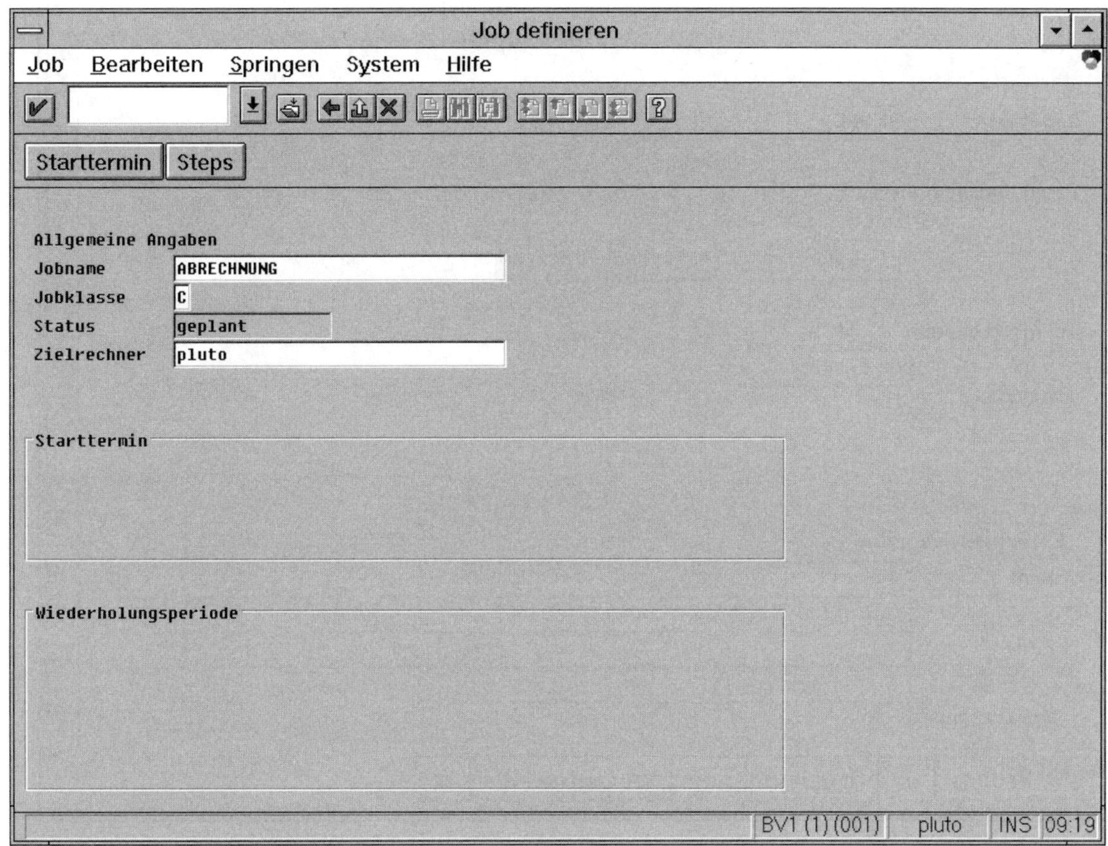

Abb. 10.2: Definition von Hintergrundjobs

Der Jobname ist keine Schlüsselbezeichnung für einen Job. Es können mehrere unterschiedliche Jobs mit dem selben Namen laufen. Die Jobklasse stellt eine Priorität dar, „A" steht für die höchste Priorität, „C" für die niedrigste. Anwenderjobs erhalten meist die Jobklasse „C".

Der Zielrechner des Jobs ist einer der im jeweiligen R/3-System verfügbaren Applikationsserver. Wenn der Job ausschließlich mit der Datenbank des Systems arbeitet, gibt es keinen Grund, einen speziellen Zielrechner anzugeben. Man überläßt es dem System, den geeigneten Server zu finden, und ermöglicht so ein Workload Balancing. Nur wenn der Report serverspezifische Ressourcen nutzen muß (z. B. das Dateisystem), so ist der Zielrechner anzugeben. Umgekehrt kann man zur Laufzeit über SY-HOST im Report ermitteln, auf welchem Server das Programm läuft.

Über die Taste *Steps* können die Programmschritte des Jobs angelegt werden. Dies können ABAP/4-Reports oder auch externe Programme sein (Abb. 10.3).

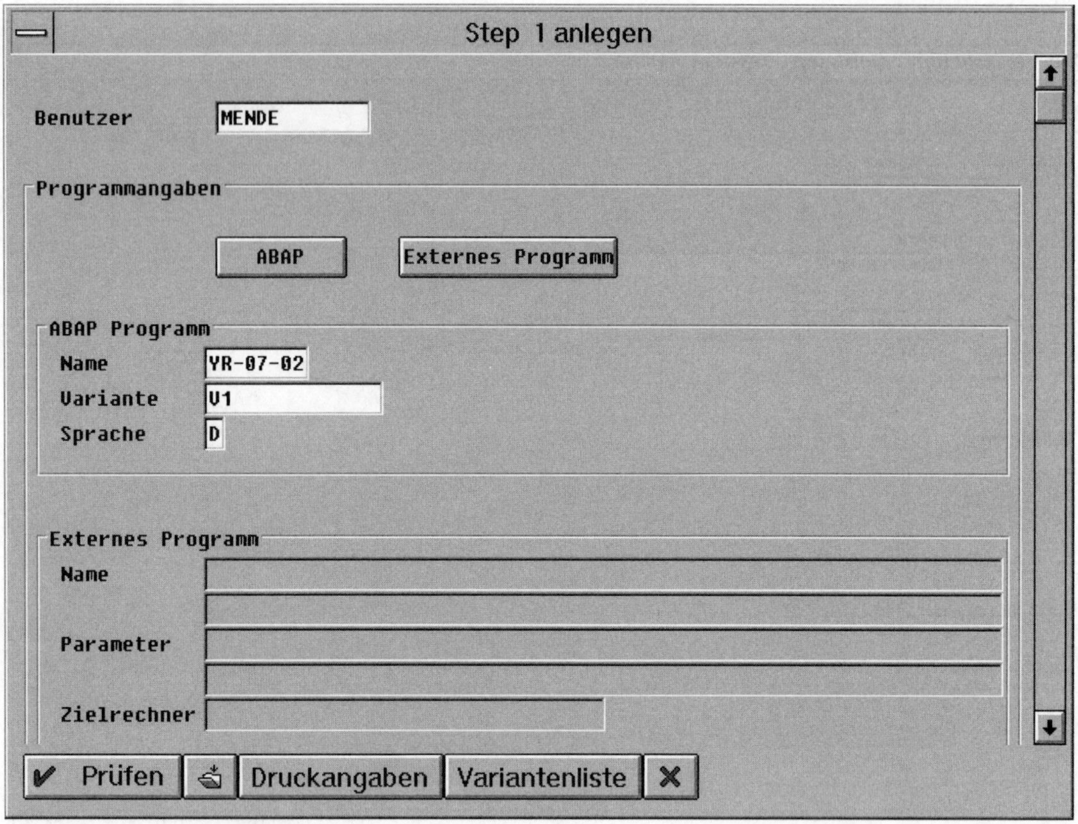

Abb. 10.3: Anlegen eines Steps (Programms) eines Batchjobs

Über die Drucktaste *Starttermin* kann die Bedingung für den Start des Jobs formuliert werden. Es sind folgende Varianten möglich:

- *Start zeitgesteuert:*
  - sofort
  - Starttermin (Datum und Uhrzeit, optional Wiederholungsperiode)
  - Starttermin im Fabrikkalender (Kalender, Tag im Monat, Periode)
- *Start jobgesteuert:* Es wird ein Vorgängerjob angegeben. Nach dessen Ende soll der Job beginnen. Der Start des neuen Jobs kann zusätzlich vom Status des Vorgängerjobs abhängig gemacht werden.
- *Start ereignisgesteuert:* Ein Job kann bei Eintreten eines bestimmten Ereignisses begonnen werden.
- *Start betriebsartgesteuert:* Der Job soll nur bei bestimmten Betriebsarten laufen.

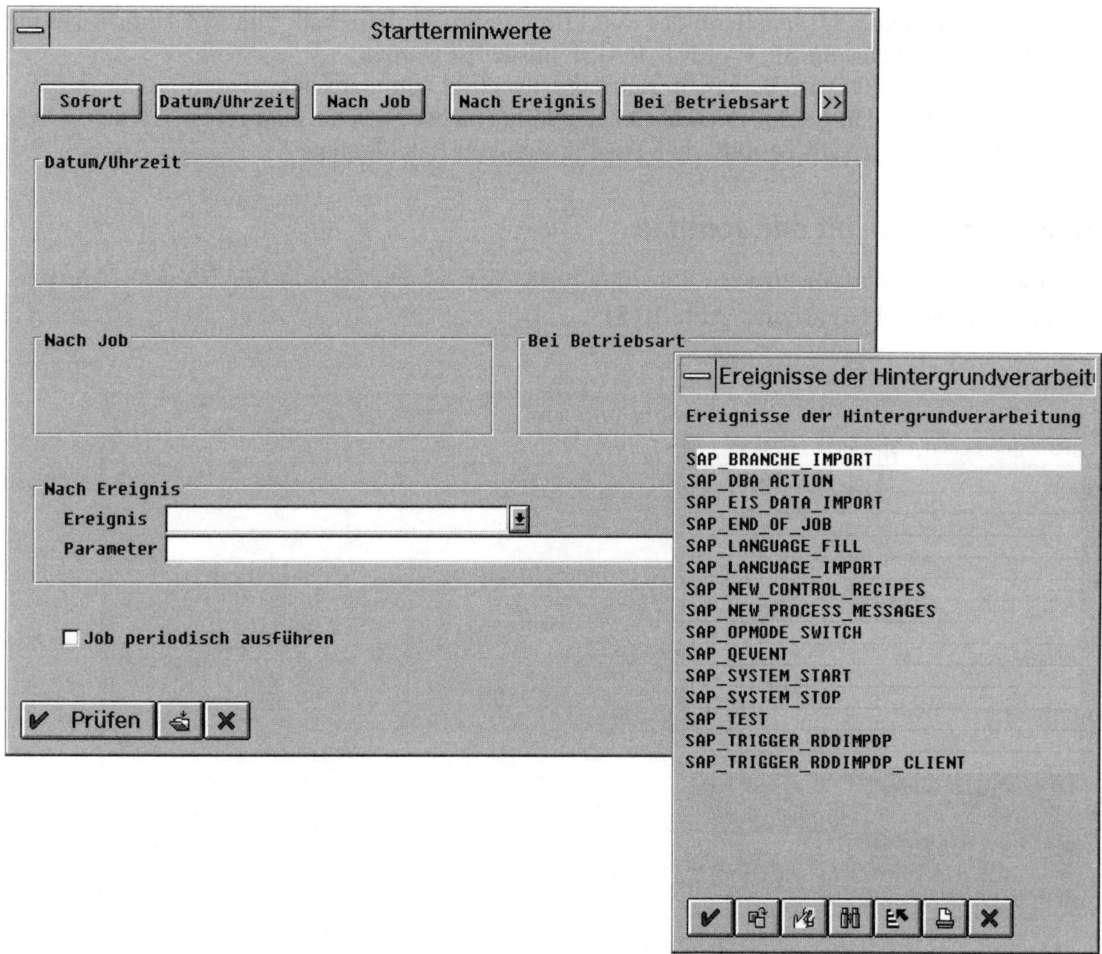

Abb. 10.4: Festlegen der Startbedingungen „Nach Ereignis“

Bei ABAP/4-Reports mit Parametern ist die entsprechende Variante anzugeben. Wenn ein Job aus mehreren Steps besteht, so werden diese hintereinander abgearbeitet. Über *Starttermin* können verschiedene Bedingungen für den Start eines Reports angegeben werden. Mögliche Varianten sind:

- *Datum und Uhrzeit:* Datum und Uhrzeit in der Zukunft können angegeben werden. Der Job wird ab diesem Zeitpunkt zur Bearbeitung freigegeben.
- *Vorgängerjob:* Durch Angabe eines Vorgängerjobs können Folgen von Jobs bearbeitet werden, wobei noch unterschieden wird, ob der Vorgängerjob abgebrochen wurde oder fehlerfrei durchlief.
- *Ereignis:* Hier kann ein auslösendes Ereignis angegeben werden (Abb. 10.4). Ereignisse SAP_* sind vordefiniert und werden vom System entsprechend ausgelöst. Neue Ereignisse

werden ab Release 3.0 innerhalb des Workflow definiert. Innerhalb von R/3 können sie mit dem Funktionsbaustein BP_EVENT_RAISE ausgelöst werden.

- *Betriebsart:* Ein Job wird bei einem Betriebsartwechsel automatisch gestartet.
- *Fabrikkalender:* Hier kann der Fabrikkalendertag nebst Periode angegeben werden. Diese Variante eignet sich zur periodischen Ausführung von Batchläufen.

10.2.2 Arbeiten mit der Jobliste

Die Jobliste dient der Anzeige der Jobs. Sie wird über *System/Dienste/Jobs/Jobübersicht* bzw. die Transaktion SM37 gestartet (Abb. 10.5).

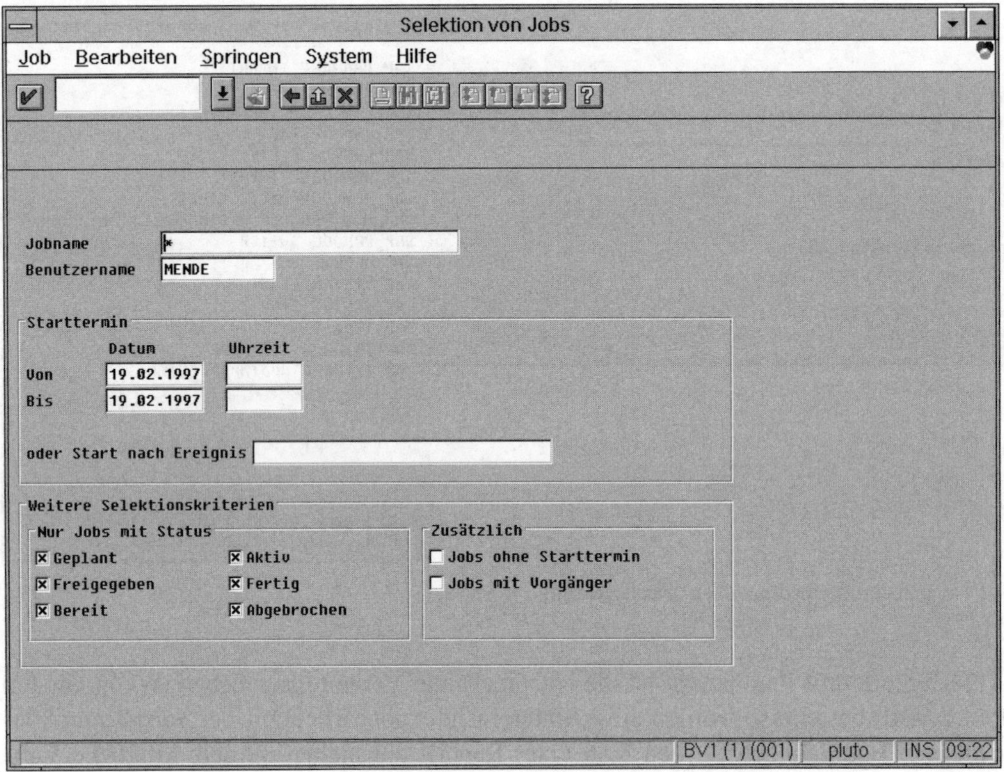

Abb. 10.5: Einstiegsabbildung der Jobliste

Die Abbildung enthält verschiedene Auswahlkriterien für Jobs. Insbesondere zeigt sie die sechs verschiedenen Stati, in denen sich ein Job befinden kann:

- *geplant:* Der Job wurde definiert (Starttermin, Steps, usw.) und gesichert, aber wieder zurückgesetzt. Wenn der Starttermin in diesem Jobstatus erreicht wird, wird der Job *nicht* gestartet, da er nicht freigegeben wurde.

- *freigegeben:* Der Job wurde zur Bearbeitung freigegeben. Wird der Starttermin erreicht, erhält der Job den Status *bereit.* Vorher kann er mit *Job/ Einplanung/zurücknehmen* wieder in den Status geplant gesetzt werden.
- *bereit:* Der Job wartet auf Ausführung. Sein Status ist nicht mehr vom Nutzer modifizierbar.
- *aktiv:* Der Job läuft.
- *fertig:* Der Job wurde ordnungsgemäß abgearbeitet.
- *abgebrochen:* Ein Programmschritt des Jobs wurde mit MESSAGE Ennn oder mit Systemfehler abgebrochen.

Abbildung 10.6 enthält das Übergangsdiagramm für die Jobstati. Beim Speichern wird der Job in den Status *freigegeben* gesetzt.

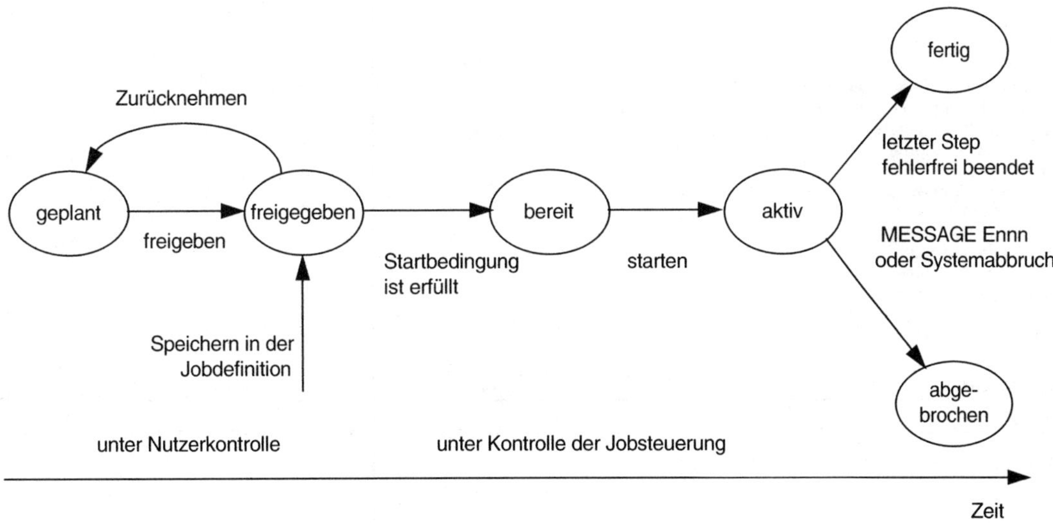

Abb. 10.6: Übergangsdiagramm der Stati eines Hintergrundjobs

Während der beiden ersten Stati steht der Job unter Nutzerkontrolle. Sobald er den Status *bereit* erreicht hat, kann er vom Nutzer nicht mehr zurückgesetzt, sondern nur noch abgebrochen werden.

Nach der Jobeingrenzung erscheint die eigentliche Jobübersicht (Abb. 10.7). Mittels *Aktualisieren* kann die Anzeige aufgefrischt werden. Über das Menü *Job* sind je nach Jobstatus verschiedene Aktionen möglich, z. B.:

- Zurücknehmen
- Freigeben
- Wiederholen
- Kopieren
- Ändern
- Abbrechen.

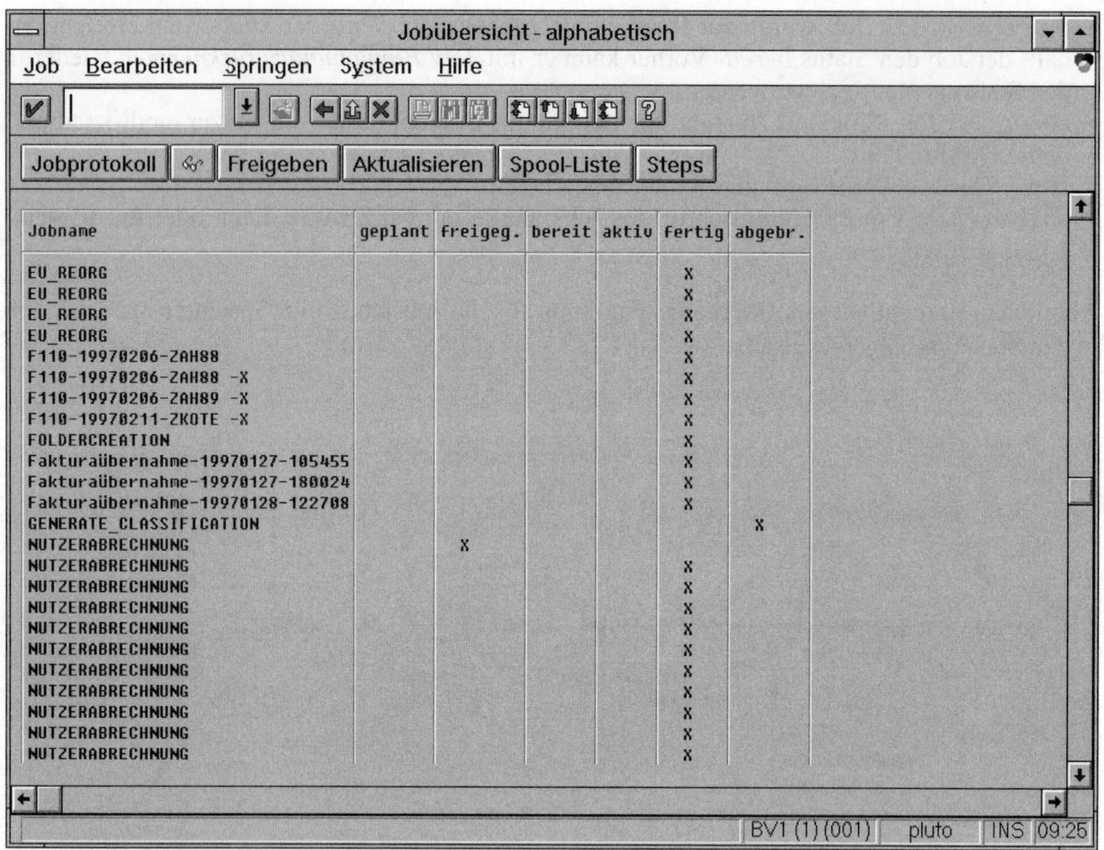

Jobname	geplant	freigeg.	bereit	aktiv	fertig	abgebr.
EU_REORG					X	
EU_REORG					X	
EU_REORG					X	
EU_REORG					X	
F110-19970206-ZAH88					X	
F110-19970206-ZAH88 -X					X	
F110-19970206-ZAH89 -X					X	
F110-19970211-ZKOTE -X					X	
FOLDERCREATION					X	
Fakturaübernahme-19970127-105455					X	
Fakturaübernahme-19970127-180024					X	
Fakturaübernahme-19970128-122708					X	
GENERATE_CLASSIFICATION						X
NUTZERABRECHNUNG		X				
NUTZERABRECHNUNG					X	
NUTZERABRECHNUNG					X	
NUTZERABRECHNUNG					X	
NUTZERABRECHNUNG					X	
NUTZERABRECHNUNG					X	
NUTZERABRECHNUNG					X	
NUTZERABRECHNUNG					X	
NUTZERABRECHNUNG					X	
NUTZERABRECHNUNG					X	
NUTZERABRECHNUNG					X	

Abb. 10.7: Jobübersicht mit Statusanzeige

Für fertige oder abgebrochene Jobs kann das Protokoll durch Doppelklick auf den jeweiligen Job angezeigt werden (Abb. 10.8). In Kapitel 10.4.4 wird gezeigt, wie man die Ausgabeliste eines Reports in das Jobprotokoll einstellen kann. Kapitel 10.4.5 demonstriert das Auslesen des Jobprotokolls in eine interne Tabelle.

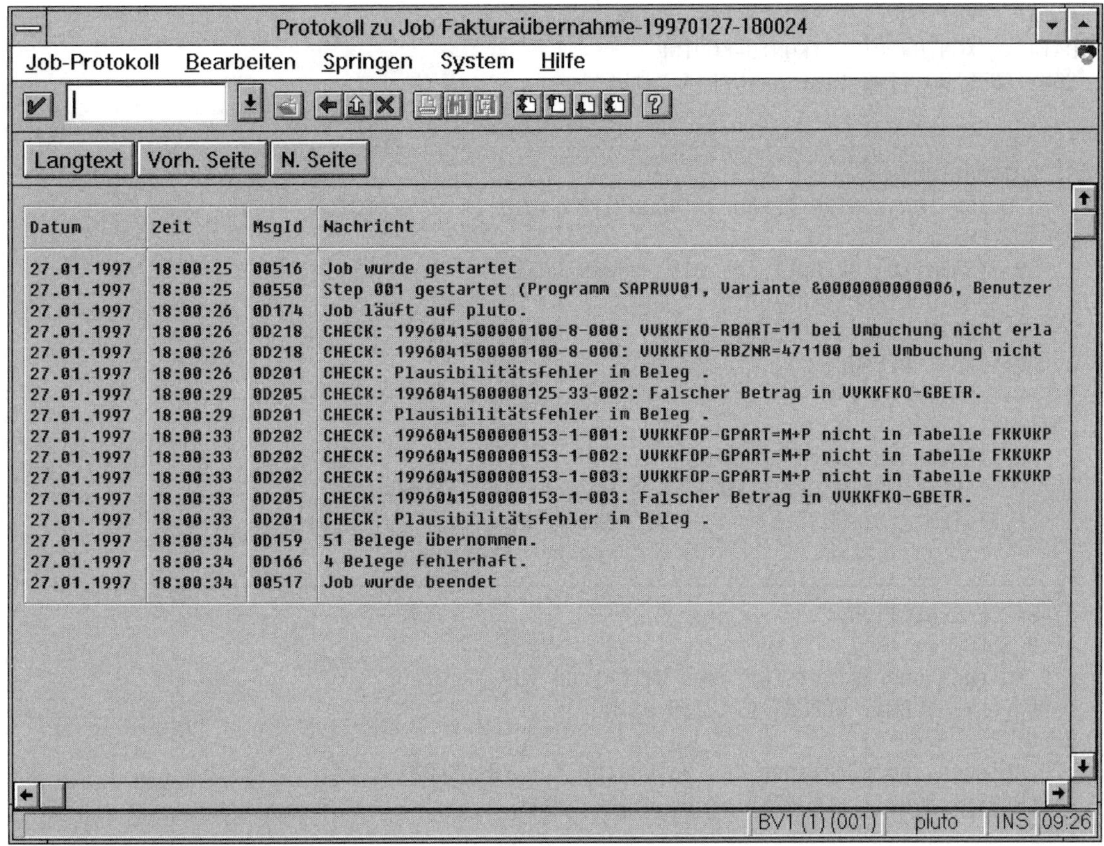

Datum	Zeit	MsgId	Nachricht
27.01.1997	18:00:25	00516	Job wurde gestartet
27.01.1997	18:00:25	00550	Step 001 gestartet (Programm SAPRVV01, Variante &0000000000006, Benutzer
27.01.1997	18:00:26	0D174	Job läuft auf pluto.
27.01.1997	18:00:26	0D218	CHECK: 1996041500000100-8-000: VVKKFKO-RBART=11 bei Umbuchung nicht erla
27.01.1997	18:00:26	0D218	CHECK: 1996041500000100-8-000: VVKKFKO-RBZNR=471100 bei Umbuchung nicht
27.01.1997	18:00:26	0D201	CHECK: Plausibilitätsfehler im Beleg .
27.01.1997	18:00:29	0D205	CHECK: 1996041500000125-33-002: Falscher Betrag in VVKKFKO-GBETR.
27.01.1997	18:00:29	0D201	CHECK: Plausibilitätsfehler im Beleg .
27.01.1997	18:00:33	0D202	CHECK: 1996041500000153-1-001: VVKKFOP-GPART=M+P nicht in Tabelle FKKVKP
27.01.1997	18:00:33	0D202	CHECK: 1996041500000153-1-002: VVKKFOP-GPART=M+P nicht in Tabelle FKKVKP
27.01.1997	18:00:33	0D202	CHECK: 1996041500000153-1-003: VVKKFOP-GPART=M+P nicht in Tabelle FKKVKP
27.01.1997	18:00:33	0D205	CHECK: 1996041500000153-1-003: Falscher Betrag in VVKKFKO-GBETR.
27.01.1997	18:00:33	0D201	CHECK: Plausibilitätsfehler im Beleg .
27.01.1997	18:00:34	0D159	51 Belege übernommen.
27.01.1997	18:00:34	0D166	4 Belege fehlerhaft.
27.01.1997	18:00:34	00517	Job wurde beendet

Abb. 10.8: Anzeige eines Jobprotokolls

10.3 Programmieren der Jobsteuerung – ein Beispiel

Das Programm YR-10-01 zeigt, wie ein Job mit JOB_OPEN angelegt wird. Das Ergebnis ist JOBCOUNT. Danach wird der Report YR-07-02 mit SUBMIT ... VIA JOB als einziger Programmstep des Jobs definiert. Die dabei übergebenen Parameter bzw. Selektionsoptionen werden automatisch in einer Variante gespeichert. Diese beginnt mit „&“. Die eigentlichen Startbedingungen werden bei JOB_CLOSE übergeben. Das Programm erlaubt einen Sofortstart oder Start zu vorgegebener Zeit.

```
REPORT YR-10-01 MESSAGE-ID YO LINE-SIZE 70.

TABLES: SSCRFIELDS, YKONTO.
```

```
DATA    ACTION LIKE SSCRFIELDS-UCOMM.
DATA    KONTNR LIKE YKONTO-KONTNR.
CONSTANTS NO_TIME LIKE SY-UZEIT VALUE '      '.

*---------------------------------------------------------------------
SELECT-OPTIONS:
    SO_KNR FOR KONTNR DEFAULT '4000' TO '4010'.
PARAMETERS:
    P_SYSTEM(20) DEFAULT 'ds0015' LOWER CASE,
    P_STARTD LIKE SY-DATUM,
    P_STARTT LIKE SY-UZEIT,
    P_SOFORT DEFAULT 'X'.
*---------------------------------------------------------------------
INITIALIZATION.
    P_STARTD = SY-DATUM.
    P_STARTT = SY-UZEIT + 20.     " Es geht in 20 Sekunden los
    P_SYSTEM = SY-HOST.           " Batch unbedingt auf diesem Rechner
                                  " Rechner starten
*---------------------------------------------------------------------
START-OF-SELECTION.
IF P_SOFORT = 'X'.
  " Anlegen und Sofortstart des Batchjobs für YR-07-02
  PERFORM  SUBMIT_REPORT_VIA_JOB USING 'X'.
ELSE.
  " Anlegen und Einplanen des Batchjobs für YR-07-02
  PERFORM  SUBMIT_REPORT_VIA_JOB USING SPACE.
ENDIF.

* Programm wird beendet, das Selektionsbild erscheint nicht wieder
SET SCREEN 0. LEAVE SCREEN.

*---------------------------------------------------------------------
FORM SUBMIT_REPORT_VIA_JOB USING SOFORT_KZ.
DATA STARTDATE LIKE SY-DATUM.
DATA STARTTIME LIKE SY-UZEIT.
DATA JOBNAME(32).
DATA JOBCOUNT LIKE TBTCJOB-JOBCOUNT.

* aussagefähigen Jobnamen bilden
CONCATENATE 'YR-07-02/' SY-DATUM '/' SY-UZEIT INTO JOBNAME.

* Neuen Batchjob anlegen
CALL FUNCTION 'JOB_OPEN' EXPORTING  JOBGROUP  = ' '
                                    JOBNAME   = JOBNAME
                         IMPORTING  JOBCOUNT  = JOBCOUNT
                         EXCEPTIONS ALREADY_LOCKED    = 1
```

```
                                          JOBCOUNT_CANTGEN  = 2
                                          JOBGROUP_MISSING  = 3
                                          JOBNAME_MISSING   = 4
                                          LOCK_FAILED       = 5
                                          OLD_DATABASE      = 6
                                          PLAN_NOAUTH       = 7
                                          START_PAST        = 8
                                          OTHERS            = 99.
IF SY-SUBRC > 0.
  MESSAGE S011 WITH SY-SUBRC JOBNAME.
  EXIT.
ENDIF.
SUBMIT ('YR-07-02') TO SAP-SPOOL WITHOUT SPOOL DYNPRO
               DESTINATION 'MUP1'
               IMMEDIATELY 'X'
               KEEP IN SPOOL ' '
               SAP COVER PAGE ' '
               USER SY-UNAME
               VIA JOB JOBNAME NUMBER JOBCOUNT
               WITH SO_KNR IN SO_KNR
               AND RETURN.
IF SY-SUBRC > 0.
  MESSAGE E012 WITH SY-SUBRC 'YR-07-02'.
  EXIT.
ENDIF.

* Job wird eingeplant und freigegeben
STARTDATE  = P_STARTD.
STARTTIME  = P_STARTT.
IF SOFORT_KZ = 'X'.
CALL FUNCTION 'JOB_CLOSE' EXPORTING JOBCOUNT     = JOBCOUNT
                                    JOBNAME      = JOBNAME
                                    STRTIMMED    = 'X'
                                    TARGETSYSTEM = P_SYSTEM
                          EXCEPTIONS ALREADY_LOCKED    = 1
                                     JOBCOUNT_CANTGEN  = 2
                                     JOBGROUP_MISSING  = 3
                                     JOBNAME_MISSING   = 4
                                     LOCK_FAILED       = 5
                                     OLD_DATABASE      = 6
                                     PLAN_NOAUTH       = 7
                                     START_PAST        = 8
                                     CANT_START_IMMEDIATE = 9
                                     JOB_CLOSE_FAILED     = 10
                                     OTHERS               = 99.
  IF SY-SUBRC GT 0.
```

```
    MESSAGE E013 WITH SY-SUBRC JOBNAME.
  ELSE.
    MESSAGE S014 WITH 'YR-07-02' JOBNAME.
  ENDIF.
ELSE.
CALL FUNCTION 'JOB_CLOSE' EXPORTING JOBCOUNT     = JOBCOUNT
                                    JOBNAME      = JOBNAME
                                    SDLSTRTDT    = STARTDATE
                                    SDLSTRTTM    = STARTTIME
                                    TARGETSYSTEM = P_SYSTEM
                          EXCEPTIONS ALREADY_LOCKED      = 1
                                     JOBCOUNT_CANTGEN    = 2
                                     JOBGROUP_MISSING    = 3
                                     JOBNAME_MISSING     = 4
                                     LOCK_FAILED         = 5
                                     OLD_DATABASE        = 6
                                     PLAN_NOAUTH         = 7
                                     START_PAST          = 8
                                     CANT_START_IMMEDIATE = 9
                                     JOB_CLOSE_FAILED      = 10
                                     OTHERS                = 99.
  IF SY-SUBRC GT 0.
    MESSAGE E015 WITH SY-SUBRC JOBNAME.
  ELSE.
    MESSAGE S016 WITH 'YR-07-02' JOBNAME.
  ENDIF.
ENDIF.
ENDFORM.
*---------------------------------------------------------------------
```

10.4 Spezielle Fragen der Hintergrundverarbeitung

10.4.1 Workload Balancing

Auf die Angabe eines Zielrechners sollte man, wenn möglich, verzichten. In diesem Fall hat das System die Möglichkeit, den Zielrechner selbst zu bestimmen und so einen Belastungsausgleich zwischen den verschiedenen Applikationsservern zu erreichen. Nur wenn man spezielle Ressourcen (z. B. das Filesystem) eines konkreten Servers benutzen möchte, ist der Zielrechner anzugeben.

10.4.2 Parallelisierte Hintergrundverarbeitung

Wenn große Datenbestände im Batch verarbeitet werden sollen, kann eine Parallelisierung des Batchlaufes auf mehrere Applikationsserver sinnvoll sein. Ein Beispiel ist der Abrechnungslauf einer großen Versicherung. Bei einem solchen Abrechnungslauf werden für alle abrechnungspflichtigen versicherungstechnischen Konten die fälligen Posten abgerechnet. Voraussetzung für eine Parallelisierung ist, daß sich der Arbeitsvorrat (die Menge der Konten) sinnvoll in Intervalle unterteilen läßt, die dann von mehreren Servern parallel bearbeitet werden können. Abbildung 10.9 zeigt das Prinzip.

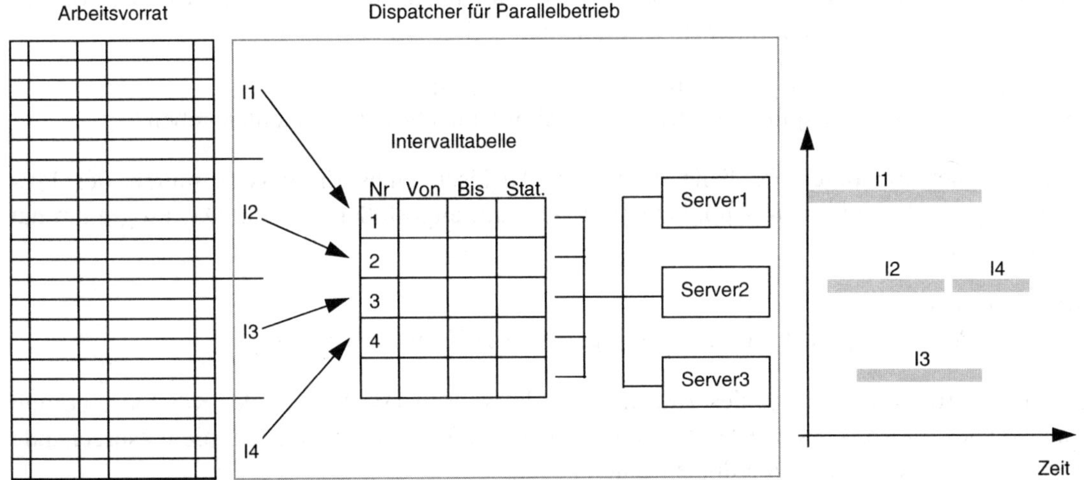

Abb. 10.9: Parallelisierung eines Batchjobs durch Intervallaufteilung des Arbeitsvorrats

Ein Dispatcherprogramm teilt den Arbeitsvorrat so in annähernd gleich große Intervalle ein, daß alle Sätze genau einmal erfaßt werden. Die Intervallaufteilung wird vor dem Start des Parallellaufes in eine Tabelle geschrieben, in der auch der Bearbeitungsstatus für jedes Intervall festgehalten wird. Der Dispatcher startet auf jedem der zur Verfügung stehenden Server denselben Batchjob. Dieser enthält einen Report mit der folgenden prinzipiellen Ablaufstruktur:

```
DO.
  PERFORM LIES_INTERVALL USING NR VON BIS RETCODE.
  IF RETCODE > 0 EXIT. ENDIF.
  PERFORM VERARBEITE_INTERVALL USING VON BIS.
  PERFORM SCHLIESSE_INTERVALL USING NR.
ENDDO.
PERFORM LICHT_AUS.
```

Solange noch Intervalle zur Bearbeitung anstehen, werden sie von den parallel laufenden Jobs einzeln angefordert und dabei für andere gesperrt. Dann werden die Daten des Intervalls bearbeitet. Anschließend wird das Intervall als *fertig* markiert und entsperrt. Um eine Information über das Ende des Parallellaufes zu erhalten, kann jeder Job anhand des Statusfeldes in der Intervalltabelle feststellen, ob er selbst das letzte Intervall bearbeitet hat bzw. ob alle anderen Intervalle bereits bearbeitet wurden.

10.4.3 Integration in den externen Workflow

In den heute üblichen heterogenen Rechnerwelten stellen systemübergreifende Workflow- oder Batchprozesse eine Herausforderung dar. Im Zusammenhang mit R/3-Batchprozessen, die innerhalb einer übergeordneten Batchsteuerung laufen sollen, geht es um zwei Fragen:

- Wie kann ein R/3-Batchjob von außerhalb gestartet werden?
- Wie kann ein R/3-Batchjob eine Fertig- oder Abbruchnachricht nach außen geben?

Der Start eines R/3-Batchjobs kann durch das Auslösen eines Ereignisses mittels des Programms sapevt, das auf einem Applikationsserver läuft, angestoßen werden. Das Programm hat die Aufrufsyntax:

sapevt *Ereignis*
[–p *Parameter*] [–t] [–pf = *Profile*] [name = *SAPID* nr = *Instanz*]

Eine detaillierte Beschreibung des Aufrufs befindet sich in [Will]. Aus der R/3-Jobsteuerung heraus können andererseits externe Programme über CPIC gestartet werden, die entsprechende Informationen an einen übergeordneten Batch geben.

10.4.4 Einstellen einer Reportliste in das Jobprotokoll

Wie in Kapitel 7 beschrieben, kann die von einem Report erzeugte Liste jederzeit von dem Report selbst gelesen werden. Die folgende Form erledigt dies und stellt die gelesenen Listenzeilen mit einer Nachricht vom Typ „S“ in das Jobprotokoll ein:

```
FORM LISTE_TO_JOBLOG USING VALUE(KLASSE) VALUE(NUMMER).
DATA: S1(72), S2(72), Z.
DATA: L TYPE I, O TYPE I.
CHECK SY-BATCH = 'X'.
  DO.
    READ LINE SY-INDEX.
    IF SY-SUBRC = 0.
      L = STRLEN( SY-LISEL ).
      IF L < 40.
        MESSAGE ID KLASSE TYPE 'S' NUMBER NUMMER WITH SY-LISEL.
      ELSE. " Teilen des Parameters
        O = 40.
```

```
        DO.
          Z = SY-LISEL+O(1).
          O = O + 1.
          IF Z <> ' '. EXIT. ENDIF.
        ENDDO.
        S1 = SY-LISEL(O).
        L = L - O.
        S2 = SY-LISEL+O(L).
        MESSAGE ID KLASSE TYPE 'S' NUMBER NUMMER WITH S1 S2.
      ENDIF.
    ELSE.
      EXIT.
    ENDIF.
  ENDDO.
ENDFORM.
```

Die entsprechende Nachricht muß vor Aufruf der Form angelegt werden. Da die Platzhaltervariablen SY-MSGVn nur eine Länge von 50 Zeichen haben, muß die Zeile SY-LISEL unter Umständen in zwei Teile zerlegt werden. Deshalb sind in der Nachricht zwei Platzhalter vorzusehen. Bei Bedarf kann man eine Einrückung vornehmen (> _ _ &_&). Die beiden Platzhalter müssen durch ein Leerzeichen voneinander getrennt sein, da sie sonst gemeinsam als ein '&' interpretiert werden. Mit etwas Geduld könnte man das an der Koppelstelle entstehende Leerzeichen ebenfalls unterdrücken.

10.4.5 Auslesen des Jobprotokolls

Das Jobprotokoll kann mit dem Funktionsbaustein BP_JOBLOG_READ in eine interne Tabelle gelesen und dann weiterverarbeitet werden (Download). Dazu muß man neben dem Jobnamen auch den Jobcount kennen. Wenn er nicht bekannt ist, kann er über ein entsprechendes SELECT aus der Tabelle TBTCO ermittelt werden. Das Beispiel zeigt das Protokoll von Report YR-06-01, der im Hintergrund gestartet wurde, wobei seine Ausgaben wie oben beschrieben in das Protokoll umgeleitet wurden. An der Position 40 erkennt man das zusätzliche Leerzeichen.

```
REPORT  YR-10-02 LINE-SIZE 72.
TABLES: TBTCO.
DATA:   LOGTAB LIKE TBTC5 OCCURS 20 WITH HEADER LINE.
SELECT * FROM TBTCO WHERE JOBNAME = 'YR-06-01'.
  EXIT.
ENDSELECT.
IF SY-DBCNT > 0.
  CALL FUNCTION 'BP_JOBLOG_READ'
     EXPORTING
          CLIENT                     = SY-MANDT
          JOBCOUNT                   = TBTCO-JOBCOUNT
```

```
*         JOBLOG                = ' '
          JOBNAME               = 'YR-06-01'
     TABLES
          JOBLOGTBL             = LOGTAB
     EXCEPTIONS
          CANT_READ_JOBLOG      = 1
          JOBCOUNT_MISSING      = 2
          JOBLOG_DOES_NOT_EXIST = 3
          JOBLOG_IS_EMPTY       = 4
          JOBLOG_NAME_MISSING   = 5
          JOBNAME_MISSING       = 6
          JOB_DOES_NOT_EXIST    = 7
          OTHERS                = 8.

ENDIF.
LOOP AT LOGTAB.
  WRITE / LOGTAB-TEXT.
ENDLOOP.
```

```
21.05.97  Kapitel 10: Auslesen eines Jobprotokolls                       1
----------------------------------------------------------------------------
Job wurde gestartet
Step 001 gestartet (Programm YR-06-01, Variante, Benutzername MENDE, Sp
>  19.02.97  Kapitel  6: Selektieren aller P artner im PLZ-Bereich 1
>  -------------------------------------------------------------------------
>    1 Herr        Paul       Badel       1031 9 Berlin       00001000
>    2 Herr Dr.    Frank      Döhring     1234 5 Dresden      00001004
>    3 Frau        Sabine     Döhring     1234 5 Dresden      00001003
>    4 Frau Dr.    Sabine     Ehrlich     1034 5 Berlin       00001002
>    5 Herr Dr.    Peter      Gerlach     1023 4 Berlin       00001006
>    6 Herr        Uli        Kettler     1537 0 Fredersdorf  00001007
>    7 Frau        Ingrid     Ziller      1456 7 Köln         00001010
>  Anzahl Sätze: 7
Job wurde beendet
```

11 Dateischnittstellen

Häufig werden große R/3-Systeme als Ersatz bzw. Ergänzung bestehender Host-Systeme eingeführt. Dabei ist es typisch, daß einmalig (Migration) oder periodisch große Datenmengen in das neue R/3-System gelangen müssen. Häufig werden dafür Dateischnittstellen in ABAP/4 entwickelt.

11.1 Dateien auf dem Applikationsserver lesen und schreiben

Sequentielle Dateien auf dem Applikationsserver werden in ABAP/4 als Dataset bezeichnet. Die wichtigsten ABAP/4-Befehle für Datasets sind:

OPEN DATASET *Dataset.*
READ DATASET *Dataset* **INTO** *Feld.*
TRANSFER *Feld* **TO** *Dataset.*
CLOSE DATASET *Dataset.*
DELETE DATASET *Dataset*

Dataset ist ein Dateiname, der im Betriebssystem des Applikationsservers Gültigkeit hat. Im weiteren wird davon ausgegangen, daß dies UNIX ist. Man beachte, daß das Schlüsselwort DATASET im Befehl TRANSFER fehlt, da dieser Befehl in anderen Zusammenhängen keine Bedeutung hat. Alle Befehle setzen SY-SUBRC.

0: OK = Datei wurde geöffnet, Zeile wurde gelesen
4: Dateiende
8: Datei nicht geöffnet

Datasets werden oft im Batch verarbeitet. Dabei ist zu beachten, daß ein Filesystem an einen speziellen Applikationsserver gebunden sein kann. In solch einem Fall ist dieser Applikationsserver beim Einstellen des Batchjobs als Zielrechner anzugeben.

11.1.1 Öffnen von Datasets

Der Befehl mit seinen am häufigsten verwendeten Zusätzen lautet:

OPEN DATASET *Dataset*
    [FOR OUTPUT | FOR INPUT | FOR APPENDING]
    [IN BINARY MODE | IN TEXT MODE].

Die Defaulteinstellung ist der jeweils erste Wert in den eckigen Klammern. FOR OUTPUT öffnet eine neue Datei bzw. überschreibt eine bestehende. Anhängen der Ausgaben an eine bestehende Datei ist mit FOR APPENDING möglich. FOR INPUT setzt eine Datei voraus. Der Binärmodus überträgt die Bytes beim nachfolgenden READ ohne Unterscheidung, während der Textmodus die Zeilenstruktur erkennt und die Zeilentrennzeichen herausfiltert.

11.1.2 Lesen aus Datasets

Der Befehl zum Lesen aus einer mit OPEN DATASET geöffneten Datei hat die folgende Form:

READ DATASET *Dataset* **INTO** *Feld* [**LENGTH** *Lang*].

Es werden Bytes in das Feld bzw. die Feldleiste *Feld* gelesen. Im Binärmodus ist die Zahl der gelesenen Bytes gleich der Feldlänge. Im Textmodus wird jeweils eine Zeile eingelesen. In beiden Fällen enthält das Feld *Lang* die Anzahl der gelesenen Bytes.

11.1.3 Schreiben in Datasets

Der Befehl zum Schreiben in eine mit **OPEN DATASET** geöffnete Datei lautet:

TRANSFER *Feld* **TO** *Dataset* [**LENGTH** *Lang*].

Im Binärmodus werden alle in *Feld* enthaltenen Bytes in die Datei geschrieben. Im Textmodus werden die abschließenden Leerzeichen unterdrückt, und es wird ein Zeilenende hinzugefügt. Das Feld *Lang* enthält die Anzahl der auszugebenden Zeichen.

11.1.4 Schließen von Datasets

Mit dem Befehl

CLOSE DATASET *Dataset*.

wird eine mit OPEN DATASET geöffnete Datei wieder geschlossen.

11.1.5 Löschen von Datasets

Der Befehl zum Löschen von Datasets auf dem Applikationsserver lautet:

DELETE DATASET *Dataset*.

11.2 PC-Dateien lesen und schreiben

PC-Dateien werden vom R/3-System zu verschieden Zwecken geschrieben bzw. gelesen, z. B. zum

- Upload bzw. Download eines ABAP/4-Quelltextes
- Sichern einer Reportliste.

Für die Entwicklung eigener Schnittstellen zum Dateisystem des angeschlossenen PCs stellt ABAP/4 keine eigenen Befehle zur Verfügung. Hierzu muß man auf entsprechende Funktionsbausteine zurückgreifen:

WS_UPLOAD	Lesen einer PC-Datei
WS_DOWNLOAD	Schreiben einer PC-Datei

WS steht dabei für Workstation. Im Gegensatz zu den DATASET-Befehlen arbeiten die WS-Funktionsbausteine mit internen Tabellen als Parameter. Es werden immer ganze Dateien mit einem Befehl verarbeitet. Wie bei den Datasets wird zwischen Binär- und Textmodus unterschieden. PC-Dateien können allerdings nur online verarbeitet werden, da während des Batchlaufs unter Umständen keine Workstation aktiv ist.

11.2.1 Lesen einer PC-Datei

Als Beispiel wird gezeigt, wie eine Textdatei des Präsentationsservers in die ABAP/4-Tabelle ITab eingelesen und von dort zeilenweise auf das UNIX-Directory /tmp des angeschlossenen Applikationsservers ausgegeben wird.
Textdatei:

```
Zeile 1<CR><LF>
<CR><LF>
<CR><LF>
Zeile 4, da die Zeilen 2 und 3 leer sind<EOF>
```

```
REPORT  YR-11-01 LINE-SIZE 70.
DATA: BEGIN OF ITAB OCCURS 10,
        ZEILE(72),
      END OF ITAB.
DATA DOSFILE  LIKE RLGRAP-FILENAME VALUE 'C:\TEMP\TEST.TXT'.
DATA UNIXFILE LIKE RLGRAP-FILENAME VALUE '/tmp/test.txt'.
DATA DOSBYTES  TYPE I VALUE 0.
DATA UNIXBYTES TYPE I VALUE 0.
DATA ZEILENBYTES TYPE I.
CALL FUNCTION 'WS_UPLOAD'
```

```
      EXPORTING
           FILENAME              = DOSFILE
      IMPORTING
           FILELENGTH            = DOSBYTES
      TABLES
           DATA_TAB              = ITAB
      EXCEPTIONS
           CONVERSION_ERROR      = 1
           FILE_OPEN_ERROR       = 2
           FILE_READ_ERROR       = 3
           INVALID_TABLE_WIDTH   = 4
           INVALID_TYPE          = 5
           NO_BATCH              = 6
           UNKNOWN_ERROR         = 7
           OTHERS                = 8.
OPEN DATASET UNIXFILE FOR OUTPUT IN TEXT MODE.
LOOP AT ITAB.
  TRANSFER ITAB-ZEILE TO UNIXFILE.
  UNIXBYTES = UNIXBYTES + STRLEN( ITAB-ZEILE ).
ENDLOOP.
CLOSE DATASET UNIXFILE.
WRITE: / 'DOS :', (3)DOSBYTES, 'Bytes eingelesen von', (20)DOSFILE.
WRITE: / 'UNIX:', (3)UNIXBYTES, 'Bytes ausgegeben auf',
                              (5)SY-HOST,'::', (20)UNIXFILE.
```

```
29.05.97 Kapitel 11: Upload einer PC-Datei und Ausgeben auf UNIX     1
----------------------------------------------------------------------
DOS : 53  Bytes eingelesen von C:\TEMP\TEST.TXT
UNIX: 47  Bytes ausgegeben auf pluto :: /tmp/test.txt
```

WS_UPLOAD verwendet getypte Parameter für den Filenamen. Bei Verwendung einer Variablen als Parameter muß diese vom geforderten Typ sein. Der Funktionsbaustein meldet 53 gelesene Zeichen; das sind alle Zeichen inklusive der Zeilentrennzeichen <CR> und <LF>, aber ohne das Dateiendezeichen <EOF>. Auf UNIX wird nur die Summe der Zeilenbytes übertragen, also 3*2 = 6 Zeichen weniger. In der Systemvariablen SY-HOST wird der Applikationsserver angegeben, auf dem der Report läuft.

Das Programm ist nützlich, um Testdaten, die am PC erstellt wurden, ohne Transferprogramme auf den Applikationsserver zu bringen.

11.2.2 Schreiben einer PC-Datei

Der folgende Report liest ein angegebenes Programm in eine interne Tabelle ein, fügt eine fünfstellige Zeilennumerierung in Zehnerschritten ein und gibt den Quelltext auf eine Textdatei mit entsprechendem Namen aus.

```
REPORT  YR-11-02 LINE-SIZE 70.
DATA: BEGIN OF ITAB OCCURS 10,
        ZEILE(72),
      END OF ITAB.
DATA REPORTNAME(10) VALUE 'YR-11-04'.
DATA DOSFILE  LIKE RLGRAP-FILENAME.
DATA DOSFILETYPE  LIKE RLGRAP-FILETYPE VALUE 'ASC'.
DATA ZEINR(5) TYPE N VALUE 0.
DATA DOSBYTES TYPE I.

CONCATENATE 'C:\B\ABAP\' REPORTNAME(8) '.DOC' INTO DOSFILE.
READ REPORT REPORTNAME INTO ITAB.
LOOP AT ITAB.
  ADD 10 TO ZEINR.
  ITAB-ZEILE+6    = ITAB-ZEILE.
  ITAB-ZEILE(5)   = ZEINR.
  ITAB-ZEILE+5(1) = ' '.
  MODIFY ITAB.
ENDLOOP.

CALL FUNCTION 'WS_DOWNLOAD'
     EXPORTING
         FILENAME            = DOSFILE
         FILETYPE            = DOSFILETYPE
     IMPORTING
          FILELENGTH          = DOSBYTES
     TABLES
          DATA_TAB            = ITAB
     EXCEPTIONS
          FILE_OPEN_ERROR     = 1
          FILE_WRITE_ERROR    = 2
          INVALID_FILESIZE    = 3
          INVALID_TABLE_WIDTH = 4
          INVALID_TYPE        = 5
          NO_BATCH            = 6
          UNKNOWN_ERROR       = 7
          OTHERS              = 8.
WRITE: / 'Report', REPORTNAME, 'ausgegeben auf', (25)DOSFILE.
```

```
29.05.97 Kapitel 11: Download eines Reports mit Zeilennummern        1
----------------------------------------------------------------------
Report YR-11-04   ausgegeben auf C:\B\ABAP\YR-11-04.DOC
```

Dieses Programm kann z. B. zur Quelltextbereitstellung für Dokumentationen genutzt werden.

11.3 Verarbeitung von Daten einer ASCII-Datei

In der Praxis werden als Schnittstellendateien meist ASCII-Dateien verarbeitet. Da diese alle Daten im externen Format übertragen, sind sie über Systemgrenzen hinweg gut portierbar. Unterschiedliche Zeilentypen und -längen übertragen unterschiedliche Satzstrukturen. Die Lesbarkeit der Daten erleichtert ihre manuelle Überprüfung.

Besondere Probleme entstehen üblicherweise beim Datenimport via Textdatei in das R/3-System. Man muß davon ausgehen, daß selbst bei genau definierter Schnittstelle die Daten nicht ohne entsprechende Tests aus den eingelesenen Dateizeilen in die ABAP-Felder übernommen werden können. Diese Tests müssen zunächst grobe Fehler ausschließen, die zu einem Programmabsturz führen könnten. Ein Beispiel ist der Versuch, nichtnumerische Werte in numerische Felder einzulesen. Nachfolgende Tests betreffen die Inhalte der importierten Daten.

11.3.1 Zerlegen von Zeilen in einzelne Felder

Jede Zeile einer ASCII-Importdatei überträgt einen Satz einer festgelegten Struktur. Dabei liegen alle Strukturelemente in ihrer externen, also lesbaren Form vor. Eine globale Zuweisung der Form „Feldleiste = Zeile" in einem Schnittstellenprogramm führt zwar nicht zu einem Programmabsturz, aber doch zu falschen Ergebnissen bei gepackten Feldern und bei Feldern im binären Format.

Eine eingelesene Dateizeile muß daher in die Felder der zugeordneten Struktur zerlegt werden. Das folgende Programm demonstriert das Vorgehen für eine intern im Programm definierte Struktur PERSON. In einer DO-Schleife wird mittels ASSIGN COMPONENT die n-te Komponente dem Feldsymbol <Feld> zugewiesen. Dessen Offset in der Struktur PERSON wird über DESCRIBE DISTANCE BETWEEN berechnet. Der Zieltyp ergibt sich aus DESCRIBE FIELD... TYPE, die externe Länge DESCRIBE FIELD ... OUTPUT-LENGTH.

```
REPORT  YR-11-03 LINE-SIZE 70.
DATA: BEGIN OF PERSON,
         NAME(10),
         ALTER(3) TYPE N,
         GEHALT(7) TYPE P DECIMALS 2,
      END OF PERSON.
DATA: ZEILE(30) VALUE 'Ziegler    45  4.200,00'.
```

```
DATA: NR TYPE I, OFF TYPE I, LANG TYPE I, TYP(1).
DATA: TOKEN(30).
FIELD-SYMBOLS: <FELD>.

PERSON = ZEILE. WRITE: / PERSON-GEHALT.

WRITE: / 'Nr', 8 'Typ', 16 'Länge', 24 'Token'.
DO 3 TIMES.
  ASSIGN COMPONENT SY-INDEX OF STRUCTURE PERSON TO <FELD>.
  DESCRIBE DISTANCE BETWEEN <FELD> AND PERSON-NAME INTO OFF.
  DESCRIBE FIELD <FELD> OUTPUT-LENGTH LANG.
  DESCRIBE FIELD <FELD> TYPE TYP.
  TOKEN = ZEILE+OFF(LANG).
  WRITE:  /(2) SY-INDEX UNDER 'Nr', TYP UNDER 'Typ',
           (2) LANG UNDER 'Länge', TOKEN UNDER 'Token'.
ENDDO.
```

```
29.05.97 Kapitel 11: Zerlegen von Zeilen in Felder                  1
---------------------------------------------------------------------
2020342>323,03
Nr     Typ     Länge   Token
1      C       10      Ziegler
2      N       3        45
3      P       15         4.200,00
```

Das n-te Teilfeld der Zeile wird über eine Zuweisung mit Offset- und Längenangabe aus der Zeile extrahiert. Jetzt erfolgt ein Test, ob das Teilfeld dem Zieltyp zuweisbar ist.

11.3.2 Konvertieren der Felder in das interne Format

Die Notwendigkeit der Konvertierungen von Eingabedaten ist bereits von den Dialogprogrammen her bekannt. Zum Zeitpunkt PAI werden alle Dynprofelder über automatische Feldkonvertierungen aus dem externen Format in das interne ABAP/4-Format umgewandelt. Bei dieser INPUT-Konvertierung werden vor der eigentlichen Umwandlung Checks durchgeführt. Bei Dialogprogrammen wird der Nutzer bei Falscheingabe (z. B. nichtnumerischer Wert in einem Betragsfeld) über eine Nachricht zur Neueingabe aufgefordert.

Bei der Datenübernahme via Datei können prinzipiell dieselben Fehler in den Daten auftreten wie im Dialogfall. Mögliche Ursachen sind hier:

- Das liefernde System schickt nicht die erwarteten Daten oder schickt sie nicht in der richtigen Reihenfolge.
- Die Daten wurden durch verschiedene Einflüsse verfälscht.
- Das R/3-System ändert seine Schnittstelle, ohne das liefernde System zu unterrichten.

Zum Check der Daten und zur Konvertierung in das interne Format können prinzipiell dieselben Routinen benutzt werden wie bei der Dialogprogrammierung.

Leider können die Konvertierungs- und Checkroutinen für die Grunddatentypen, wie sie in den Feldprüfungen des PAI vorkommen, nicht explizit in ABAP/4 aufgerufen werden. Daher sind für die einzelnen Datentypen eigene Routinen zur Konvertierung zu benutzen.

- *Datentyp C*: Check- und Konvertierungsroutinen sind hier nicht nötig.
- *Datentyp N*: Hier ist der Check mittels

```
L = STRLEN( Token ).
IF Token CO '0123456789'. ENDIF.
IF SY-FDPOS >= L.
* OK
ELSE.
* Fehler
ENDIF.
```

  notwendig. Es kann aber auch der übliche Konvertierungsexit CONVERSION_EXIT_-NUMCV_INPUT aufgerufen werden.
- *Datentyp D*: Im externen Format hat ein Datum bei deutschen Installationen meist das Format DD.MM.YYYY. Dieses muß in die interne Form YYYYMMDD gebracht werden. Dazu empfiehlt sich die Verwendung von CONVERSION_EXIT_SDATE_INPUT. Dieser Konvertierungsexit erledigt den Test und im Erfolgsfall die Konvertierung.
- *Datentyp P*: Die folgende Form zeigt eine mögliche C-P-Konvertierung für Strings, die die Zeichen '+-0123456789,' enthalten. Das Vorzeichen kann führend oder nachgestellt sein und darf nur einmal auftreten. Als Dezimaltrenner wird das Komma erwartet; es darf ebenfalls nur einmal auftreten. Buchstaben und andere Zeichen setzen den Returncode.

```
FORM C2P USING STR TYPE C X TYPE P RC LIKE SY-SUBRC.
DATA S(50) .
DATA L LIKE SY-INDEX.
DATA VZ.

X = '0.0'.
S = STR.

SHIFT S LEFT DELETING LEADING SPACE.
L = STRLEN( S ).
IF NOT ( S CO '0123456789+-,' ).
  IF SY-FDPOS < L. RC = 1. EXIT. ENDIF.
ENDIF.
* Es sind nur die Zeichen 0123456789+-, vorhanden
```

```
* Dezimalzeichen darf nur einmal vorkommen
REPLACE ',' WITH '.' INTO S.
IF SY-SUBRC = 0.  " 1. Auftreten --> OK
  SEARCH S FOR ','.
  IF SY-SUBRC = 0.   " 2. Auftreten --> Fehler
    RC = 1. EXIT.
  ENDIF.
ENDIF.

* '-'-Zeichen darf nur einmal am Ende oder Anfang stehen
L = STRLEN( S ) - 1.
SEARCH S FOR '-'.
IF SY-SUBRC = 0.  " Minuszeichen vorhanden
  IF NOT ( SY-FDPOS = 0 OR SY-FDPOS = L ).
    RC = 1. EXIT.
  ENDIF.
  REPLACE '-' WITH SPACE INTO S.  " Löschen des Minuszeichens
  VZ = '-'.
  SEARCH S FOR '-'.
  IF SY-SUBRC = 0. RC = 1. EXIT. ENDIF.
  SEARCH S FOR '+'.
  IF SY-SUBRC = 0. RC = 1. EXIT. ENDIF.
ELSE.              " kein Minuszeichen
* '+'-Zeichen darf nur einmal am Ende oder Anfang stehen
  SEARCH S FOR '+'.
  IF SY-SUBRC = 0.  " Pluszeichen war vorhanden
    IF NOT ( SY-FDPOS = 0 OR SY-FDPOS = L ).
      RC = 1. EXIT.
    ENDIF.
    REPLACE '+' WITH SPACE INTO S.
    VZ = '+'.
    SEARCH S FOR '+'.
    IF SY-SUBRC = 0. RC = 1. EXIT. ENDIF.
  ENDIF.
ENDIF.
RC = 0.
X = S.
ENDFORM.
```

11.3.3 Plausibilitätstest der Daten

Plausibilitätstests von Daten gehen von erfolgreich konvertierten und gefüllten ABAB/4-Feldern aus. Sie testen

- den Wert von Aufzählungsfeldern auf Zugehörigkeit zur Wertemenge
- numerische Felder und Datumsfelder auf Wertebereiche

Neben Tests auf Einzelfelder können Feldkombinationen getestet werden. Eine häufig auftretende Fragestellung ist der Test eines Feldes auf eine zugeordnete Steuertabelle. Bei der Lösung des Problems sind zwei Extremfälle denkbar:

- Vorabladen aller Einträge der Steuertabelle in eine interne Tabelle, aus der bei jedem Check mit READ TABLE *Tabelle* WITH KEY nachgelesen wird. Diese Methode vermeidet das Nachlesen von Sätzen aus der Datenbank, liest aber unter Umständen Sätze aus der Datenbank ein, die gar nicht benötigt werden. Sie ist sinnvoll für Steuertabellen mit wenigen Sätzen.
- Prüfen eines jeden einlaufenden Feldwertes durch Nachlesen in der Datenbanktabelle mit SELECT SINGLE. Diese Methode liest unter Umständen ein und denselben Satz viele Male. Sie ist sinnvoll für kleine Datenmengen.

Für große Datenmengen und Steuertabellen mit vielen Einträgen empfiehlt sich ein kombiniertes Verfahren. Aus der Datenbanktabelle gelesene Sätze werden in einer internen Tabelle gepuffert. Der Check sucht den Satz zunächst in der internen Tabelle. Wird er gefunden, ist der Check positiv. Wird er nicht gefunden, wird ein entsprechender Satz in der Datenbanktabelle gesucht. Wird er dort gefunden, ist der Check positiv. In diesem Fall wird der gelesene Satz mit APPEND an die interne Tabelle angehängt. Bei einem zweiten, dritten und vierten Auftreten wird der Wert in der internen Tabelle gefunden.

Das folgende Programm demonstriert diese Pufferung am Beispiel der Customizingtabelle YBUGRD. Die gegen diese Tabelle zu testenden Buchungsgründe werden über die Zufallszahlenfunktion RANDOM_I2 im Intervall 1 .. 9 erzeugt. Es werden 5 Versuche mit den Werteanzahlen 5, 10, 100, 1.000 und 10.000 durchgeführt. Das Protokoll zeigt, daß sich eine Einsparung gegenüber dem Komplettlesen dann ergibt, wenn die Zahl der zu testenden Werte in der selben Größenordnung wie die Zahl der Einträge in der Prüftabelle ist. Wenn zu erwarten ist, daß man alle Werte der Steuertabelle benötigt, so sind diese besser mit SELECT ... INTO TABLE einzulesen.

```
REPORT  YR-11-05 LINE-SIZE 70.
TABLES: YBUGRD.

DATA:   BEGIN OF SIMULA OCCURS 5,
          ANZ TYPE I,
          DBANZ TYPE I,
          ITABANZ TYPE I,
        END OF SIMULA.

DATA:   BUGRDTAB LIKE YBUGRD OCCURS 20 WITH HEADER LINE.
DATA:   BUGRD LIKE YBUGRD-BUGRD.
DATA:   RNDVALUE LIKE DATATYPE-INTEGER2.
```

```
CLEAR SIMULA.
SIMULA-ANZ =     5. APPEND SIMULA.
SIMULA-ANZ =    10. APPEND SIMULA.
SIMULA-ANZ =   100. APPEND SIMULA.
SIMULA-ANZ =  1000. APPEND SIMULA.
SIMULA-ANZ = 10000. APPEND SIMULA.

WRITE: / 'Anzahl',  15'DB-Zugriffe', 30'Interne Zugriffe'.
LOOP AT SIMULA.
  CLEAR BUGRDTAB. REFRESH BUGRDTAB.
  DO SIMULA-ANZ TIMES.
    CALL FUNCTION 'RANDOM_I2'
         EXPORTING
              RND_MIN   = 1
              RND_MAX   = 9
         IMPORTING
              RND_VALUE = RNDVALUE
         EXCEPTIONS
              OTHERS    = 1.
    BUGRD = RNDVALUE.
    READ TABLE BUGRDTAB WITH KEY BUGRD = BUGRD.
    IF SY-SUBRC > 0.
      SELECT SINGLE * FROM YBUGRD WHERE BUGRD = BUGRD.
      IF SY-SUBRC = 0.
        ADD 1 TO SIMULA-DBANZ.
        APPEND YBUGRD TO BUGRDTAB.
      ENDIF.
    ELSE.
      ADD 1 TO SIMULA-ITABANZ.
    ENDIF.
  ENDDO.
  WRITE: /(7) SIMULA-ANZ, 15(5) SIMULA-DBANZ, 30(7) SIMULA-ITABANZ.
ENDLOOP.
```

```
04.06.97 Kapitel 11: Gepuffertes Lesen einer Steuertabelle         1
----------------------------------------------------------------------
Anzahl         DB-Zugriffe    Interne Zugriffe
     5            4              1
    10            7              3
   100            9             91
 1.000            9            991
10.000            9          9.991
```

11.4 Logische Dateischnittstellen

Bei der Entwicklung von Dateischnittstellen für den Datenimport kann – genau wie bei den logischen Datenbanken – eine Trennung in Datenbeschaffung (Leseprogramm) und Datenverarbeitung (Verarbeitungsprogramm) vorgenommen werden. Dieses Kapitel zeigt, wie die in Kapitel 11.3 beschriebenen Funktionen

- Datei öffnen
- Datei lesen
- Dateizeilen aufsplitten
- Konvertierungstests durchführen
- Datei schließen

in das Leseprogramm der Dateischnittstelle integriert werden. Besonders interessant ist ein Report, der das Leseprogramm einer als logische Datenbank definierten Dateischnittstelle automatisch erzeugt.

Als Beispiel für eine der o. g. Dateischnittstellen sollen die Beispieldaten von Kapitel 3 über eine ASCII-Datei übernommen werden. Die Datei soll folgenden prinzipiellen Aufbau haben:

```
YVERS     Dateianfang
YSTAMM    Anfang der Stammdaten
YKONTO    1  400020  P
YKONTO    1  400030  P
YKONTO    1  400040  PX
YKONTO    1  400050  K
YPRODUKT  1  705     SV   KV   KFZ-Vollkasko, Tarif V4
YPRODUKT  1  706     SV   KV   KFZ-Vollkasko, Tarif V6
YPRODUKT  1  723     SV   KV   KFZ-Vollkasko, Tarif V12
YPRODUKT  1  718     SV   KI   KFZ-Insassen, Tarif I4
YVERTRAG  1  60600   400010  706    1000200119960723  20060712
YVERTRAG  1  60700   400070  802    1000200519960723  20060712
YVERTRAG  1  60800   400080  804    1000200619960723  20060712
YVERTRAG  1  60900   400090  803    1000200719960723  20060712
YVERTRAG  1  70100   400100  701    1000200819960723  20060712
YBEWEG    Anfang der Bewegungsdaten
YBELKPF   1  642010001   EP   DEM  19960824  Belegtext
YBELPOS   1  642010001  400010  60100   UMB  10            Postext
YBELPOS   1  642010002  400010  60100   UMB  20            Postext
YBELPOS   1  642010003  400010  60100   UMB  30            Postext
YBELKPF   1  642010011   EP   DEM  19960824  Belegtext
YBELPOS   1  642010011  400020  60200   UMB  100           Postext
YBELPOS   1  642010012  400020  60200   UMB  200           Postext
```

Ein Zeilenkenner fester Länge (hier 10) gibt die Struktur an, die die jeweilige Zeile hat. Die Reihenfolge, in der die verschiedenen Zeilentypen in der Datei auftreten dürfen, ist vorgegeben. Zuerst sollen Stammdaten, gekennzeichnet durch die Steuerzeile YSTAMM, übertragen werden. Dann sollen Bewegungsdaten (YBEWEG) folgen. Die Bewegungsdaten (Belege) sollen jeweils durch eine Kopfzeile (YBELKPF), gefolgt von beliebig vielen Positionszeilen (YBELPOS), erfaßt werden.

Das zugehörige Verarbeitungsprogramm soll idealerweise genauso wie das einer logischen Datenbank aufgebaut sein, d. h., es soll im wesentlichen die GET-Events für die in der Datei vorkommenden Zeilenstrukturen enthalten.

```
REPORT XYZ.
TABLES: YVERS, YSTAMM, YPARTNER, YKONTO, YPRODUKT, YVERTRAG,
        YBEWEG, YBELKPF, YBELPOS
GET YPARTNER.      " Partner-Stammsatz eingelesen - MODIFY DB
GET YKONTO.        " Konto-Stammsatz eingelesen - MODIFY DB
GET YSTAMM LATE.   " Ende der Stammdaten
GET YBELKPF.       " Kopf Sollstellungsbeleg - merken
GET YBELPOS.       " offener Posten Sollstellungsbeleg - merken in ITAB
GET YBELKPF LATE.  " Beleg vollständig eingelesen, Plausibilisierung
GET YBEWEG LATE.   " Ende der Bewegungsdaten
GET YVERS LATE.    " Ende der Datenübernahme
```

11.4.1 Daten- und Dateistruktur einer LDS im Data Dictionary

Zunächst ist festzulegen, welche Arten von Datensätzen (Zeilenformate) in welcher Reihenfolge in der Datei zu übertragen sind. Im obigen Beispiel werden neun verschiedene Zeilenstrukturen verwendet, von denen aber nur sechs Nutzdaten übertragen.

Dies sind die Zeilentypen YPARTNER, YKONTO, YPRODUKT, YVERTRAG, YBELKPF und YBELPOS. Diesen Zeilentypen entsprechen im Data Dictionary angelegte Tabellen. Die anderen Zeilentypen YVERS, YSTAMM und YBEWEG dienen ausschließlich der Strukturierung der Datei und der Steuerung des Leseprozesses. Sie werden als Strukturen im Data Dictionary abgelegt.

Im DDIC wird die logische Datenbank YDS angelegt, in der die definierten Zeilenstrukturen in einer Baumstruktur angeordnet werden. Diese Baumstruktur muß die Reihenfolge der Zeilen in der Schnittstellendatei abbilden (Abb. 11.1).

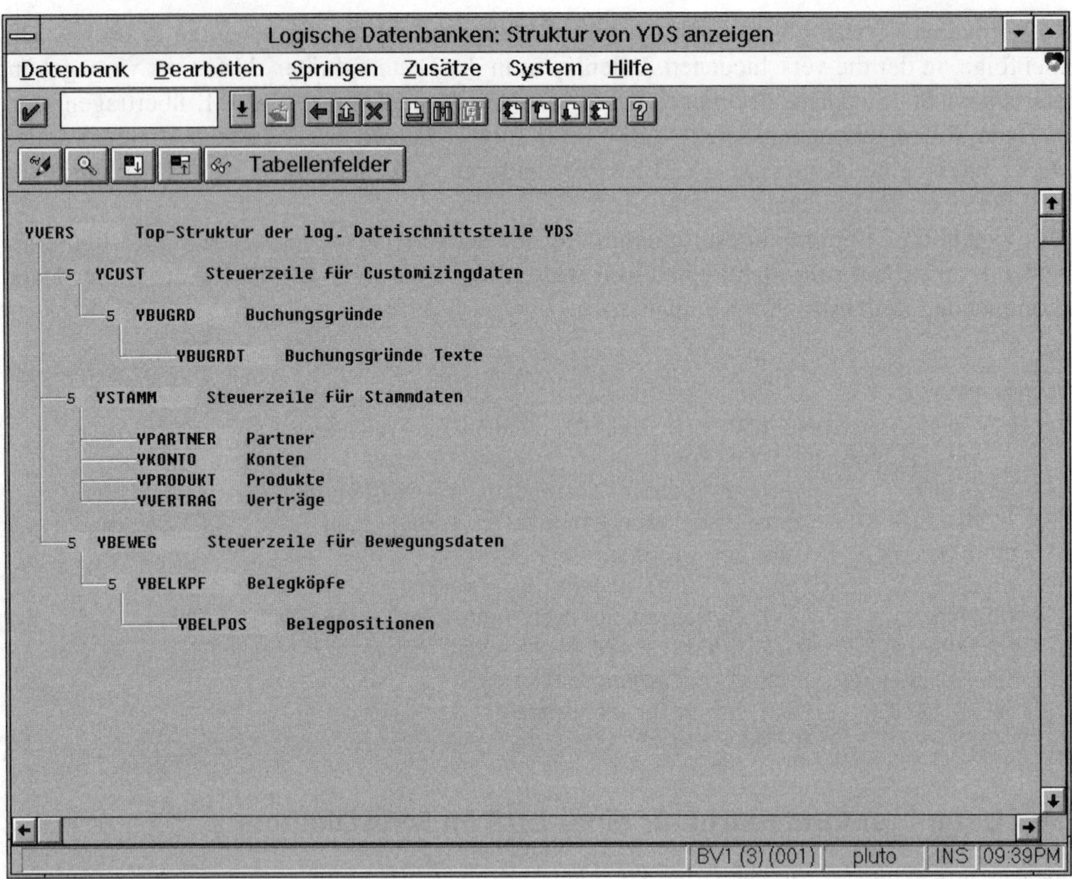

Abb. 11.1: Logische Dateischnittstelle YDS

11.4.2 Leseprogramm der logischen Dateischnittstelle

Das Leseprogramm einer logischen Dateischnittstelle wird beispielhaft am Programm SAPDBYDS der logischen Dateischnittstelle YDS beschrieben. Es muß in der TABLES-Deklaration alle Strukturen und Tabellen der zugeordneten logischen Datenbank YDS enthalten. Um zur Laufzeit Informationen über die Tabellen- und Strukturfelder zu erhalten, werden die DDIC-Tabellen DD01L, DD03L und DD04L eingebunden:

```
TABLES:     DD01L, DD03L, DD04L,
            YVERS,
            YCUST,
            YBUGRD,
            YBUGRDT,
```

```
            YSTAMM,
            YPARTNER,
            YKONTO,
            YPRODUKT,
            YVERTRAG,
            YBEWEG,
            YBELKPF,
            YBELPOS.
```

Das Leseprogramm einer logischen Dateischnittstelle besteht genauso wie das einer logischen Datenbank ausschließlich aus Forms, die vom übergeordneten Steuerprogramm aufgerufen werden. Die erste Funktion ist BEFORE_EVENT. Hier werden die vor dem Event START–OF–SELECTION des Verarbeitungsprogramms ablaufenden Aktionen codiert.

Zunächst werden in einem geschachtelten SELECT alle Felder aller Tabellen und Strukturen von YDS aus DD03L in eine interne Tabelle FELDTAB eingelesen. Da die Schnittstellendatei Daten im externen Format überträgt, müssen die Outputlängen der Felder bekannt sein. Sie werden für jedes Feld durch ein SELECT SINGLE auf das zugeordnete Datenelement in Tabelle DD04L und durch ein weiteres SELECT SINGLE auf die dem Datenelement zugeordnete Domäne in Tabelle DD01L ermittelt. Nach diesem geschachtelten Dreifachselekt wird die interne Tabelle nach Tabellenname und Feldposition sortiert. Die Reihenfolge der Felder in FELDTAB entspricht der Reihenfolge der Felder in den Schnittstellenzeilen.

```
FORM BEFORE_EVENT USING EVENT.
DATA BYTES TYPE I.
DATA FNAME LIKE RLGRAP-FILENAME.
FNAME = FILENAME.
  CASE EVENT.
    WHEN 'START-OF-SELECTION'.
       SELECT * FROM DD03L WHERE
         AS4LOCAL = 'A' AND
         FIELDNAME NE '.INCLUDE' AND (
         TABNAME = 'YVERS' OR
         TABNAME = 'YCUST' OR
         TABNAME = 'YBUGRD' OR
         TABNAME = 'YBUGRDT' OR
         TABNAME = 'YSTAMM' OR
         TABNAME = 'YPARTNER' OR
         TABNAME = 'YKONTO' OR
         TABNAME = 'YPRODUKT' OR
         TABNAME = 'YVERTRAG' OR
         TABNAME = 'YBEWEG' OR
         TABNAME = 'YBELKPF' OR
         TABNAME = 'YBELPOS' ) .
```

```
        MOVE-CORRESPONDING DD03L TO FELDTAB.
        SELECT * FROM DD04L WHERE ROLLNAME = DD03L-ROLLNAME.
          SELECT * FROM DD01L WHERE DOMNAME = DD04L-DOMNAME.
            FELDTAB-OUTPUTLEN = DD01L-OUTPUTLEN.
            APPEND FELDTAB.
            EXIT.
          ENDSELECT.
          EXIT.
        ENDSELECT.
      ENDSELECT.
      SORT FELDTAB BY TABNAME POSITION.
*
      CLEAR STRUTAB. REFRESH STRUTAB.
      STRUTAB-STRUNAME = 'YVERS'.
      APPEND STRUTAB.
      STRUTAB-STRUNAME = 'YCUST'.
      APPEND STRUTAB.
      STRUTAB-STRUNAME = 'YBUGRD'.
      APPEND STRUTAB.
      STRUTAB-STRUNAME = 'YBUGRDT'.
      APPEND STRUTAB.
      STRUTAB-STRUNAME = 'YSTAMM'.
      APPEND STRUTAB.
      STRUTAB-STRUNAME = 'YPARTNER'.
      APPEND STRUTAB.
      STRUTAB-STRUNAME = 'YKONTO'.
      APPEND STRUTAB.
      STRUTAB-STRUNAME = 'YPRODUKT'.
      APPEND STRUTAB.
      STRUTAB-STRUNAME = 'YVERTRAG'.
      APPEND STRUTAB.
      STRUTAB-STRUNAME = 'YBEWEG'.
      APPEND STRUTAB.
      STRUTAB-STRUNAME = 'YBELKPF'.
      APPEND STRUTAB.
      STRUTAB-STRUNAME = 'YBELPOS'.
      APPEND STRUTAB.
*
      IF FILENAME(1) = '/'.
        OPEN DATASET FILENAME FOR INPUT IN TEXT MODE.
      ELSE.
        CALL FUNCTION 'WS_UPLOAD'
             EXPORTING
              FILENAME              = FNAME
             IMPORTING
                  FILELENGTH            = BYTES
```

```
              TABLES
                   DATA_TAB               = FILETAB
              EXCEPTIONS
                   CONVERSION_ERROR       = 1
                   FILE_OPEN_ERROR        = 2
                   FILE_READ_ERROR        = 3
                   INVALID_TABLE_WIDTH    = 4
                   INVALID_TYPE           = 5
                   NO_BATCH               = 6
                   UNKNOWN_ERROR          = 7
                   OTHERS                 = 8.
        ENDIF.
        IF SY-SUBRC > 0. STOP. ENDIF.
    ENDCASE.
  ENDFORM.
```

Die interne Tabelle STRUTAB enthält alle Namen der an YDS beteiligten Zeilenformate. Danach wird die Datei zum Lesen geöffnet. Das erste Zeichen des Filenamens wird zur Unterscheidung von PC-Dateien und Applikationsserverdateien benutzt. Ein „/" kennzeichnet eine Datei auf dem UNIX-Applikationsserver. Alle anderen Dateinamen werden als DOS-Datei interpretiert. Für UNIX-Dateien wird ein OPEN DATASET codiert, DOS-Dateien werden in die interne Tabelle FILETAB eingelesen. Bei der zeilenweisen Bearbeitung wird in beiden Fällen die globale Variable ZEILE benutzt.

In der Form AFTER_EVENT wird im Code festgelegt, daß die Datei nach dem Verarbeitungsende wieder geschlossen wird, was jedoch explizit nur für UNIX-Dateien angegeben werden muß.

```
 FORM AFTER_EVENT USING EVENT.
    CASE EVENT.
      WHEN 'END-OF-SELECTION'.
  IF FILENAME(1) = '/'.
       CLOSE DATASET FILENAME.
  ENDIF.
    ENDCASE.
  ENDFORM.
```

Für jede in der Struktur der LDS enthaltene Zeilenstruktur ist eine parameterlose Form mit dem Namen PUT_<Struktur> im Leseprogramm vorhanden. Im obigen Beispiel existieren neun Forms mit den Namen PUT_YVERS, PUT_YSTAMM, PUT_YPARTNER usw. Der Aufbau dieser PUT-Forms ist bis auf den jeweiligen Strukturnamen völlig identisch. Als Beispiel wird die Form PUT_YBELKPF angegeben.

```
FORM PUT_YBELKPF.
DATA STRUNAME(30).
DO.
  IF ZEILE = SPACE.
    IF FILENAME(1) = '/'.
      READ DATASET FILENAME INTO ZEILE.
      ANZZEILEN = ANZZEILEN + 1.
    ELSE.
      ANZZEILEN = ANZZEILEN + 1.
      READ TABLE FILETAB INDEX ANZZEILEN.
      ZEILE = FILETAB-ZEILE.
    ENDIF.
    IF SY-SUBRC > 0. EXIT. ENDIF.
  ENDIF.
  STRUNAME = ZEILE(10).
  READ TABLE STRUTAB WITH KEY STRUNAME = STRUNAME.
  IF SY-SUBRC = 0.             " keine Kommentarzeile
    IF STRUNAME = 'YBELKPF'.
      PERFORM SPLITLINE USING ZEILE STRUNAME.
      ZEILE = SPACE.
      PUT YBELKPF.
    ELSE.
      EXIT.
    ENDIF.
  ELSE.                        " Kommentarzeile überlesen
    ZEILE = SPACE.
ENDIF.
ENDDO.
ENDFORM.
```

In einer DO-Schleife werden so lange Zeilen aus der Datei gelesen, wie der Zeilenkenner STRUNAME gleich dem jeweiligen Strukturnamen <Struktur> ist. Die Zeile wird mit der Form SPLITLINE in ihre Bestandteile zerlegt. Diese werden einzeln auf Konvertierbarkeit getestet und den Zielfeldern der jeweiligen Struktur zugewiesen. Wenn eine Zeile vollständig bearbeitet wurde, erfolgt mittels PUT <Struktur> das Auslösen des GET-Events im Verarbeitungsprogramm sowie der Aufruf der PUT-Form der unter- bzw. nebengeordneten Struktur. Nach erfolgreicher Verarbeitung wird die Zeile gelöscht. Wenn eine Zeile nicht verarbeitet wird, dann wird sie auch nicht gelöscht und steht zur Verarbeitung durch die nächste Form zur Verfügung. Alle Zeilen, deren Zeilenkenner nicht in der Tabelle STRUTAB der Zeilenformate gefunden werden, werden als Kommentarzeilen betrachtet und überlesen.

Die PUT-Forms sehen fast identisch aus, der entscheidende Unterschied liegt aber im *Quelltext*, der auf das Schlüsselwort PUT folgt. Dieser Unterschied ist dafür verantwortlich, daß sich die PUT-Forms *nicht* durch eine einzige Form mit dem Tabellennamen als Parameter ersetzen lassen. Dieser Parameter müßte ein Stück Quelltext enthalten. So etwas ist nur bei Makros möglich. Die Forms können tatsächlich über ein Makro abgebildet werden, was allerdings die Lesbarkeit nicht verbessert. Außerdem werden die Forms ohnehin generiert.

Die Zerlegung einer eingelesenen Zeile sowie der Test auf Konvertierungsfehler werden in das Leseprogramm integriert. In der Form SPLITLINE wird ein Loop über alle Felder des übergebenen Formats ausgeführt. Einer CHAR-Variablen D wird das entsprechende Teilstück der Zeile nach Offset und Länge zugewiesen.

```
FORM SPLITLINE USING ZEILE STRUNAME.
FIELD-SYMBOLS <DatenFeldRef>.
FIELD-SYMBOLS <FehlerFeldRef>.
DATA FELD(45).
DATA D(30).
DATA O TYPE I.
DATA L TYPE I.
DATA RC LIKE SY-SUBRC.

O = 10.
READ TABLE STRUTAB INDEX 1.
CONCATENATE STRUTAB-STRUNAME '-FEHLER' INTO FELD.
ASSIGN (FELD) TO <FehlerFeldRef>.
LOOP AT FELDTAB WHERE TABNAME = STRUNAME.
  L = FELDTAB-OUTPUTLEN.  " externes Format wird übertragen
  D = ZEILE+O(L).
  CONCATENATE FELDTAB-TABNAME '-' FELDTAB-FIELDNAME INTO FELD.
  ASSIGN (FELD) TO <DatenFeldRef>.
  PERFORM CHECKFORMAT USING D FELDTAB-INTTYPE RC.
  IF RC = 0.
    <DatenFeldRef> = D.
    <FehlerFeldRef> = SPACE.
  ELSE.
*   MESSAGE ID ...  TYPE 'S' NUMBER ...
*           WITH ANZZEILEN STRUNAME FELD.
    CLEAR <DatenFeldRef>.
    <FehlerFeldRef> = 'X'.
  ENDIF.
  O = O + L.
ENDLOOP.

ENDFORM.
```

In der Testfunktion CHECKFORMAT wird überprüft, ob das Datenelement D ein Element vom Typ *Feldtyp* ist.

```
FORM CHECKFORMAT USING FELD FELDTYP RC.
DATA L TYPE I.
L = STRLEN( FELD ).
RC = 1.
CASE FELDTYP.
  WHEN 'C'.
    RC = 0.
  WHEN 'N'.
    IF FELD CO '0123456789'. ENDIF.
    IF SY-FDPOS >= L. RC = 0.
    ELSE.            RC = 1.
    ENDIF.
  WHEN 'D'.
    IF FELD CO '.0123456789'. ENDIF.
    IF SY-FDPOS >= L. RC = 0.
    ELSE.            RC = 1.
    ENDIF.
  WHEN 'X'.
    IF FELD CO '0123456789ABCDEF'. ENDIF.
    IF SY-FDPOS >= L. RC = 0.
    ELSE.            RC = 1.
    ENDIF.
  WHEN 'P'.
    IF FELD CO '+-.0123456789'. ENDIF.
    IF SY-FDPOS >= L. RC = 0.
    ELSE.            RC = 1.
    ENDIF.
ENDCASE.
ENDFORM.
```

Wenn der Check erfolgreich verlief, wird das Datenelement D dem Strukturfeld indirekt über ein Feldsymbol zugewiesen. Anderenfalls wird über MESSAGE eine Fehlernachricht ausgelöst. In den WITH-Parametern werden der Nachricht Informationen über Dateizeile, Struktur und Feldnamen mitgegeben. Vor Benutzung dieser Variante müssen Nachrichten und Nachrichtengruppe angelegt werden. Im Batch werden alle abgesetzten Nachrichten in der Logdatei gesammelt. Das Verarbeitungsprogramm muß über einen aufgetretenen Fehler informiert werden. Dazu bietet sich die Verwendung eines speziellen Fehlerfeldes in der Top-Struktur der LDS an, das vom Leseprogramm im Fehlerfall vor dem Auslösen des entsprechenden PUT <Struktur> gesetzt wird.

Die Programmierung der Form CHECKFORMAT wurde nur angedeutet und realisiert keine vollständige Fehlerprüfung. Zur weiteren Ausgestaltung können die Funktionsbausteine DATE_CHECK_PLAUSIBILITY und CHECK_AND_CONVERT_NUMERICS benutzt werden.

11.4.3 Select-Options einer logischen Dateischnittstelle

Der Name der zu verarbeitenden Datei soll im Verarbeitungsprogramm als Parameter eingegeben werden. Er muß dem Leseprogramm bekannt gemacht werden. Dazu werden wie üblich die SELECT-Optionen der logischen Datenbank benutzt. Im Falle von YDS wird das Include DBSELYDS über die logische Datenbank YDS erzeugt und wie folgt angepaßt:

```
PARAMETER FILENAME(150) DEFAULT 'C:\B\ABAP\YDS.TXT
                        LOWER CASE FOR TABLE YVERS.
```

Der Defaultwert des Dateinamens erscheint im Parameter des Verarbeitungsprogramms und kann dort überschrieben werden. Der Tabellenbezug des Parameters (FOR TABLE) wird immer auf die Top-Struktur der LDS gerichtet.

11.4.4 Verarbeitungsprogramm einer logischen Dateischnittstelle

Das Verarbeitungsprogramm einer LDS unterscheidet sich nicht vom Verarbeitungsprogramm einer LDB. Der Name der zugeordneten logischen Datenbank ist in den Reportattributen anzugeben. Neben den Ereignissen GET <Struktur> sind insbesondere die Ereignisse GET <Struktur> LATE für eine effektive Verarbeitung von Interesse. Beispielsweise erkennt man am Auftreten von GET YBELKPF LATE, daß ein weiterer Beleg vollständig eingelesen wurde. Er kann dann inhaltlich plausibilisiert und abgespeichert werden. Strukturen, die nur der Steuerung des Leseprozesses dienen (YVERS, YCUST, YSTAMM, YBEWEG), brauchen nicht in die TABLES-Deklaration des Verarbeitungsprogramms aufgenommen zu werden.

Abbildung 11.2 demonstriert das Zusammenspiel von Verarbeitungs-, Lese- und Steuerprogramm. Mit dem im folgenden Kapitel beschriebenen Report GENLDS können Leseprogramm und Selektionsoptionen aus der Struktur der logischen Dateischnittstelle generiert werden.

11.4.5 Generieren des Leseprogramms einer LDS

Das Leseprogramm einer LDS kann mittels des Reports YR-11-04 vollständig aus der Strukturinformation der LDS generiert werden. In der folgenden Programmbeschreibung werden die Zeilennummern von YR-11-04 in Klammern angegeben. YR-11-04 erwartet zwei Parameter (540-550):

- den Namen der logischen Datenbank, die die Struktur der LDS beschreibt
- den vollständigen Default-Dateinamen der zu verarbeitenden Datei

Lesen der Strukturinformation der LDS aus der Tabelle TLDB

Die Struktur einer LDB bzw. einer LDS ist in der Tabelle TLDB abgelegt. Diese besitzt die in der Tabelle 11.1 gezeigten Felder.

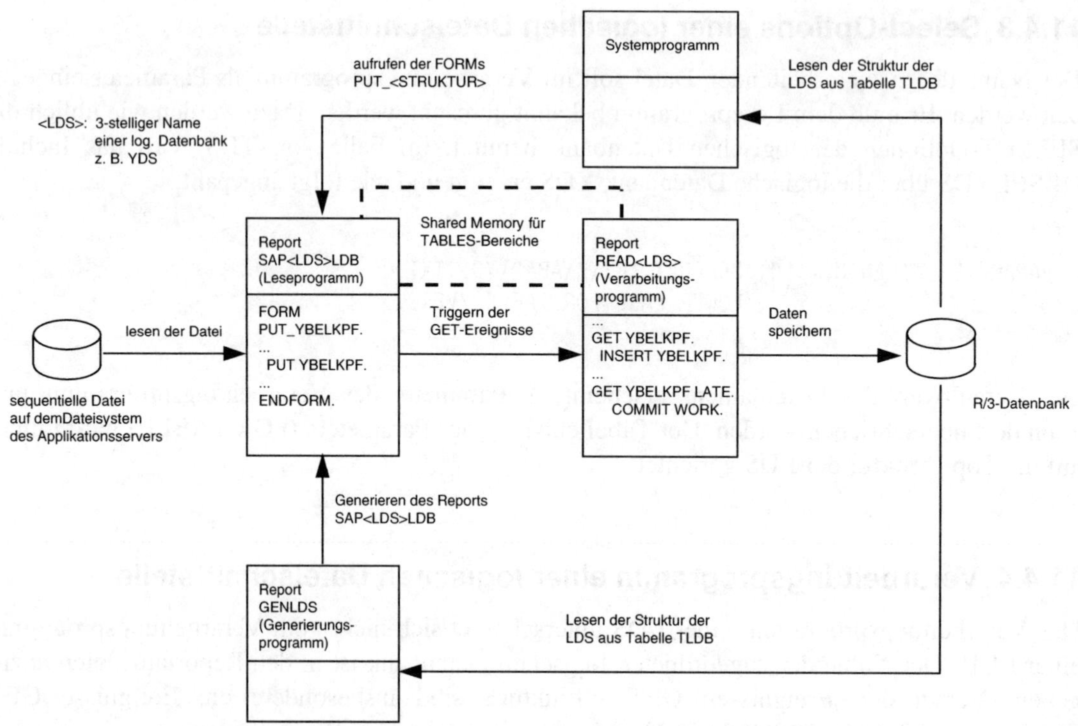

Abb. 11.2: Komponenten einer logischen Dateischnittstelle

Tabelle 11.1: Strukturinformationen einer logischen Datenbank in der Tabelle TLDB

Key	Name	Typ	Länge	Zweck
X	DBNAME	CHAR	2	Name der LDB bzw. LDS
X	SYSTEM	CHAR	1	Letztes Zeichen des namens
X	KENNUNG	CHAR	1	Art der Information in EINTRAG
	EINTRAG	CHAR	200	Diverse Informationen

DBNAME und SYSTEM ergeben zusammen den dreistelligen Namen der LDS bzw. LDB. Das Feld KENNUNG spezifiziert die Art der Information im Feld EINTRAG. Wichtig für die Struktur der LDS sind die Einträge mit der Kennung „P“ (Primärtabellen) und „S“ (Sekundärtabellen):

```
P=        YVERS   YCUST   YBUGRD  YVERS   YSTAMM  YSTAMM  YSTAMM ...
S=YVERS   YCUST   YBUGRD  YBUGRDT YSTAMM  YPARTNERYKONTO  YPRODUKT ...
```

Der längste der in diesen beiden Sätzen erfaßten Struktur- bzw. Tabellennamen legt das Raster fest, in dem die Zeilen beschrieben werden. Das Raster wird aus der Anzahl der führenden Leerzeichen im Satz der P-Kennung ermittelt. Im Beispiel ist das Raster 8. Es wird vom String YPARTNER bestimmt. Die vorkommenden Strukturnamen werden in Rasterschritten aus dem Satz mit der S-Kennung ausgelesen und in die interne Tabelle STRUTAB gefüllt (600-890).

Erzeugen eines compilierfähigen Programms

Das zu generierende Leseprogramm wird in YR-11-04 ab Zeile 910 in der internen Tabelle PROGTAB (490-510) aufgebaut. Zur abkürzenden Schreibweise werden die Makros A1 bis A5 (160-310) benutzt. Diese verbinden die jeweils angegebene Anzahl von Parametern zu einer neuen Programmzeile, die mit APPEND angehängt wird. Da Makros keine leeren Parameter zulassen, werden anstelle der erforderlichen Leerzeichen Nummernzeichen „#“ gesetzt. Vor der Programmausgabe werden diese wieder durch Leerzeichen ersetzt (2900-2930).

Die Abhängigkeit des Codes von der LDS-Struktur wird über LOOP STRUTAB an folgenden Stellen des generierten Programms erfaßt:

- TABLES-Deklaration (950-1010)
- SELECT auf DD03L zur Ermittlung der Felder aller Strukturen einer LDS (1290-1350)
- PUT_<Struktur> für jede Struktur (1490-1520)

Anzeige, Download und Einfügen des generierten Leseprogramms und des Includes

Das generierte Programm und das Include werden als Liste angezeigt (2890-2960, 3100-3170) und können bei Bedarf per Download auf eine PC-Datei geschrieben werden. Zusätzlich werden die intern generierten Programmquellen als Report unter dem Namen SAPDB<LDS> (2990) bzw. als Include DB<LDS>SEL (3200) in die Bibliothek eingefügt. SAPDB<LDS> kann ohne Änderungen sofort generiert werden. Die in der Bibliothek ggf. vorhandenen alten Programme werden ohne Warnung überschrieben.

Bei Bedarf kann das Generierungsprogramm erweitert werden. Beispielsweise kann zusätzlich der Rahmen des Verarbeitungsprogramms mit den möglichen Tabellen und deren PUT- bzw. PUT-LATE-Events generiert werden.

Weiterführende Hinweise

Bei der Übertragung großer Datenmengen wird üblicherweise nach jeweils einer gewissen Anzahl übernommener Sätze ein COMMIT WORK auf die Datenbank abgesetzt. Es wird in diesem Fall ein geeignetes Wiederaufsetzverfahren für die Datenübernahme benötigt. Am einfachsten legt man eine Tabelle an, in der alle für eine Übertragung notwendigen Informationen abgelegt werden (LDS, Datum, Dateiname, Anzahl festgeschriebener Zeilen, Status). Auf diese Tabelle ist vor jedem COMMIT ein UPDATE mit den aktuellen Werten der laufenden Übertragung zu machen. Das eingesetzte Leseprogramm muß nach dem Öffnen der Datei ebenfalls den entsprechenden Satz dieser Tabelle lesen und die Verarbeitung an der angegebenen Stelle fortsetzen. Bei einem ROLLBACK wird so immer ein konsistenter Zustand erreicht.

```
*---------------------------------------------------------------
* Report zum Generieren des Verarbeitungsprogramms einer logischen
* Dateischnittstelle ( LDS ).
* Ausgangspunkt:
*     LDS als logische Datenbank, bestehend aus Strukturen im DD
*     Jede Struktur beschreibt eine Zeilenstruktur
* Parameter:
*     Name der LDS <LDS>
*     Default-Dateiname für Verarbeitungsprogramm
* Generiert werden:
*     Leseprogramnm SAPDB<LDS>
*     Include für SELECT-Options DB<LDS>SEL
*---------------------------------------------------------------
REPORT YR-11-04  LINE-SIZE 70.

* Makros A1 bis A5 zum Füllen der internen Programmtabelle
DEFINE A1.
  PROGTAB-ZEILE = &1. APPEND PROGTAB.
END-OF-DEFINITION.
DEFINE A2.
  CONCATENATE &1 &2 INTO PROGTAB-ZEILE. APPEND PROGTAB.
END-OF-DEFINITION.
DEFINE A3.
  CONCATENATE &1 &2 &3 INTO PROGTAB-ZEILE. APPEND PROGTAB.
END-OF-DEFINITION.
DEFINE A4.
  CONCATENATE &1 &2 &3 &4 INTO PROGTAB-ZEILE. APPEND PROGTAB.
END-OF-DEFINITION.
DEFINE A5.
  CONCATENATE &1 &2 &3 &4 &5 INTO PROGTAB-ZEILE. APPEND PROGTAB.
END-OF-DEFINITION.
TABLES: TRDIR,                          " ABAP/4-Programme
        DD03L,          " Felder von Strukturen u. Tabellen
        TLDB.                           " log. Datenbanken
DATA    PEINTRAG LIKE TLDB-EINTRAG.
DATA    SEINTRAG LIKE TLDB-EINTRAG.
DATA    RASTER TYPE I.
DATA    O TYPE I.
DATA    PROGNAME(12).                   " Leseprogramm SAPDB<LDB>
DATA    SELNAME(12).    " Include für Select-Options DB<LDB>SEL

* Tabelle der Namen der an der <LDS> beteiligten DD-Strukturen
DATA:   BEGIN OF STRUTAB OCCURS 20,
           STRUNAME(15),
        END OF STRUTAB.
```

```
DATA    ANZSTRUTAB TYPE I VALUE 0.

* Tabelle des generierten Programmcodes
DATA:   BEGIN OF PROGTAB OCCURS 400,
          ZEILE(72),
        END OF PROGTAB.
*-------------------------------------------------------------
PARAMETERS: LDB(3) DEFAULT 'YDS',
            FILENAME(150) DEFAULT 'C:\B\ABAP\YDS.TXT' LOWER CASE.
*-------------------------------------------------------------
CLEAR STRUTAB. REFRESH STRUTAB.
CLEAR PROGTAB. REFRESH PROGTAB.

* Lesen und Auswerten der Tabelle der logischen Datenbanken
SELECT SINGLE * FROM TLDB
   WHERE  DBNAME = LDB(2) AND SYSTEM = LDB+2(1) AND KENNUNG = 'P'.
PEINTRAG = TLDB-EINTRAG.

SELECT SINGLE * FROM TLDB
   WHERE  DBNAME = LDB(2) AND SYSTEM = LDB+2(1) AND KENNUNG = 'S'.
SEINTRAG = TLDB-EINTRAG.

RASTER = 0.
DO.
  IF PEINTRAG(1) = SPACE.
    RASTER = RASTER + 1.
    SHIFT PEINTRAG LEFT.
  ELSE.
    EXIT.
  ENDIF.
ENDDO.

0 = 0.
DO.
  STRUTAB-STRUNAME = SEINTRAG+0(RASTER).
  IF STRUTAB-STRUNAME NE SPACE.
    APPEND STRUTAB.
    0 = 0 + RASTER.
  ELSE.
    EXIT.
  ENDIF.
ENDDO.
DESCRIBE TABLE STRUTAB LINES ANZSTRUTAB.
*-------------------------------------------------------------
*----- Reportname mit LDB-Bezug
A5 'REPORT SAPDB' LDB '#DEFINING DATABASE#' LDB '.'.
```

```

*----- Tabellen
A1 'TABLES:     DD01L, DD03L, DD04L,'.
LOOP AT STRUTAB.
  IF SY-TABIX LT ANZSTRUTAB.
    A3 '############' STRUTAB-STRUNAME ','.
  ELSE.
    A3 '############' STRUTAB-STRUNAME '.'.
  ENDIF.
ENDLOOP.

*----- Parameter und Datenfelder
A1 'DATA:      BEGIN OF STRUTAB OCCURS 20,'.
A1 '             STRUNAME(15),'.
A1 '           END OF STRUTAB.'.
A1 'DATA:      BEGIN OF FILETAB OCCURS 1000,'.
A1 '             ZEILE(250),'.
A1 '           END OF FILETAB.'.
A1 'DATA:      BEGIN OF FELDTAB OCCURS 30.'.
A1 '             INCLUDE STRUCTURE DD03L.'.
A1 'DATA:        OUTPUTLEN  LIKE DD01L-OUTPUTLEN,'.
A1 '           END OF FELDTAB.'.
A1 'DATA       ZEILE(250) VALUE SPACE.'.
A1 'DATA       ANZZEILEN TYPE I VALUE ''0''.'.
A1 '*--------------------------------------------------------------
A1 '*--------------------------------------------------------------

*----- FORMs
A1 'FORM BEFORE_EVENT USING EVENT.'.
A1 'DATA BYTES TYPE I.'.
A1 'DATA FNAME LIKE RLGRAP-FILENAME.'.
A1 'FNAME = FILENAME.'.
A1 '  CASE EVENT.'.
A1 '    WHEN ''START-OF-SELECTION''.'.
A1 '       SELECT * FROM DD03L WHERE'.
A1 '         AS4LOCAL = ''A'' AND'.
A1 '         FIELDNAME NE ''.INCLUDE'' AND ('.
LOOP AT STRUTAB.
  IF SY-TABIX < ANZSTRUTAB.
    A3 '         TABNAME = ''' STRUTAB-STRUNAME ''' OR'.
  ELSE.
    A3 '         TABNAME = ''' STRUTAB-STRUNAME ''' ) .'.
  ENDIF.
ENDLOOP.
A1 '         MOVE-CORRESPONDING DD03L TO FELDTAB.'.
A1 '         SELECT * FROM DD04L WHERE ROLLNAME = DD03L-ROLLNAME.'
```

```
A1 '           SELECT * FROM DD01L WHERE DOMNAME = DD04L-DOMNAME.'
A1 '             FELDTAB-OUTPUTLEN = DD01L-OUTPUTLEN.'.
A1 '             APPEND FELDTAB.'.
A1 '             EXIT.'.
A1 '           ENDSELECT.'.
A1 '           EXIT.'.
A1 '         ENDSELECT.'.
A1 '       ENDSELECT.'.
A1 '       SORT FELDTAB BY TABNAME POSITION.'.
A1 '*'.
A1 '       CLEAR STRUTAB. REFRESH STRUTAB.'.
LOOP AT STRUTAB.
  A3 '       STRUTAB-STRUNAME = ''' STRUTAB-STRUNAME '''.'.
  A1 '       APPEND STRUTAB.'.
ENDLOOP.
A1 '*'.
A1 '       IF FILENAME(1) = ''/''.'.
A1 '         OPEN DATASET FILENAME FOR INPUT IN TEXT MODE.'.
A1 '       ELSE.'.
A1 '         CALL FUNCTION ''WS_UPLOAD'''.
A1 '              EXPORTING'.
A1 '               FILENAME              = FNAME'.
A1 '              IMPORTING'.
A1 '                   FILELENGTH          = BYTES'.
A1 '              TABLES'.
A1 '                   DATA_TAB            = FILETAB'.
A1 '              EXCEPTIONS'.
A1 '                   CONVERSION_ERROR    = 1'.
A1 '                   FILE_OPEN_ERROR     = 2'.
A1 '                   FILE_READ_ERROR     = 3'.
A1 '                   INVALID_TABLE_WIDTH = 4'.
A1 '                   INVALID_TYPE        = 5'.
A1 '                   NO_BATCH            = 6'.
A1 '                   UNKNOWN_ERROR       = 7'.
A1 '                   OTHERS              = 8.'.
A1 '       ENDIF.'.
A1 '       IF SY-SUBRC > 0. STOP. ENDIF.'.
A1 '   ENDCASE.'.
A1 ' ENDFORM.'.
A1 '*------------------------------------------------------------
A1 'FORM AFTER_EVENT USING EVENT.'.
A1 '   CASE EVENT.'.
A1 '     WHEN ''END-OF-SELECTION''.'.
A1 ' IF FILENAME(1) = ''/''.'.
A1 '      CLOSE DATASET FILENAME.'.
A1 ' ENDIF.'.
```

```
A1 '   ENDCASE.'.
A1 ' ENDFORM.'.
A1 '*-----------------------------------------------------------
A1 '*-----------------------------------------------------------
A1 '* Die FORMs PUT_<Struname> werden von Systemroutinen gerufen.'
A1 '* Ihre Namen dürfen nicht verändert werden.'.
LOOP AT STRUTAB.
 A1 '*----------------------------------------------------------
  A3 'FORM PUT_' STRUTAB-STRUNAME '.'.
  A1 'DATA STRUNAME(30).'.
  A1 'DO.'.
  A1 '  IF ZEILE = SPACE.'.
  A1 '    IF FILENAME(1) = ''/''.'.
  A1 '      READ DATASET FILENAME INTO ZEILE.'.
  A1 '      ANZZEILEN = ANZZEILEN + 1.'.
  A1 '    ELSE.'.
  A1 '      ANZZEILEN = ANZZEILEN + 1.'.
  A1 '      READ TABLE FILETAB INDEX ANZZEILEN.'.
  A1 '      ZEILE = FILETAB-ZEILE.'.
  A1 '    ENDIF.'.
  A1 '    IF SY-SUBRC > 0. EXIT. ENDIF.'.
  A1 '  ENDIF.'.
  A1 '  STRUNAME = ZEILE(10).'.
  A1 '  READ TABLE STRUTAB WITH KEY STRUNAME = STRUNAME.'.
  A1 '  IF SY-SUBRC = 0.        " keine Kommentarzeile'.
  A3 '    IF STRUNAME = ''' STRUTAB-STRUNAME '''.'.
  A1 '      PERFORM SPLITLINE USING ZEILE STRUNAME.'.
  A1 '      ZEILE = SPACE.'.
  A3 '      PUT#' STRUTAB-STRUNAME '.'.
  A1 '    ELSE.'.
  A1 '      EXIT.'.
  A1 '    ENDIF.'.
  A1 '  ELSE.                     " Kommentarzeile überlesen'.
  A1 '    ZEILE = SPACE.'.
  A1 'ENDIF.'.
  A1 'ENDDO.'.
  A1 'ENDFORM.'.
ENDLOOP.
A1 '*-----------------------------------------------------------
A1 'FORM PBO.  ENDFORM. '.
A1 'FORM PAI USING FNAME MARK. ENDFORM. '.
A1 '*-----------------------------------------------------------
A1 'FORM SPLITLINE USING ZEILE STRUNAME.'.
A1 'FIELD-SYMBOLS <DatenFeldRef>.'.
A1 'FIELD-SYMBOLS <FehlerFeldRef>.'.
A1 'DATA FELD(45).'.
```

```
A1 'DATA D(30).'.
A1 'DATA O TYPE I.'.
A1 'DATA L TYPE I.'.
A1 'DATA RC LIKE SY-SUBRC.'.
A1 'O = 10.'.
A1 'READ TABLE STRUTAB INDEX 1.'.
A1 'CONCATENATE STRUTAB-STRUNAME ''-FEHLER'' INTO FELD.'.
A1 'ASSIGN (FELD) TO <FehlerFeldRef>.'.
A1 'LOOP AT FELDTAB WHERE TABNAME = STRUNAME.'.
A1 '  L = FELDTAB-OUTPUTLEN.  " externes Format wird übertragen'.
A1 '  D = ZEILE+O(L).'.
A1 '  CONCATENATE FELDTAB-TABNAME ''-'' FELDTAB-FIELDNAME INTO FEL
A1 '  ASSIGN (FELD) TO <DatenFeldRef>.'.
A1 '  PERFORM CHECKFORMAT USING D FELDTAB-INTTYPE RC.'.
A1 '  IF RC = 0.'.
A1 '    <DatenFeldRef> = D.'.
A1 '    <FehlerFeldRef> = SPACE.'.
A1 '  ELSE.'.
A1 '*   MESSAGE ID ...  TYPE ''S'' NUMBER ...'.
A1 '*               WITH ANZZEILEN STRUNAME FELD.'.
A1 '    CLEAR <DatenFeldRef>.'.
A1 '    <FehlerFeldRef> = ''X''.'.
A1 '  ENDIF.'.
A1 '  O = O + L.'.
A1 'ENDLOOP.'.
A1 'ENDFORM.'.
A1 '*------------------------------------------------------------
A1 'FORM CHECKFORMAT USING FELD FELDTYP RC.'.
A1 'DATA L TYPE I.'.
A1 'L = STRLEN( FELD ).'.
A1 'RC = 1.'.
A1 'CASE FELDTYP.'.
A1 '  WHEN ''C''.'.
A1 '    RC = 0.'.
A1 '  WHEN ''N''.'.
A1 '    IF FELD CO ''0123456789''. ENDIF.'.
A1 '    IF SY-FDPOS >= L. RC = 0.'.
A1 '    ELSE.             RC = 1.'.
A1 '    ENDIF.'.
A1 '  WHEN ''D''.'.
A1 '    IF FELD CO ''.0123456789''. ENDIF.'.
A1 '    IF SY-FDPOS >= L. RC = 0.'.
A1 '    ELSE.             RC = 1.'.
A1 '    ENDIF.'.
A1 '  WHEN ''X''.'.
A1 '    IF FELD CO ''0123456789ABCDEF''. ENDIF.'.
```

```
A1 '    IF SY-FDPOS >= L. RC = 0.'.
A1 '    ELSE.             RC = 1.'.
A1 '    ENDIF.'.
A1 '  WHEN ''P''.'.
A1 '    IF FELD CO ''+-.0123456789''. ENDIF.'.
A1 '    IF SY-FDPOS >= L. RC = 0.'.
A1 '    ELSE.             RC = 1.'.
A1 '    ENDIF.'.
A1 'ENDCASE.'.
A1 'ENDFORM.'.
ULINE.
LOOP AT PROGTAB.
  DO.
    REPLACE '#' WITH SPACE INTO PROGTAB-ZEILE.
    IF SY-SUBRC > 0. EXIT. ENDIF.
  ENDDO.
  MODIFY PROGTAB.
  WRITE: / PROGTAB-ZEILE.
ENDLOOP.
CONCATENATE 'SAPDB' LDB INTO PROGNAME.
INSERT REPORT PROGNAME FROM PROGTAB.
*
* Generieren der SELECT-Options
CLEAR PROGTAB. REFRESH PROGTAB.
READ TABLE STRUTAB INDEX 1.
A3 'PARAMETERS  FILENAME(150) DEFAULT#''' FILENAME ''' LOWER CASE'
A3 '                               FOR TABLE#' STRUTAB-STRUNAME '.
ULINE.
WRITE: / 'Generierte SELECT-Options:'.
ULINE.
LOOP AT PROGTAB.
  DO.
    REPLACE '#' WITH SPACE INTO PROGTAB-ZEILE.
    IF SY-SUBRC > 0. EXIT. ENDIF.
  ENDDO.
  MODIFY PROGTAB.
  WRITE: / PROGTAB-ZEILE.
ENDLOOP.
CONCATENATE 'DB' LDB 'SEL' INTO SELNAME.
INSERT REPORT SELNAME FROM PROGTAB.
SELECT SINGLE * FROM TRDIR WHERE NAME = SELNAME.
```

```
TRDIR-SUBC = 'I'.                          " Auf Include-Typ umschalten
MODIFY TRDIR.

PERFORM LISTE_DOWN USING 'C:\B\ABAP\'.
INCLUDE YI-00-01.
```

12 Batch-Input

12.1 Konzept

Der Begriff *Batch-Input* sorgt bei Anwendern und Beratern von R/3 teilweise für Mißverständnisse. Handelt es sich um die Verarbeitung von Eingabedaten, die im Batch erzeugt wurden? Oder geht es um die Batchverarbeitung von Eingabedaten? Oder trifft beides zu?

Batch-Input dient dazu, große, meist maschinell erzeugte Datenmengen sicher in das R/3-System zu importieren. Das Batch-Input-Verfahren nutzt dazu die normalen Dialogtransaktionen des Systems. Der wesentliche Unterschied zum normalen Dialogbetrieb besteht darin, daß die Inputdaten der Dialogtransaktionen beim Batch-Input nicht aus Nutzereingaben (Maus, Tastatur), sondern aus speziell vorbereiteten Datenbeständen gelesen werden. Diese Datenbestände heißen Batch-Input-Mappen. Sie werden üblicherweise maschinell gefüllt, in entsprechenden Tabellen abgelegt und dann *abgespielt.* Beim Abspielen einer Batch-Input-Mappe werden deren Daten genauso wie beim normalen Dialogbetrieb in die Dynprofelder der Transaktionen eingestellt. Über simulierte Nutzereingaben (Weiter, Speichern, Zurück) werden die Daten nach den üblichen Feldprüfungen in das System übernommen. Das Batch-Input-Verfahren läßt sich damit als Eingabeumleitung für Dialogtransaktionen verstehen. Das klassische Batch-Input-Verfahren besteht aus zwei Teilen:

- Datenübernahme und Mappenerzeugung
- Mappenverarbeitung

Beide Schritte können unabhängig voneinander direkt oder im Hintergrund (Batch) laufen. Je nach Datenmenge bzw. Verarbeitungszeit wird man sich für die eine oder andere Variante entscheiden. Typische Einsatzfälle für Batch-Input sind:

- große Datenmengen über Datei aus Fremdsystemen übernehmen
  Mappenerzeugung: Batch
  Mappenverarbeitung: Batch
- mittlere Datenmengen über Datei oder über RFC aus Fremdsystemen übernehmen
  Mappenerzeugung: Direkt
  Mappenverarbeitung: Batch
- kleinere Datenmengen innerhalb von R/3 übernehmen (Customizing)
  Mappenerzeugung: Direkt
  Mappenverarbeitung: Direkt

Das letzte Beispiel zeigt, daß es Batch-Input ohne Batch gibt. Sieht man von diesem seltenen Anwendungsfall ab, so könnte man Batch-Input als „Batchausführung von Dialogprogrammen mit maschinell erzeugten Eingabedaten“ bezeichnen. Batch-Input läßt sich mit der Hintergrundausführung von Reports mit Variantenangabe vergleichen. Auch Varianten stellen eine Eingabeumleitung für die Reportparameter dar. Anstelle einiger weniger Parameter in der Reportvariante werden beim Batch-Input ganze Mappen mit Eingabedaten gefüllt.

Meist kann man davon ausgehen, daß die Mappenverarbeitung deutlich länger läuft als die Mappenerzeugung. Der Grund dafür sind die umfangreichen Feldprüfungen auf den Dynpros.

Neben dem klassischen Batch-Input über Mappen gibt es eine Variante mit CALL TRANSACTION, in der einer Transaktion direkt Batch-Input-Daten in Form einer internen Tabelle übergeben werden.

Bei der Erzeugung und Verarbeitung von Batch-Input-Daten werden die folgenden DDIC-Strukturen benutzt:

Tabelle 12.1: Wichtige Strukturen für Batch-Input

Struktur	Feld	Typ, Länge	Bedeutung
BDCDATA			Batch Input New Table Field Structure
	PROGRAM	CHAR8	Programmname
	DYNPRO	NUM4	Dynpronummer
	DYNBEGIN	CHAR1	Kennzeichen, ob neues Dynpro
	FNAM	CHAR35	Feldname auf dem Dynpro
	FVAL	CHAR132	Feldwert im externen Format
BDCTH			Batch Input Transaction Header
	MTYPE	CHAR1	Messagetyp
	STATE	CHAR1	Status
	TCODE	CHAR4	Transaktionscode

Die eigentlichen Batch-Input-Daten werden in einer internen Tabelle der Struktur BDCDATA gesammelt. Über ein Schalterfeld DYNBEGIN wird gesteuert, ob die ersten beiden oder die letzten beiden Felder eines Tabelleneintrags gemeint sind. In der ersten Zeile einer Tabelle gilt immer DYNBEGIN = „X“; es werden Programmname und Dynpronummer angegeben. Es folgen Zeilen mit DYNBEGIN = SPACE, in denen Feldname und Feldwert von Feldern des jeweiligen Dynpros angegeben werden. Eine erneute Zeile mit DYNBEGIN = „X“ bezeichnet ein neues Dynpro oder/und ein neues Programm.

Eine Sonderrolle spielen die simulierten Funktions- bzw. Tastencodes. Dazu wird in FNAM der Wert BDC_OKCODE eingetragen. Der zugehörige Feldwert enthält wahlweise den gewünschten Tastencode (/11, /5 oder /3) oder den zugeordneten Funktionscode (EDIT, SAVE, BACK, ENDE usw.). Feldnamen und Codes kann man aus der laufenden Transaktion ermitteln. Mit der rechten Maustaste erhält man die auf einem Dynpro zugelassenen Funktionstasten, mit F1 und anschließender Taste *Technische Hilfe* kann man den Feldnamen ermitteln.

Eine weitere Besonderheit sind Tabellenfelder in Tableviews. Diese werden zusätzlich zum Namen durch einen Index in runden Klammern spezifiziert, der an den Feldnamen angehängt wird.

12.2 Klassischer Batch-Input über Mappen

12.2.1 Mappenerzeugung

Bei der Mappenerzeugung werden mehrere Transaktionsaufrufe als sog. Mappe oder Gruppe unter einem gemeinsamen Namen in der Datenbank gespeichert. Jeder Transaktionsaufruf erhält einen Transaktionskopf der Struktur BDCTH. Zur programmgesteuerten Erzeugung von Mappen werden die Funktionsbausteine

BDC_OPEN_GROUP	Öffnen einer neuen Mappe
BDC_INSERT	Einfügen eines Transaktionsaufrufs (mehrfach)
BDC_CLOSE_GROUP	Schließen einer Mappe

benutzt. Die Verwendung wird anhand des Programms YR-12-01 erläutert, das Batch-Input-Daten aus einer Datei übernimmt. Dieses Programm nutzt die logische Dateischnittstelle YBF, die den hierarchischen Zusammenhang zwischen Mappen, Transaktionen und Dynpros beschreibt. Die Topstruktur YBDCMAPPE beinhaltet den Mandanten, den Mappen- und den Usernamen. Die beiden untergeordneten Strukturen entsprechen den o. g. BDC-Strukturen. Die Dateistruktur entspricht der Struktur der logischen Datenbank. Es sollen zwei Mappen erzeugt werden.

```
* Textdatei für die logische Dateischnittstelle YBF:
*
* YBDCMAPPE
*     |
*     |----BDCTH
*          |
*          |-------BDCDATA
*
* Der Report YR-12-01 liest die Datei und erzeugt die angegebenen
* Batch-Input-Mappen.

* Batch-Input-Daten für die Viewpflege von YBUGRD und YBUGRDT über SM30
YBDCMAPPE 001YBUGRD     MENDE
BDCTH     M1SM30
BDCDATA   SAPMSVMA0100X
BDCDATA                  VIEWNAME                  YBUGRD
BDCDATA                  BDC_OKCODE                /5
BDCDATA   SAPLYCNV0001X
BDCDATA                  BDC_OKCODE                /5
BDCDATA   SAPLYCNV0001X
BDCDATA                  YBUGRD-BUGRD(1)           1
BDCDATA                  YBUGRDT-BUTXT(1)          Prämie
BDCDATA                  YBUGRD-BUGRD(2)           2
```

```
BDCDATA                      YBUGRDT-BUTXT(2)                            Gebühr
BDCDATA                      YBUGRD-BUGRD(3)                             3
BDCDATA                      YBUGRDT-BUTXT(3)                            Zinsen
BDCDATA                      BDC_OKCODE                                  /11
BDCDATA     SAPLYCNV0001X
BDCDATA                      BDC_OKCODE                                  /3
BDCDATA     SAPLYCNV0001X
BDCDATA                      BDC_OKCODE                                  ENDE

* Batch-Input-Daten für die Buchungstransaktion YBEL (YM-09-03)
YBDCMAPPE 001Buchungen   MENDE
BDCTH       M1YBEL
BDCDATA     YM-09-030100X
BDCDATA                      YBELKPF-BUKRS                               0001
BDCDATA                      YBELKPF-VERTNR                              3013
BDCDATA                      YBELKPF-WAERS                               DEM
BDCDATA                      YBELKPF-BUDAT                               25.02.1997
BDCDATA                      YBELKPF-BELTXT                              Batch-Input
BDCDATA                      YBELPOS-BUGRD(1)                            1
BDCDATA                      YBELPOS-WRBTR(1)                            1024,00
BDCDATA                      YBELPOS-POSTXT(1)                           Nettoprämie
BDCDATA                      YBELPOS-BUGRD(2)                            2
BDCDATA                      YBELPOS-WRBTR(2)                            12,10
BDCDATA                      YBELPOS-POSTXT(2)                           Gebühr
BDCDATA                      BDC_OKCODE                                  /13
BDCDATA     YM-09-030100X
BDCDATA                      BDC_OKCODE                                  BUCH
```

Die erste Mappe mit dem Namen YBUGRD soll Buchungsgründe mit den beschreibenden Texten in die Tabellen YBUGRD und YBUGRDT übernehmen. Dazu soll die erweiterte Tabellenpflege SM30 mit dem vorher für das Tabellenpaar generierten Pflegeview benutzt werden. Im Dynpro SAPMSVMA-0100 wird in das Feld VIEWNAME der Wert YBUGRD eingestellt. /5 ist der Funktionscode für die Taste „Pflegen". Danach wird SAPLYCNV-0001 aufgerufen und mit BDC_OKCODE /5 werden neue Felder freigegeben. In diese werden die Werte eingestellt. Die in runden Klammern angegebenen Nummern entsprechen den Zeilennummern des Table Controls. BDC_OKCODE /11 sichert die neuen Einträge und BDC_OKCODE /3 erledigt den Rücksprung.

Die zweite Mappe enthält Buchungsdaten für die Buchungstransaktion YBEL des Beispiels. Es wird ein Beleg, bestehend aus Kopf und drei Positionen, übernommen. Man beachte, daß das Feld YBELKPF-KONTNR nicht über Batch-Input eingegeben werden kann, da es kein Eingabefeld ist. Das Feld wird nach Eingabe einer Vertragsnummer (direkt oder über Matchcode) gefüllt. Im Batch-Input wird dazu mittels BDC_OKCODE /13 eine Datenfreigabe ausgelöst, die das Feld füllt. Mit dem Funktionscode „BUCH" werden die Daten gebucht.

Das Schnittstellenprogramm SAPDBYBF wurde mittels YR-11-04 aus YBF generiert. Der Report YR-12-01 verarbeitet die Datei. Bei GET YBDCMAPPE wird eine neue Mappe geöffnet. Bei einem neuen Transaktionsheader BDCTH wird die interne Tabelle BDCTAB gelöscht. Jedes neue BDCDATA fügt eine Zeile in BDCTAB ein, wobei die erste Zeile immer ein neues Dynpro darstellt und alle Folgezeilen Paare mit Feld und Wert enthalten.

Nach einem letzten BDCDATA-Satz einer Transaktion wir ein BDC_INSERT gerufen. Die im Programm verwendeten Forms kapseln die Funktionsbausteine. Sie verwenden keine globalen Daten (auch keine internen Tabellen) und können daher aus beliebigen anderen Programmen aufgerufen werden.

```
REPORT  YR-12-01 MESSAGE-ID YO LINE-SIZE 70.
TABLES: YBDCMAPPE, BDCTH, BDCDATA.

DATA BDCTAB LIKE BDCDATA OCCURS 100 WITH HEADER LINE.

GET YBDCMAPPE.
  PERFORM BDC_OPEN_GROUP
          USING YBDCMAPPE-MANDT YBDCMAPPE-GROUPID YBDCMAPPE-USERID.

GET BDCTH.
  CLEAR BDCTAB. REFRESH BDCTAB.

GET BDCDATA.
  IF BDCDATA-DYNBEGIN = 'X'.
    PERFORM BDC_DYNPRO TABLES BDCTAB
                       USING  BDCDATA-PROGRAM BDCDATA-DYNPRO.
  ELSE.
    PERFORM BDC_FIELD  TABLES BDCTAB
                       USING  BDCDATA-FNAM BDCDATA-FVAL.
  ENDIF.

GET BDCTH LATE.
  PERFORM BDC_INSERT TABLES BDCTAB
                     USING  BDCTH-TCODE.

GET YBDCMAPPE LATE.
  PERFORM BDC_CLOSE_GROUP.
  WRITE:/ 'Mappe erzeugt:', YBDCMAPPE-GROUPID.

END-OF-SELECTION.
*---------------------------------------------------------------------
FORM BDC_OPEN_GROUP USING CLIENT GROUP USER.
  CALL FUNCTION 'BDC_OPEN_GROUP' EXPORTING CLIENT            = CLIENT
                                           GROUP             = GROUP
                                           USER              = USER
```

```
                                    KEEP              = 'X'.
ENDFORM.
*---------------------------------------------------------------------
FORM BDC_INSERT TABLES BDCTAB USING TCODE.
  CALL FUNCTION 'BDC_INSERT' EXPORTING TCODE           = TCODE
                                    TABLES DYNPROTAB = BDCTAB.
ENDFORM.
*---------------------------------------------------------------------
FORM BDC_CLOSE_GROUP.
  CALL FUNCTION 'BDC_CLOSE_GROUP'.
ENDFORM.
*---------------------------------------------------------------------
FORM BDC_DYNPRO TABLES BDCTAB STRUCTURE BDCDATA USING PROGRAM DYNPRO.
  CLEAR BDCTAB.
  BDCTAB-PROGRAM  = PROGRAM.
  BDCTAB-DYNPRO   = DYNPRO.
  BDCTAB-DYNBEGIN = 'X'.
  APPEND BDCTAB.
ENDFORM.
*---------------------------------------------------------------------
FORM BDC_FIELD TABLES BDCTAB STRUCTURE BDCDATA USING FNAM FVAL.
  CLEAR BDCTAB.
  BDCTAB-FNAM = FNAM.
  BDCTAB-FVAL = FVAL.
  APPEND BDCTAB.
ENDFORM.
```

```
29.05.97 Kapitel 12: Batch-Input-Mappen aus einer Datei erzeugen    1
--------------------------------------------------------------------
Mappe erzeugt: YBUGRD
Mappe erzeugt: Buchungen
```

Das Programm YR-12-01 ist zusammen mit der logischen Dateischnittstelle YBF vielseitig einsetzbar. Es können beliebige Daten (Bewegungsdaten, Stammdaten, Customizing- und DDIC-Daten) auf sicherem Weg über die jeweiligen Transaktionen übernommen werden.

12.2.2 Mappenverwaltung und Mappenverarbeitung

Die Mappenverwaltung wird über *System/Dienste/Batch-Input* bzw. SM35 erreicht. Die erzeugten Mappen können ihrem Status entsprechend angezeigt werden. Die beiden oberen Mappen wurden durch einen Lauf des Programms YR-12-01 erzeugt.

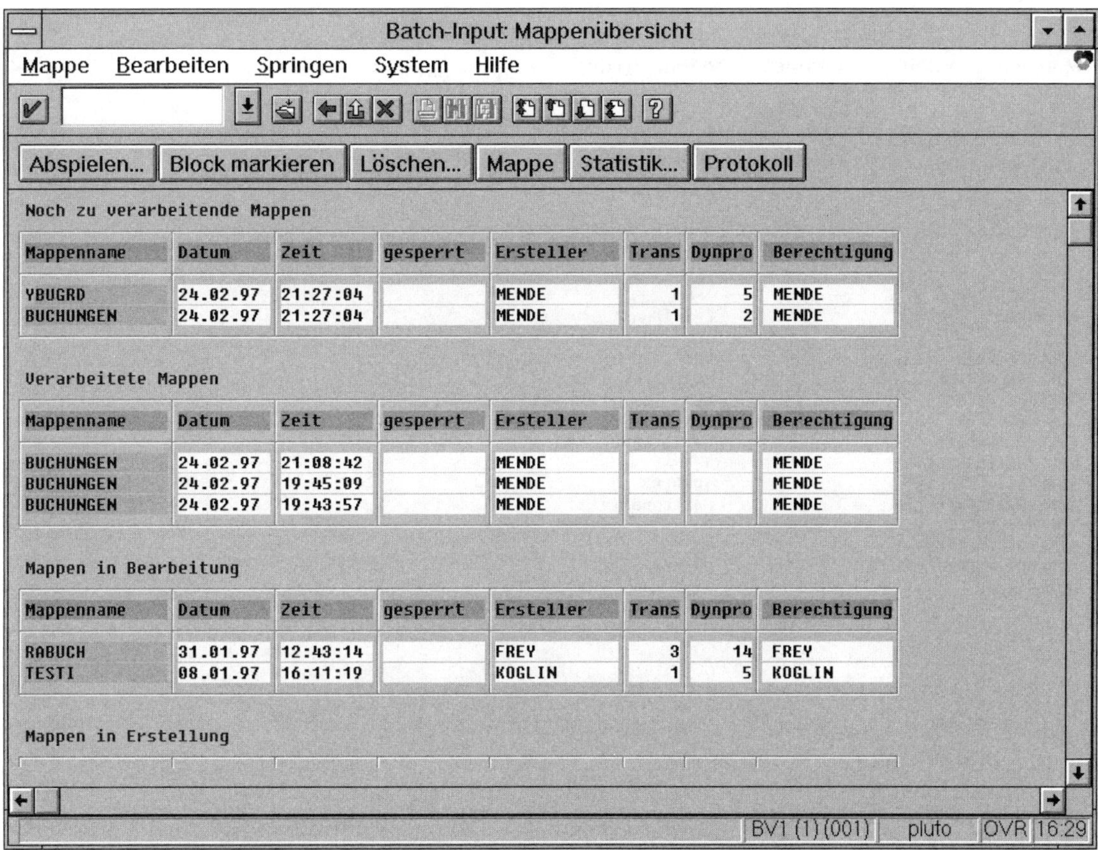

Abb. 12.1: Mappenübersicht nach Mappenstatus sortiert

Nach Auswahl einer Mappe kann man zunächst deren Transaktionsaufrufe sehen. Wählt man einen Transaktionsaufruf aus, können dessen Dynpros mit allen Daten angezeigt werden.

Die Mappen können auf unterschiedliche Art abgespielt werden. Am Anfang, insbesondere für den Programmtest, empfiehlt es sich, die Mappen sichtbar abzuspielen. In diesem Fall werden die Dynpros mit den Batch-Input-Daten gefüllt und angezeigt. Der BDC_OKCODE wird in das Befehlsfeld gestellt und erst nach Betätigen der ENTER-Taste ausgeführt. So kann man die einzelnen Schritte gut verfolgen. Zu jeder abgespielten Mappe existiert ein Protokoll.

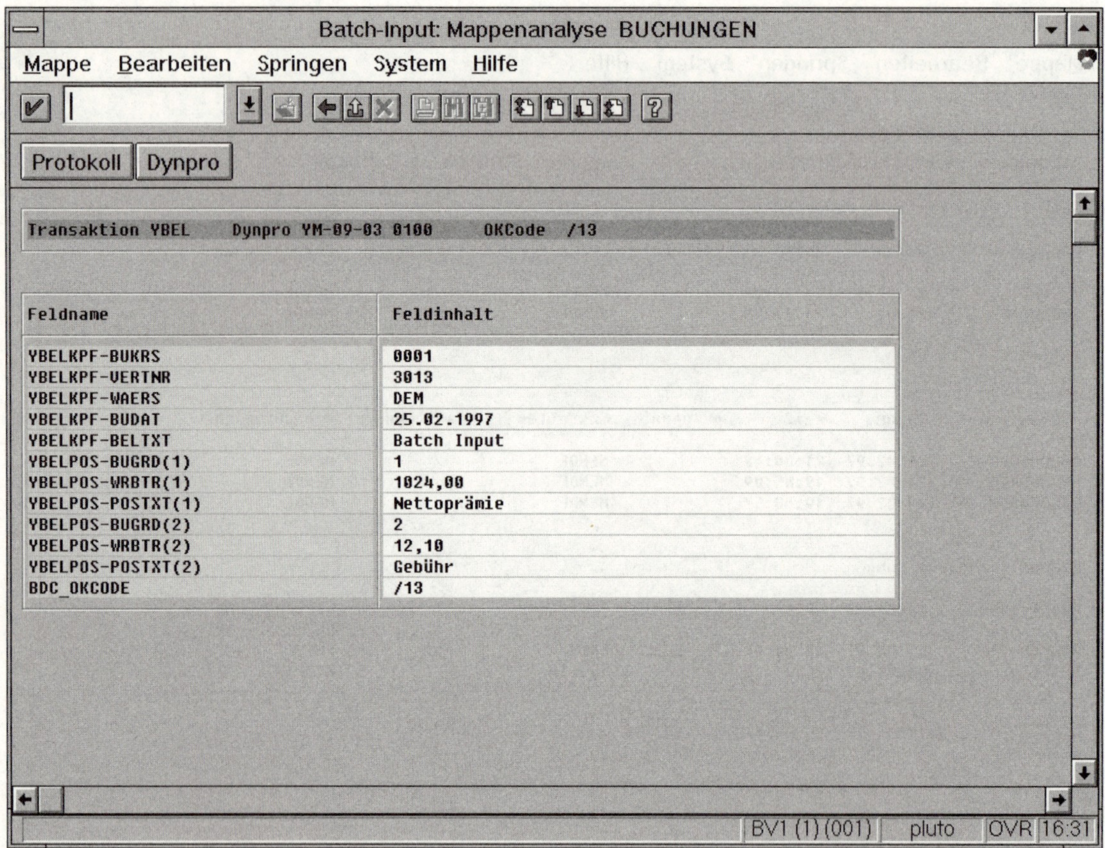

Abb. 12.2: Datenanzeige einer Mappe

Mappe BUCHUNGEN absp

Abspielmodus

- (•) Sichtbar abspielen
- ( ) Nur Fehler anzeigen
- ( ) Hintergrund

Zielrechner

Zusatzfunktionen

- [ ] Erweitertes Protokoll
- [ ] Expertenmodus
- [x] Dynpro Standardgröße

Abspielen Abbrechen

Abb. 12.3: Abspielmöglichkeiten für eine Mappe

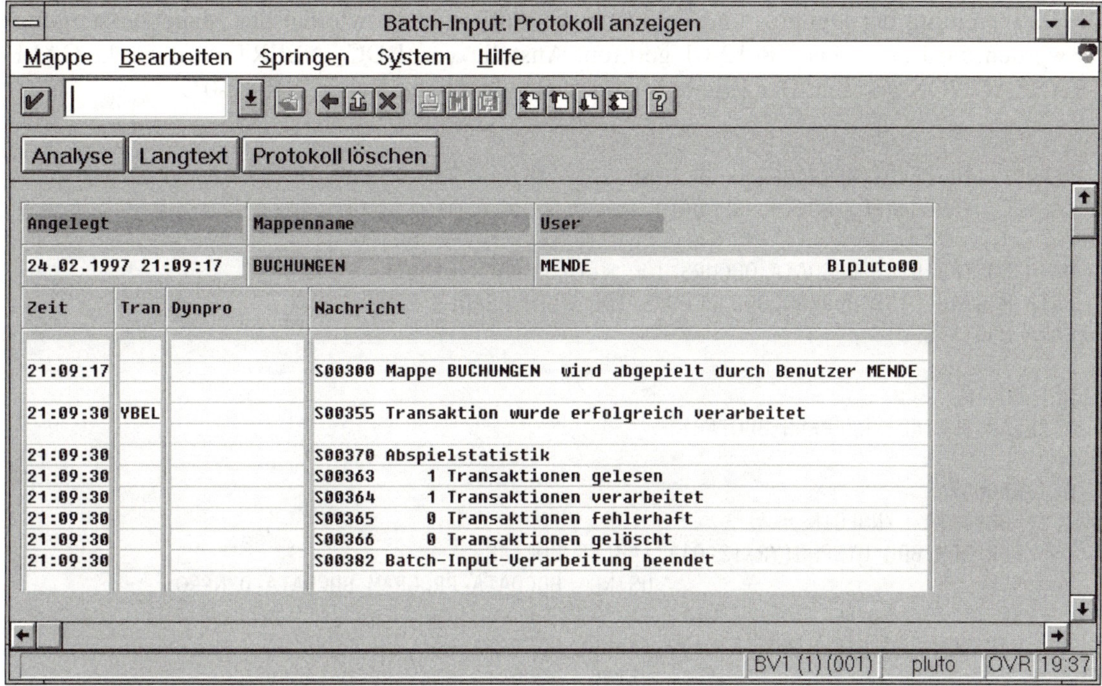

Abb. 12.4: Abspielprotokoll einer Mappe

12.3 Batch-Input über CALL TRANSACTION

Die Ablage der Daten in Mappen kann umgangen werden, indem die interne Tabelle BDCTAB der aufzurufenden Transaktion BDCTH-TCODE direkt in einem CALL TRANSACTION übergeben wird. Die allgemeine Form dieses Befehls, der dem SUBMIT für Reports entspricht, lautet:

CALL TRANCACTION *Trans* **USING** *BDCTab*
[MODE *Mode* **MESSAGES INTO** *MessTab*] **.**

Trans ist der Transaktionscode, *BDCTab* eine interne Tabelle vom TYP BDCDATA. Der Modus gibt an, ob die Transaktion sichtbar oder unsichtbar abgespielt werden soll. Alle in den Transaktionen ausgelösten Nachrichten können in einer internen Tabelle *MessTab* für spätere Auswertungen gesammelt werden.

CALL TRANSACTION ist schneller als die Mappenvariante. Das Programm YR-12-02 verarbeitet dieselben Eingangsdaten wie YR-12-01. Es nutzt wie dieses die logische Dateischnittstelle YBF für Batch-Input-Daten. Die Funktionsaufrufe BDC_OPEN_GROUP und BDC_-CLOSE_GROUP sowie die entsprechenden GET-Events entfallen, da es keine Mappen gibt.

Die Aufbereitung der Dynpro- und Felddaten verläuft genauso wie bei der Mappenerzeugung. Es werden die Forms aus YR-12-01 gerufen. Anstelle von BDC_INSERT wird direkt CALL TRANSACTION gerufen. Das Ergebnis ist dasselbe wie beim Report YR-12-01.

```
REPORT  YR-12-01 MESSAGE-ID YO LINE-SIZE 70.
TABLES: YBDCMAPPE, BDCTH, BDCDATA.

DATA BDCTAB LIKE BDCDATA OCCURS 100 WITH HEADER LINE.
DATA MSGTAB LIKE BDCMSGCOLL OCCURS 100 WITH HEADER LINE.
DATA MSGTXT(70).

GET BDCTH.
  CLEAR BDCTAB. REFRESH BDCTAB.

GET BDCDATA.
  IF BDCDATA-DYNBEGIN = 'X'.
    PERFORM BDC_DYNPRO(YR-12-01) TABLES BDCTAB
                                 USING  BDCDATA-PROGRAM BDCDATA-DYNPRO.
  ELSE.
    PERFORM BDC_FIELD(YR-12-01)  TABLES BDCTAB
                                 USING  BDCDATA-FNAM BDCDATA-FVAL.
  ENDIF.

GET BDCTH LATE.
 CLEAR MSGTAB. REFRESH MSGTAB.
  CALL TRANSACTION BDCTH-TCODE USING BDCTAB MODE 'N'.
  WRITE: / 'Transaktion gerufen:', BDCTH-TCODE.
END-OF-SELECTION.

29.05.97 Kapitel 12: Batch-Input über CALL TRANSACTION                1
----------------------------------------------------------------------
Transaktion gerufen: SM30
Transaktion gerufen: YBEL
```

13 Desktop-Integration

13.1 Remote Function Call (RFC)

Remote Function Call (RFC) bedeutet den Aufruf von Funktionen über Systemgrenzen hinweg. Das entfernte System kann ein anderes R/3-System, ein Applikationsserver (UNIX) oder ein PC sein. Wenn ein ABAP/4-Programm in einem R/3-System einen RFC absetzt, so werden die unterliegenden RFC-Mechanismen verdeckt abgearbeitet. Der Nutzer merkt im Erfolgsfall kaum einen Unterschied zu einem normalen Aufruf eines Funktionsbausteins.

13.1.1 RFC zwischen R/3-Systemen

Wenn ABAP/4 als RFC-Client RFC-Aufrufe ausführen will, muß in jedem Fall vorher eine RFC-Verbindung mit der Transaktion SM59 im System eingetragen werden. Abbildung 13.1 zeigt, wie man eine solche Verbindung zu einem anderen R/3-System anlegt. Als RFC-Destination wird der Systemname (SY-SYSID) des Zielsystems angegeben. Die Zielmaschine ist in diesem Fall die symbolische IP-Adresse „mars". Die eingegebene Verbindung kann über die Taste „Verbindung testen" überprüft werden.

Das Programm YR-13-01 zeigt den Aufruf des Funktionsbausteins Y_SALDO auf dem System „BS1". Der Baustein ist dort im Mandanten 900 anzulegen. In den Verwaltungsdaten des Bausteins ist *RFC-Unterstützung* anzukreuzen. Auf dem rufenden System braucht der Baustein Y_SALDO nicht vorhanden zu sein. Er kann dann natürlich auch nicht im Editor über *Bearbeiten/Anweisungsmuster* eingefügt werden.

Im Interface des Bausteins eventuell benutzte Typinformationen aus dem Data Dictionary müssen dagegen im rufenden System ebenfalls vorhanden sein.

```
REPORT  YR-13-01 MESSAGE-ID YO LINE-SIZE 70.
DATA SALDO(7) TYPE P DECIMALS 2.

CLEAR SALDO.
CALL FUNCTION 'Y_SALDO'
  DESTINATION 'BS1'
  EXPORTING I_VERTRAG = '12345'
  IMPORTING E_SALDO   =  SALDO.

WRITE: / 'Saldo =', SALDO.
```

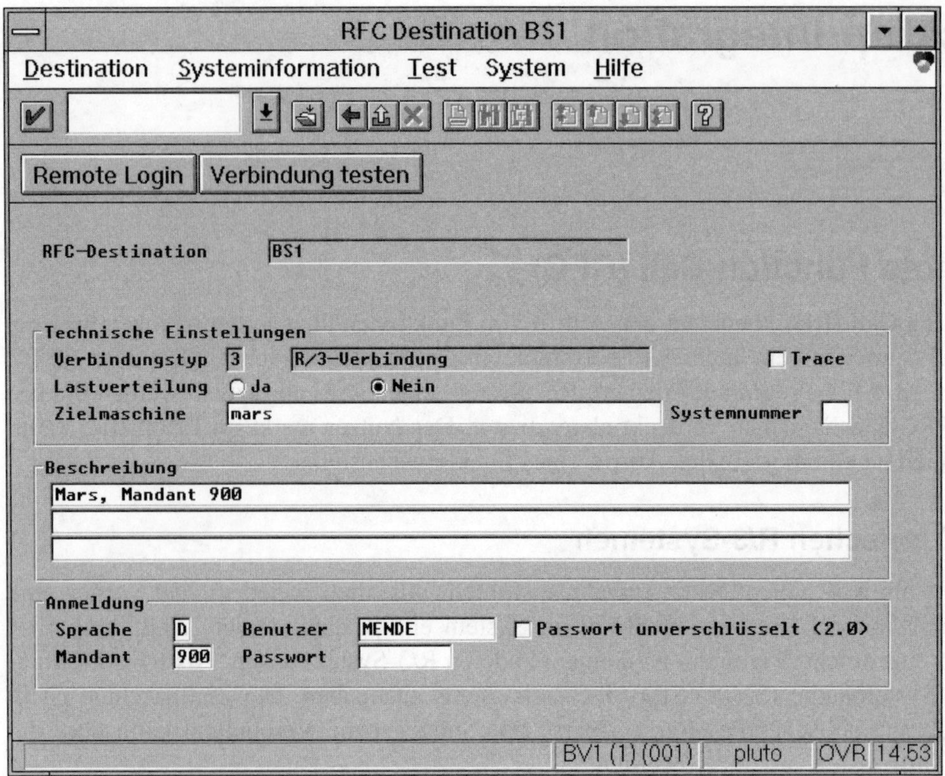

Abb. 13.1: Eintragen einer RFC-Verbindung zwischen verschiedenen R/3-Systemen

13.1.2 RFC mit externen Systemen – der RFC-SDK

Der RFC zwischen R/3 und externen Systemen ist komplizierter als der RFC zwischen R/3-Systemen untereinander. In diesem Kapitel werden RFC-Verbindungen zwischen PC-Programmen und dem R/3-System behandelt. Sie können sinngemäß auf RFC-Verbindungen zwischen einem Programm auf einem Applikationsserver und einem R/3-System angewendet werden. Je nachdem, wer die Verbindung öffnet, unterscheidet man zwei Arten von RFC:

- RFC-Client-Programm auf dem PC: Das PC-Programm öffnet die Verbindung.
- RFC-Server auf dem PC: R/3 öffnet die Verbindung.

Um mit einem PC eine RFC-Verbindung aufzubauen, ist es nicht erforderlich, daß auf diesem PC der SAPGUI installiert ist. Zum Entwickeln und Testen von RFC-Programmen auf dem PC stellt SAP das RFC-SDK bereit. Dieses unterstützt unterschiedliche UNIX-Betriebssysteme sowie die PC-Betriebssysteme

- Windows 3.1
- Windows NT
- OS/2.

Im weiteren wird auf die RFC-Programmierung in C unter Windows eingegangen. Der RFC-SDK enthält dafür unter anderem folgende Bestandteile:

Tabelle 13.1: Notwendige Bestandteile des RFC-SDK unter Windows 3.1

Art	Dateiname	Inhalt / Verwendung
Headerfiles	SAPRFC.H	Defines, Datentypen und Prototypen der RFC-Funktionen
	SAPITAB.H	Datentypen und Prototypen für Tabellenparameter
Bibliotheken	LIBRFC16.LIB	Statischer Teil zu LIBRFC16.DLL
DLLs	LIBRFC16.DLL	Code des RFC-SDK
Hilfe	RFC.HLP	Gut gegliederte, ausführliche Windows-Hilfe

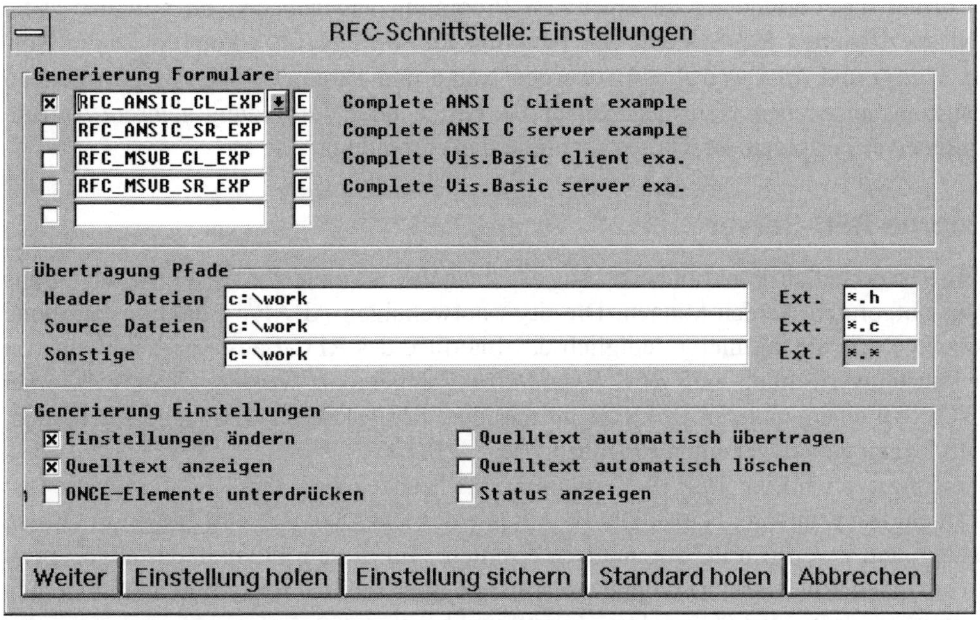

Abb. 13.2: Einstiegsbild des RFC-Generators der Funktionsbibliothek

Die Verwendung des RFC-API ist in den Hilfen ausführlich beschrieben. Außerdem kann der in das R/3-System intergrierte RFC-Generator sowohl für RFC-Clients als auch für RFC-Server zu vorgegebenen ABAP/4-Funktionsbausteinen vollständige Codebeispiele generieren und diese auf dem PC ablegen. Der RFC-Generator wird in der Funktionsbibliothek über den Befehl *Hilfsmittel* erreicht. Dieser Einstieg in die RFC-Programmierung ist sehr zu empfehlen.

13.1.3 Externe RFC-Clients

Externe RFC-Clients können ABAP/4-Funktionsbausteine aufrufen, die als solche gekennzeichnet sind. Eine Vereinbarung einer speziellen RFC-Destination (SM59) ist nicht erforderlich, da die Verbindung vom externen Client initialisiert wird. Das RFC-Client-Programm hat folgenden prinzipiellen Aufbau (die Fehlerbehandlung wurde weggelassen):

```
RfcEnvironment(...);                  /* Fehlerbehandlung installieren    */

rfc_handle = RfcOpen(...);            /* Öffnen der RFC-Verbindung        */

rfc_rc = RfcCallReceive(...);         /* Aufruf eines RFC-Bausteins       */

RfcClose(...);                             /* Schließen der RFC-Verbindung    */
```

RfcOpen( ) öffnet die Verbindung zu einem im Programm angegebenen oder in der Datei SAPRFC.INI spezifizierten R/3-System. Die Funktion *RfcCallReceive( )* kombiniert die Aufrufe von *RfcCall( )* und *RfcReceive( )*. Es werden Name und Parameterliste des zu rufenden Funktionsbausteins angegeben. Natürlich können bei bestehender Verbindung mehrere Aufrufe von RfcCallReceive( ) erfolgen. RfcClose( ) schließt die Verbindung.

13.1.4 Externe RFC-Server

Externe RFC-Server stellen Funktionen bereit, die über das normale CALL FUNCTION aus ABAP heraus aufgerufen werden können. Die dazu notwendigen ABAP/4-Funktionsbausteine enthalten keinen Code, sie definieren lediglich das Interface des RFC-Bausteins innerhalb von R/3. In der Bausteinverwaltung muß *RFC-Unterstützung* angekreuzt werden. Genauso wie bei einem RFC-Call zu einem anderen R/3-System muß eine RFC-Destination angegeben werden. Abbildung 13.2 zeigt die notwendigen Eingaben.

Als Verbindungstyp wird die TCP/IP-Verbindung („T“) angegeben. Die RFC-Destination ist in diesem Fall ein frei wählbarer Name. Die IP-Adresse des RFC-Servers wird erst beim Öffnen der Verbindung zum jeweiligen PC automatisch ermittelt. Auf diesem PC muß das angegebene Programm vorhanden sein. Es ist also ohne weiteres möglich, daß ein RFC mit einem externen Serverprogramm bei dem einen PC erfolgreich läuft und bei einem anderen nicht.

Es sind zwei Aktivierungsarten für RFC-Server wählbar:

- *Starten:* Das angegebene Programm wird beim Aufruf des RFC-Bausteins auf dem PC gestartet und danach automatisch beendet. Ein erneuter Aufruf startet das Programm erneut.

- *Registrierung:* Das angegebene Programm wird vom Nutzer auf dem PC manuell gestartet und registriert sich dabei unter der anzugebenden Programm-ID im R/3. Es können danach beliebig viele Funktionsaufrufe aus R/3 erfolgen. Das Serverprogramm muß manuell beendet werden.

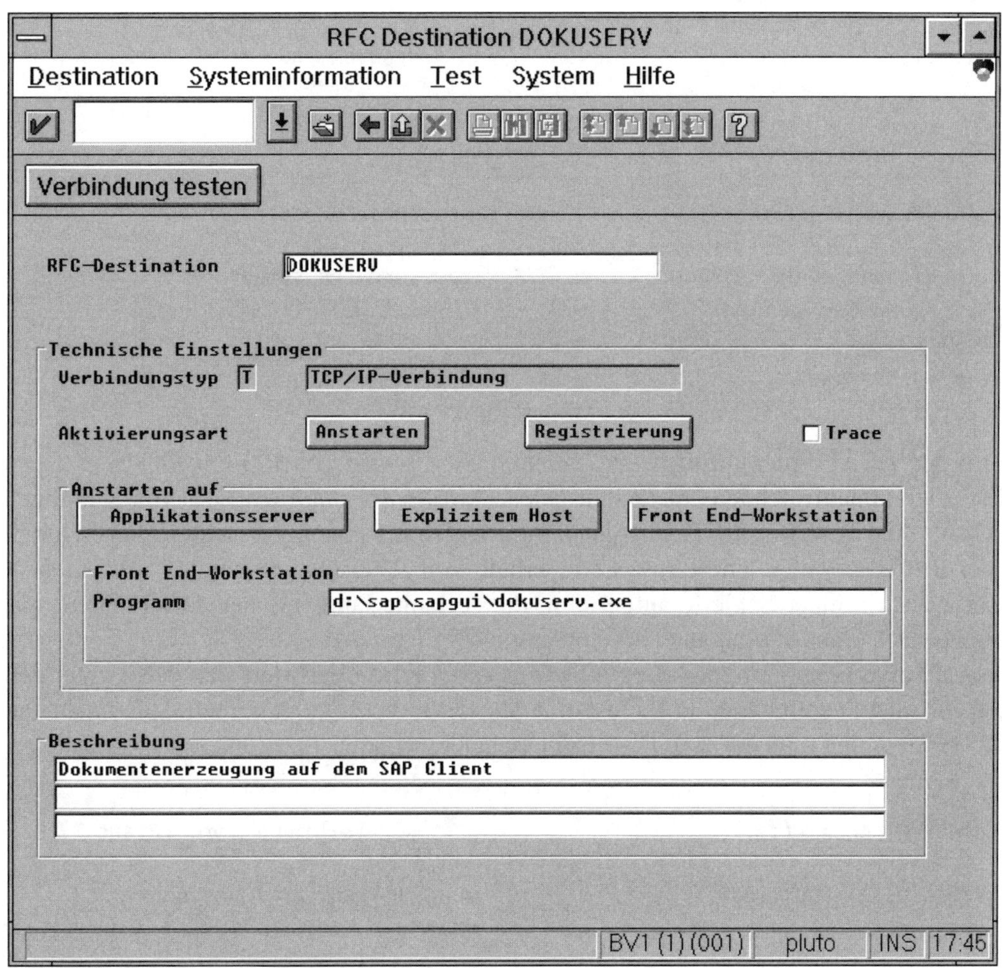

Abb. 13.3: RFC-Destination für ein PC-Serverprogramm

Ein Serverprogramm, das von R/3 gestartet wird, hat folgenden stark vereinfachten Aufbau:

```
rfc_handle = RfcAccept(...);                    /* RFC-Verbindung durch R/3   */

rfc_rc = RfcInstallFunction(...);             /* Installieren von function_xyz   */
```

```
do                                        /* Warten auf Funktionsaufruf */
  {

    rfc_rc = RfcDispatch(...);            /* Ausführen Aufruf */

  } while ( rfc_rc == RFC_OK );

RfcClose(...);                                 /* Programmende */


static RFC_RC function_xyz(RFC_HANDLE rfc_handle)
{
  rfc_rc = RfcGetData(...);              /* Parameterdaten lesen  */
  ...
  rfc_rc = RfcSendData(...);             /* Parameterdaten setzen */
  ...
  return 0;
}
```

Beim Aufruf des ABAP-Funktionsbausteins *function_xyz( )* wird von R/3 ein *RfcOpen( )* auf den PC des programmaufrufenden Nutzers ausgelöst. Mit *RfcAccept( )* wird das von R/3 abgesetzte *RfcOpen( )* ausgewertet. *RfcInstallFunction( )* registriert eine oder mehrere Serverfunktionen in der RFC-Bibliothek. Diese ruft sie innerhalb von *RfcDispatch( )* auf. *RfcDispatch( )* wird üblicherweise in einer Schleife aufgerufen, die so lange läuft, bis der ABAP-Client die Verbindung beendet. Danach setzt auch der Server ein *RfcClose( )* ab.

Ein externes Serverprogramm, das vom PC aus gestartet wird, registriert sich dabei unter der vorher im R/3-System vereinbarten Programm-ID. Dieses Serverprogramm läuft dann unabhängig vom R/3-System und muß auf dem PC wieder beendet werden.

```
rfc_handle = RfcAccept(...);                     /* RFC-Verbindung vom PC aus */

rfc_rc = RfcInstallFunction(...);         /* Installieren von function_xyz */
                                          /* innerhalb von R/3 */

do                                        /* Warten auf Funktionsaufruf */
  {

    rfc_rc = RfcListen(...);              /* Pollen */
    if   rfc_rc == RFC_RETRY
         {
                                          /* freie Zeit für den Server*/
         }
    else rfc_rc = RfcDispatch(...);       /* Ausführen Aufruf */
```

```
  } while ( rfc_rc == RFC_OK );

RfcClose(...);                                /* Programmende */


static RFC_RC function_xyz(RFC_HANDLE rfc_handle)
{
  rfc_rc = RfcGetData(...);              /* Parameterdaten lesen  */
  ...
  rfc_rc = RfcSendData(...);             /* Parameterdaten setzen */
  ...
  return 0;
}
```

13.2 Desktop-Integration mit OLE

13.2.1 ABAP/4 als OLE-Client an Desktop-Servern (EXCEL, WINWORD)

Ab Release 3.0 stellt ABAP/4 folgende OLE-Sprachbestandteile bereit, mit denen man OLE2-Server auf dem PC ansprechen kann:

CREATE OBJECT *Objekt Klasse* **[LANGUAGE** *Sprache* **].**
SET PROPERTY OF *Objekt P = Feld | Literal.*
GET PROPERTY OF *Objekt P = Feld.*
CALL METHOD OF *Objekt Methode*
        EXPORTING *#1 = Feld1 | Literal1 ... #n ... Feldn | Literaln.*
FREE OBJECT *Objekt.*

Die OLE-Befehle orientieren sich direkt an den Begriffen der objektorientierten Programmierung. Objekte verfügen über Eigenschaften, die man lesen oder setzen kann. Sie stellen parametrisierbare Methoden bereit, die man ausführen kann. Um ein Objekt einer OLE2-Server-Klasse anzulegen, muß die betreffende Klasse in R/3 angemeldet sein. Wie üblich gibt SY-SUBRC den Erfolg bzw. Mißerfolg der Befehle an.

Häufig verwendete Klassen sind WORD.BASIC für WinWord und EXCEL.APPLICATION für EXCEL. Auf beide wird im folgenden näher eingegangen. Die Eigenschaften und Methoden entsprechen denen, die WORD- bzw. EXCEL-BASIC bereitstellt. Man kann sich in der Programmierhilfe dieser Sprachen ausführlich über Eigenschaften und Methoden informieren. Um beispielsweise in einem WORD-BASIC-Makro eine vorhandene Datei zu laden, wird der Befehl

DateiÖffnen “C:\B\KAP\MAHNDOC.DOC“

verwendet. In ABAP/4 wird daraus einfach

```
CREATE OBJECT WORD "WORD.BASIC" LANGUAGE 'D'.
CALL METHOD OF WORD 'DATEIÖFFNEN'
                    EXPORTING #1 = 'C:\B\KAP\MAHNDOC.DOC'.
```

Optionale Parameter (Umwandlung, Kennwort, Schreibschutz usw.) können ebenfalls angegeben werden. Die angegebene Schreibweise ist teilweise ungewöhnlich, da Felder, denen ein Wert zugewiesen wird, auf der rechten Seite des Zuweisungszeichens stehen. So schreibt man für das Auslesen einer EXCEL-Zelle in das ABAP/4-Feld WERT:

```
GET PROPERTY OF ZELLE 'Value' = WERT .
```

Ein englisches WORD funktioniert auch mit deutschen Methoden- und Eigenschaftsbezeichnungen. Für den Entwickler ist es immer einfacher, für sein OLE-Objekt die Sprache einzustellen, in der die PC-Hilfetexte vorhanden sind.

Das Programm YR-13-02 zeigt einen Report, der Sätze aus einer EXCEL-Tabelle entsprechend Abbildung 13.4 übernimmt. Die Sprache ist standardmäßig auf Englisch eingestellt.

Microsoft Excel - YDS.XLS

Datei Bearbeiten Ansicht Einfügen Format Extras Daten Fenster ?

C5 Ehrlich

	A	B	C	D	E	F	G	H
1	3	8	15	15	10	1	30	1
2	MANDT	PARTNR	NAME	VORNAME	ANREDE	GESCHL	STRASSE	ORT
3	001	1000	Badel	Paul	Herr	M	Berliner Str. 3	Berlin
4	001	1001	Niederwall	Gerda	Frau	W	Salzwedelstr. 5	Hamburg
5	001	1002	Ehrlich	Sabine	Frau Dr.	W	Uppsalastr. 17	Berlin
6	001	1003	Döhring	Sabine	Frau	M	Hagener Str.5	Dresden
7	001	1004	Döhring	Frank	Herr Dr.	M	Hagener Str.5	Dresden
8	001	1005	Falke	Detlef	Herr	M	Domstr. 234	Stuttgart
9	001	1006	Gerlach	Peter	Herr Dr.	M	Uhlandstr. 17	Berlin
10	001	1007	Kettler	Uli	Herr	M	Ziesestr. 9	Fredersdo
11	001	1008	Franke	Gerd	Herr	W	Kölner Str. 14	Düsseldor
12	001	1009	Franke	Julia	Frau	W	Kölner Str. 14	Düsseldor
13	001	1010	Ziller	Ingrid	Frau	W	Breite Str. 67	Köln

YPARTNER / YPRODUKT / YVERTRAG / YKONTO / YBELKPF / YBELPOS / YBUGRD / YBUGR

Bereit NUM

Abb. 13.4: EXCEL-Mappe, die von YR-13-02 über OLE angesprochen wird

Die Includes OLE2INCL und EXCEL__C machen dem Programm verschiedene Definitionen bekannt. Danach werden die OLE-Objekte EXCEL, MAPPE, TABELLE und ZELLE definiert. Auf diese Objekte beziehen sich die OLE-Aufrufe des Programms. Mit

```
CREATE OBJECT EXCEL 'EXCEL.Application'.
SET PROPERTY OF EXCEL 'Visible' = 1.
```

wird EXCEL auf dem PC gestartet. Wenn die Eigenschaft „Visible“ nicht gesetzt wird, arbeitet EXCEL im Hintergrund. Während der Entwicklung ist es zunächst oft besser, wenn man die einzelnen Aktionen am Bildschirm verfolgen kann.

Mit der Methode MAPPE des EXCEL-Objekts wird ein Mappenobjekt erzeugt, dessen Methode ‘OPEN’ die angegebene Mappe öffnet.

Das Programm liest zunächst in einer DO-Schleife aus Zeile 2 alle Feldnamen in die interne Tabelle FIELDTAB. Danach werden in einer weiteren DO-Schleife zeilenweise alle Werte eines Partnersatzes ausgelesen. Die Ausgabe erfolgt hier nur mit WRITE, könnte aber auch ein MODIFY auf die Tabelle YPARTNER beinhalten.

In der Form LOAD_TABLE wird mit der WorkSheet-Methode ein Tabellenobjekt erzeugt und die Tabelle YPARTNER aktiviert.

In der Form READ_ZELLE wird die Cells-Methode des Tabellenobjektes aufgerufen. Als Parameter erhält sie Zeile und Spalte in der Tabelle. Die Zelle wird aktiviert und der Wert wird ausgelesen.

```
CALL METHOD OF TABELLE 'Cells' = ZELLE
               EXPORTING #1 = ZEILE  #2 = SPALTE.
CALL METHOD OF ZELLE 'Activate'.
GET PROPERTY OF ZELLE 'Value' = WERT.
```

```
REPORT  YR-13-01 LINE-SIZE 70.
TABLES: YPARTNER.

INCLUDE OLE2INCL.
INCLUDE EXCEL__C.

CONSTANTS: EXCELDATEI(20) VALUE 'C:\B\ABAP\YDS.XLS'.


DATA EXCEL   TYPE OLE2_OBJECT.
DATA MAPPE   TYPE OLE2_OBJECT.
DATA TABELLE TYPE OLE2_OBJECT.
DATA ZELLE   TYPE OLE2_OBJECT.
```

```
CREATE OBJECT EXCEL 'EXCEL.Application'.
SET PROPERTY OF EXCEL 'Visible' = 1.
CALL METHOD OF EXCEL 'WORKBOOKS' = MAPPE.
CALL METHOD OF MAPPE 'OPEN' EXPORTING #1 = EXCELDATEI.
PERFORM LOAD_TABLE_VALUES USING 'YPARTNER'.
CALL METHOD OF EXCEL 'QUIT'.
FREE OBJECT EXCEL.
*-----------------------------------------------------------------------
FORM LOAD_TABLE_VALUES USING VALUE(TABNAME) LIKE DD03L-TABNAME.
*DATA: BEGIN OF FIELDTAB OCCURS 30,
*         FIELDNAME(30),
*      END OF FIELDTAB.
DATA:  FIELDTAB(30) OCCURS 10 WITH HEADER LINE.
DATA FIELDANZ TYPE I.
DATA FIELDNAME(30).
DATA FULLNAME(30).
DATA FIELDVALUE(30).
DATA: SPALTE TYPE I, ZEILE TYPE I.
FIELD-SYMBOLS: <FS>.

CALL METHOD OF EXCEL 'WorkSheets' = TABELLE
                EXPORTING #1 = TABNAME .
CALL METHOD OF TABELLE 'Activate'.

* Suchen der Feldbezeichnungen in Zeile 2
SPALTE = 1.
DO.
  PERFORM READ_CELL USING 2 SPALTE FIELDTAB.
  IF FIELDTAB = SPACE.
    EXIT.
  ENDIF.
  APPEND FIELDTAB.
  SPALTE = SPALTE + 1.
ENDDO.
DESCRIBE TABLE FIELDTAB LINES FIELDANZ.

* zeilenweise Feldwerte auslesen
ZEILE = 3.
DO.
  PERFORM READ_CELL USING ZEILE 1 FIELDVALUE.  " 1. Spalte
  IF FIELDVALUE NE SPACE.
    DO FIELDANZ TIMES.
      PERFORM READ_CELL USING ZEILE SY-INDEX FIELDVALUE.
      IF FIELDVALUE NE SPACE.
        READ TABLE FIELDTAB INDEX SY-INDEX.
        CONCATENATE TABNAME '-' FIELDTAB INTO FULLNAME.
```

```
        ASSIGN (FULLNAME) TO <FS>." TYPE FIELDTAB-INTTYPE.
*        FIELDVALUE = FIELDVALUE(FIELDTAB-LENG).
        <FS> = FIELDVALUE.
        WRITE: / FULLNAME, '=', <FS>.
      ENDIF.
    ENDDO.
    ZEILE = ZEILE + 1.
    IF ZEILE > 5. EXIT. ENDIF.
    ULINE.
*  MODIFY YPARTNER.
  ELSE.   " keine weiteren Zeilen
    EXIT.
  ENDIF.
ENDDO.
ENDFORM.
*----------------------------------------------------------------------
FORM READ_CELL USING VALUE(ZEILE) VALUE(SPALTE) WERT.
CALL METHOD OF TABELLE 'Cells' = ZELLE
               EXPORTING #1 = ZEILE  #2 = SPALTE.
CALL METHOD OF ZELLE 'Activate'.
GET PROPERTY OF ZELLE 'Value' = WERT.
ENDFORM.
```

```
29.05.1997  Kapitel 13: ABAP als OLE-Client am EXCEL-Server        1
----------------------------------------------------------------------
YPARTNER-MANDT                = 001
YPARTNER-PARTNR               = 00000000
YPARTNER-NAME                 = Badel
YPARTNER-VORNAME              = Paul
YPARTNER-ANREDE               = Herr
YPARTNER-GESCHL               = M
YPARTNER-STRASSE              = Berliner Str. 3
YPARTNER-ORT                  = Berlin
YPARTNER-PLZ                  = 10319
----------------------------------------------------------------------
YPARTNER-MANDT                = 001
YPARTNER-PARTNR               = 01000000
YPARTNER-NAME                 = Niederwall
YPARTNER-VORNAME              = Gerda
YPARTNER-ANREDE               = Frau
YPARTNER-GESCHL               = W
YPARTNER-STRASSE              = Salzwedelstr. 5
YPARTNER-ORT                  = Hamburg
YPARTNER-PLZ                  = 22085
```

```
---------------------------------------------------------------------
YPARTNER-MANDT                = 001
YPARTNER-PARTNR               = 02000000
YPARTNER-NAME                 = Ehrlich
YPARTNER-VORNAME              = Sabine
YPARTNER-ANREDE               = Frau Dr.
YPARTNER-GESCHL               = W
YPARTNER-STRASSE              = Uppsalastr. 17
YPARTNER-ORT                  = Berlin
YPARTNER-PLZ                  = 10345
```

Das Programm YR-13-03 demonstriert das Zusammenspiel von ABAP/4 und WinWord. Es erstellt Mahnschreiben für überfällige offene Posten nach dem Serienbrief-Prinzip. Als Sprache für die Methoden und Eigenschaften wird Deutsch gewählt.

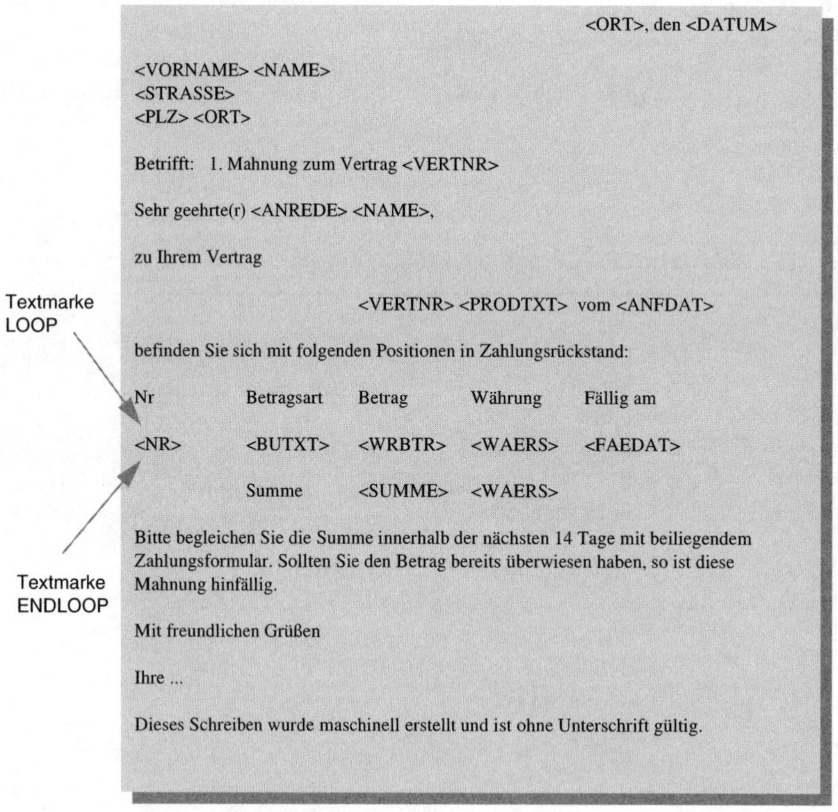

Abb. 13.5: Musterdokument eines Mahnschreibens

Die SELECT-Befehle deuten stark vereinfacht einen Mahnlauf an, in dem überfällige Posten ermittelt werden. Zur Vereinfachung wird nur ein Beleg ermittelt. Die offenen Posten dieses Belegs werden in die interne Tabelle POSTAB eingestellt und sollen auf der Mahnung erscheinen.

Die Verbindung zu Word wird wie im vorigen Beispiel aufgebaut. Das Mahnschreiben ist als Musterdokument mit Platzhaltern in der Form <NAME>, <ORT> usw. abgelegt (Abb. 13.5).

Das Dokument wird geöffnet und nacheinander werden alle Platzhalter durch die im Programm ermittelten Werte ersetzt. Dazu wird die Form REPLACE definiert, die die Aufrufe *BearbeitenSuchen* und *Einfügen* enthält.

Eine Besonderheit stellt die Zeile für die offenen Posten dar. Diese Zeile wird von den Textmarken LOOP und ENDLOOP eingeschlossen. Diese sind im Text nicht sichtbar. In Abbildung 13.5 verweisen Pfeile auf die Position der Textmarken. Das Programm sucht zunächst die Textmarke LOOP, markiert dann den Text bis ENDLOOP. Die so markierte Zeile wird so lange mit *BearbeitenEinfügen* vervielfältigt, bis die Anzahl der Zeilen gleich der Anzahl der offenen Posten in der internen Tabelle POSTAB ist. Dann wird die Schreibmarke wieder auf die Textmarke LOOP gesetzt. Nun werden in einem Loop über POSTAB alle Zeilenfelder aller Zeilen ersetzt. Auf diese Weise läßt sich ein Musterdokument mit Tabellenstruktur abbilden.

Gepackte Zahlen oder binär codierte Zahlen müssen vor der Übergabe an WinWord konvertiert werden. Deshalb wird der Währungsbetrag mit WRITE TO in ein entsprechendes CHAR-Feld eingestellt.

Wenn alle Platzhalter ersetzt sind, wird das Dokument gedruckt und gelöscht. So bleibt das Musterdokument erhalten.

```
REPORT  YR-13-03 LINE-SIZE 70.
INCLUDE OLE2INCL.
TABLES:      YPARTNER, YVERTRAG, YPRODUKT, YBELKPF, YBELPOS, YBUGRDT.
CONSTANTS:   DOKNAME(50) VALUE 'C:\B\KAP\MAHNUNG.DOC'.
DATA:        BEGIN OF POSTAB OCCURS 10,
               BUTXT LIKE YBUGRDT-BUTXT,
               WRBTR(15),
               WAERS LIKE YBELKPF-WAERS,
               FAEDAT LIKE YBELPOS-FAEDAT,
             END OF POSTAB.
DATA         MAHNDAT LIKE SY-DATUM VALUE '19970602'.
DATA         CSUMME(15).
DATA         WORD TYPE OLE2_OBJECT.
DATA         LFDNR(1) TYPE N.
DATA         SUMME LIKE YBELPOS-WRBTR.

* Ermitteln eines mahnfälligen Beleges
SELECT * FROM YBELPOS WHERE BELNR = '5001'
                        AND FAEDAT < MAHNDAT.
  SELECT SINGLE * FROM YBUGRDT
                 WHERE SPRAS = 'D' AND BUGRD = YBELPOS-BUGRD.
```

```
    SELECT SINGLE * FROM YBELKPF WHERE BELNR = YBELPOS-BELNR.
    SELECT SINGLE * FROM YVERTRAG WHERE VERTNR = YBELKPF-VERTNR.
    SELECT SINGLE * FROM YPARTNER WHERE PARTNR = YVERTRAG-PARTNR.
    SELECT SINGLE * FROM YPRODUKT WHERE PRODNR = YVERTRAG-PRODNR.
    POSTAB-BUTXT = YBUGRDT-BUTXT.
    WRITE  YBELPOS-WRBTR TO POSTAB-WRBTR RIGHT-JUSTIFIED.
    ADD YBELPOS-WRBTR TO SUMME.
    POSTAB-WAERS = YBELKPF-WAERS.
    POSTAB-FAEDAT = YBELPOS-FAEDAT.
    APPEND POSTAB.
  ENDSELECT.

  * Öffnen WORD-Server und Datei laden
  CREATE OBJECT WORD 'Word.Basic' LANGUAGE 'D'.
  CALL METHOD OF WORD 'DateiÖffnen' EXPORTING #1 = DOKNAME.

  * Finden und Ersetzen der Platzhalter der Form < ... >
  PERFORM REPLACE USING '<ORT>'     'Berlin'.
  PERFORM REPLACE USING '<DATUM>'   SY-DATUM.
  PERFORM REPLACE USING '<VORNAME>' YPARTNER-VORNAME.
  PERFORM REPLACE USING '<NAME>'    YPARTNER-NAME.
  PERFORM REPLACE USING '<STRASSE>' YPARTNER-STRASSE.
  PERFORM REPLACE USING '<PLZ>'     YPARTNER-PLZ.
  PERFORM REPLACE USING '<ORT>'     YPARTNER-ORT.
  PERFORM REPLACE USING '<VERTNR>'  YVERTRAG-VERTNR.
  PERFORM REPLACE USING '<ANREDE>'  YPARTNER-ANREDE.
  PERFORM REPLACE USING '<NAME>'    YPARTNER-NAME.
  PERFORM REPLACE USING '<VERTNR>'  YVERTRAG-VERTNR.
  PERFORM REPLACE USING '<PRODTXT>' YPRODUKT-PRODTXT.
  PERFORM REPLACE USING '<ANFDAT>'  YVERTRAG-ANFDAT.

  * Finden der Textmarke LOOP und Markieren des Textes bis zur
  * Textmarke ENDLOOP
  CALL METHOD OF WORD 'BearbeitengeheZu' EXPORTING #1 = 'LOOP'.
  CALL METHOD OF WORD 'MarkierungErweitern'.
  CALL METHOD OF WORD 'BearbeitengeheZu' EXPORTING #1 = 'ENDLOOP'.
  CALL METHOD OF WORD 'BearbeitenKopieren'.
  *CALL METHOD OF WORD 'BearbeitenEinfügen'.

  * LOOP im Dokument bekommt so viele Zeilen wie POSTAB
  DESCRIBE TABLE POSTAB LINES SY-TFILL.
  DO SY-TFILL TIMES.
    CALL METHOD OF WORD 'BearbeitenEinfügen'.
  ENDDO.

  * Zurück zum Anfang des LOOP und Einfügen der LOOP-Zeilen
```

```
CALL METHOD OF WORD 'BearbeitengeheZu' EXPORTING #1 = 'LOOP'.
LOOP AT POSTAB.
  LFDNR = SY-TABIX.
  PERFORM REPLACE USING '<NR>'      LFDNR.
  PERFORM REPLACE USING '<BUTXT>'   POSTAB-BUTXT.
  PERFORM REPLACE USING '<WRBTR>'   POSTAB-WRBTR.
  PERFORM REPLACE USING '<WAERS>'   POSTAB-WAERS.
  PERFORM REPLACE USING '<FAEDAT>'  POSTAB-FAEDAT.
ENDLOOP.

* Summe der fälligen Posten
WRITE SUMME TO CSUMME.
PERFORM REPLACE USING '<SUMME>'   CSUMME.
PERFORM REPLACE USING '<WAERS>'   POSTAB-WAERS.

* Mahnung drucken und ggf. unter anderem Namen speichern
CALL METHOD OF WORD 'DateiDrucken'.
CALL METHOD OF WORD 'DateiSpeichernUnter'
                    EXPORTING #1 = 'C:\B\KAP\M.DOC'.
CALL METHOD OF WORD 'DateiSchließen' EXPORTING #1 = 2.

* Objekt freigeben
FREE OBJECT WORD.
*------------------------------------------------------------------
FORM REPLACE USING WAS WOMIT.
  CALL METHOD OF WORD 'BearbeitenSuchen' EXPORTING #1 = WAS.
  CALL METHOD OF WORD 'Einfügen' EXPORTING #1 = WOMIT.
ENDFORM.
```

Das vorgestellte Verfahren ist unflexibel, da Namen und Reihenfolge der im Musterdokument zu ersetzenden Felder auch dem Programm bekannt sein müssen. Wenn im Musterdokument Felder geändert werden, dann muß das Programm angepaßt werden.

Man kann das Erzeugen von Dokumenten dadurch variabler gestalten, daß man als Platzhalter nur Bezeichnungen des DDIC verwendet. Dann wird es möglich, die benötigten Datenbezeichnungen im Programm aus dem Musterdokument auszulesen, die Daten zu beschaffen und einzufügen.

Bei einer echten Mahnung in großen Datenbeständen werden Mahnpläne (Mahnverfahren) mit mehreren Mahnstufen sowie eine Mahnhistorie gepflegt. Vor jeder Mahnung wird aus der Mahnhistorie ermittelt, welche Mahnstufe laut Mahnplan als nächstes ausgeführt werden muß. Für jede der möglichen Mahnstufen wird ein entsprechendes Musterdokument erstellt.

Das angegebene Programm benötigt zur Erstellung des Druckfiles auf dem PC ca. 12 Sekunden, was für die Verarbeitung von Massendaten zu langsam ist. Als Mittel für ein Rapid Prototyping ist dieses Verfahren aber gut geeignet. Abbildung 13.6 zeigt das mit Hilfe des Programms YR-13-03 fertiggestellte Dokument.

Berlin, den 04.06.1997

Sabine Ehrlich
Uppsalastr. 17
10345 Berlin

Betrifft: 1. Mahnung zum Vertrag 00003001

Sehr geehrte(r) Frau Dr. Ehrlich,

zu Ihrem Vertrag

00003001 KFZ-Teilkasko T2 vom 23.07.1996

befinden Sie sich mit folgenden Positionen in Zahlungsrückstand:

Nr	Betragsart	Betrag	Währung	Fällig am
1	Manuelle Buchung	1.450,00	DEM	25.04.1997
2	Verzugszinsen	100,00	DEM	25.04.1997
3	Abschlag	45,00	DEM	25.04.1997
	Summe	1.595,00	DEM	

Bitte begleichen Sie die Summe innerhalb der nächsten 14 Tage mit beiliegendem Zahlungsformular. Sollten Sie den Betrag bereits überwiesen haben, so ist diese Mahnung hinfällig.

Mit freundlichen Grüßen

Ihre ...

Dieses Schreiben wurde maschinell erstellt und ist ohne Unterschrift gültig.

Abb. 13.6: Mahnschreiben, erzeugt mit dem Musterdokument von Abbildung 13.5

13.2.2 Desktop-Clients an ABAP/4-Servern

Aus verschiedenen Programmiersprachen kann man OLE-Aufrufe an einen R/3-OLE-Server SAPServ absetzen. Die Methoden des Servers entsprechen den ABAP/4-Funktionsbausteinen. Das folgende Beispiel zeigt eine EXCEL-Subroutine, die eine Verbindung öffnet, einen Funktionsbaustein aufruft und die Verbindung wieder schließt.

```
Sub LiesWAERS()
Dim SAPServer Als Object
Dim SAPConn Als Object

Dim Result Als Boolesch
Dim Password Als Boolesch
Dim Wärung Als ZeichenF

' Verbindung zu R/3 herstellen und einloggen
Set SAPServer = CreateObject("RFC.ServerObject.1")
Set SAPConn = SAPServer.Connection

SAPConn.User = "MENDE"
SAPConn.Destination = "BV1"
SAPConn.Client = "001"
SAPConn.System = "21"
SAPConn.HostName = "pluto"
SAPConn.Language = "D"
SAPConn.GatewayHost = "berlin"
SAPConn.GatewayService = "berlin"
'
' Paßwort eingeben
Password = InputBox("Enter Password")
SAPConn.Password = Password

Wenn SAPConn.Öffnen <> Wahr Dann
   MsgBox ("Verbindung fehlgeschlagen.")
   SAPServer.Application.Quit
   Verlasse Sub
Ende Wenn
'
' Aufruf eines Funktionsbausteins als Methodenaufruf des Objektes SAPServ
Result = SAPServer.Y_GET_WAERS_FROM_BUKRS(BUKRS:="0001" , WAERS:= Währung)
Wenn Result <> Wahr Dann
   MsgBox ("Function Call Failed")
   SAPServer.Application.Quit
   Verlasse Sub
Ende Wenn

' Schließen der Verbindung
SAPServer.Quit Falsch
Ende Sub
```

14 Entwicklungshilfen

Für die Entwicklung großer Anwendungssysteme sind effiziente Hilfsmittel zur Fehlersuche und Programmanalyse unverzichtbar. R/3 bietet eine Vielzahl solcher Hilfen an, die hier im Überblick dargestellt werden.

14.1 Pretty Printer und Programmprüfungen

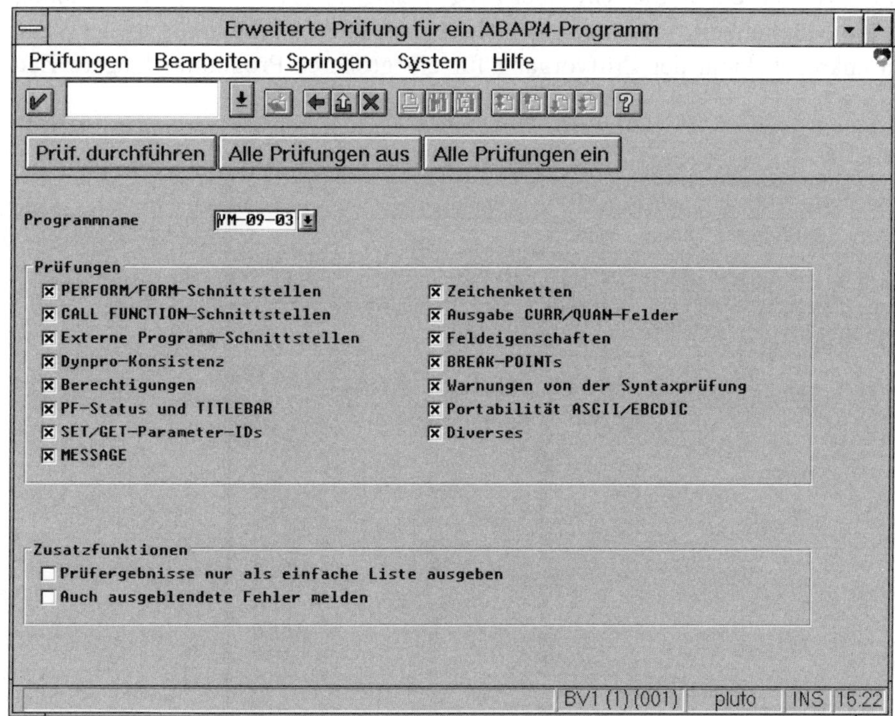

Abb. 14.1: Erweiterte Prüfungen eines ABAP/4-Programms

Die durchgängige und ordentliche Formatierung hat bei großen Quelltexten einen nicht zu unterschätzenden Einfluß auf Lesbarkeit und Wartbarkeit. Der ABAP/4-Editor stellt unter *Programm/Pretty Printer* einen Formatierer zur Verfügung, mit dem Quelltexte ohne Aufwand formatiert werden können. Dabei werden die verschiedenen Schachtelungsebenen durch Einfügen von jeweils zwei Leerzeichen abgebildet. Zusammengehörende Befehlsklammern wie LOOP-ENDLOOP, SELECT-ENDSELECT und IF-ELSE-ELSEIF werden übereinander ausgerichtet. Die Verwendung des Pretty Printers empfiehlt sich besonders bei größeren Entwicklungsteams, bei denen die Quelltexte u. U. von mehreren Entwicklern gelesen werden.

Je mehr Fehler eines Programms bereits vom Syntaxprüfer erkannt werden, desto weniger Laufzeitfehler und Kurzdumps erhält man. Wenn man die Möglichkeiten von ABAP/4, wie z. B. Initialisierung von Variablen und Typisierung von Parametern, konsequent nutzt, kann man viele Laufzeitfehler vermeiden, indem man den Syntaxprüfer mit zusätzlichen Informationen versorgt. Die Standard-Syntaxprüfung, die über die Symbolleiste oder über den Befehl *Programm/Prüfen/Aktuelles Programm* aufgerufen wird, führt jedoch nicht alle verfügbaren Prüfungen durch. Beispielsweise erhält man nach der Standardprüfung auch dann die Meldung „*Es wurden keine Syntaxfehler gefunden*", wenn man im überprüften Programm einen Funktionsbaustein mit einer falschen Parameterliste aufruft. Ein Laufzeitfehler wäre die Folge. In größeren Abständen, auf jeden Fall jedoch vor der Fertigstellung eines Programms, ist daher eine erweiterte Prüfung zu empfehlen. Sie wird über *Programm/Prüfen/Erw. Programmprüfung* gestartet und bietet die Möglichkeit, Prüfungen gezielt auszuwählen - Abbildung 14.1. Wenn man alle Prüfungen ankreuzt, kann der Prüfvorgang für ein größeres Programm längere Zeit dauern.

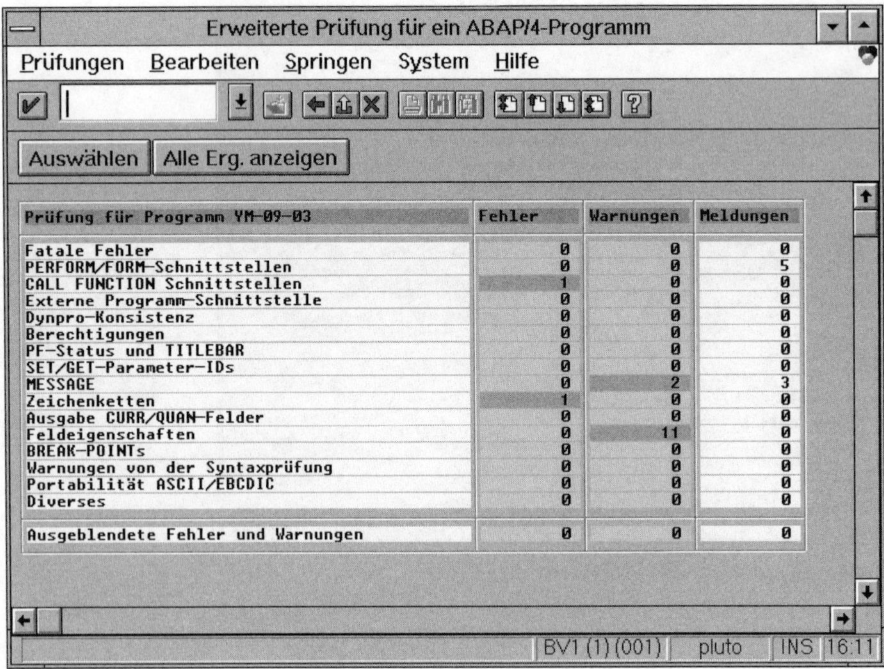

Prüfung für Programm YM-09-03	Fehler	Warnungen	Meldungen
Fatale Fehler	0	0	0
PERFORM/FORM-Schnittstellen	0	0	5
CALL FUNCTION Schnittstellen	1	0	0
Externe Programm-Schnittstelle	0	0	0
Dynpro-Konsistenz	0	0	0
Berechtigungen	0	0	0
PF-Status und TITLEBAR	0	0	0
SET/GET-Parameter-IDs	0	0	0
MESSAGE	0	2	3
Zeichenketten	1	0	0
Ausgabe CURR/QUAN-Felder	0	0	0
Feldeigenschaften	0	11	0
BREAK-POINTs	0	0	0
Warnungen von der Syntaxprüfung	0	0	0
Portabilität ASCII/EBCDIC	0	0	0
Diverses	0	0	0
Ausgeblendete Fehler und Warnungen	0	0	0

Abb. 14.2: Überblicksergebnis nach einer erweiterten Prüfung

Abbildung 14.2 zeigt die Übersicht einer erweiterten Prüfung. Durch Doppelklick kann man Details zu einem Fehler oder einer Warnung ermitteln.

14.2 Testen von Funktionsbausteinen

Funktionsbausteine werden für abgegrenzte Aufgaben konzipiert und tauschen Informationen mit dem aufrufenden Programm ausschließlich über das Interface aus. Auf globale Daten des rufenden Programms können Funktionsbausteine nicht zugreifen. Aus diesem Grunde ist es möglich und auch sinnvoll, Funktionsbausteine bei ihrer Entwicklung ohne rufendes Programm zu testen. Zu diesem Zweck stellt R/3 eine sehr komfortable Testumgebung bereit, die am Beispiel des Bausteins Y_VERTRAEGE_ZU_KONTO erläutert wird. Der Baustein hat einen Importparameter: die Kontonummer. Als Ergebnis wird eine interne Tabelle aller Verträge zu diesem Konto zurückgeliefert.

```
FUNCTION Y_VERTRAEGE_ZU_KONTO.
*"----------------------------------------------------------------------
*"*"Lokale Schnittstelle:
*"       IMPORTING
*"             VALUE(I_KONTNR) LIKE  YKONTO-KONTNR
*"       TABLES
*"              T_VERTRAG STRUCTURE  YVERTRAG
*"       EXCEPTIONS
*"              KONTO_FALSCH
*"----------------------------------------------------------------------
SELECT SINGLE * FROM YKONTO WHERE KONTNR = I_KONTNR.
IF SY-SUBRC > 0.
  RAISE KONTO_FALSCH.
ENDIF.

SELECT * FROM YVERTRAG INTO TABLE T_VERTRAG
                WHERE KONTNR = I_KONTNR.
ENDFUNCTION.
```

Nachdem der Funktionsbaustein codiert und aktiviert ist, kann die Testumgebung aus der Liste der Funktionsgruppe heraus über *Ausführen* gestartet werden. Die Testumgebung präsentiert ein Dynpro, auf dem alle Importparameter des Bausteins eingegeben werden können (Abb. 14.3). Nach *Ausführen* werden Eingabefelder für alle Exportparameter angezeigt. Auch Import*strukturen* können interaktiv erfaßt werden.

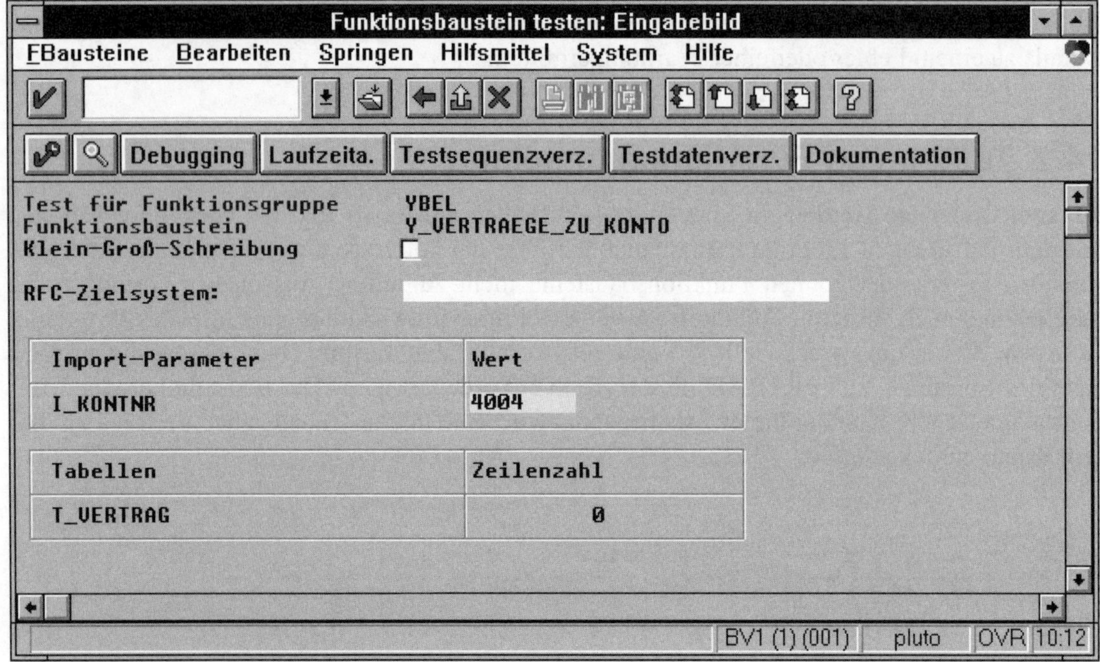

Abb. 14.3: Testen von Funktionsbausteinen

Nach Starten des Tests werden die Werte aller Exportparameter angezeigt (Abb. 14.4).

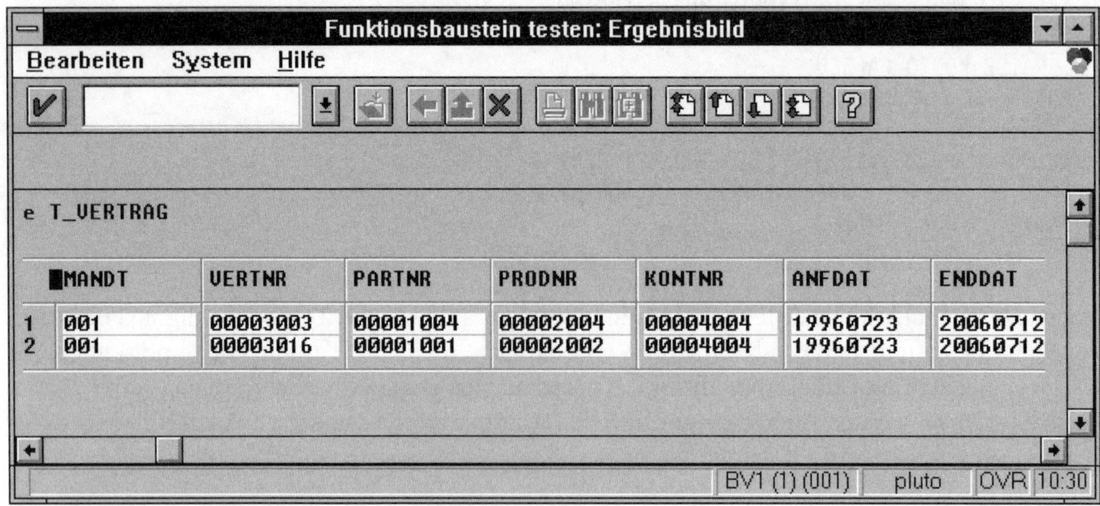

Abb. 14.4: Ergebnisbild des Tests von Y_VERTRAEGE_ZU_KONTO

Für Tabellenparameter wird zunächst die Zeilenzahl vor und nach der Ausführung angegeben. Durch Doppelklick auf einen Tabellennamen kann man den Tabelleninhalt sichtbar machen.

Um Testfälle mit umfangreichen Importparametern wiederholen zu können, kann man Testdaten mit Bemerkungen versehen und sichern (Abb. 14.5).

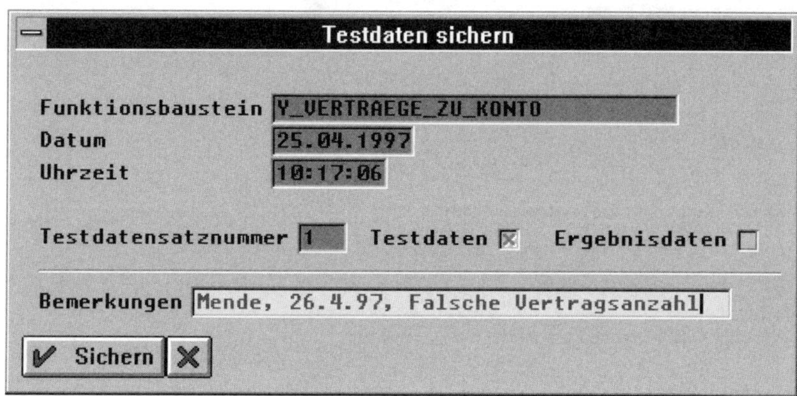

Abb. 14.5: Sichern der Testdaten

Gesicherte Testfälle können jederzeit aus dem Testverzeichnis geholt und erneut ausgeführt werden. Weiterhin ist es möglich, ganze Testsequenzen zu definieren und abzuspielen.

Mit dieser Testumgebung steht dem Anwender ein ausgezeichnetes Testmittel zur Verfügung, das – im Gegensatz zum Debugger – auch Mitarbeiter bedienen können, die mit der Workbench nur wenig vertraut sind (Fachabteilung).

14.3 Dumpanalysen

Auch erweiterte Programmprüfungen können Laufzeitfehler nicht ausschließen. In bestimmten kritischen Fehlersituationen reagiert der ABAP-Prozessor mit einem Abbruch des Programms und erzeugt einen Kurzdump (Abb. 14.6). Im Onlinebetrieb wird der Kurzdump sofort angezeigt. Beim Batchbetrieb kann er nachträglich über den Befehl *Werkzeuge/Administration/Monitor/Dump/Analyse* angezeigt werden. Der Fehlername (DBIF_NTAB_FIELD_NOT_FOUND) und die folgende Erklärungszeile reichen meist zur Fehlererkennung aus.Weiter unten findet man im Kurzdump zusätzliche Informationen über

- die Systemumgebung,
- den Benutzer und die Transaktion
- die Abbruchstelle im Programm (Quelltext)
- die Werte der Systemfelder
- Werte ausgewählter Programmvariablen.

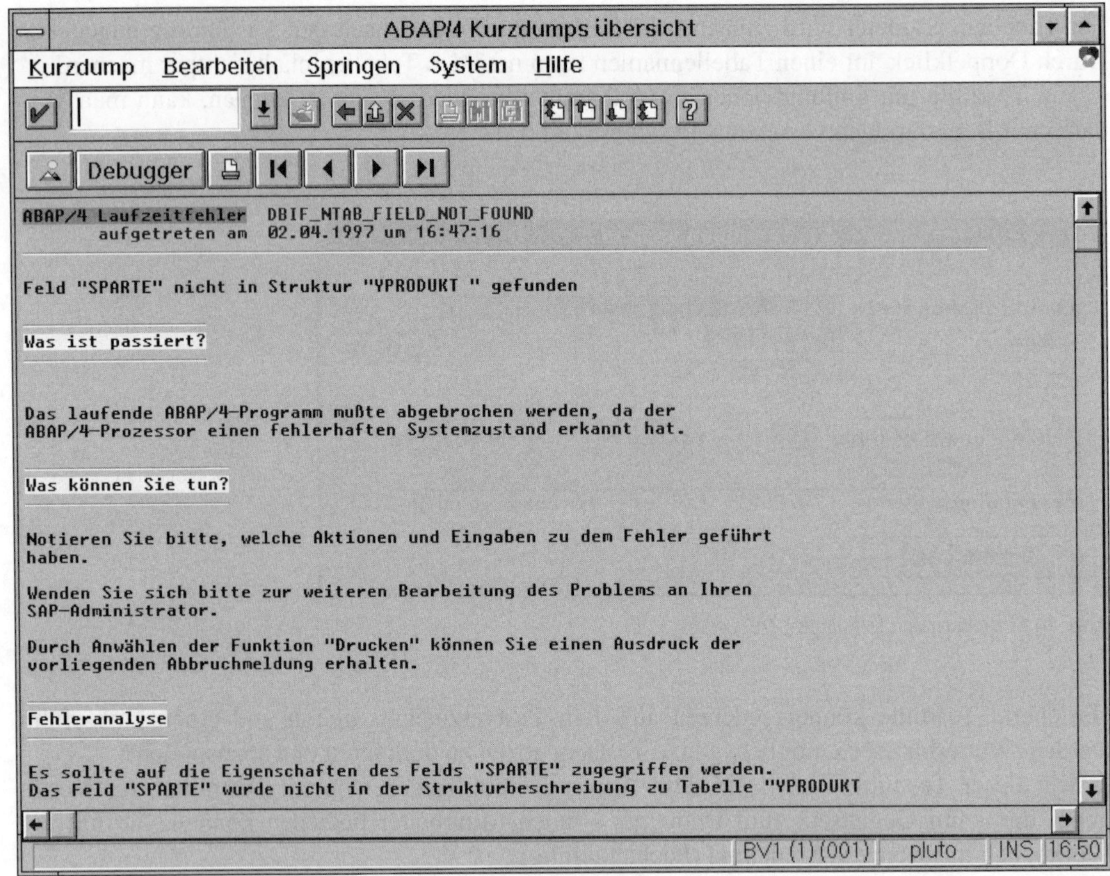

Abb. 14.6: Kurzdump bei fehlerhaftem dynamischen SELECT

14.4 Debugger

Alle modernen Programmierumgebungen stellen symbolische Debugger zur Fehlersuche in Programmen auf Quelltextebene zur Verfügung. Das Prinzip ist in allen Fällen gleich. Über sog. Breakpoints werden an den Zeilen, an denen das Programm anhalten soll, Unterbrechungen in das Programm eingebaut. Durchläuft das Programm einen Breakpoint, so wird es angehalten und der Debugger wird aktiviert. Der Nutzer kann jetzt auf Quelltextebene sein Programm inspizieren, d. h., er kann z. B. auf Programmvariablen über deren symbolische Namen zugreifen oder Aufrufhierarchien ansehen. Diese Möglichkeit muß bei Compilersprachen durch erhöhten Aufwand beim Compilieren und Linken und nicht zuletzt durch größere EXE-Files erkauft werden. Normalerweise sind in einem ausführbaren Programm keine symbolischen Informationen, sondern nur noch Adressen von Variablen und Funktionen vorhanden. Bei Interpretersprachen wie BASIC und ABAP/4 ist die symbolische Information immer auch zur Laufzeit präsent. Zum Debuggen bedarf es bei diesen Sprachen keiner besonderen Vorbereitungen.

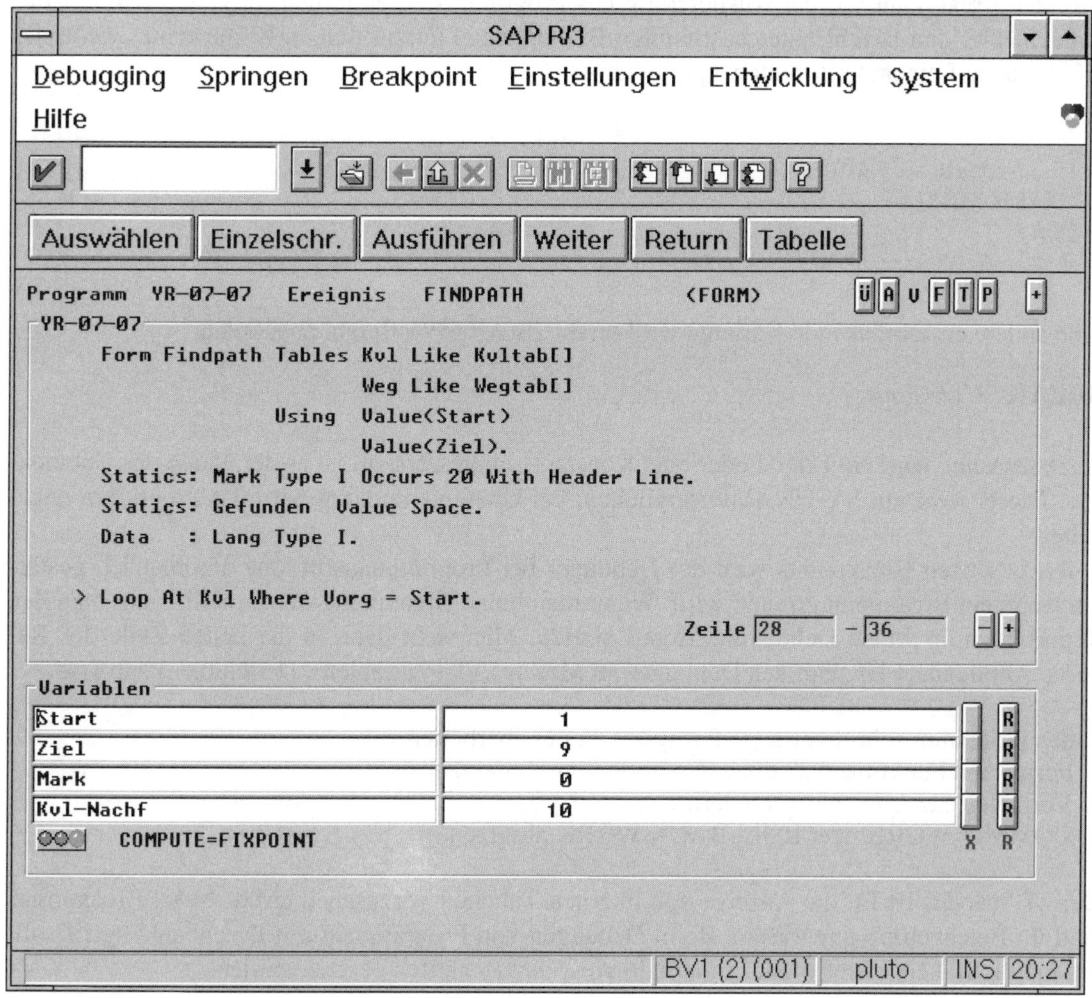

Abb. 14.7: Debugger im Modus 'V'

Breakpoints werden in ABAP/4-Programmen üblicherweise direkt im Editor gesetzt. Über den Befehl *Hilfsmittel/Breakpoints/Anzeigen* kann eine Liste der Breakpoints aufgerufen werden. Einzelne Breakpoints können vorübergehend abgeschaltet oder gelöscht werden. Weiterhin können Breakpoints mit speziellen ABAP/4-Befehlen direkt in den Quelltext eingefügt werden:

BREAK-POINT.

In dieser Variante wird das Programm immer an der Zeile, in der Befehl steht, angehalten. Der Vorteil besteht darin, daß der Breakpoint auch bei umfangreichen Programmänderungen immer an seiner Stelle bleibt. Es sind aber auch unliebsame Überraschungen möglich, wenn man vergißt, den Breakpoint vor der Auslieferung des Programms zu entfernen. In vielen Fällen ist es zweckmäßig, den Befehl unter bestimmten Bedingungen aufzurufen, z. B. nur dann, wenn das Programm auf einem bestimmten System läuft:

```
IF SY-SYSID = 'PLUTO'.
  BREAK-POINT.
ENDIF.
```

Eine andere einschränkende Variante wird direkt als ABAP/4-Befehl angeboten:

BREAK *UserName.*

Für *UserName* wird ein Literal oder eine Konstante eingesetzt; oft ist es der Name des Entwicklers. Dieser wird mit SY-UNAME verglichen; bei Übereinstimmung wird das Programm angehalten.

Bei gesetzten Breakpoints wird der Debugger bei Programmausführung automatisch gestartet, wenn ein Breakpoint erreicht wird. Wenn man keine Breakpoints setzen will, kann man den Report auch direkt im Debugging-Modus starten. Man steht dann in der ersten Zeile des Reports. Abbildung 14.7 zeigt den Debugger im Modus „V“ (Variablen). Der Nutzer kann jetzt

- das Programm schrittweise (zeilenweise) weiter abarbeiten.
- Forms und Funktionen abarbeiten oder in diese hineingehen.
- Variablen anzeigen und verändern.
- COMMIT WORK oder ROLLBACK WORK absetzen.

Der „T“-Modus ist für die Anzeige von internen Tabellen vorgesehen (Abb. 14.8). Breakpoints sind im Batchbetrieb unwirksam. Beim Debuggen von Programmen mit Datenbankzugriff sollten möglichst keine Breakpoints innerhalb von Selektschleifen gesetzt werden.

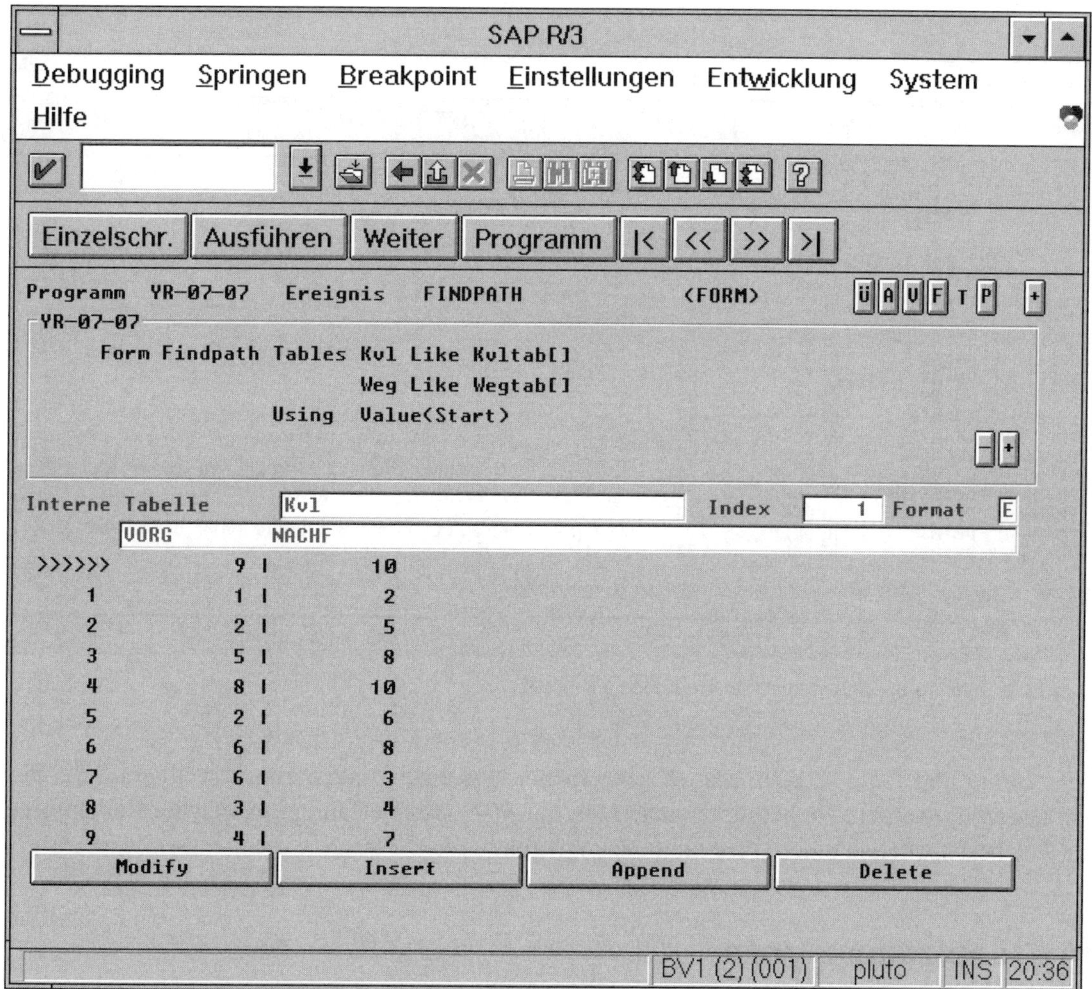

Abb. 14.8: Tabellenmodus des Debuggers

14.5 SQL-Trace

Mit SQL-Trace kann man sich die SQL-Zugriffe ansehen, die von Open SQL auf die unterliegende Datenbank abgesetzt werden. Der Trace ist über *System/Hilfsmittel/SQL Trace* einzuschalten. Dann ist das gewünschte Programm zu starten. Der Trace kann als Liste abgerufen werden. Danach sollte die Traceoption wieder ausgeschaltet werden.

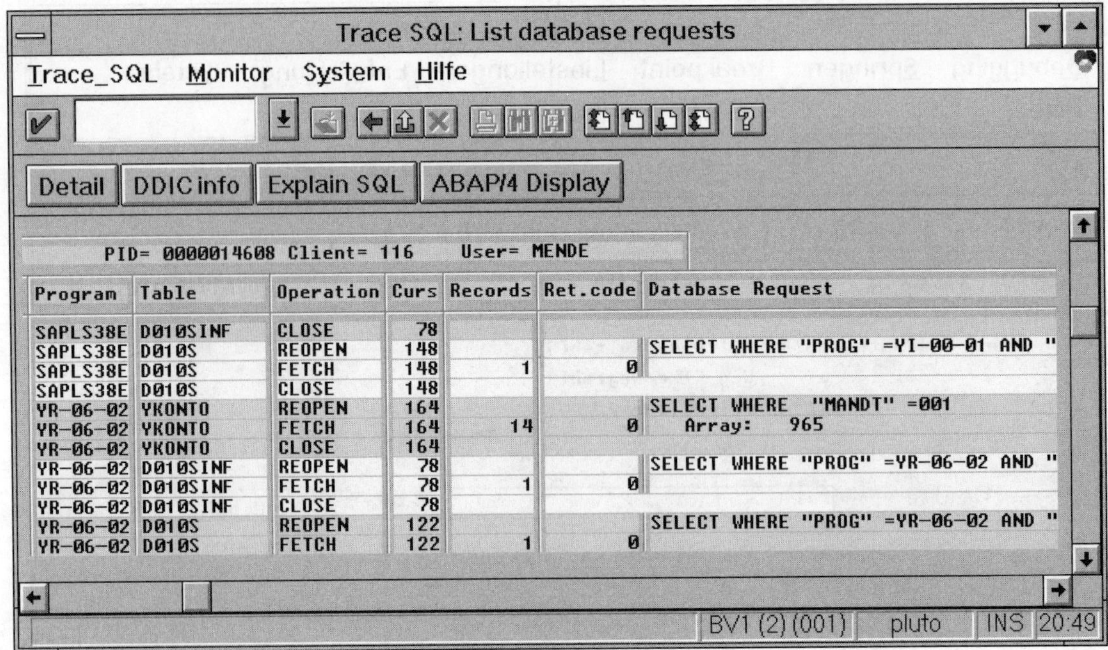

Program	Table	Operation	Curs	Records	Ret.code	Database Request
SAPLS38E	D010SINF	CLOSE	78			
SAPLS38E	D010S	REOPEN	148			SELECT WHERE "PROG" =YI-00-01 AND "
SAPLS38E	D010S	FETCH	148	1	0	
SAPLS38E	D010S	CLOSE	148			
YR-06-02	YKONTO	REOPEN	164			SELECT WHERE "MANDT" =001
YR-06-02	YKONTO	FETCH	164	14	0	Array: 965
YR-06-02	YKONTO	CLOSE	164			
YR-06-02	D010SINF	REOPEN	78			SELECT WHERE "PROG" =YR-06-02 AND "
YR-06-02	D010SINF	FETCH	78	1	0	
YR-06-02	D010SINF	CLOSE	78			
YR-06-02	D010S	REOPEN	122			SELECT WHERE "PROG" =YR-06-02 AND "
YR-06-02	D010S	FETCH	122	1	0	

Abb. 14.9: Ergebnis des SQL-Trace von Programm YR-06-02

Über *Detail* und *Explain SQL* können Einzelheiten und Erklärungen zum jeweiligen SQL-Befehl angezeigt werden. Nicht zuletzt kann man mit *SQL-Trace* erfahren, in welcher Reihenfolge auf welche Tabellen in einem Programm zugegriffen wird.

14.6 Laufzeitanalysen

Fehlerfreie Programme sind noch keine Garantie dafür, daß auch alle Forderungen hinsichtlich der Performanz erfüllt werden. Dabei unterscheiden sich die Laufzeitanforderungen an Batch- und Onlineprogramme nur quantitativ. Während es bei Batchprogrammen oft um Einsparungen von Stunden oder gar Tagen geht, können bei Dialogprogrammen schon 20 Sekunden über Akzeptanz oder Nichtakzeptanz entscheiden.

Ein wichtiges Hilfsmittel zur Überprüfung der Performanz und zum gezielten Tuning von Programmen ist die Laufzeitanalyse. Sie wird über *System/Hilfsmittel/Laufzeitanalyse* gestartet (Abb. 14.10).

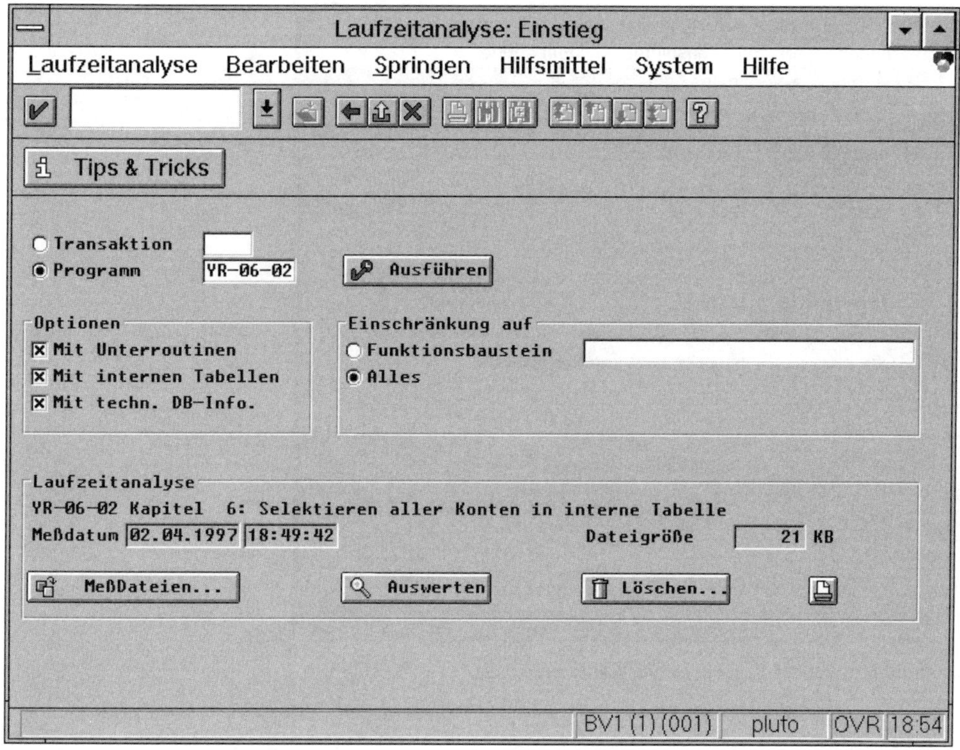

Abb. 14.10: Einstieg in die Laufzeitanalyse

Die Auswertung der Ergebnisse wird in Abbildung 14.11 gezeigt. Man erhält eine grobe Aufteilung der Programmlaufzeit auf ABAP, Datenbank und System. In weiteren Schritten lassen sich diese Aussagen weiter herunterbrechen. Außerdem sind Anzeigen eines Aufrufbaums, der benutzten Tabellen möglich.

An dieser Stelle sollen die in die Laufzeitanalyse integrierten Tips und Tricks hervorgehoben werden, die über die Drucktaste in Abbildung 14.10 gestartet werden. Hier werden für typische ABAP-Probleme effiziente und weniger effiziente Lösungen gegenübergestellt. Die Laufzeitmessungen für beide Varianten vermitteln ein sehr gutes Gefühl für die verschiedenen Möglichkeiten des Tunings.

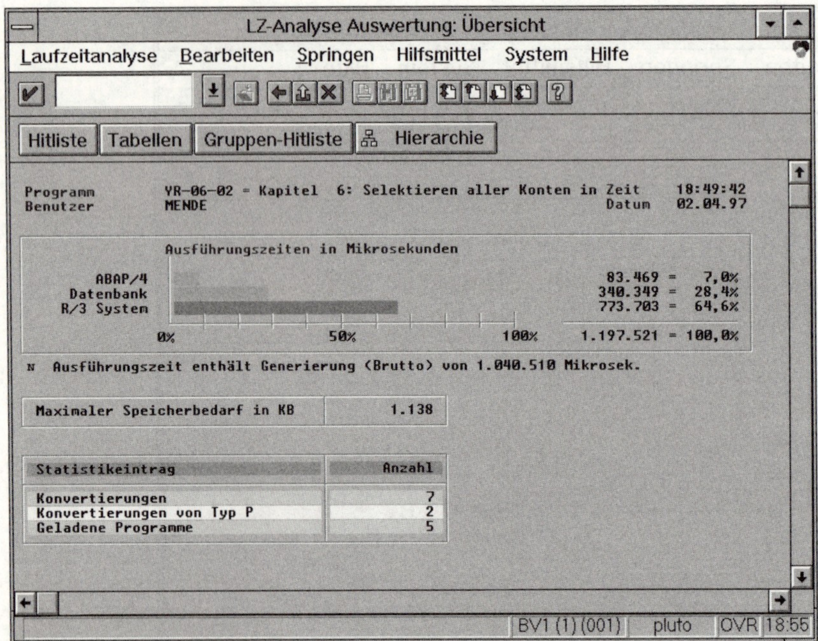

Abb. 14.11: Zusammenfassung der Ergebnisse der Laufzeitanalyse

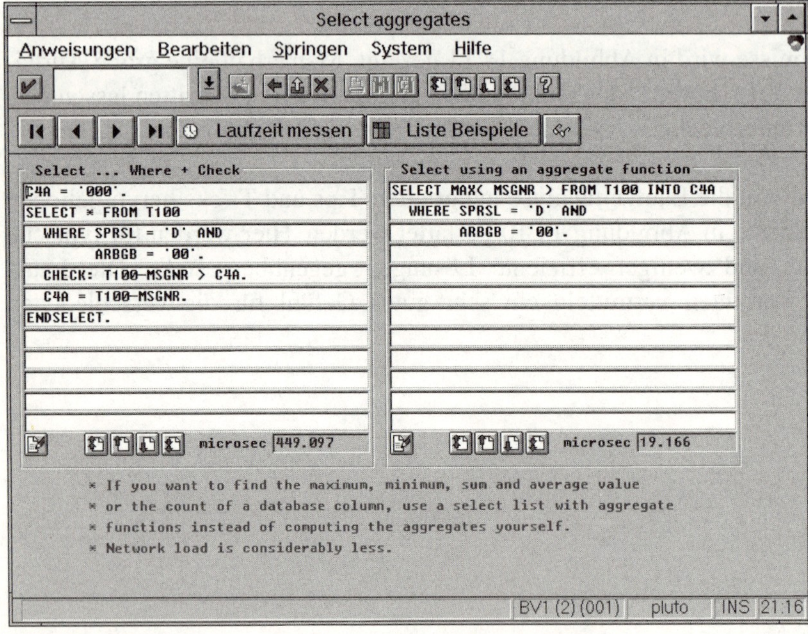

Abb. 14.12: Laufzeitmessungen innerhalb von Tips und Tricks

Anhang

A Wichtige Systemfelder aus der Struktur SYST

Die Systemfelder sind nach Anwendungsfall gruppiert und innerhalb des Anwendungsfalls alphabetisch sortiert. Die besonders häufig benutzten sind hervorgehoben.

Systemfeld	Typ	Länge	Bedeutung
Interne Tabellen			
SY-TABIX	INT4	10	Aktuelle Zeile einer internen Tabelle
SY-TFILL	INT4	10	Aktuelle Zahl von Einträgen in einer internen Tabelle
SY-TLENG	INT4	10	Zeilengröße einer internen Tabelle
SY-TMAXL	INT4	10	Maximale Anzahl von Einträgen einer internen Tabelle
SY-TNAME	CHAR	30	Name der internenTabelle in einem Zugriff
SY-TOCCU	INT4	10	Occurs-Parameter bei internen Tabellen
SY-TPAGI	INT4	10	InterneTabelle in Paging-Bereich ausgelagert?
SY-TTABC	INT4	10	Nummer der letzten gelesenen Zeile einer internen Tab.
SY-TTABI	INT4	10	Offset der internen Tabellen im Rollbereich
Programm			
SY-CPROG	CHAR	8	Hauptprogramm
SY-DBNAM	CHAR	2	Logische Datenbank bei ABAP/4-Report
SY-FDPOS	INT4	10	Fundstelle eines Strings
SY-FMKEY	CHAR	3	Aktuelles Funktionscode-Menü
SY-INDEX	INT4	10	Anzahl der Schleifendurchläufe
SY-LDBPG	CHAR	8	ABAP/4-Datenbankprogramm zu SY-DBNAM
SY-MACDB	CHAR	4	Name der Datei für Match-Code-Zugriff
SY-REPID	CHAR	8	Name des ABAP/4-Programms
SY-SUBRC	INT4	10	Rückgabewert nach bestimmten ABAP/4-Anweisungen
SY-SUBTY	RAW	1	ABAP/IV: Aufrufart bei SUBMIT
SY-TCODE	CHAR	4	Aktueller Transaktionscode
SY-TITLE	CHAR	70	Titel des ABAP/4-Programms
SY-UCOMM	CHAR	70	Funktionseingabe im OK-CODE
SY-XCODE	CHAR	70	Erweiterter OK-CODE

Systemfeld	Typ	Länge	Bedeutung
Listen			
SY-COLNO	INT4	10	Aktuelle Spalte bei Listenerstellung
SY-CPAGE	INT4	10	Aktuelle Seitennummer
SY-CUCOL	INT4	10	Cursorposition (Spalte)
SY-CUROW	INT4	10	Cursorposition (Zeile)
SY-LILLI	INT4	10	Nummer der aktuellen Listenzeile
SY-LINCT	INT4	10	Anzahl Listenzeilen
SY-LINNO	INT4	10	Aktuelle Zeile bei Listenerstellung
SY-LINSZ	INT4	10	Zeilenbreite der Liste
SY-LISEL	CHAR	255	Ausgewählte Zeile
SY-LISTI	INT4	10	Nummer der aktuellen Listenzeile
SY-LSIND	INT4	10	Nummer der Verzweigungsliste
SY-LSTAT	CHAR	16	Statusinformation je Listenstufe
SY-PAGCT	INT4	10	Seitenlimit der Liste aus REPORT-Anweisung
SY-PAGNO	INT4	10	Aktuelle Seite bei Listenerstellung
SY-STACO	INT4	10	Liste angezeigt ab Spalte
SY-STARO	INT4	10	Seite angezeigt ab Zeile
SY-WTITL	CHAR	1	Indikator für Standardseitenüberschrift
Window			
SY-SCOLS	INT4	10	Spalten auf Bildschirm
SY-SROWS	INT4	10	Zeilen auf Bildschirm
SY-WILLI	INT4	10	Nummer der aktuellen Windowzeile
SY-WINCO	INT4	10	Cursorposition im Window (Spalte)
SY-WINDI	INT4	10	Index der aktuellen Windowzeile
SY-WINRO	INT4	10	Cursorposition im Window (Zeile)
SY-WINSL	CHAR	79	Ausgewählte Windowzeile
SY-WINX1	INT4	10	Windowkoordinate (Spalte links)
SY-WINX2	INT4	10	Windowkoordinate (Spalte rechts)
SY-WINY1	INT4	10	Windowkoordinate (Zeile links)
SY-WINY2	INT4	10	Windowkoordinate (Zeile rechts)
SY-Dynpro			
SY-DYNGR	CHAR	4	Dynpro-Gruppe des laufenden Dynpros
SY-DYNNR	CHAR	4	Nummer des laufenden Bildschirmbildes
SY-LOOPC	INT4	10	Anzahl LOOP-Zeilen bei Dynpro-Steploop
SY-STEPL	INT4	10	Nummer der LOOP-Zeile bei Dynpro-Step
Drucken			
SY-CALLR	CHAR	8	ID für Druckdialogfunktion

Systemfeld	Typ	Länge	Bedeutung
SY-PAART	CHAR	16	Aufbereitung
SY-PDEST	CHAR	4	Ausgabegerät
SY-PEXPI	NUMC	1	Spool-Verweildauer
SY-PLIST	CHAR	12	Name des Spool-Auftrags (Listenname)
SY-PRABT	CHAR	12	Abteilung im Deckblatt
SY-PRBIG	CHAR	1	Selektionsdeckblatt
SY-PRCOP	NUMC	3	Anzahl Ausdrucke
SY-PRDSN	CHAR	6	Name des Spool-Datasets
SY-PRIMM	CHAR	1	Sofort ausgeben
SY-PRNEW	CHAR	1	Neuer Spool-Auftrag (Liste)
SY-PRREC	CHAR	12	Empfänger
SY-PRREL	CHAR	1	Löschen nach Ausgabe
SY-PRTXT	CHAR	68	Text für Deckblatt
SY-RTITL	CHAR	70	Reporttitel des druckenden Programms
Datum, Uhrzeit			
SY-DAYST	CHAR	1	Sommerzeit aktiv ? ('Daylight Saving Time')
SY-FDAYW	INT1	3	Fabrikkalender-Wochentag
SY-TSTLO	NUMC	14	Zeitstempel bezogen auf den Benutzer
SY-TZONE	INT4	10	Zeitdifferenz zu 'Greenwich Mean Time' (UTC) in Sek.
SY-ZONLO	CHAR	6	Zeitzone des Benutzers
Währunge/Kurse			
SY-CCURS	DEC	9	Kursangabe/Ergebnisfeld aus CURRENCY CONVERT
SY-CCURT	DEC	9	Tabellenkurs aus CURRENCY CONVERSION
SY-CDATE	DATS	8	Kursdatum aus CURRENCY CONVERSION
SY-CTABL	CHAR	4	Kurstabelle aus CURRENCY CONVERSION
SY-CTYPE	CHAR	1	Kursart 'M','B','G' aus CURRENCY CONVERSION
SY-WAERS	CUKY	5	T001: Buchungskreis-Währung
System			
SY-APPLI	RAW	2	SAP-Applikationen
SY-BATCH	CHAR	1	Batch aktiv (X)
SY-BINPT	CHAR	1	Batch-Input aktiv (X)
SY-CALLD	CHAR	1	Call-Modus aktiv (X)
SY-DATUM	DATS	8	Tagesdatum
SY-DBSYS	CHAR	10	Datenbanksystem
SY-DCSYS	CHAR	4	Dialogsystem
SY-HOST	CHAR	8	Rechnername
SY-LANGU	LANG	1	Sprachenschlüssel aus SAP-Anmeldung

Systemfeld	Typ	Länge	Bedeutung
SY-MANDT	CLNT	3	Mandantennummer aus SAP-Anmeldung
SY-MODNO	CHAR	1	Anzahl der Alternativ-Modi
SY-OPSYS	CHAR	10	Betriebssystem des Applikationsservers
SY-SAPRL	CHAR	4	SAP-Release
SY-SYSID	CHAR	8	SAP-System-Identifikation
SY-UNAME	CHAR	12	Name des Benutzers aus der SAP-Anmeldung
SY-UZEIT	TIMS	6	Uhrzeit
Batch			
SY-BATZD	CHAR	1	Täglich
SY-BATZM	CHAR	1	Monatlich
SY-BATZO	CHAR	1	Einmalig
SY-BATZS	CHAR	1	Batch-Submit sofort
SY-BATZW	CHAR	1	Wöchentlich
SY-BREP4	CHAR	4	Wurzelname des Anforderungsreports
SY-BSPLD	CHAR	1	Listausgabe in Spool
SY-PREFX	CHAR	3	ABAP/4-Präfix für Batchjobs
Runtime			
SY-ABCDE	CHAR	26	Alphabet (A, B, C, ...)
SY-DATAR	CHAR	1	Flag: Data received
SY-DSNAM	CHAR	8	Name des Data-Sets für Spool-Ausgabe
SY-PFKEY	CHAR	8	Aktueller PF-Tastenstatus
SY-SPONO	NUMC	5	Spool-Nummer bei Ausgabe einer Liste
SY-SPONR	NUMC	5	Spool-Nummer aus TRANSFER-Anweisung
SY-TFDSN	CHAR	8	Name des Dataset für Datenextrakte
Nachrichten			
SY-MSGID	CHAR	2	Message-ID
SY-MSGLI	CHAR	60	Nachrichtenzeile (Zeile 23)
SY-MSGNO	NUMC	3	Message-Number
SY-MSGTY	CHAR	1	Message-Type (E, I, W, ...)
SY-MSGV1	CHAR	50	Message-Variable
SY-MSGV2	CHAR	50	Message-Variable
SY-MSGV3	CHAR	50	Message-Variable
SY-MSGV4	CHAR	50	Message-Variable

B Wichtige Transaktionscodes

Die folgende Tabelle enthält wichtige Transaktionscodes. Sie können auf folgende Art zum Aufruf von Transaktionen benutzt werden:

- Starten der Transaktionen über das Befehlsfeld mit einem der Vorsätze
  /n Transaktionsaufruf im selben Modus
  /o Transaktionsaufruf in einem neuen Modus
  /h Transaktionsaufruf im Debug-Modus
- Starten der Transaktion aus einem Bereichsmenü
- Starten der Transaktion aus einem Programm mittels
  START TRANSACTION
  CALL TRANSACTION

Code	Funktionalität
S00	Kurznachricht
SA38	ABAP/4-Reporting
SA39	SA38 für Parametertransaktion
SAR	Pflege Transaktionscodes
SAR0	Anzeige Standardreportingbaum
SCC0	Mandantenkopie
SD11	Data Modeler
SDMO	Dynamisches Menue (alt)
SDW0	ABAP/4 Development Workbench
SE01	Transport-und Korrektursystem
SE09	Workbench Organizer
SE11	Pflege R/3-Data-Dictionary
SE12	Anzeige R/3-Data-Dictionary
SE13	Pflegen Speicherparameter für Tabellen
SE14	Utilities für Dictionary-Tabellen
SE15	Dictionary-Infosystem
SE16	Data Browser
SE17	Allgemeine Tabellenanzeige
SE30	ABAP/4: Laufzeitanalyse
SE36	ABAP/4: Logische Datenbanken
SE37	ABAP/4: Funktionsbausteine
SE38	Programmentwicklung in ABAP/4
SE39	Split-Screen-Editor für den Report-Abgleich
SE41	Menu Painter
SE43	Bereichsmenüpflege
SE51	Screen Painter
SE80	Workbench

Code	Funktionalität
SE86	ABAP/4-Infosystem
SEU	Object Browser
SM02	Systemnachrichten
SM04	Benutzerliste
SM12	Sperren anzeigen und löschen
SM21	System-Log
SM30	Aufruf View-Pflege
SM31	Tabellenpflege
SM35	Batch-Input-Monitoring
SM36	Batch-Anforderung
SM37	Batch-Job-Übersicht
SM50	Prozeßübersicht
SM64	Auslösen eines Events
SM65	Analysetool Hintergrundverarbeitung
SM66	Globale Übersicht Workprozesse
SM67	Einplanung eines Jobs
SM68	Administration von Jobs
SO00	SAPoffice: Kurznachricht
SU01	Pflege Benutzer
SU02	Pflege Berechtigungsprofile
SU03	Pflege Berechtigungen

C Programme

Die aufgeführten Programme werden in den angegebenen Kapiteln im Text erklärt. Zu jedem Report wird im Text zusätzlich die erzeugte Liste angegeben. Die Ausschriften können anhand der Tabellendaten von Anhang D überprüft werden. Die Programme werden nach Schwierigkeitsstufen eingeteilt: *leicht*, *mittel* und *schwierig*.

Programm	Kapitel	Beschreibung	Stufe
YI-00-01		Download von Quelltext mit Protokoll	mittel
YR-06-01	6	Interne Felder und Grundrechenarten	leicht
YR-06-02	6	Interne Felder und Funktionen	leicht
YR-06-03	6	Datumsarithmetik	leicht
YR-06-04	6	Ausgabeanweisungen	leicht
YR-06-05	6	IF-Anweisung	leicht
YR-06-06	6	Stringoperatoren	leicht
YR-06-07	6	Logische Operatoren	leicht
YR-06-08	6	CASE-Anweisung	leicht
YR-06-09	6	WHILE-Schleife	leicht
YR-06-10	6	DO-Schleife	leicht
YR-06-11	6	Feldleisten mit INCLUDE STRUCTURE	leicht
YR-06-12	6	Feldleisten mit LIKE	leicht
YR-06-13	6	Interne Tabellen: LOOP und WHILE	leicht
YR-06-14	6	Interne Tabellen: APPEND	leicht
YR-06-15	6	Interne Tabellen: MODIFY und DELETE	leicht
YR-06-16	6	Komplexe Datentypen	mittel
YR-06-17	6	Feldsymbole	leicht
YR-06-21	6	Selektieren aller Partner im PLZ-Bereich 1	leicht
YR-06-22	6	Selektieren aller Konten in interne Tabelle	leicht
YR-06-23	6	Partner-Vertrags-Listen	mittel
YR-06-24	6	COMMIT WORK und ROLLBACK WORK	leicht
YR-06-25	6	Dynamisches Select	mittel
YR-06-26	6	Native SQL mit Subselect auf DB/2	mittel
YR-06-27	6	Native SQL auf DB/2	leicht
YR-07-01	7	Ereignissteuerung in Reports	leicht
YR-07-02	7	Verzweigungslisten in Reports	mittel
YR-07-03	7	Gruppenwechsel mit ON CHANGE OF	mittel
YR-07-04	7	Gruppenwechsel mit AT NEW	mittel
YR-08-01	8	Makrodefinitionen für die Programmgenerierung	leicht

Programm	Kapitel	Beschreibung	Stufe
YR-08-02	8	Forms mit Tabellenparameter	leicht
YR-08-03	8	Forms mit komplexen Parametern	mittel
YR-08-04	8	Rekursive Berechnung von Fakultäten	mittel
YR-08-05	8	Rekursive Pfadsuche in einem Netz	schwierig
YR-08-06	8	Aufruf eines Reports mit SUBMIT	mittel
YR-08-07	8	EXPORT TO MEMORY und SET PARAMETER	leicht
YR-08-08	8	IMPORT FROM MEMORY und GET PARAMETER	leicht
YR-08-09	8	Report zur logischen Datenbank YDF	mittel
YM-09-01	9	Bildelemente in Dialogprogrammen	leicht
YM-09-02	9	Taschenrechner	mittel
YM-09-03	9	Einzel-Mehrsatz für Belegerfassung	schwierig
YR-09-04	9	Zwei Table Controls auf einem Dynpro	schwierig
YR-10-01	10	Anlegen und Starten eines Batchjobs	mittel
YR-10-02	10	Auslesen eines Jobprotokolls	mittel
YR-11-01	11	Upload einer PC-Datei und Ausgeben auf UNIX	leicht
YR-11-02	11	Download eines Reports mit Zeilennummern	mittel
YR-11-03	11	Zerlegen von Zeilen in Felder	mittel
YR-11-04	11	Generieren einer logischen Dateischnittstelle	schwierig
YR-11-05	11	Lesen und Puffern einer Steuertabelle im Programm	schwierig
YR-11-06	11	Verarbeitung mit Dateischnittstelle YDS	mittel
YR-12-01	12	Batch-Input-Mappen aus einer Datei erzeugen	mittel
YR-12-02	12	Batch-Input über CALL TRANSACTION	mittel
YR-13-01	13	RFC-Aufruf zwischen zwei R/3-Systemen	mittel
YR-13-02	13	ABAP als OLE-Client am EXCEL-Server	mittel
YR-13-03	13	ABAP als OLE-Client an WinWord (Serienbriefe)	mittel

D Tabellen

Tabelle YBUGRD

Feld	Key	Art/Länge	Datenelement	Domäne	Bezeichnung
MANDT	X	CLNT 3	MANDT	MANDT	Mandant
BUGRD	X	NUMC 3	YBUGRD_DE	YBUGRD	Buchungsgrund

Tabelle YBUGRDT

Feld	Key	Art/Länge	Datenelement	Domäne	Bezeichnung
MANDT	X	CLNT 3	MANDT	MANDT	Mandant
SPRAS	X	LANG 1	SPRAS	SPRAS	Sprachenschlüssel
BUGRD	X	NUMC 3	YBUGRD_DE	YBUGRD_DO	Buchungsgrund
BUTXT		CHAR 20	YBUTXT_DE	YBUTXT_DO	Buchungsgrund Text

MANDT	SPRAS	BUGRD	BUTXT
1	D	1	Teilleistung
1	D	2	Vorauszahlung
1	D	3	Manuelle Buchung
1	D	4	Verzugszinsen
1	D	5	Abschlag
1	D	6	Krankheit
1	D	7	Nachzahlung
1	D	8	Nettoprämie
1	D	9	Rückerstattung

Tabelle YPARTNER

Feld	Key	Art/Länge	Datenelement	Domäne	Bezeichnung
MANDT	X	CLNT 3	MANDT	MANDT	Mandant
PARTNR	X	NUMC 8	YPARTNR_DE	YPARTNR_DO	Partnernummer
NAME		CHAR 15	YNAME_DE	CHAR15	Familienname
VORNAME		CHAR 15	YVNAME_DE	CHAR15	Vorname
ANREDE		CHAR 10	YANREDE_DE	CHAR10	Anrede
GESCHL		CHAR 1	YGESCHL_DE	YGESCHL_DO	Geschlecht
STRASSE		CHAR 30	YSTRNR_DE	STRAS	Strasse + Hausnummer
ORT		CHAR 16	YORT_DE	CHAR16	Ort
PLZ		CHAR 5	YPLZ_DE	CHAR5	Postleitzahl

MANDT	PARTNR	NAME	VORNAME	ANREDE	GESCHL	STRASSE	ORT	PLZ
1	1000	Badel	Paul	Herr	M	Berliner Str. 3	Berlin	10319
1	1001	Niederwall	Gerda	Frau	W	Salzwedelstr. 5	Hamburg	22085
1	1002	Ehrlich	Sabine	Frau Dr.	W	Uppsalastr. 17	Berlin	10345
1	1003	Döhring	Sabine	Frau	M	Hagener Str.5	Dresden	12345
1	1004	Döhring	Frank	Herr Dr.	M	Hagener Str.5	Dresden	12345
1	1005	Falke	Detlef	Herr	M	Domstr. 234	Stuttgart	34567
1	1006	Gerlach	Peter	Herr Dr.	M	Uhlandstr. 17	Berlin	10234
1	1007	Kettler	Uli	Herr	M	Ziesestr. 9	Fredersdorf	15370
1	1008	Franke	Gerd	Herr	W	Kölner Str. 14	Düsseldorf	21456
1	1009	Franke	Julia	Frau	W	Kölner Str. 14	Düsseldorf	21456
1	1010	Ziller	Ingrid	Frau	W	Breite Str. 67	Köln	14567

Tabelle YPRODUKT

Feld	Key	Art/Länge	Datenelement	Domäne	Bezeichnung
MANDT	X	CLNT 3	MANDT	MANDT	Mandant
PRODNR	X	NUMC 8	YPRODNR_DE	YPRODNR_DO	Produktnummer
PRODGRP		CHAR 5	YPRODGR_DE	YPRODGR_DO	Produktgruppe
PRODTXT		CHAR 20	YPRODTX_DE	CHAR20	Produkttext

MANDT	PRODNR	PRODGRP	PRODTXT
1	2000	SV	KFZ-Haftpflicht H1
1	2001	SV	KFZ-Haftpflicht H2
1	2002	SV	KFZ-Teilkasko T2
1	2003	SV	KFZ-Teilkasko T7
1	2004	SV	KFZ-Vollkasko V4
1	2005	SV	KFZ-Vollkasko V6
1	2006	SV	KFZ-Vollkasko V12
1	2007	SV	KFZ-Insassen I4
1	2008	LV	LV-Kapital LK3
1	2009	LV	LV Kapital LK7
1	2010	LV	LV Risiko R3
1	2011	LV	Rentenvers. RV3
1	2012	LV	Rentenvers. RV7
1	2013	LV	Gruppenversicherung

Tabelle YVERTRAG

Feld	Key	Art/Länge	Datenelement	Domäne	
MANDT	X	CLNT 3	MANDT	MANDT	Mandant
VERTNR	X	NUMC 8	YVERTNR_DE	YVERTNR_DO	Vertragsnummer
PARTNR		NUMC 8	YPARTNR_DE	YPARTNR_DO	Partnernummer
PRODNR		NUMC 8	YPRODNR_DE	YPRODNR_DO	Produktnummer
KONTNR		NUMC 8	YKONTNR_DE	YKONTNR_DO	Kontonummer
ANFDAT		DATS 8	YANFDAT_DE	DATUM	Anfangsdatum Vertrag
ENDDAT		DATS 8	YENDDAT_DE	DATUM	Endedatum Vertrag
BETRAG		CURR 13	YBETRAG_DE	CURRV13	Betrag Vertrag
WAERS		CUKY 5	WAERS	WAERS	Währungsschlüssel
ANGEBOT		CHAR 1	YANGEB_DE	XFELD	Angebotskennzeichen

MANDT	VERTNR	PARTNR	PRODNR	KONTNR	ANFDAT	ENDDAT	BETRAG	WAERS	ANGEBOT
1	3000	1001	2001	4001	23.07.1996	12.07.2006	1.200,00	DEM	
1	3001	1002	2002	4002	23.07.1996	12.07.2006	1.450,00	DEM	X
1	3002	1003	2003	4003	23.07.1996	12.07.2006	1.700,00	DEM	
1	3003	1004	2004	4004	23.07.1996	12.07.2006	1.950,00	DEM	
1	3004	1001	2005	4005	23.07.1996	12.07.2006	2.200,00	DEM	
1	3005	1001	2006	4001	23.07.1996	12.07.2006	2.450,00	DEM	
1	3006	1005	2002	4007	23.07.1996	12.07.2006	2.700,00	DEM	
1	3007	1006	2004	4008	23.07.1996	12.07.2006	2.950,00	DEM	
1	3008	1007	2003	4009	23.07.1996	12.07.2006	3.200,00	DEM	
1	3009	1008	2001	4010	23.07.1996	12.07.2006	3.450,00	DEM	
1	3010	1009	2005	4012	23.07.1996	12.07.2006	3.700,00	DEM	
1	3011	1010	2705	4130	23.07.1996	12.07.2006	3.950,00	DEM	
1	3012	1001	2006	4014	23.07.1996	12.07.2006	4.200,00	DEM	
1	3013	1010	2004	4010	23.07.1996	12.07.2006	4.450,00	DEM	X
1	3014	1005	2000	4002	23.07.1996	12.07.2006	4.700,00	DEM	
1	3015	1008	2001	4003	23.07.1996	12.07.2006	4.950,00	DEM	
1	3016	1001	2002	4004	23.07.1996	12.07.2006	5.200,00	DEM	
1	3017	1009	2005	4005	23.07.1996	12.07.2006	5.450,00	DEM	X

Tabelle YKONTO

Feld	Key	Art/Länge	Datenelement	Domäne	Bezeichnung
MANDT	X	CLNT 3	MANDT	MANDT	Mandant
KONTNR	X	NUMC 8	YKONTNR_DE	YKONTNR_DO	Kontonummer
KONTART		CHAR 1	YKONART_DE	YKONART_DO	Kontoart
SPERRKZ		CHAR 1	YSPERR_DE	XFELD	Sperrkennzeichen

MANDT	KONTNR	KONTART	SPERRKZ
1	4000	P	
1	4001	P	
1	4002	P	
1	4003	P	X
1	4004	K	
1	4005	P	
1	4006	P	X
1	4007	K	
1	4008	P	
1	4009	P	
1	4010	P	
1	4011	P	
1	4012	P	

Tabelle YBELKPF

Feld	Key	Art/Länge	Datenelement	Domäne	Bezeichnung
MANDT	X	CLNT 3	MANDT	MANDT	Mandant
BELNR	X	NUMC 8	YBELNR DE	YBELNR DO	Belegnummer
BUKRS		CHAR 4	BUKRS	BUKRS	Buchungskreis
VERTNR		NUMC 8	YVERTNR DE	EYVERTNR DO	Vertragsnummer
KONTNR		NUMC 8	YKONTNR DE	EYKONTNR DO	Kontonummer
BELART		CHAR 5	YBELART DE	EYBELART DO	Belegart
WAERS		CUKY 5	WAERS	WAERS	Währungsschlüssel
BUDAT		DATS 8	YBUDAT DE	DATUM	Buchungsdatum
BELTXT		CHAR 20	YBELTXT DE	ECHAR20	Belegtext

MANDT	BELNR	BUKRS	VERTNR	KONTNR	BELART	WAERS	BUDAT	BELTXT
1	5000	1	3001	4001	EB	DEM	24.08.1996	Belegtext01
1	5001	1	3001	4001	EB	DEM	24.08.1996	Belegtext02
1	5002	1	3002	4001	ER	DEM	24.08.1996	Belegtext03
1	5003	1	3003	4002	EB	DEM	24.08.1996	Belegtext04
1	5004	1	3003	4002	EB	DEM	24.08.1996	Belegtext05
1	5005	1	3004	4003	EB	DEM	24.08.1996	Belegtext06
1	5006	1	3007	4004	FB	DEM	24.08.1996	Belegtext07
1	5007	1	3007	4011	EB	DEM	24.08.1996	Belegtext08
1	5008	1	3007	4012	EB	DEM	24.08.1996	Belegtext09
1	5009	1	3006	4003	EB	DEM	24.08.1996	Belegtext10
1	5010	1	3003	4008	FB	DEM	24.08.1996	Belegtext11
1	5011	1	3005	4010	EB	DEM	24.08.1996	Belegtext12
1	5012	1	3005	4010	EB	DEM	24.08.1996	Belegtext13
1	5013	1	3005	4005	EB	DEM	24.08.1996	Belegtext14
1	5014	1	3005	4005	EB	DEM	24.08.1996	Belegtext15
1	5015	1	3006	4001	ER	DEM	24.08.1996	Belegtext16
1	5016	1	3010	4007	FB	DEM	24.08.1996	Belegtext17
1	5017	1	3011	4007	ER	DEM	24.08.1996	Belegtext18
1	5018	1	3012	4007	EB	DEM	24.08.1996	Belegtext19

Tabelle YBELPOS

Feld	Key	Art/Länge	Datenelement	Domäne	Bezeichnung
MANDT	X	CLNT 3	MANDT	MANDT	Mandant
BELNR	X	NUMC 8	YBELNR DE	YBELNR DO	Belegnummer
POSNR	X	NUMC 3	YPOSNR DE	NUMC3	Nummer der Position
BUGRD		NUMC 3	YBUGRD DE	YBUGRD DO	Buchungsgrund
WRBTR		CURR 13	YWRBTR DE	CURRV13	Währungsbetrag
FAEDAT		DATS 8	YFAEDAT DE	DATUM	Fälligkeitsdatum
POSTXT		CHAR 20	YPOSTXT DE	CHAR20	Positionstext

MANDT	BELNR	POSNR	BUGRD	WRBTR	FAEDAT	POSTXT
1	5000	1	1	1.450,00	25.03.1997	Postext011
1	5000	2	2	50,00	25.03.1997	Postext012
1	5001	1	3	1.450,00	25.04.1997	Postext021
1	5001	2	4	100,00	25.04.1997	Postext022
1	5001	3	5	45,00	25.04.1997	Postext023
1	5002	1	6	1.700,00	25.03.1997	Postext031
1	5002	2	7	150,00	25.03.1997	Postext032
1	5003	1	8	1.950,00	01.02.1997	Postext031
1	5004	1	9	1.950,00	01.03.1997	Postext041
1	5004	2	1	100,00	01.03.1997	Postext042
1	5004	3	2	200,00	01.03.1997	Postext043
1	5005	1	3	2.200,00	01.06.1997	Postext051
1	5005	2	4	180,00	05.06.1997	Postext052
1	5006	1	5	2.950,00	15.04.1997	Postext061
1	5006	2	6	50,00	15.04.1997	Postext062
1	5007	1	7	2.950,00	15.05.1997	Postext071
1	5007	2	2	100,00	15.05.1997	Postext072
1	5008	1	3	2.950,00	15.06.1997	Postext081
1	5009	1	5	2.700,00	01.08.1997	Postext091
1	5009	2	5	100,00	01.08.1997	Postext092
1	5010	1	1	1.950,00	01.02.1997	Postext101
1	5011	1	9	2.450,00	20.07.1997	Postext111
1	5011	2	4	200,00	20.07.1997	Postext112
1	5011	3	6	10,00	20.07.1997	Postext113
1	5012	1	7	2.450,00	20.08.1997	Postext121
1	5012	2	7	50,00	20.08.1997	Postext122
1	5013	1	2	2.450,00	01.03.1997	Postext131
1	5014	1	1	2.450,00	01.03.1997	Postext141
1	5014	2	9	50,00	01.03.1997	Postext142
1	5015	1	3	2.700,00	25.05.1997	Postext151
1	5016	1	2	3.700,00	13.05.1997	Postext161
1	5016	2	5	60,00	13.05.1997	Postext162
1	5017	1	5	3.950,00	06.06.1997	Postext171
1	5018	1	7	4.200,00	01.02.1997	Postext181

E Inhalt der Diskette

Auf der Diskette zum Buch befinden sich die Verzeichnisse „TRANSP“ und „UPLOAD“.

Verzeichnis „TRANSP“
Alle Entwicklungsobjekte (Domänen, Datenelemente, Tabellen, Matchcodes, logische Datenbanken, Nachrichtenklassen, Programme usw.), die in den Beispielen dieses Buches vorkommen, wurden der Entwicklungsklasse YABP zugeordnet. Im Verzeichnis „TRANSP“ befinden sich alle für einen Transport der Entwicklungsklasse YABP in das (unbekannte) R/3-System DUM (Dummy) notwendigen Dateien. Folgende Schritte sind abzuarbeiten:

- Als erstes sind die folgenden Dateien per FTP (WinFTP) im Binärmodus auf das R/3-Transportverzeichnis "/usr/sap/trans" (UNIX) oder "LW:\USR\SAP\TRANS" (Windows NT) zu kopieren:
  – D900172.BV1 nach /usr/sap/trans/data (für Windows NT entsprechend)
  – R900172.BV1 nach /usr/sap/trans/data (für Windows NT entsprechend)
  – K900172.BV1 nach /usr/sap/trans/cofiles (für Windows NT entsprechend)
  Bei UNIX sind alle Dateinamen in Uppercase und als Owner <sid>adm abzulegen.
- Anschließend muß der Auftrag mit dem Namen „BV1K900172“ in den Importpuffer des Kundensystems aufgenommen werden:
  – Anmeldung als <sid>adm
  – cd /usr/sap/trans/bin
  – tp addtobuffer BV1K900172 <SID>
  Der Import wird dann mit folgendem Befehl gestartet:
  – tp import BV1K900172 <SID> client=<zielclient> U1
  Der *Unconditional Mode* U1 ist wichtig, da die SID "DUM" exportiert wurde.

Verzeichnis „UPLOAD“
Auf dem Verzeichnis „UPLOAD“ befinden sich alle Quelltexte der Programmbeispiele des Buches (Reports, Includes, Modulpools, Ablaufsteuerungen, Funktionsbausteine). Sie können von hier *einzeln* mit dem Befehl *Upload* in den Editor der Workbench geladen werden. Dieses Verfahren ist besonders für solche Reports geeignet, die nicht auf die Tabellen der Entwicklungsklasse YABP zugreifen, z. B. für den Report YR-11-04 zur Generierung logischer Dateischnittstellen.

Außerdem sind in der EXCEL-Mappe YDS.XLS die Daten aller Tabellen des Beispiels enthalten. Sie können mit dem EXCEL-Makro „ErstelleAsciiDatei()“, das sich ebenfalls in dieser Mappe befindet, auf eine Textdatei YDS.TXT geschrieben werden. Diese Datei kann nach Anlegen der Tabellen mit dem Report YR-11-06 in das System importiert werden.

Literaturverzeichnis

Buck-Emden, Rüdiger; Galimov, Jürgen: *Die Client-Server-Technologie des Systems R/3*
Addison-Wesley, Bonn 1996

Keller, Gerhard; Teufel,Thomas: *SAP R/3 prozeßorientiert anwenden*
Addison-Wesley, Bonn 1997

Kretschmer, Rüdiger; Weiss, Wolfgang: *SAP-R/3-Entwicklung mit ABAP/4*
Sybex, Düsseldorf 1996

Matzke, Bernd: *ABAP/4. Die Programmiersprache des SAP-Systems R/3*
Addison-Wesley, Bonn 1996

CDI(Herausgeber): *SAP-R/3: Grundlagen, Architektur, Anwendung*
Markt und Technik, Haar bei München 1994

Will, Liane; Hienger, Christiane; Straßenburg, Frank; Himmer, Rocco:
Administration des SAP-Systems R/3
Addison-Wesley, Bonn 1997

Stichwortverzeichnis

Druck u. Verarbeitung: Druckerei Triltsch, Würzburg